农村土地流转

统筹城乡综合配套改革试验报告

邱道持 著

西南师范大学出版社
XINAN SHIFAN DAXUE CHUBANSHE

内容简介

2007年10月，国务院批准重庆市为统筹城乡综合配套改革试验区，农村土地流转在巴渝大地上快速推进。《国务院关于推进重庆市统筹城乡改革和发展的若干意见》（国发[2009]3号）明确指出，"要站在全局和战略的高度，充分认识加快重庆市改革开放和经济社会发展的重大意义，努力把重庆市改革发展推向新阶段。加快重庆市统筹城乡改革和发展，是深入实施西部大开发的需要，是为全国统筹城乡改革提供示范的需要，是形成沿海与内陆联动开发开放新格局的需要，是保障长江流域生态环境安全的需要。"该市自2007年开展统筹城乡综合配套改革试验以来，广大农村干部和群众在党的十七大精神指引下，按照学习实践科学发展观的新要求，攻坚克难，先行先试，积极探索完善农村土地管理制度，取得重大进展，受到广泛关注，为全国健全严格规范的农村土地管理制度提供了经验和借鉴。本书从一个独特的视角，展示了试验区农村土地流转的全息图景，介绍了试验区农村土地流转的基本情况和时代特征，探讨了试验区农村土地流转的驱动机理，揭示了试验区农村土地流转面临的困惑和风险，提出了推进试验区农村土地流转科学发展的对策建议。希望读者通过对本书的阅读和学习，更多地了解试验区农村土地流转，更客观地认识统筹城乡综合配套改革试验，更准确地把握完善农村土地管理制度的时代要求。

序

据西南大学网站报道:"地理科学学院土地学科研究成果受到国内外媒体关注。党的十七届三中全会前后,国内外多家媒体频繁采访我校地理科学学院。美国福布斯杂志、英国每日电讯、法国费加罗报、日本朝日新闻、新华社、央视国际、中国新闻周刊、南方周末、21世纪经济、广州日报等多家新闻媒体陆续报道了我校地理科学学院邱道持教授领衔的国土研究团队在农村土地制度改革、耕地保护、农村土地流转、国土整治等方面取得的重大研究成果和突出贡献。作为全国土地利用总体规划纲要修编专家,邱道持教授长期致力于国土规划和土地利用的研究,努力将学科建设与经济社会发展融为一体,做出了重要贡献。在他的带领下,地理科学学院国土研究团队完成了'健全农村土地产权制度,让农民有更大土地物权'、'推进城乡统筹发展,先行先试农地流转'、'推进农地流转市场化,让农民共享土地收益'等专题研究报告。邱道持教授撰写的提案《创新制度推进农村土地流转》、《创新机制强化农村耕地保护》,在2008年全国政协十一届一次会议上作为九三学社中央名义提案和九三学社届别提案,产生了广泛的社会影响,为党和政府决策提供了科学依据。

法国费加罗报记者　海风：

中国为什么选择重庆为统筹城乡综合配套改革试验区？

重庆为什么选择土改为统筹城乡综合配套改革突破口？

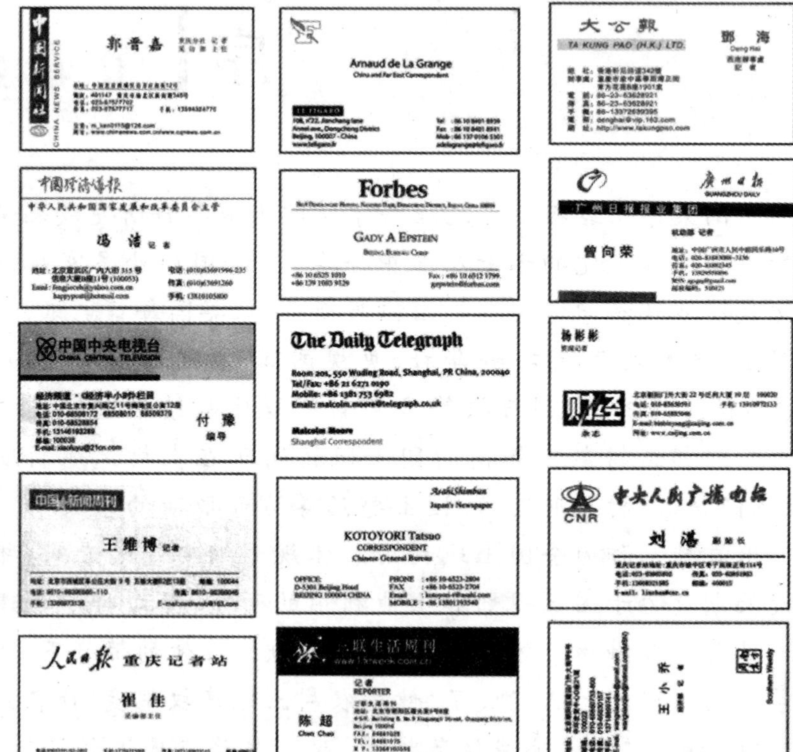

同时，该研究团队非常重视我校土地学科的发展建设，重视教育教学工作，培养了一大批具有较强科研能力、实践能力的研究生、博士生。在学校研究生院的指导和帮助下，该研究团队积极探索研究生培养创新模式，将暑期社会实践活动纳入研究生培养计划统筹安排，将社会实践与科学实践有机结合，成效显著。连续6年，该院国土规划与土地利用研究方向的研究生在导师的带领下深入到重庆市各区县农村开展暑期社会实践活动，并形成了《节约集约利用土地》、《加强农村耕地保护》、《切实保护失地农民利益》、

《农村劳动力转移与土地流转调查》、《新农村建设示范区土地利用变化》等10余篇调查报告，研究生在核心期刊上发表的学术论文增多。实践证明，社会实践与科学实践有机结合，提高了研究生综合创新能力、社会实践能力和科研工作能力。”

荣誉证书

HONORARY CREDENTIAL

重庆市委员会 提供的《创新制度 正确引导和规范农村土地流转》在全国政协十一届一次会议上被用做社中央名义提案，特颁证书。

九三学社中央委员会

二00八年四月

在过去三年里，西南大学博士研究生文森、袁玮、王孝德、李萍、袁天凤、何江、蒋萍、刘明皓、甘露、余世杰、刘洋、郑财贵，硕士研究生胡蓉、莫燕、张莲、卢旭、魏薇、郎义华、张军峰、冯玲玲、赵亚萍、石永明、钱昱如、王玲燕等同学参加了学校暑期社会实践活动。他们在指导教师的带领下不辞辛劳，深入田间地头，开展农户访谈、采集文献资料，认真研讨论证，取得丰硕成果，在他们的调研成果的基础上，本人才得以完成这部新的专著，感谢他们爱的奉献，在此向他们致以崇高的敬意。

西南大学暑期社会实践活动得到了社会各界的广泛支持。在开展重庆市农村土地流转专题调研活动中，国土资源部规划司司长董祚继先生、国土资源部信息中心主任王广华先生、重庆市国土房管局局长张定宇先生、九龙坡区国土局局长王永祥先生、璧山县国土局局长朱家庆先生、忠县国土局局长谭其河先生等众多朋友给予调研组大力支持，为调研工作的顺利进行提供了有力保障，纵然有千言万语，也难以表达调研组全体成员对他们的感激之情。

谨以此书献给所有关心、支持、推进我国土地科学发展的朋友们。

邱道持

目　录

附录　学术论文

第一章

重庆市农村土地流转的基本情况

【内容提要】 调查发现，重庆市农村土地流转发展态势具有以下特点：流转规模偏小，发展进程加快；流转形式多样，转包出租为主；发展不平衡，流转潜力大；土地规模经营，流转效益凸显；流转规范化驱动市场化。明确提出推进农村土地流转的主要驱动因子是：发展现代农业、促进农村剩余劳动力转移、提高农地利用比较效益以及政府引导。揭示了重庆市农村土地流转中存在的突出问题。

一、重庆市农村土地流转发展态势

1. 流转规模偏小，发展进程加快

重庆市幅员面积 8.24 万 km^2，全市户籍人口 3 198 万人，其中，农村人口 2 431 万人，农户 718 万户。2006 年末，重庆市农用地共有 10 413 万亩(694.17 万 hm^2)，占全市土地总面积的 84.24%，其中，耕地为 3 363 万亩(224.20 万 hm^2)，园地 365.7 万亩(24.38 万 hm^2)，林地为 4 937.25 万亩(329.15 万 hm^2)，牧草地 356.1 万亩(23.74 万 hm^2)，其他农用地为 1 390.5 万亩(92.7 万 hm^2)，分别占土地总面积的 27.2%，3%，40%，2.9%，11.2%，体现了重庆市大农村、大农业的特色。

截至 2006 年底，重庆市农村承包土地经营权流转总面积为 217.39 万亩，占多年全市农村承包耕地总面积(1995 万亩)的 10.90%，与 2003 年相比增加了 1 倍以上；涉及 39 个区县(注：不包括渝中区，表 1.1)农户 86.35 万户，占承包耕地农户总数 693 万户的 12.46%。

来自农业部 2006 年初的统计数据显示，重庆农村土地流转绝对面积占全国流转总面积的 2.4%，排全国第 14 位，西部第 2 位；流转比例高于全国平均水

平，排全国第10位，西部第2位。总体上，重庆农村土地流转无论是数量上，还是流转比例上均在全国处于中上游水平，在西部处于相对领先水平。

表1.1 重庆各区县农村土地流转情况统计表

区 县	流转总量(亩)	涉及农户(户)	占承包面积比例(%)	按比例在全市排位
1小时经济圈	1 228 748	481 138	11.32	I
大渡口区	250	402	1.05	39
江北区	11 543	5 624	16.56	7
沙坪坝区	20 681	15 873	11.2	17
九龙坡区	38 619	20 104	20.76	3
南岸区	11 271	3 272	13.75	12
北碚区	33 306	18 998	12.21	14
万盛区	2 392	1 150	2.15	35
渝北区	22 837	12 571	4.9	29
巴南区	61 956	30 932	10.11	21
双桥区	2 450	716	17.5	6
江津区	181 946	59 827	18.26	5
南川区	63 265	19 273	11.58	15
合川区	114 392	43 114	9.69	22
永川区	103 277	39 681	14.88	8
綦江县	95 715	35 380	11.53	16
潼南县	78 182	30 062	10.57	19
铜梁县	24 060	17 768	3.81	33
大足县	150 020	52 816	23.81	2
荣昌县	26 430	12 086	4.65	30
璧山县	83 999	24 000	19.17	4
涪陵区	60 011	21 194	6.15	26
长寿区	42 147	16 295	6.98	24
渝东北翼	781799	328 908	10.93	II
万州区	129 914	66 944	13.95	11
梁平县	84 590	28 196	14.56	9
城口县	4 521	1 330	1.35	38

续表 1.1

丰都县	46 724	11 331	6.85	25
垫江县	62 081	23 216	14.47	10
忠　县	191 260	71 130	24.51	1
开　县	100 167	50 470	12.7	13
云阳县	25 529	38 102	3.04	34
奉节县	75 200	11 875	10.12	20
巫山县	11 564	4 238	2.29	36
巫溪县	50 249	22 076	9.31	23
渝东南翼	163 379	53 405	4.89	III
黔江区	20 382	6 319	4.11	32
武隆县	25 976	1 995	5.48	27
石柱县	22 065	10 722	5.27	28
秀山县	51 785	23 229	10.63	18
酉阳县	31 285	5 200	4.33	31
彭水县	11 886	5 940	1.6	37
全市合计	2 173 927	863 451	10.90	—

2. 流转形式多样，转包出租为主

从调查的总体情况来看，重庆农村土地流转的形式多种多样，归纳起来主要有转包、出租、转让、互换和入股5种基本形式，这与2005年3月1日实施的农业部第47号令《农村土地承包经营权流转管理办法》一致。在上述5种农村土地流转形式中，转包形式比例最高，超过土地流转总量的1/2，其次是出租和转让，分别占20.31%和17.18%。具体情况分述如下：

转包形式　指承包方将部分或全部土地承包经营权以一定期限转给同一集体经济组织的其他农户从事农业生产经营。转包后原土地承包关系不变，原承包方继续履行原土地承包合同规定的权利和义务。接包方按转包时约定的条件对转包方负责。承包方将土地交他人代耕不足一年的除外。当前重庆农村土地流转中，转包形式是面积最大、比例最高的一种土地流转形式，全市通过转包流转土地总面积108.88万亩，占流转总量的50.33%。在39个区县中除大渡口区外均有土地转包形式存在，其中面积最大的是忠县，达18.80万亩，其次是江津、綦江和万州，分别为10.65万亩、7.60万亩和7.41万亩；比例最高的也是忠县，达 98.30％，其次是万盛、綦江和梁平，分别为 90.76％，79.35％和 79.05％。从“一圈两翼”角度来看，土地转包形式在渝东北翼最为普遍，接近土地流转总面积的 2/3，为 64.76％；其次是渝东南翼，为 50.33％；最低的是 1 小时经济圈，占 42.13％。总体上，该形式对于减少农村土地撂荒，扩大农户土地规模经营和连片种植起到一定的积极作用，对农业规模经营和产业发展的推动作用不是很明显。

出租形式　是指承包方将部分或全部土地承包经营权以一定期限租赁给他人从事农业生产经营。出租后原土地承包关系不变，原承包方继续履行原土地承包合同规定的权利和义务。承租方按出租时约定的条件对承包方负责。当前重庆农村土地流转中出租形式的面积和比例仅次于转包，是分布最广的一种土地流转形式，全市通过出租流转土地总面积 43.94 万亩，占流转总量的20.31％。在 39 个区县中均有涉及，其中面积最大的是巴南，达 3.64 万亩，其次是万州、九龙坡和合川，分别为 3.63 万亩、3.41 万亩和 2.92 万亩；比例最高的是大渡口，达 100.00％，其次是九龙坡、沙坪坝和江北，分别为 88.22％，77.87％和 76.14％。从“一圈两翼”角度来看，土地出租形式在渝东南翼较为普遍，占流转总面积的 29.75％；其次是 1 小时经济圈，占 23.76％；最低的是渝东北翼，占 12.65％。总的来说，该形式一方面有利于将农民从农村土地中解放出来，转移到城镇或非农产业就业，增加农民的非农收入，同时通过土地出租能够享有固定的土地收益，解决农民的生活保障问题；另一方面有利于促进吸引村外和非农资金向本村流动，推动农业规模经营和产业发展，提高农村土地的产出效益。但由于土地承包经营权租赁的对象是非实物体，受到所有权和承包期限的牵制，被租赁的承包经营权在再租赁、抵押贷款等一系列物权方面尚难以解决，其市场化程度因此而打了折扣。

转让形式　是指承包方有稳定的非农职业或者有稳定的收入来源，经承包方申请和发包方同意，将部分或全部土地承包经营权让渡给其他从事农业生产经营的农户，由其履行相应土地承包合同的权利和义务。转让后原土地承包关系自行终止，原承包方承包期内的土地承包经营权部分或全部灭失。转让形式土地流转是当前重庆农村土地流转中面积和比例相对较高的一种土地流转形式，全市通过转让流转土地总面积 37.94 万亩，占流转总量的 17.18％。在 39 个区县中除大渡口区外均有土地转包形式存在，其中面积最大的是合川，达5.86 万亩，其次是大足、潼南和垫江，分别为 4.59 万亩、3.45 万亩和 2.95 万亩；比例最高的也是合川，达 51.20%，其次是垫江、涪陵和城口，分别为 47.45%，43.91%和 37.26%。从“一圈两翼”角度来看，土地转让形式在 1 小时经济圈较为普遍，占流转总面积的 20.97%；其次是渝东南翼，占 17.08%；最低是渝东北翼，占 12.53%。事实上，转让形式的土地流转就是农户部分或全部放弃农村承包土地经营权。这种形式与放弃农村土地承包经营权和 2007 年 7 月 1 日即将实施的《重庆市实施〈中华人民共和国农村土地承包法〉办法》中第 45 条第 2 款规定“承包期内，承包方全家迁入本市各区县（自治县）所辖街道办事处或者区县（自治县）人民政府驻地镇，转为非农业户口的，被收回承包土地”的唯一和不同之处在于在本轮承包合同到期后，这部分农民还具有参与下一轮土地承包的权利，更重要还有转让后农民的各种社会保障问题。

互换形式　是指承包方之间为方便耕作或者各自需要，对属于同一集体经济组织的承包地块进行交换，同时交换相应的土地承包经营权。互换多发生在同一集体经济组织的农户之间，属于农户的自发行为，是土地流转初期比较流行的方式。全市通过互换流转土地总面积 18.75 万亩，占流转总量的 8.67%。在 39 个区县中除大渡口区外均有土地互换形式存在，其中面积最大的是巫溪，达 3.19 万亩，其次是江津、大足和璧山，分别为 2.61 万亩、1.17 万亩和 1.12 万亩；比例最高的也是巫溪，达 63.25%，其次是石柱、云阳和巫山，分别为 24.08%，21.75%和 19.49%。从“一圈两翼”角度来看，土地互换形式在渝东南翼较为普遍，占流转总面积的 10.89%；其次是渝东北翼，占 8.56%；最低的是 1 小时经济圈，占 8.36%。而从当前推进农村土地流转，促进农业规模经营和产业发展这个角度来说，互换形式的土地流转基本上没有意义。

入股形式　是指实行家庭承包方式的承包方之间为发展农业经济，将土地承包经营权作为股权，自愿联合从事农业合作生产经营；其他承包方式的承包方将土地承包经营权量化为股权，入股组成股份公司或者合作社等，从事农业生产经营。这种土地流转形式是近年来在全国各地比较流行的土地流转形式，但在重庆尚处于起步阶段，整体上数量不多、规模不大、比例不高。目前全市通过入股流转土地总面积 2.55 万亩，仅占流转总量的 1.18%。在 39 个区县中有 10 个区县没有这种流转形式存在，12 个区县的比例在 1%以下，比例超过 1%的区县 16 个。入股流转面积最大的是九龙坡，达 3233 亩，其次是垫江、秀山和永川，分别为 3 080 亩、2 177 亩和 1 915 亩；比例最高的也是巫山，达 11.35%，其次是九龙坡、江北和垫江，分别为 8.37%，8.04%和 4.96%。从“一圈两翼”角度来看，土地入股形式在渝东南翼相对好一些，占流转总面积的2.60%；其次是渝东北翼，占1.25%；最低的是1小时经济圈，占0.94%。入股形式流转是现代企业制度在农村土地经营中的成功应用，其创新之处在于土地经营主体与农民建立了更加直接而紧密的经济利益关系。对农户和土地来说，具有双重身份，即农户既拥有依附在土地物质形态上的承包权，又拥有土地使用权抽象价值形态的股份，承包权、使用权转化为股权，成为参与土地经营的资本，实现了劳动合作与资本合作的有机结合；农户作为股东，可以享有农业生产和销售两个环节的经营自主权，通过分红分享农产品进入流通领域的部分收益。但由于目前工商企业登记中股东不得超过50个、注册资金中现金资本不得少于30%等方面的限制，以及监管机制的缺位、组织制度构架的复杂性和农民自身对市场驾驭能力低下等问题而导致推广比较困难。2006年重庆市工商局和国家开发银行重庆分行就农民将土地经营权入股成立股份制公司问题分别在长寿和江津进行了有益的尝试和实践，获得了一些成功的经验。此外，随着农村第一资源型经济——劳务经济的快速发展和农村工业化、城市化进程的逐步加快，以及农业本身固有的"土地边际收益递减效应"和"报酬递减规律"的影响，部分进城务工和经商农民开始自愿放弃农村土地承包经营权，到2006年底全市达到10 030亩，其中面积最大的是涪陵区，达到1 723亩，其次是丰都、梁平和万州，分别为1 510亩、1 126亩和961亩。

表1.2　重庆各区县土地流转形式分布表(单位:亩,%)

区县＼形式	转包		出租		转让		互换		入股	
	面积	比例	面积	比例	面积	比例	面积	比例	面积	比例
1小时经济圈	517 663	42.13	291 922	23.76	257 720	20.97	102 756	8.36	11 530	0.94
大渡口区	0	0	250	100	0	0	0	0	0	0
江北区	1 372	11.89	8 789	76.14	425	3.68	20	0.17	928	8.04
沙坪坝区	3 481	16.83	16 105	77.87	0	0	1 128	5.45	0	0
九龙坡区	683	1.77	34 070	88.22	287	0.74	346	0.9	3 233	8.37
南岸区	1 563	13.87	8 496	75.38	535	4.75	653	5.79	25	0.22
北碚区	4 992	14.99	18 923	56.82	247	0.74	4 606	13.83	1 075	3.23
万盛区	2 171	90.76	98	4.1	119	4.97	4	0.17	0	0
渝北区	5 757	25.21	15 537	68.03	714	3.13	348	1.52	481	2.1
巴南区	14 690	23.71	36 358	58.68	7851	12.67	3 011	4.86	46	0.07
双桥区	286	11.67	1 368	55.84	159	6.49	637	26	0	0
江津区	106 534	58.55	20 205	11.1	28 388	15.6	26 133	14.36	311	0.17

续表 1.2

合川区	21 532	18.82	29 193	25.52	58 563	51.2	4 805	4.2	343	0.3
南川区	27 460	43.4	8 880	14.04	21 358	33.76	4 804	7.59	763	1.21
永川区	46 164	44.7	4456	4.31	8278	8.02	9 341	9.04	1 915	1.85
綦江县	75 950	79.35	3290	3.44	3337	3.49	4 658	4.87	151	0.16
潼南县	21 800	27.88	10520	13.46	34457	44.07	10 014	12.81	1 391	1.78
铜梁县	10 321	42.9	6790	28.22	5041	20.95	1 908	7.93	0	0
大足县	73 223	48.81	19197	12.8	45894	30.59	11 689	7.79	17	0.01
荣昌县	19 493	73.75	4168	15.77	1049	3.97	1 140	4.31	20	0.08
璧山县	53 749	63.99	13491	16.06	3388	4.03	11 217	13.35	724	0.86
涪陵区	14 617	24.36	16824	28.03	26348	43.91	2 222	3.7	53	0.09
长寿区	11 825	28.06	14914	35.39	11282	26.77	4 072	9.66	54	0.13
渝东北翼	506 312	64.76	98 906	12.65	86 001	11	6 6904	8.56	9 745	1.25
万州区	74 136	57.07	36 299	27.94	4 296	3.31	8 224	6.33	1 079	0.83
梁平县	66 868	79.05	4 918	5.81	7 082	8.37	4 524	5.35	1 198	1.42
城口县	2 197	48.6	291	6.43	1 685	37.26	348	7.7	0	0
丰都县	17 771	38.03	17 642	37.76	9 520	20.37	427	0.91	1 364	2.92
垫江县	13 312	21.44	13 409	21.6	29 458	47.45	1 692	2.73	3 080	4.96
忠　县	188 009	98.3	415	0.22	256	0.13	2108	1.1	472	0.25
开　县	75 580	75.45	12 665	12.64	6 460	6.45	4 223	4.22	1 239	1.24
云阳县	12 589	49.31	5 160	20.21	1 890	7.4	5 552	21.75	0	0
奉节县	42 617	56.67	4 594	6.11	15 573	20.71	5 635	7.49	0	0
巫山县	3 964	34.28	1 204	10.41	2 829	24.46	2 254	19.49	1 313	11.35
巫溪县	9 269	18.45	2 309	4.6	6 952	13.84	31 917	63.52	0	0
渝东南翼	64 802	39.66	48 604	29.75	27 911	17.08	17794	10.89	4 256	2.6
黔江区	8 592	42.15	6 915	33.93	3 541	17.37	980	4.81	345	1.69
武隆县	5 941	22.87	7 101	27.34	9 996	38.48	2 622	10.09	314	1.21
石柱县	8 128	36.84	7 987	36.2	636	2.88	5 314	24.08	0	0
秀山县	27 813	53.71	7 576	14.63	8 393	16.21	5 826	11.25	2 177	4.2
酉阳县	7 859	25.12	17 748	56.73	3 165	10.12	1 892	6.05	620	1.98
彭水县	6 469	54.43	1 277	10.74	2 180	18.34	1160	9.76	800	6.73
全市合计	1 088 778	50.33	439 431	20.31	371 632	17.18	187 454	8.67	25 531	1.18

3. 发展不平衡,流转潜力大

一个地区农村土地流转与当地的经济社会发展水平存在着互动关系。研究表明,农村土地流转有利于当地的经济社会发展,经济社会发展将促进农村土地流转。重庆“大城市与大农村并存的城乡二元经济和区域格局”的特殊市情，决定了不同区域农业资源条件和经济社会水平各不相同，农业规模经营和产业发展水平参差不齐，政府和农户对农村承包土地经营权流转的认识千差万别，因此造成不同区域农村土地流转的规模和比例也各不相同，呈现明显的地区发展不平衡态势。

1）“一圈两翼”层面解读。

重庆市“1 小时经济圈”，农村土地流转总面积为 122.87 万亩，占区域内承包耕地总数的 11.32%，涉及农户 48.11 万户。在转包、出租、转让、互换和入股等 5 种农村土地流转形式中，比例最高的是转包，占 42.13%，其次是出租和转让，分别占 23.76%和 20.97%；最低的是入股，仅占 0.94%，较低的是互换，占 8.36%。

“渝东北翼”，农村土地流转总面积为 78.18 万亩，占区域内承包耕地总数的 10.93%，涉及农户 32.89 万户。在转包、出租、转让、互换和入股等 5 种农村土地流转形式中，比例最高的是转包，占 64.76%，其次是转让和出租，分别占 12.56%和 11.00%；最低的是入股，占 1.25%，较低的是互换，占 8.56%。

“渝东南翼”，农村土地流转总面积为 16.34 万亩，占区域内承包耕地总数的 4.89%，涉及农户 5.34 万户。在转包、出租、转让、互换和入股等 5 种农村土地流转形式中，比例最高的是转包，占 39.66%，其次是出租和转让，分别占29.75%和 17.08%；最低的是入股，占 2.60%，较低的是互换，占 10.89%。

表 1.3　重庆市“一圈两翼”农村土地流转情况表

项目		重庆市	1 小时经济圈	渝东北翼	渝东南翼
流转总面积(万亩)		217.39	122.87	78.18	16.34
流转比例(%)		10.90	11.32	10.93	4.89
涉及农户数(万户)		86.35	48.11	32.89	5.34
转包	流转面积(万亩)	108.88	51.77	50.63	6.48
	所占比例(%)	50.33	42.13	64.76	39.66
出租	流转面积(万亩)	43.94	29.19	9.89	4.86
	所占比例(%)	20.31	23.76	12.65	29.75
转让	流转面积(万亩)	37.16	25.77	8.60	2.79
	所占比例(%)	17.18	20.97	11.00	17.08
互换	流转面积(万亩)	18.75	10.28	6.69	1.78
	所占比例(%)	8.67	8.36	8.56	10.89
入股	流转面积(万亩)	2.55	1.15	0.97	0.43
	所占比例(%)	1.18	0.94	1.25	2.60

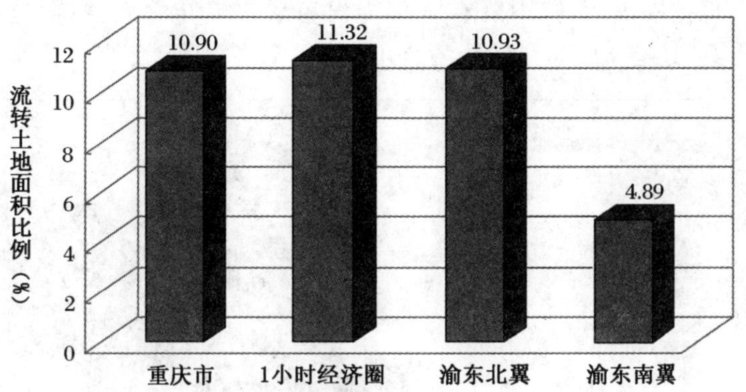

图 1.1 重庆市“一圈两翼”农村土地流转比例空间分布图示

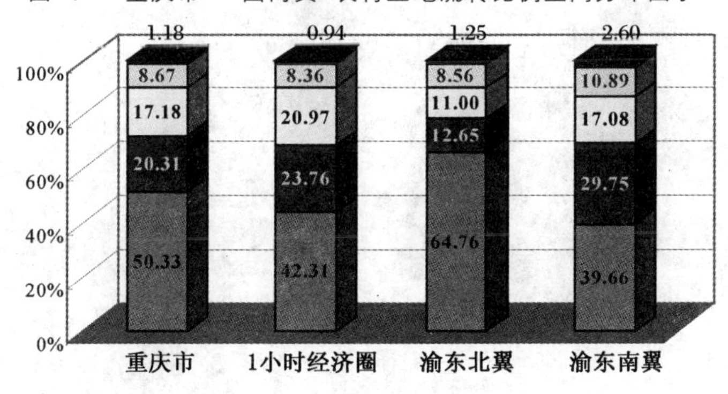

图 1.2 重庆市“一圈两翼”农村土地 5 种流转形式空间分布图示

2）区县层面解读

在重庆 39 个区县(注：不包括渝中区，图 1.3)中，2006 年农村承包土地流转面积排在前三位的是忠县、江津和大足，分别为 19.13 万亩、18.19 万亩、15.00 万亩；排在后三位的是大渡口、万盛和双桥，分别仅 0.03 万亩、0.24 万亩和 0.25 万亩。农村承包土地流转面积占承包耕地面积比例排前三位的是忠县、大足、九龙坡，分别为 24.51％，23.81％，20.26％，排在后三位的是大渡口、城口和彭水，分别为 1.05％，1.35％和 1.60％。农村承包土地流转涉及农户数量排前三位的是忠县、万州和江津，分别为 71 130 户、66 944 户、59 827 户，而大渡口、双桥、万盛、城口、武隆等区县涉及农户很少，都在 2 000 户以下。农村承包土地流转的形式各区县也差别很大，其中既有全部为出租形式流转的大渡口，也有98%转包流转的忠县，还有51.20%转让的合川，更有63.52%互换的巫溪等。

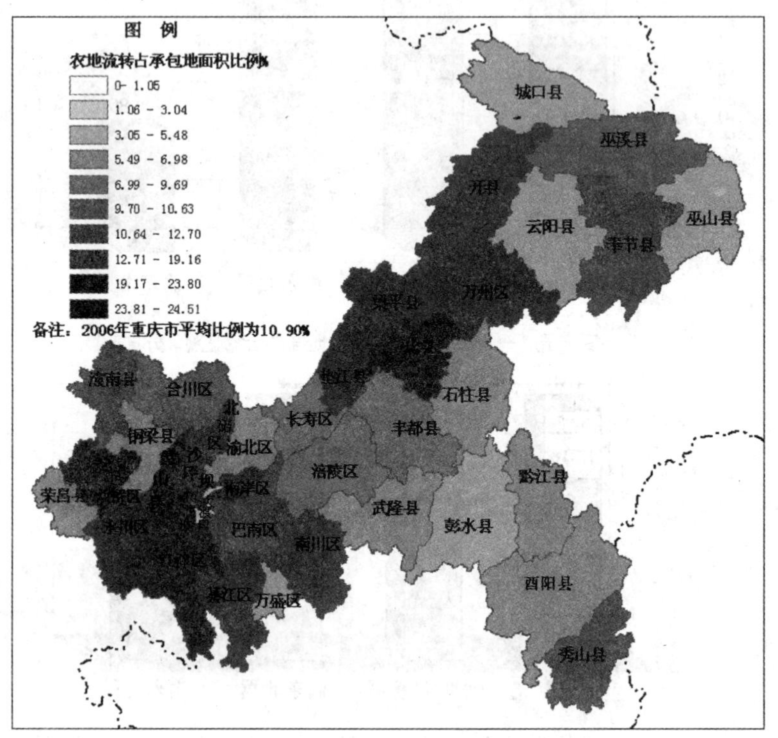

图 1.3　重庆各区县农村土地流转规模空间分布图

4. 土地规模经营，流转效益凸显

加快农村土地流转，是当前加快发展现代农业，建设社会主义新农村的必然选择，也是建设统筹城乡综合配套改革试验区的重要抓手。农村土地流转有利于促进农业规模经营，加快农业结构调整步伐，促进土地、资金、科技、经营管理等生产要素优化配置以及农村土地的持续高效利用，增强农业抵抗自然风险和市场风险的能力，提高单位土地的产出效益和农业生产的比较收益，实现流转双方的互利双赢。有利于促进“双进双出”，即通过拓展农村土地流转经营主体范围，引导多元资本参与农村土地流转，推动农业产业招商引资，促进“资本进村”，缓解长期困扰农村发展的资本短缺问题；通过农村土地流转引进业主和企业，推动农业新品种、新技术、新装备、新模式和新机制的推广和应用，促进农业科技进步和农产品市场化步伐，发挥市场导向作用和科技的第一生产力作用，促进“科技和信息进村”；通过农村土地流转，切实解除外出务工农民的后顾之忧，有利于推动劳务经济发展，促进“劳动力出村”，向城镇和非农产业转移。此外，农村土地流转已不仅仅局限于农户之间，大量的社会工商企业、产业化龙头企业、合作经济组织也参与了农村土地流转，并逐渐成为农村土地流转的参与主体，农村土地流转参与主体多元化趋势凸显，特别是靠近城市的都市核心圈内农村土地，大约有50％流向农业产业化龙头企业，30％～40％流向了农业种养专业大户和农民合作经济组织，有效地提高了农民收入。例如，北碚区农村土地流转总量为33 306亩，占承包耕地面积的12.21％。其中流转给种植大户8 406亩、养殖大户2 007亩、农业企业9 363亩和农村二、三产业4 745亩，共计24 521亩，占整个流转面积的73.6％，形成参与主体的多元格局，并形成了5大优势产业、8大精品产业区；梁平县梁山镇八角村，该村位于城郊，有农民648户2 128人，土地2 032亩，土地流转1 142亩，占56.2％，其中种植业920亩、养殖业121亩，引进各类业主32户，投资1 400多万元，有力地促进了该村的农业结构调整和产业发展。现有的恒瑞养殖公司带动了20多户养鸭大户，还发展了花卉苗木基地，建立了平川茶厂，促进了该村农民增收。2006年该村实现农民人均纯收入4 000多元，成为远近闻名的富裕村和新农村建设示范村。对该村农户进行问卷调查，100％的农户都愿意“依法、自愿、有偿”流转土地；截至2006年底，璧山县农村承包土地经营权流转总面积为83 999亩，占多年全县农村承包耕地总面积386 799亩的21.72％，涉及13个乡镇，农户24 000余户，占承包耕地农户总数160 051户的15％，大大地增加了当地农民的收入（表1.4）。

表1.4　2006年重庆市璧山县农村土地流转前后农民收入比较

调查区域（农户为例）	流转前				流转后		
	耕地面积（亩）	生产成本（元）	销售收入（元）	纯收入（元）	土地流转费用（千克稻谷/亩）	非农收入（元）	总收入（元）
璧城街道团堡村	2.4	400	1 575	1 175	350	3 500	5 180
青杠街道孙河村	4.0	500	2 500	2 000	400	10 000	13 200
三合镇新场村	4.8	450	2 800	2 350	75	4 000	4 720
正兴镇曙光村	2.0	400	2 400	2 000	200	8 000	8 800
河边镇同兴村	5.0	600	3 600	3 000	400	9 000	13 000

5. 流转规范化，驱动市场化

当前，随着农村土地流转的市场化、规范化，土地流转进程加快，但随之出现的农村土地流转纠纷也相应地逐年增加，其产生的主要原因为：一是当初土地流转时双方没有签订流转合同或合同条款不完备，随着国家免除农业税和粮食、良种补贴等惠农政策的实施，流转的一方受利益驱动单方面撕毁合同；二是乡村集体经济组织当初为了完成税费上缴任务，没有经过抛荒农户的同意，将抛荒的土地流转给第三方经营；免征农业税等政策实施后，抛荒农户现在要求收回其承包地从而引发纠纷；三是部分地区一些村社的集体土地和四荒地流转，未召开社员或社员代表大会，村干部自行操作，侵害了农民的利益；四是部分区县的一些村社存在着不尊重农民的意愿，直接充当土地流转的主体，随意改变土地承包关系，搞强制性的土地流转现象。

随着政府对农村土地流转引导和服务功能的逐步加强，农村土地流转的行为开始趋于规范，主要体现在三个方面：其一是由过去以农户间、业主与农户间的自发流转为主向当前的政府和市场引导与自发并重转变。万州区目前通过引导或委托乡镇、村、社集体出面与企业（业主）签订流转合同面积 7.57 万亩，农户自行协商流转 5.42 万亩，引导流转与自发流转之比达到 60：40，以前是 35：65，有序流转明显增加；其二是从无偿代耕或低偿流转向按市场规律的有偿流转转变。如万州区 2006 年除农户间转包 2.79 万亩是无偿或低偿外，有偿或基本合理价位流转达到 88.3%，较以前提高近 30 个百分点；第三是由过去依靠口头协议的不规范流转向签订书面协议的规范流转转变。2006 年万州区通过签订书面协议流转 8.45 万亩，占流转总面积的 65%，较以前提高 34%。通过规范土地流转的行为，一方面使农户获得稳定的土地流转收益，有效地保护了流转双方的权益，实现互利双赢；另一方面促进了土地规模集约化经营，减少土地撂荒，提高了土地的产出效益。

此外，农村土地流转驱动力调查研究表明，随着大量的社会工商企业、产业化龙头企业和合作经济组织等不断参与，以及农民的市场意识和商品意识的不断增强，按市场规律流转土地的情况越来越多，农村土地流转的驱动力主要来自市场驱动。20 世纪八九十年代，农村土地转入方大多是为了增加粮食产量和帮助外出打工的亲戚朋友，其主要动机是为了完成税费征收和上缴任务。土地转出方也没有考虑土地的市场价值和土地的预期升值等因素，流转手续不健全，大多靠民间的诚信来维系流转关系的存在。进入 21 世纪，特别是取消农业税以后，农民流出土地经营权更多地是为了增加收入，并将土地作为商品生产的生产资料予以输出，流转行为由被动变为主动，农民对土地流转的积极性有所提高。而土地经营者流入土地经营权是把农业作为一个投资领域，其目的是为了发展农业商品生产，以获取更加稳定和更高的收入，土地流转多遵循市场规律来进行，充分体现了土地的现有价值和增值价值，流转手续相对健全，靠正规合同来规范流转双方的权利和义务。

二、农村土地流转的驱动机理分析

1. 现代农业发展驱动

随着加入 WTO 以来，我国的农业发展面临着国外农产品市场的巨大挑战，以前实行的追求农产品数量增长来解决温饱为中心目标的农业发展模式已不再适应时代发展的需求，这就需要进行农业产业结构的调整，农业生产发展从数量农业转向质量农业。璧山县近年来以农业结构调整为主线，紧紧围绕发展城郊型农业的战略思路，在稳定粮食产量的前提下，因地制宜确定了四大农业主导特色产业：花卉，蔬菜，优质伏淡季水果和禽兔。在对农业产业结构进行调整时，通过农村土地的流转，可以实现农村土地的适度规模经营，可以将土地从普通农户手中集中到种植大户和龙头企业手中，以此来实现土地资源的合理配置和充分利用，提高土地的产出效率和农业比较效益。

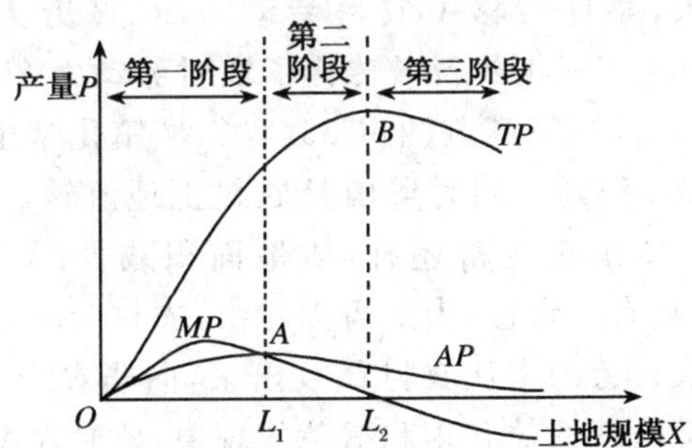

图 1.4 以土地为可变生产要素的产量曲线

推进土地适度规模经营，有利于提升农业生产效益。在劳动力和资本数量有限，假设技术条件不变的情况下，将土地作为唯一可变的农业生产投入要素。图 1.4 中 TP 曲线为土地的总产量曲线，AP 曲线为土地的平均产量曲线，MP 曲线为土地的边际产量曲线，各产量曲线代表了相应的收益曲线。从图中可以看出，土地的规模经营分为三个阶段：在第一阶段，即 OL_1 阶段，土地规模与不变投入相比显得太少，此时增加可变投入即扩大土地规模会调高所有投入的效率，从而产出更多。在这一阶段，边际产量始终大于平均产量，平均产量递增，直

至达到最大值 A 点也就意味着单位成本下降，因此土地规模停留在第一阶段在经济上是不合理的；在第二阶段，即 L_1L_2 阶段，土地的边际产量和平均产量均开始逐步下降，但由于固定生产要素的作用进一步发挥，总产量仍继续增加，扩大土地的投入量至 L_2，固定要素生产力达到最大，总产量达到最高点 B 点，边际产量等于零，利润达到最大；在第三阶段，边际产量为负数，平均产量和总产量均在下降，表明固定要素的生产力已经充分发挥了，此时再扩大土地经营的面积，其经营户的边际收益已经小于边际成本，使得利润下降，是不经济的阶段。根据以上分析，所以对土地转入方来说，要想经营土地获得最大的收益应该把土地规模经营的范围确定在 $L_1 \leqslant X \leqslant L_2$ 阶段，此时的利润是最大的。

2. 农村劳力转移驱动

随着我国城市化进程的推进和工业化水平的不断提高，尤其是农村非农产业的迅速发展，大批农村的剩余劳动力冲破土地的束缚，开始大规模地向外流动，而农村劳动力的转移，在一定程度上缓和了农村人口和土地的矛盾，促进了农地的流转和规模经营，提高了农地的产出效益。以重庆市璧山县为例（表 1.5），截至 2006 年底，全县总人口为 61.88 万人，农业人口 47.22 万人，农村劳动力 29.79 万人，累计转移了农村劳动力 17.2 万人，占农村劳动力的 57.7%，2004 年至 2006 年三年共新增转移了农村劳动力 25 385 人。其中转移到第二产业的占 44.9%，第三产业的占 53.1%，城镇化率由 2005 年的 32.8% 上升到了 2006 年的 34.28%。同时璧山县农村土地流转总面积呈逐年上升的趋势（2004 年和 2005 年由于退耕还林，耕地面积减少，使得农地流转面积减少），二者的变化趋势具有一致性，由此可以看出，农村劳动力转移对农村土地的流转具有促进作用，农村劳动力从农村释放出来，向非农产业转移后，土地资源得不到充分的利用，会出现低效利用和撂荒的现象，此时农民大多选择将自己的土地流转出去，承包给农业大户或企业，使土地适度的集中起来，发展土地规模经营，这样既提高了农业的利用效率，又增加了农业的收入。

表 1.5　璧山县农村土地流转与劳动力转移情况表

年份	累计农地流转面积（亩）	累计转移农村劳动力（人）	当年已转移劳动力（人）	与上年增减比重（%）
2003	81 222	143 710	7 892	9.97
2004	86 389	157 703	12 210	9.2
2005	87 114	165 610	6 828	5.5
2006	83 999	171 957	6 347	3.83

3. 农地利用效益驱动

我国农村土地的功能演变经历了 4 个阶段(表 1.6),随着我国经济社会的持续快速稳定发展,农村土地的功能在保持社会和生态功能的同时,其经济功能正在得到最大化地实现,农业产业结构调整步伐加快,农村剩余劳动力转移加速,使得农村土地资源得到优化配置和合理利用,提高了土地的产出效率和农业比较效益,实现了农业增产,农民增收,农村发展,这都在很大程度上提高了农民参与土地流转的积极性,促进了农村土地的流转。

表 1.6　我国经济发展阶段的农地功能转变

主要阶段	主要功能	主要特征
第一阶段(大约 1978 年前)	社会政治稳定功能	计划配置,平均主义,大锅饭
第二阶段(1978～1984 年)	社会政治稳定功能为主,经济功能为辅	农村市场微观主体地位的初步确立,粮食供给的大幅度增长
第三阶段(1984 年以来)	经济功能为主,社会稳定功能为辅	农产品品种的结构性过剩,农业产业结构调整带来了农地收益的提高,农业劳动力转移
第四阶段(未来一定时期开始)	经济功能的最大化实现,潜在的社会稳定功能	农业产业结构日趋合理化,农业劳动力转移加速,土地资源的市场化程度提高

农村土地流转实际上是在稳定承包关系的前提下,将土地的经营(使用)权从承包权中流转出来,交易主要发生在农户与农户、集体与农户、农户与企业之间,主要的形式有转包、转让、互换、出租和入股等。对土地转出方来说,其流转收益包括三部分:土地转让费、承包权红利和转移劳动力收入。设土地使用权转让费为 c,承包权红利为 y_0,转移劳动力的年收益为 y_1,贴现率为 r,转出的土地使用权年限为 n,则转出方的收益 Y_s 为:

$$Y_s=c+\sum_{i=1}^{n}\left[\frac{y_0}{(1+r)^i}+\frac{y_1}{(1+r)^i}\right] \tag{1}$$

转出方的成本主要有:一是为寻找土地转入方并与之进行谈判而产生的交易费用 cc_s,二是转出方转出土地前的经营收益 Y_2,则转出方的成本 C_s 为:

$$C_S=cc_s+\sum_{i=1}^{n}\frac{y_2}{(1+r)^i} \tag{2}$$

则通过土地流转，转出方的收益增量 ΔY_s 为：

$$\Delta Y_s=Y_s-C_s \tag{3}$$

对于土地转入方来说，转入农地所得到的收益主要包括生产性收益(Mud_1)和非生产性收益(Mud_2)。所谓生产性收益即从事农业生产经营，获得土地产品所产生的直接收益，而非生产性收益则指农户从事土地经营所带来的社会保障、劳动享受等非生产性收益。由于边际报酬递减，Mud_1 和 Mud_2 均为倒 U 型曲线(图 1.5)。在农地经营规模较小时，$Mud_2 > Mud_1$，随着农地经营量的增加，Mud_2 早于 Mud_1 开始下降，并较快地下降到 Mud_1 以下。图中 X 为农户原承包地，此时农户的非生产性边际收益达到最大，此后转入户愈加追求生产性收益。

由于大多数农户对自己直接向集体承包的土地较多地考虑非生产性收益 Mud_2，而转入土地时考虑较多的是生产性收益 Mud_1，所以这里考虑的转入方的收益主要为生产性收益 Mud_1。其收益 Yd 可以用柯布—道格拉斯 (C—D) 生产函数来表示，该函数是分析资源“投入”和产品“产出”之间经济数量关系的常用生产函数，其基本模型为：$Y=AK^{\alpha}L^{\beta}$

式中 A 为常数项，代表一定的技术水平，α，β 分别为资本投入和劳动投入的生产弹性。

在农业生产的应用中，我们可以将 C—D 生产函数扩展为：$Y=Ax_1^{\alpha_1}x_2^{\alpha_2}x_3^{\alpha_3}x_4^{\alpha_4}$

式中 Y 为农业产出量，x_1 为农业固定资产投入量，x_2 为农业劳动力投入量，x_3 为农业土地投入量，x_4 为农业技术投入量，A 为常数项，α_1，α_2，α_3，α_4 为农业生产投入的弹性系数。

土地转入方的成本包括：一是交易费用 CC_d，与转出方交易费用基本相似，二是土地转让费 C，三是土地承包期内的租金，相当于转出方的土地分红 y_0 的现值，则转入方的成本 C_d 为：

$$C_d=c+cc_d+\sum_{i=1}^{n}\frac{y_0}{(1+r)^i} \tag{4}$$

则通过农村土地流转，转入方的收益增量 ΔY_d 为：

$$\Delta Y_d=Y_d-C_d \tag{5}$$

只有当 ΔYs 和 ΔY_d 都大于零，土地转出方和转入方都存在收益增量时，即与土地流转之前相比，在土地流转后，双方都能获得更多的经济收益，此时农村土地流转才会发生，通过土地流转，不仅可使土地的使用价值得到充分体现，而且还可以扩大土地规模经营，提高土地的产出效率，同时增加普通农户和农地经营户的收入。

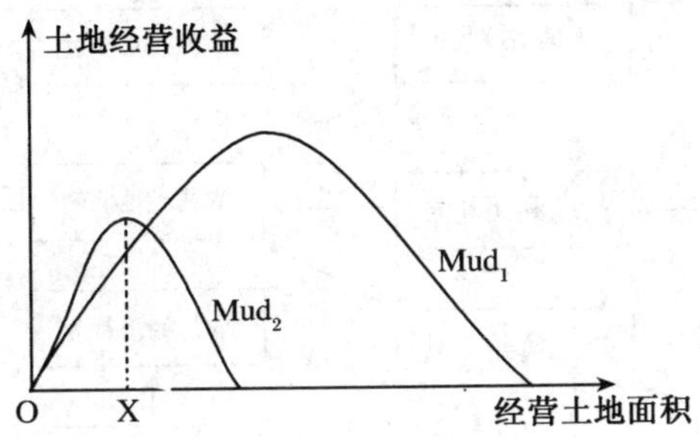

图 1.5 土地经营边际收益

4. 改革发展政策驱动

随着我国市场化改革的深化和城市化进程的推进，大量的农业人口离开了土地，从供给上给土地流转拓宽了发展的空间；而家庭承包制按人口均分或按劳力均分的土地分配机制又很难为大部分以农业经营为主的家庭提供足够的就业机会，这从需求方面为土地流转奠定了基础；同时我国加入 WTO 使农业面临着国际竞争，以及农村出现的土地粗放经营、闲置、撂荒等各种浪费土地资源的现象，也对土地资源的优化配置提出了客观要求。因此，当前的宏观经济环境为土地流转创造了条件，也对土地流转提出了要求，根据《中华人民共和国农村土地承包法》，我国先后颁布了《中共中央关于做好农户承包地使用权流转工作的通知》(中央[2001]18 号)和《农村土地承包经营权流转管理办法》(农业部 2005 年 1 月 7 日第二次常务会议审议通过)，本着平等协商、自愿、有偿原则，在不改变农业生产用途的前提下，提出了“明确所有权，稳定经营权，搞活使用权，强化管理权”，鼓励农村承包地经营权的流转，促进土地资源的优化配置和合理利用。党的十七届三中全会通过了《中共中央关于推进农村改革发展若干重大问题的决定》，《决定》明确提出，加强土地承包经营权流转管理和服务，建立健全土地承包经营权流转市场，按照依法自愿有偿原则，允许农民以转包、出租、互换、转让、股份合作等形式流转土地承包经营权，发展多种形式的适度规模经营。农村土地流转驱动机理见图 1.6。

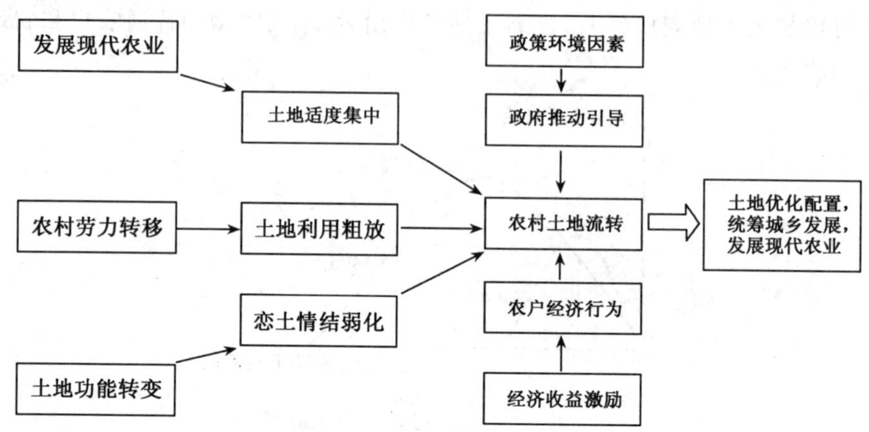

图 1.6　农村土地流转驱动机理图示

三、农村土地流转中的障碍性因素

农村土地承包经营权流转是农村经济发展的必然趋势，反映了生产力发展的客观要求，能够有效地促进农业结构调整和产业化经营，推动土地适度规模经营，增加农业收入，拓宽农民增收渠道。与此同时，在对重庆市农村土地流转情况的调研中，我们也发现存在着不少问题和障碍性因素。

农村土地流转是推进城乡统筹的有机组成部分，正确认识建立城乡统筹制度体系面临的阻力，有助于认识农村土地流转中存在的障碍性因素。为什么建立城乡统筹的制度体系如此艰难？据调查，主要有五个原因：其一，传统观念束缚大。农耕文化下土地对生存的保障作用，导致恋土情节成为一些农民进城落户而又不放弃土地的思想障碍；长期存在的城乡差别，又导致一些城里人瞧不起农民，对农民进城有排斥心理。其二，传统体制影响深。多年来以行业、产业管理为基础的行政管理体制，造成对城乡管理的割裂，由于农业是弱势产业，政府职能部门的设置存在着重城市、轻农村的倾向。其三，各方利益调整难。农民希望在统筹中得到更多的利益，城市居民担心在统筹中减少现有社会福利，一些行业和领域对城乡统筹造成的利益调整也有抵触情绪，一些地方和部门不愿意为统筹城乡支付改革成本。其四，经济支撑能力弱。城乡统筹制度的建立，需要一定的经济实力作支撑，经济实力不强，就难以承受建设新制度的改革成本。其五，制度创新能力弱。建立一个城乡统筹的制度体系，需要有解放的思想、改革的胆略，需要有创新的勇气、创新的思维、创新的举措，如果没有充分的思想准备,没有对改革走向的正确把握,改革就会浅尝辄止、半途而废。

1. 农民"两不"和业主"两怕"是农村土地流转的观念障碍

农民的"两不",指的是2006年国家全面取消农业税以后,农民在获得土地承包经营权的同时,不再上缴农业税,也许还可以获得一定数量的农业补贴,"不占白不占,占了也白占"心理普遍存在,"不愿"交出其土地承包经营权。同时在当前城市尚不能为进城务工经商农民解决好住房、就业、医疗、子女教育和社保等各方面保障的情况下,农民把其在农村的承包土地作为其今后生活保障的最后一道防线,"不敢"流转或交出土地承包经营权。因此造成"有人无田可种"与"有人有田不种"并存的不正常现象。

业主的"两怕",指的是业主"一怕"农村土地政策不稳定,政府提前收回土地承包租赁权,与投资回收期相比,租赁期限相对较短,一般为20年左右,投资回报率不高,不敢大胆投入;"二怕"农业生产自然和市场的双重风险压力大,农业生产灾情多,农产品市场变数大,租赁农村土地进行规模经营保障体系薄弱,不敢大规模搞开发。

一方面是农民的"两不",另一方面是业主的"两怕",再加上部分干部对加快农村土地流转促进农业规模经营的认识不到位等,构成当前农村土地承包经营权流转的观念障碍。

2. 农村土地流转需求不足是农村土地流转的驱动障碍

农村土地承包经营权流转的目的是合理配置土地资源,追求经济效益最大化,市场经济条件下利益驱动是农村土地流转的源泉和动力,市场需求不足是当前农村土地流转的利益驱动障碍。以2005年为例,国家发改委的资料显示当年重庆三大粮食作物的稻谷、小麦和玉米,其每亩净利润(注:将人工纳入成本来核算)分别为157元、-104元和58元,即使是种植花生,其每亩净利润也只有区区的160元,农业尤其是种植业比较收益不高。过低的农业比较收益和农业本身固有报酬递减规律,农业投资存在自然和市场的"双重风险",使得各种资本缺乏对经营农村土地的利益驱动,并因此造成农村土地承包经营权的市场需求不足。当然,种植柑橘或者发展高效设施农业,单位土地的净收益要高一些,但却需要相对较高投入,但受农村土地及其附着物不能担保和抵押贷款等政策限制,以及农村金融的缺失又限制了农民和业主发展类似的高投入产业。

3. 农村土地产权管理薄弱是农村土地流转的体制障碍

《宪法》第10条规定,农村和城市郊区的土地,除由法律规定属于国家所有的以外，属于集体所有。《土地管理法》第 8 条和《农业法》第 3 条重申了《宪法》第 10 条的规定。据调查，我国农村土地产权虚化集中反映在三个方面：一是产权主体不明确，农村土地确权、登记、发证工作进展迟缓；二是不尊重农民意愿，不论是在农村土地利用管理方面，或是在农村土地流转管理方面，都存在着忽视农民主体地位的现象；三是产权经济不落实，忽视农民土地权益要求在经济上得到实现的合理诉求。理论上农村土地属于集体所有就是村社两级的所有，但事实上绝大多数农村土地为社里所有。村民所在社又不是村民自治组织，不具备法人资格；村民自治组织建立在村一级，具有独立的法人资格，代表全体村民行使土地所有权。村一级行使所有权，却实际没有所有权；社一级不行使所有权，却实际拥有所有权。在所有制虚化的牵制下，土地流转只能在社内集体成员之间进行才现实可行。这样一个两难的体制矛盾，加之受血缘、地缘关系的制约，土地承包经营权流转难以按效率优先的原则优化配置，市场调节的作用就大打折扣，形成了农村土地流转的体制障碍。

4. 农村土地功能荷载沉重是农村土地流转的制度障碍

我国现行土地政策赋予了农村土地的社会保障和经济效益等两大功能。一方面农村土地具有的农民社会保障功能，它不能商品化，不可能流动，农村土地承包经营权是当前农民在土地公有制条件下获得的最基本的社会保险，农民失去了承包经营权，就失去了这份社会保障。另一方面，土地作为最基本的生产资料和农业生产要素，经济效益最大化是其终极目标，在市场经济条件下，必然要求农村土地像其他生产要素一样，在流动中才能优化配置。因此，在农村各种社会保障尚处于刚刚起步阶段的今天，农村土地的经济效益功能在与社会保险功能的劣势地位才是农村土地流转难的实质所在。中央农村工作领导小组办公室主任陈锡文表示，在加快农村金融体制改革过程中，应排除土地承包经营权、宅基地和农民房产作为抵押。在中国这样的发展中国家，土地承包权、宅基地和房产是农民最后的生存依据，在任何情况下，都不能拿走农民土地承包权、宅基地和房产，否则会引发农民流离失所，影响社会稳定。还有一个重要原因就在于我国社会保障体系尚不完善，必须避免农民“失地、失业、失住房”的情况发生。可见，我国农村土地承载着多种功能，成为土地流转的制度障碍。温家宝总理强调：“维护社会稳定和国家长治久安，必须严格土地管理。我们必须清醒地认识土地的重要功能，它是民生之本。土地不仅是最重要的农业生产资料，而且是农民最基本的生活保障。由于大量征占耕地，使很多农民失去土地。一些地方还压低补偿标准，不考虑失地农民的长远生计，导致部分失地农民成为种田无地，就业无岗,社保无份的'三无'农民,生活水平下降。如果再不严格土地管理,听任乱征滥用耕地,失地失业农地大量增加,后果将极为严重。我们必须从维护人民群众的根本利益和社会稳定的大局出发,严格保护耕地,保护农民的长远生计,为改革开放和现代化建设创造好的环境。”

5. 农村土地流转市场缺失是农村土地流转的机制障碍

当前,重庆许多区县和乡镇尚未建立农村土地流转的管理机构和市场化的中介组织,农村土地流转基本上是在一种信息不对称的双边垄断市场中运行。即土地的转让方找不到土地的受让方,土地的受让方找不到土地的转让方,形成了“有买找不到卖,有卖找不到买”的尴尬局面,并因此导致农村土地承包经营权流转仅局限于小范围、小规模、短期的行为之中。农村土地流转市场中介服务组织的缺失,还限制了农村土地承包经营权的大范围、大规模、跨社区的长期流转,阻碍了农村上地流转在更人的范围和更高的层次上进行,进而影响农村土地流转的速度、规模和效益。

选取重庆市忠县和浙江省温岭县作比较。浙江省温岭县为全国百强县之一,东部沿海地区农村土地流转的示范县。2005 年土地流转中心成立以来,土地流转工作步入正轨,流转总量不断增加,流转主体渐趋集中,专业大户、合作社和工商企业已成为土地流入的经营主体。截至 2007 年底,温岭县承包耕地流转面积 15.02 万亩,占承包耕地总面积的 30.31%,涉及农户 9.10 万户。其中,通过中介机构流转承包耕地面积 6.47 万亩,涉及流出户 3.55 万户,占全县总流出户的 56.35%,涉及流入户 1.20 万户,属于东部沿海地区农村土地流转的典型代表。通过整理相关数据,并引入农村土地流转市场化程度测算模型,分别测定两地土地流转的市场化程度指数,得到了重庆市忠县与浙江省温岭县农村土地流转市场化程度测算结果。分析结果表明,浙江省温岭县农村土地流转的市场化程度远高于重庆市忠县。重庆市忠县农村土地流转还停留在政府引导和农民自发流转的阶段;土地流转市场化硬件设施不足,没有建立有形的交易市场和交易所,流转价格多为农户之间协商甚至无偿流转,市场化程度较低。

表 1.7 重庆市土地变更调查统计表 （单位：万亩、万 hm²）

年度	土地面积	农用地	耕地	园地	林地	牧草地	其他农用地	建设用地	城乡建设用地	城镇工矿	城市	建制镇	独立工矿	盐田	特殊用地	农村居民点	交通用地	水利设施用地	未利用地
1996	12 340.30	9 342.67	3 817.52	247.64	4 462.22	365.49	449.80	723.74	646.35	95.40	17.08	22.70	45.05	0.00	10.57	550.95	37.52	39.87	2 273.89
	822.69	622.84	254.50	16.51	297.48	24.37	29.98	48.25	43.09	6.36	1.14	1.51	3.00	0.00	0.70	36.73	2.50	2.66	151.59
1997	12 340.30	9 337.67	3 811.95	248.43	4461.19	357.24	458.86	731.79	650.72	105.15	23.58	24.55	46.39	0.00	10.63	545.57	41.19	39.88	2 270.84
	822.69	622.51	254.13	16.56	297.41	23.82	30.59	48.79	43.38	7.01	1.57	1.64	3.09	0.00	0.71	36.37	2.75	2.66	151.39
1998	12 340.30	9 331.11	3 802.00	249.85	4461.91	357.61	459.74	740.90	656.30	109.42	25.39	25.32	48.49	0.00	10.20	545.90	10.20	39.97	2 268.29
	822.69	622.07	253.47	16.66	297.46	23.84	30.64	49.39	43.75	7.29	1.69	1.69	3.23	0.00	0.68	36.39	0.68	2.66	151.22
1999	12 340.30	9 313.68	3 794.41	247.50	4 456.12	355.61	460.04	755.56	664.99	119.81	27.84	33.07	48.14	0.00	10.76	545.17	50.56	40.01	2271.06
	822.69	620.91	252.96	16.50	297.07	23.71	30.67	50.37	44.33	7.99	1.86	2.20	3.21	0.00	0.72	36.34	3.37	2.67	151.40
2000	12 340.30	9 315.92	3 784.38	251.88	4 460.79	357.84	461.03	765.29	670.95	125.31	29.90	35.25	49.17	0.00	10.99	545.63	54.23	40.11	2 259.09
	822.69	621.06	252.29	16.79	297.39	23.86	30.73	51.02	44.73	8.35	1.99	2.35	3.28	0.00	0.73	36.38	3.62	2.67	150.61
2001	12 340.30	10 396.37	3 778.81	256.04	4 466.55	357.66	1537.31	772.60	673.42	128.14	32.69	35.26	49.71	0.00	10.48	545.59	54.81	44.37	1 171.33
	822.69	693.09	251.92	17.07	297.77	23.84	102.49	51.51	44.89	8.54	2.18	2.35	3.31	0.00	0.70	36.37	3.65	2.96	78.09
2002	12 340.30	10 401.26	3 698.64	273.73	4551.30	357.74	1519.85	779.19	678.04	132.85	35.28	36.35	50.71	0.00	10.50	545.20	56.62	44.53	1 159.85
	822.69	693.42	246.58	18.25	303.42	23.85	101.32	51.95	45.20	8.86	2.35	2.42	3.38	0.00	0.70	36.35	3.77	2.97	77.32
2003	12 340.30	10 535.90	3 521.44	315.00	4 785.28	357.73	1 556.45	809.40	684.90	140.87	38.56	37.29	54.49	0.01	10.53	544.08	58.50	66.00	995.00
	822.69	702.39	234.76	21.00	319.02	23.85	103.76	53.96	45.66	9.39	2.57	2.49	3.63	0.00	0.70	36.27	3.90	4.40	66.33
2004	12 340.30	10 416.04	3 431.13	331.42	4 876.91	357.08	1 419.50	838.42	699.07	157.26	44.93	43.07	58.63	0.01	10.63	541.82	61.38	77.97	1 085.84
	822.69	694.40	228.74	22.09	325.13	23.81	94.63	55.89	46.60	10.48	3.00	2.87	3.91	0.00	0.71	36.12	4.09	5.20	72.39
2005	12 340.30	10 417.51	3 394.05	352.92	4 909.61	356.87	1 404.06	853.61	707.60	166.45	48.51	45.85	61.67	0.01	10.42	541.15	65.63	80.38	1 069.18
	822.69	694.50	226.27	23.53	327.31	23.79	93.60	56.91	47.17	11.10	3.23	3.06	4.11	0.00	0.69	36.08	4.38	5.36	71.28
2006	12 340.30	10 412.20	3 362.93	365.73	4 937.21	356.14	1390.19	866.31	715.76	175.45	56.19	47.82	61.53	0.00	9.91	540.31	69.79	80.76	1 061.79
	822.69	694.15	224.20	24.38	329.15	23.74	92.68	57.75	47.72	11.70	3.75	3.19	4.10	0.00	0.66	36.02	4.65	5.38	70.79

表 1.8　全国历年土地变更数据　（单位：万 hm²、亿亩）

	总面积	农用地	耕　地	园　地	林　地	牧草地	其　他农用地	建设用地	居民点及工矿用地	交通运输用　地	水利设施用　地	未利用地
1996	96 000.00	65 053.33	13 080.00	926.67	22 526.67	26 393.33	2 126.67	2 946.67	2 433.33	166.67	346.67	28 000.00
	144.00	97.58	19.62	1.39	33.79	39.59	3.19	4.42	3.65	0.25	0.52	42.00
1997	96 000.00	65 100.00	13 026.67	953.33	22 586.67	26 393.33	2 140.00	2 966.67	2 446.67	173.33	346.67	27 933.33
	144.00	97.65	19.54	1.43	33.88	39.59	3.21	4.45	3.67	0.26	0.52	41.90
1998	96 000.00	65 160.00	12 966.67	973.33	22 666.67	26 393.33	2 160.00	2 986.67	2 460.00	180.00	346.67	27 853.33
	144.00	97.74	19.45	1.46	34.00	39.59	3.24	4.48	3.69	0.27	0.52	41.78
1999	96 000.00	65 186.67	12 920.00	993.33	22 720.00	26 386.67	2 166.67	3 013.33	2 473.33	186.67	353.33	27 800.00
	144.00	97.78	19.38	1.49	34.08	39.58	3.25	4.52	3.71	0.28	0.53	41.70
2000	96 000.00	65 280.00	12 826.67	1 040.00	22 840.00	26 386.67	2 186.67	3 026.67	2 480.00	193.33	353.33	27 693.33
	144.00	97.92	19.24	1.56	34.26	39.58	3.28	4.54	3.72	0.29	0.53	41.54
2001	96 000.00	65 331.59	12 761.58	1 064.01	22 919.06	26 384.59	2 202.35	3 040.78	2 487.58	202.75	350.45	27 627.63
	144.00	98.00	19.14	1.60	34.38	39.58	3.30	4.56	3.73	0.30	0.53	41.44
2002	96 000.00	65 661.00	12 593.00	1 079.00	23 072.00	26 352.00	2 565.00	3 073.00	2 510.00	208.00	355.00	27 266.00
	144.00	98.49	18.89	1.62	34.61	39.53	3.85	4.61	3.77	0.31	0.53	40.90
2003	96 000.00	65 706.15	12 339.22	1 108.16	23 396.76	26 311.18	2 550.83	3 106.47	2 535.42	214.52	356.53	27 187.38
	144.00	98.56	18.51	1.66	35.10	39.47	3.83	4.66	3.80	0.32	0.53	40.78
2004	96 000.00	65 702.00	12 244.00	1 129.00	23 505.00	26 271.00	2 553.00	3 155.00	2 573.00	223.00	359.00	27143.00
	144.00	98.55	18.37	1.69	35.26	39.41	3.83	4.73	3.86	0.33	0.54	40.71
2005	96 000.00	65 704.00	12 208.00	1 155.00	23 574.00	26 214.00	2 553.00	3 193.00	2 602.00	231.00	360.00	27 103.00
	144.00	98.56	18.31	1.73	35.36	39.32	3.83	4.79	3.90	0.35	0.54	40.65
2006	96 000.00	65 720.00	12 180.00	1 180.00	23 613.33	26 193.33	2 553.33	3 233.33	2 633.33	240.00	360.00	27 046.67
	144.00	98.58	18.27	1.77	35.42	39.29	3.83	4.85	3.95	0.36	0.54	40.57
2007	96 000.00	65 700.00	12 173.33	1 180.00	23 613.33	26 186.57	2 546.67	3 273.33	2 666.67	244.43	362.86	27 026.67
	144.00	98.55	18.26	1.77	35.42	39.28	3.82	4.91	4.00	0.37	0.54	40.54

备注：根据 2001 年国土资源公报数据，城镇村及独立工矿区用地 2487.58 万 hm²(3.73 亿亩)，交通用地 580.76 万 hm²(0.87 亿亩)，水利设施用地572.96万 hm²(0.86 亿亩)，未利用地为 27027.11 万 hm²(40.54 亿亩)。

重庆农村土地交易所管理暂行办法

（渝府发[2008]127号文件）

第一章 总则

第一条 法律依据

根据《中华人民共和国土地管理法》、《中华人民共和国土地承包法》、《中华人民共和国物权法》等法律法规和政策规定，按照统筹城乡、科学发展的要求，制定本办法。

第二条 指导思想

全面贯彻落实科学发展观，深化城乡综合配套改革，健全农村土地管理制度，优化城乡土地资源配置，解放和发展农村生产力，推进农村土地节约集约利用，统筹城乡经济社会全面协调可持续发展。

第三条 基本原则

（一）坚持以家庭联产承包为基础、统分结合的双层经营体制，稳定和完善农村基本经营制度；

（二）坚持最严格的耕地保护制度，建立基本农田保护补偿机制，确保耕地总量不减少、用途不改变、质量有提高；

（三）坚持最严格的节约用地制度，从严控制城乡建设用地总规模，推进城镇建设用地增加与农村建设用地减少挂钩，逐步建立城乡统一的建设用地市场；

（四）坚持依法、自愿、有偿，公开、公平、公正，切实保障农民的占有、使用、收益等合法权益。

第四条 交易品种

农村土地交易所交易品种包括实物交易和指标交易：

（一）实物交易指农村集体土地使用权或承包经营权交易；

（二）指标交易指建设用地挂钩指标交易。

第五条 监管服务机构

(一)组建重庆市农村土地交易所监督管理委员会。委员会下设办公室,负责日常工作,办公室设在市国土房管局。

(二)设立重庆农村土地交易所,在重庆市农村土地交易所监督管理委员会领导下,在市国土资源、农业、林业等行政主管部门指导下,建立农村土地(实物和指标)交易信息库,发布交易信息,提供交易场所,办理交易事务。

第二章 实物交易

第六条 严格执行土地用途管制制度和规划许可制度

(一)农村土地交易未经依法批准不得擅自改变土地用途;

(二)农用地和未利用地要转为建设用地,必须符合土地利用总体规划、城乡建设规划及环境保护的要求,依法经过批准,并纳入土地利用年度计划;

(三)对违反规定改变交易土地用途的行为,由国土资源、农业、林业等行政主管部门按照国家有关规定严肃查处。

第七条 交易内容

(一)耕地、林地等农用地使用权或承包经营权交易。耕地承包经营权交易时,附着于该土地上的构筑物及其附属设施一并交易。林地使用权或承包经营权交易时,生长在该土地上的林木所有权一并交易。

(二)农村集体经营性建设用地使用权交易。农村集体经营性建设用地使用权交易时,附着于该土地上的建筑物、构筑物及其附属设施一并交易。

(三)荒山、荒沟、荒丘、荒滩等农村未利用地使用权或承包经营权交易。

(四)农村土地使用权或承包经营权折资入股后的股权或收益分配权交易。

第八条 禁止交易的土地

(一)使用权或承包经营权权属不合法、不明晰或有争议的;

(二)重点生态防护林、特殊用途林、生态湿地、饮用水源保护地等承担重要生态功能的;

(三)违反土地利用总体规划、城乡总体规划、村镇规划的;

(四)司法机关依法查封或以其他形式限制土地权利的;

(五)以前签订的土地交易合同约定事项尚未完结的。

第九条 交易方式

(一)农民家庭承包土地的承包经营权交易,可以采取转让、转包、转租、入股、联营等方式;

(二)农村集体未发包的农用地使用权交易,可以采取出让、出租、入股、联营等方式;

(三)农村宅基地及其附属设施用地使用权交易,可以采取出租、转让、转租、入股、联营等方式;

(四)除农村宅基地及其附属设施用地以外的农村集体建设用地使用权交易,可以采取出让、转让、出租、入股、联营等方式;

(五)农村未利用地使用权交易,可以采取出让、出租、联营、股份合作等方式;

(六)农村土地使用权或承包经营权折资入股后的股权或收益分配权交易,可以采取转让等方式。

第十条　申让资格

农村土地实物申让方必须是农村集体经济组织、具有完全民事权利能力和民事行为能力的自然人、法人或其他组织。

第十一条　申让条件

申让方必须提交申让地块土地权利证书或其他权属证明、土地勘测定界报告、土地利用现状图、土地分类面积汇总表、使用年限说明、价款构成及支付要求、交地承诺等有关材料。其中:

(一)凡农村集体经济组织申让,必须出具集体土地所有证或其他权属证明,以及拥有该土地的农村集体经济组织三分之二以上成员或者三分之二以上成员代表同意交易的书面材料;

(二)凡农户永久性申让,必须提供集体土地使用证或其他权属证明,以及拥有其他稳定居所和稳定生活来源的书面材料;

(三)凡农户或法人申让,均必须提交该土地所在集体经济组织同意交易的书面材料;

(四)凡委托申让,必须提交相应授权的法律文书。

第十二条　申购资格

(一)农村土地实物申购方必须是农村集体经济组织、具有完全民事权利能力和民事行为能力的自然人、法人或其他组织;

（二）农村宅基地及其附属设施用地申购方必须是本农村集体经济组织成员或高山移民。

第十三条　严格规范交易秩序

（一）凡农村集体经济组织申报的农村土地交易，应按《重庆农村土地交易所交易流程》的规定，在农村土地交易所内公开交易；

（二）鼓励其他主体申报的土地交易在农村土地交易所内进行，并参照《重庆农村土地交易所交易流程》的规定办理相关手续；

（三）农村集体经营性建设用地使用权交易，必须在农村土地交易所公开规范交易；

（四）有关行政主管部门按照各自职能加强交易资格审查和交易行为监管。

第十四条　交易价格指导。

各区县（自治县）人民政府根据区域经济社会发展水平、城乡规划与建设、土地市场状况等情况，制定本区域农村土地交易的基准地价。

第十五条　交易合同管理

（一）重庆市农村土地交易所监督管理委员会办公室统一制定标准合同文本；

（二）所有交易结果均须依法签订合同，并依法到国土资源、农业、林业行政主管部门登记。

第十六条　交易年限管理

（一）农用地承包经营权交易年限，按国家相关法律法规规定的年限执行；

（二）农村集体建设用地使用权交易年限，最长不得超过同用途的国有建设用地出让最高年限；

（三）农村未利用地交易年限，最长不得超过拟用途类型土地的承包年限。

第十七条　交易后续管理

（一）严格执行国家有关土地管理的法律法规和政策，连续撂荒两年以上的农村承包地，由拥有其所有权的农村集体经济组织收回；

（二）土地交易后，在合同约定时间内未开发利用的土地（包括未利用地、集体建设用地等），由拥有其所有权的农村集体经济组织收回；

（三）农村宅基地及其附属设施用地交易后，该申让主体不得再申请农村宅基地及其附属设施用地。

第三章　指标交易

第十八条　建设用地挂钩指标定义

本办法所指建设用地挂钩指标，特指农村宅基地及其附属设施用地、乡镇企业用地、农村公共设施和公益事业建设用地等农村集体建设用地复垦为耕地后，可用于建设的用地指标。

第十九条　指标产生程序

指标严格按照以下程序产生：

（一）市国土资源行政主管部门依据土地利用总体规划、城镇规划，编制城乡建设用地挂钩专项规划，确定挂钩的规模和布局，经市人民政府批准后实施；

（二）土地权利人（包括农村集体经济组织、农民家庭及拥有土地权属的其他组织）向区县（自治县）国土资源行政主管部门提出土地复垦立项申请，经批准后复垦所立项的土地；

（三）在土地复垦完毕后，复垦方向区县（自治县）国土资源行政主管部门提出农村土地复垦质量验收申请；

（四）区县（自治县）国土资源行政主管部门按规定组织验收，验收合格后，按照重庆市土地复垦有关规定，向市国土资源行政主管部门申请确认并核发城乡建设用地挂钩指标凭证。

第二十条　农村土地复垦坚持的原则

（一）农村土地复垦必须坚持规划控制、政府指导、农民自愿、统一管理、统一验收；

（二）农村宅基地及其附属设施用地复垦后，该农村家庭不得另行申请农村宅基地及其附属设施用地。

第二十一条　农村土地申请复垦的条件

（一）申请农村建设用地复垦，必须提交该土地的权属证明、土地勘测定界报告、土地利用现状图、土地分类面积汇总表；

（二）凡农民家庭申请农村宅基地及其附属设施用地复垦，必须提供集体土地使用证或其他权属证明，以及拥有其他稳定住所、稳定生活来源的证明和所在农村集体经济组织同意复垦的书面材料；

（三）凡法人或其他组织申请农村建设用地复垦，必须提交土地所在农村集体经济组织同意复垦的书面材料；

（四）凡农村集体经济组织申请农村建设用地土地复垦，必须出具集体土地所有证或其他权属证明，以及本集体经济组织三分之二以上成员或者三分之二以上成员代表同意复垦的书面材料。

第二十二条　禁止复垦以下土地用于指标交易：

（一）土地利用总体规划确定的城镇建设用地范围以内的；

（二）使用权或承包经营权权属不合法、不明晰或有争议的；

（三）违反土地利用总体规划、城乡总体规划、村镇规划的；

（四）司法机关依法查封或以其他形式限制土地权利的；

（五）以前签订的土地交易合同约定事项尚未完结的。

第二十三条　农村土地复垦主体

（一）农村土地复垦责任主体是拥有该土地所有权的农村集体经济组织或拥有该土地使用权的自然人；

（二）农村土地复垦申请立项批准后，农村集体经济组织或自然人可以自行申请，也可以委托农村土地专业复垦机构复垦。

第二十四条　指标交易规则

（一）凡城乡建设用地挂钩指标交易，必须在农村土地交易所内进行；

（二）申让方持土地指标凭证，向农村土地交易所提出交易申请，也可以委托代理机构代理申请；

（三）代理机构代理申让指标时，在出具土地指标凭证的同时，必须提交委托书；

（四）农村土地交易所对申让方进行资格条件审查后，将审查合格的待交易土地指标纳入信息库，并及时向社会公布；

（五）一切农村集体经济组织、法人或其他组织以及具有独立民事能力的自然人，均可在农村土地交易所公开竞购指标。

第二十五条　交易价格指导

市人民政府在综合考虑耕地开垦费、新增建设用地土地有偿使用费等因素的基础上，制定全市统一的城乡建设用地挂钩指标基准交易价格。

第二十六条　交易调控管理

市人民政府对城乡建设用地挂钩指标交易总量实行计划调控，每年度交易指标量要根据年度用地计划、挂钩周转指标规模和经营性用地需求情况，合理确定。

第二十七条　指标购买用途

（一）增加等量城镇建设用地；

（二）指标落地时，冲抵新增建设用地有偿使用费和耕地开垦费。

第四章　权益保障

第二十八条　农村土地确权、登记和颁证

（一）结合第二次全国土地调查和集体林权制度改革，区县（自治县）人民政府组织进行农村集体土地所有权登记，核发集体土地所有证、集体土地使用证、承包经营权证和林权证；

（二）农村集体建设用地复垦后的土地，所有权和使用权属本农村集体经济组织；

（三）区县（自治县）国土资源、农业、林业等行政主管部门按照各自职责负责本行政区域内农村土地登记、颁证的管理。

第二十九条　土地权益保障

（一）农村土地承包经营权交易，不得改变农村土地集体所有性质，不得损害农民土地承包权益；

（二）在土地利用规划确定的城镇建设用地范围外，经批准占用农村集体土地建设的非公益性项目，允许农民依法以多种方式参与开发经营并保障农民合法权益；

（三）通过农村土地交易所以公开规范的方式依法取得土地使用权的农村集体经营性建设用地，在符合规划的前提下与国有土地享有平等权益。

第三十条　交易优先权保障

（一）农村土地交易价格低于基准价格时，土地所有者有优先回购权；

（二）农村土地折资入股后的权益或收益分配权交易，所在农村集体经济组织、农民专业合作社有优先购买权；

（三）城乡建设用地挂钩指标交易之前，优先满足集体建设用地。

第三十一条　分配权益保障

（一）耕地、林地等承包经营权交易收益，归农民家庭所有；

（二）农村宅基地使用权交易收益，原则上大部分归农民家庭所有，小部分归农村集体经济组织所有，具体分配比例由农民家庭和农村集体经济组织协商确定；

（三）乡镇企业用地、农村公共设施和公益事业建设用地等集体建设用地使用权交易收益，归农村集体经济组织所有；

（四）农村土地交易所按农村土地实物和指标交易额1%的比例收取交易服务费；

（五）农村集体经济组织获得的土地交易收益，纳入农村集体财产统一管理，用于本集体经济组织成员分配和社会保障、新农村建设等公益事业。具体管理办法，按相关农村集体资产管理规定执行。

第三十二条　交易纠纷调解

农村土地交易中发生的纠纷，可向国土资源、农业、林业等有关行政主管部门申请调解仲裁。不能调解仲裁的，通过法律途径解决。

第五章　附则

第三十三条　本办法由重庆市农村土地交易所监督管理委员会负责解释。

第三十四条　本办法自2008年12月1日起实施。

第二章

农村土地流转的时代特征

【内容提要】 通过理论研究和实证分析，反映了统筹城乡综合配套改革试验区农地流转的基本情况，揭示了当前我国农村土地流转的时代特征，阐明了当前我国农村土地流转具有推进城乡发展一体化、农业经营产业化、土地流转市场化、土地利用集约化、土地权益主体化等积极作用，是完善农村土地管理制度的必然选择。

一、健全农村土地制度，推进城乡统筹发展

1. 改革开放充满生机，经济社会进步巨大

1978 年 12 月 18 日，党的十一届三中全会隆重召开。这次会议，实现了新中国成立以来我们党历史上具有深远意义的伟大转折，开启了我国改革开放新时期。从此，党领导全国各族人民在新的历史条件下开始了新的伟大革命。新时期最鲜明的特点是改革开放。党带领人民进行改革开放，目的就是要解放和发展社会生产力，实现国家现代化，让中国人民富裕起来，振兴伟大的中华民族；就是要推动我国社会主义制度自我完善和发展，赋予社会主义新的生机活力，建设和发展中国特色社会主义。

锐意推进各方面体制改革，使我国成功实现了从高度集中的计划经济体制到充满活力的社会主义市场经济体制的伟大历史转折。我们建立和完善社会主义市场经济体制，建立以家庭承包经营为基础、统分结合的农村双层经营体制，形成公有制为主体、多种所有制经济共同发展的基本经济制度，形成按劳分配为主体、多种分配方式并存的分配制度，形成在国家宏观调控下市场对资源配置发挥基础性作用的经济管理制度。在不断深化经济体制改革的同时，不断深化政

治体制、文化体制、社会体制以及其他各方面体制改革，不断形成和发展符合当代中国国情、充满生机活力的新的体制机制，为我国经济繁荣发展、社会和谐稳定提供了有力制度保障。

坚持以经济建设为中心，我国综合国力迈上新台阶。从1978年到2007年，我国国内生产总值由3 645亿元增长到24.95万亿元，年均实际增长9.8%，是同期世界经济年均增长率的3倍多，我国经济总量上升为世界第四。我们依靠自己的力量稳定解决了13亿人口的吃饭问题。我国主要农产品和工业品产量已居世界第一，具有世界先进水平的重大科技创新成果不断涌现，高新技术产业蓬勃发展，水利、能源、交通、通信等基础设施建设取得突破性进展，生态文明建设不断推进，城乡面貌焕然一新。

着力保障和改善民生，人民生活总体上达到小康水平。这30年是我国城乡居民收入增长最快、得到实惠最多的时期。从1978年到2007年，全国城镇居民人均可支配收入由343元增加到13 786元，实际增长6.5倍；农民人均纯收入由134元增加到4 140元，实际增长6.3倍；农村贫困人口从2.5亿减少到1 400多万。城市人均住宅建筑面积和农村人均住房面积成倍增加。群众家庭财产普遍增多，吃穿住行用水平明显提高。改革开放前长期困扰我们的短缺经济状况已经从根本上得到改变。

大力发展社会事业，社会和谐稳定得到巩固和发展。城乡免费九年义务教育全面实现，高等教育总规模、大中小学在校生数量位居世界第一，办学质量不断提高。就业规模持续扩大，全社会创业活力明显增强。社会保障制度建设加快推进，覆盖城乡居民的社会保障体系初步形成。公共卫生服务体系和基本医疗服务体系不断健全，新型农村合作医疗制度覆盖全国。社会管理不断改进，社会大局保持稳定。

根据国际经验，城乡关系在工业化和现代化过程中会经历三个阶段：第一阶段是农村支援城市、农业哺育工业的发展阶段，相当于工业化的初期阶段。这一阶段普遍表现为牺牲农村、农业的发展来加速城市、工业的发展，牺牲城乡公平来获取城市工业的“效率”。第二阶段是农村、农业和城市、工业平等发展阶段，相当于工业化中期阶段。在这一阶段中，城乡发展失衡的状态开始得到初步扭转，农村、农业获得了更多发展机会，城乡发展在一定程度上兼顾了效率和公平。第三个阶段是城市带动农村、工业反哺农业的发展阶段，相当于工业化后期阶段。这一阶段已经实现了高度工业化，工业、城市具备支援农业、农村的条件，加之农业在国民经济中的比重已经大大下降，反哺农业不会给工业、城市增加太多的负担。在这三个阶段的发展过程中会出现两个转折：第一个转折是工业化初期阶段结束，开始进入中期阶段，其结构特征是城市化水平不低于35%，人均GDP不小于1 000美元。第二个转折是工业化中期阶段结束，开始进入后期阶段，其结构特征是城市化水平不低于50%，人均GDP3 000美元以上。根据他国经验，人均GDP达到1 000美元以后，国家发展趋势会分化为两类：一类国家如新加坡、韩国，城乡关系协调，经济社会持续发展；另一类如拉美国家，城乡发展失衡，社会矛盾加剧，滋生大量社会问题，出现所谓"拉美现象"。人均GDP达到1 000美元以后是一个重要的分水岭，必须注意城乡协调发展，如果城乡发展差距问题得不到解决，社会矛盾将更加突出。

当前，我国改革发展进入关键阶段。我们要抓住和用好重要战略机遇期，胜利实现全面建设小康社会的宏伟目标，加快推进社会主义现代化，就要更加自觉地把继续解放思想落实到坚持改革开放、推动科学发展、促进社会和谐上来，毫不动摇地推进农村改革发展。继续解放思想，必须结合农村改革发展这个伟大实践，大胆探索、勇于开拓，以新的理念和思路破解农村发展难题，为推动党的理论创新、实践创新提供不竭源泉。坚持改革开放，必须把握农村改革这个重点，在统筹城乡改革上取得重大突破，给农村发展注入新的动力，为整个经济社会发展增添新的活力。推动科学发展，必须加强农业发展这个基础，确保国家粮食安全和主要农产品有效供给，促进农业增产、农民增收、农村繁荣，为经济社会全面协调可持续发展提供有力支撑。促进社会和谐，必须抓住农村稳定这个大局，完善农村社会管理，促进社会公平正义，保证农民安居乐业，为实现国家长治久安打下坚实基础。实践充分证明，只有坚持把解决好农业、农村、农民问题作为全党工作重中之重，坚持农业基础地位，坚持社会主义市场经济改革方向，坚持走中国特色农业现代化道路，坚持保障农民物质利益和民主权利，才能不断解放和发展农村社会生产力，推动农村经济社会全面发展。

农业是安天下、稳民心的战略产业，没有农业现代化就没有国家现代化，没有农村繁荣稳定就没有全国繁荣稳定，没有农民全面小康就没有全国人民全面小康。我国总体上已进入以工促农、以城带乡的发展阶段，进入加快改造传统农业、走中国特色农业现代化道路的关键时刻，进入着力破除城乡二元结构、形成城乡经济社会发展一体化新格局的重要时期。我们要牢牢把握我国社会主义初级阶段的基本国情和当前发展的阶段性特征，适应农村改革发展新形势，顺应亿万农民过上美好生活新期待，抓住时机、乘势而上，努力开辟中国特色农业现代化的广阔道路，奋力开创社会主义新农村建设的崭新局面。

2. 城乡二元结构明显，"三农"问题日趋突出

我国农村正在发生新的变革，我国农业参与国际合作和竞争正面临新的局面，推进农村改革发展具备许多有利条件，也面对不少困难和挑战，特别是城乡二元结构造成的深层次矛盾突出。农村经济体制尚不完善，农业生产经营组织化程度低，农产品市场体系、农业社会化服务体系、国家农业支持保护体系不健全，构建城乡经济社会发展一体化体制机制要求紧迫；农业发展方式依然粗放，农业基础设施和技术装备落后，耕地大量减少，人口资源环境约束增强，气候变化影响加剧，自然灾害频发，国际粮食供求矛盾突出，保障国家粮食安全和主要农产品供求平衡压力增大；农村社会事业和公共服务水平较低，区域发展和城乡居民收入差距扩大，改变农村落后面貌任务艰巨；农村社会利益格局深刻变化，一些地方农村基层组织软弱涣散，加强农村民主法制建设、基层组织建设、社会管理任务繁重。总之，农业基础仍然薄弱，最需要加强；农村发展仍然滞后，最需要扶持；农民增收仍然困难，最需要加快。我们必须居安思危、加倍努力，不断巩固和发展农村好形势。

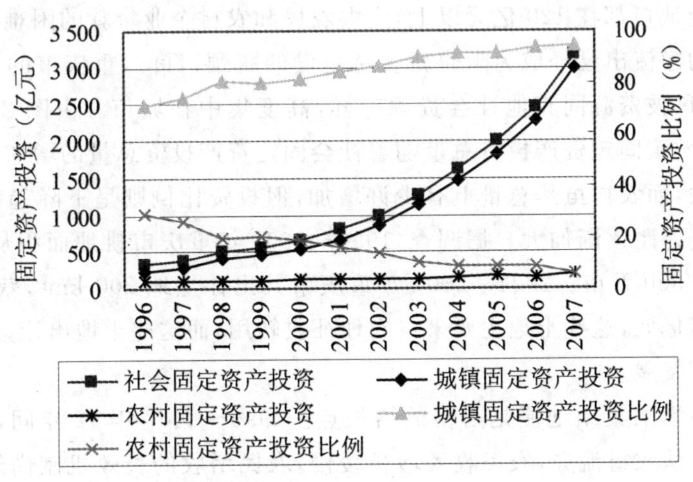

图 2.1　重庆市 1996～2007 年城乡固定资产投资统计图

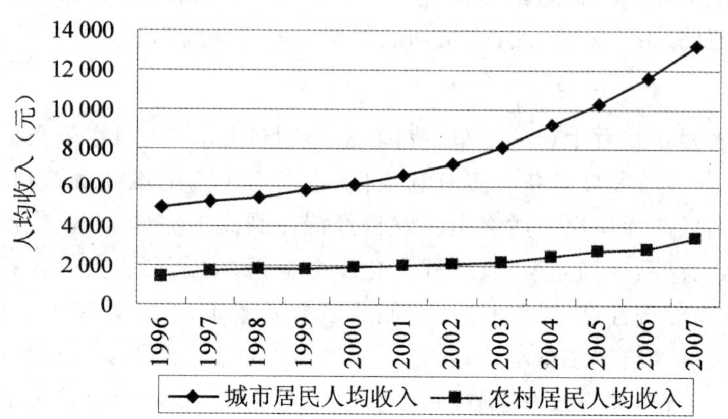

图 2.2　1996～2007 年重庆市城乡居民收入统计图

据调查，重庆市农村普遍存在“广阔天地夕阳红，农业粗放失三流。众望统筹集结号，田园不废春意浓”的现象。在市场经济条件下，比较效益驱动农村劳力外流、资金外流、资源外流。十户农家五户空、十个劳力八个出；农村存款70％以上流入城镇，我国农村每年的资金缺口都在 5 000 亿元以上，重庆市农村每年的资金缺口都在 120 亿元以上，广大农民和农村企业贷款的困难程度增加。农村资金的净流出已经成为阻碍新农村建设的瓶颈；目前，重庆市的经济资源、人才资源、科技资源同其他社会资源一样，高度集中在城市。由图 2.1 可以看出，重庆市城镇固定资产投资总量随着社会固定资产投资总量的增加而增加，比例逐渐增大，而农村虽然总量上有少许增加，但投资比例则呈下降趋势，城乡固定资产投资差距逐渐加大。据调查，1996～2007 年重庆市耕地面积从 3 840 万亩减少到 3 350 万亩。2002～2007 年重庆市共出让土地 200 km^2，获得土地出让金 600 多亿元，这些土地主要来自农地征收转用，而这些土地出让金大部分未投入“三农”发展。

生产要素的集结地便是财富的增长点。1996～2007 年 12 年间，重庆市生产要素大量从农村流失，农民收入增长缓慢，农民增收的长效机制尚未建立，农民收入与全国平均的差距由 2005 年的 446 元扩大到 2006 年的 704 元。城乡居民收入差距由 3 543.91 元扩大到 9 700.00 元，如图 2.2 所示。同期城镇居民人均可支配收入与农村人均纯收入之比，由 3.40∶1 增加到 3.91∶1，而 2007 年全国平均收入比为3.30∶1。

2007年6月,重庆市被国务院批准为全国统筹城乡综合配套改革试验区,在稳定和完善以农村家庭承包经营为基础、统分结合的双层经营体制的同时,推进农村土地流转成为统筹城乡发展的重要抓手。缩小城乡差距,实现城乡一体化发展,生产要素向农村集中,促进"双进双出",是城乡统筹的必要抓手,即通过拓展农村土地流转经营主体范围,引导多元资本参与农村土地流转,推动农业产业招商引资,促进"资本进村";通过农村土地流转引进业主和企业,推动农业新品种、新技术等的推广和应用,促进"技术和信息进村";通过农村土地流转,切实解除外出务工农民的后顾之忧,推动劳务经济发展,促进"劳动力出村";通过农村土地流转,实现适度规模经营,推动农业产业发展,促进"农产品出村"。在土地流转的过程中,通过统筹城乡产业发展,优化农村产业结构,发展农村服务业和乡镇企业,引导城市资金、技术、人才、管理等生产要素向农村流动,促进城乡统筹发展。

二、推进土地规模经营,大力发展现代农业

1. 传统农业效益低下,经营模式呼唤变革

农业产业化是以市场为导向,以加工企业或合作经济组织为依托,以广大农户为基础,以社会化服务为手段,将农业再生产过程中的产前、产中、产后诸环节连接起来的一个完整的产业系统,是实现种养、农工商一体化经营,引导分散的农户小生产化为社会化大生产的组织形式;是系统内"非市场安排"与系统外市场机制相结合的资源配置方式;是以多元参与者主体共同利益为基础的经济共同体。从经济学的角度看,根据土地报酬递减规律,在一定面积的土地上仅靠追加单个生产要素,达到一定程度会使报酬递减,原因是狭小的土地规模使得新技术、资金以及机器设备得不到充分利用,农业工具的使用成本又比较高,而单靠追加劳动难以提高土地报酬和实现集约化经营。进行土地规模经营为各种生产要素的追加提供了空间,从而有利于它们分工协作和充分利用,能够提高土地报酬,实现集约化经营。从我国的实际情况看,我国的农业产业化发展起源于20世纪80年代末,是在农村经济改革发展的实践中应运而生的。党的十五大报告曾明确指出:"积极发展农业产业化经营,形成生产、加工、销售有机结合和相互

促进的机制，推进农业向商品化、专业化、现代化转变。”“十六大”报告强调推进农业产业化经营，提高农民对农业产业化经营的积极性。胡锦涛总书记强调积极推进农业产业化经营，这是农业发展战略调整的必然选择，这是增加农民收入的有效举措，一定要作为农业、农村经济工作中全局性、方向性的工作来抓。我国的家庭联产承包责任制将农村土地资源按照家庭人口、土地肥力、居地远近分配给农户，这种土地分配方式往往导致地块分散，规模狭小。“细碎化”的土地经营模式增加了农业生产的成本，土地利用的递减率逐渐增大，如图 2.3 所示。由此可见，农业产业化已成为我国农业与农村经济发展的重大战略举措。

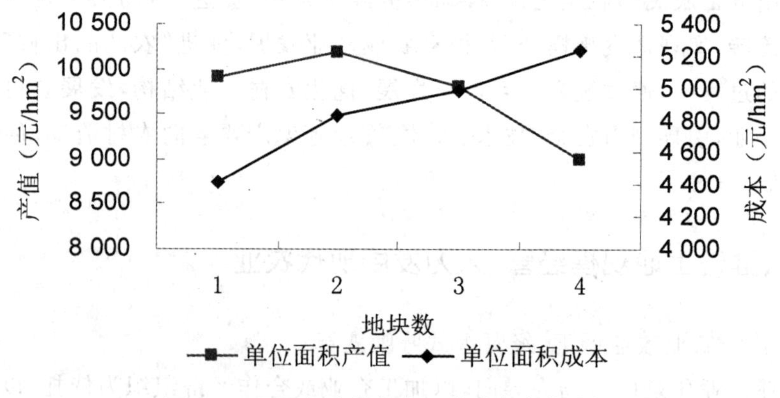

图 2.3　不同细碎化程度下的成本产值分析

农业比较效益低下是不争的事实，由于重庆市特殊的山地、丘陵地形地貌，农业生产基础条件差，比较效益更低。根据我们对重庆市忠县、江津、涪陵等样点村的调查，外出务工农民每年的纯收入在 8 000～10 000 元，而种粮食作物每年仅收入 1 000～1 500 元，种植利润较高的经济作物每年纯收入也仅3 000～4 000 元，两者差值在 5 000～6 000 元/年(表 2.1)。此外，小农经营，农资价格高位运行，农业生产成本居高不下，外销市场、动物疫病等影响农产品销售，农产品价格低迷，难以形成规模效益，严重挫伤了农民生产积极性。据调查，2006 年重庆市农村人口占总人口的 74.01%，而常住人口中，农村人口仅占常住总人口的 53.30%，农村人口中绝大多数青壮年劳动力选择外出务工。推进农村土地流转，能够提高农地产出率，实现农民增收，实现土地规模经营。

表 2.1　重庆市农业产值、农户收入抽样调查

调查样点	耕地类型	利用方式	农业产值（元/亩）	农资综投（元/亩）	农户收入（元/亩）
忠县乌杨镇	水田	一季水稻	1 000	250	750
忠县乌杨镇	水田	两季水稻油菜	1 840	410	1 430
忠县乌杨镇	坡耕地	两季小麦玉米红薯	1 400	320	1 080
忠县乌杨镇	坡耕地	两季小麦花生	1 400	310	1 090
忠县涂井乡	坡耕地	柑橘(45 株/亩)	3 000	750	2 250
江津碑吴镇	坡耕地	花椒	2 000	350	1 650
涪陵南沱镇	坡耕地	荔枝	4 500	550	3 950

备注 1:2007 年农产品亩产、单价

稻谷 500 kg/亩,2.0 元/kg; 油菜 200 kg/亩,4.2 元 /kg; 柑橘 2 500 kg/亩,1.2 元/kg; 小麦 250 kg /亩,2.0 元/kg; 花生 150 kg/亩,6.0 元 /kg; 花椒 1 000 kg/亩,2.0 元/kg ;玉米 300 kg /亩,2.0 元/kg; 荔枝 500 kg/亩, 9.0 元 /kg,红薯 1 500 kg/亩,0.2 元/kg;

备注 2:2007 年农民务工收入

农民务工日总收入:40～80 元/日;农民务工年纯收入:8 000～10 000 元/年

2. 规模经营集结要素,现代农业提升效益

2007 年重庆市认真贯彻中央农村工作会议精神,坚持把解决好“三农”问题作为全市工作的重中之重,通过产业化提升农业,工业化繁荣农村,城镇化减少农民,推进土地规模经营,大力发展现代农业。现代化农业的发展要求专业化生产,要求能吸纳现代科学技术用于农业生产,要求适度规模经营。但如果土地不流转,分散在农户手里,保持土地细碎化经营,生产要素就很难集结到农村,不具备采用现代技术的能力和条件,不利于农业现代化的发展,产品数量少而单一,没有足够的能力去开拓市场,参与市场竞争的能力较弱。从发展现代农业角度看,就要推动土地流转,实现农业产业化发展。

据调查,重庆市通过土地流转,一方面按照现代农业的发展理念,形成了农业产业化布局。根据“一圈两翼”计划,形成了围绕“一小时经济圈”的休闲观光农业、旅游农业、设施农业的都市农业产业带和依托渝东北、渝东南的特色优势资源的优势农业产业带。另一方面,按照现代化的管理方式,实现了农业产业化发展。

据调查,忠县按照“135”现代农业产业体系要求,重点发展柑橘、优质粮油、甘薯、苎麻、蔬菜、大豆、休闲农业七大农业产业,初步建立起特色农业产业框架。至 2007 年底,累计建成柑橘基地果园 15 万亩、优质粮油基地 30 万亩、甘薯种薯

基地1万亩、蔬菜基地1万亩、大豆基地12万亩、苎麻基地2万亩、“两杂”制种1万亩。同时，大力发展龙头企业、农民专业合作组织等产业化主体，实现农业的一体化和融合发展。几年来，忠县先后引进重庆三峡建设集团和博富文柑橘公司完善柑橘产业链；引进美丝公司完善了苎麻产业链；引进秸秆燃气，完善秸秆综合利用链；引进天运公司，完善甘薯产业链。基本形成了公司＋农户、专业合作社＋农户、专业市场＋农户、公司＋专业合作社＋农户、公司＋基地＋农户等五种产业化模式。截至2007年12月底，忠县农业龙头企业已发展到25家，农民专业合作组织101个，种植大户4 650户，粮油、蔬菜、水果专业农产品市场5个，带动农户9.8万户，全县40%的农户进入现代化链条。

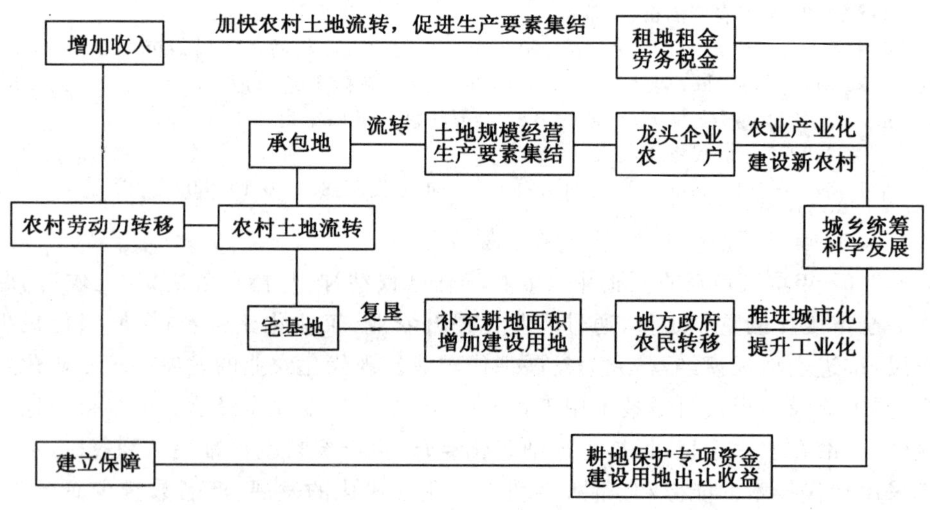

图2.4　农地流转促进生产要素集结机理图示

该县农业产业化利益联结模式按联结方式和紧密程度可归纳为三大类，各类都有其优缺点，分别适应于不同行业和产业发展水平。一是合同制，主要包括合同订单方式和保护价方式。其基本特点是以合同订单为法律依据，规定了企、农双方的利益关系。优势在于企农之间的市场关系相对稳定，使企业的原料来源有充分保证，农民也有稳定的收益。降低了双方的市场风险和交易成本。不足之处是企业一般处于强势地位，分散农户的权益难以保护。同时保护价的履行与市场价格波动关联度很大，当市场价格低于保护价时，企业可能因经济原因而采取多种形式限收，或压级压价；当市场价高于保护价时，农民存在着不履约现象，从而使企业承担较大的风险。二是合作制。优点是双方的经济责任明确，联系紧密，互信互惠，在较长时期内保持稳定。企业通过开展服务，对农户利益进行补偿，农户得到了企业在资金、物力、技术等方面的扶持，企业降低了生产成本和相应的风险，保质保量地收购到农产品，双方关系趋于稳定化、长期化。不足之处是企业管理线延长，费用增大，如果服务不到位，会起反作用。前两种形式适用于农业产业化发展的初级阶段。三是股份制。其基本特征是企业与农户互相参股，以股权为纽带结成利益关系。这种方式使企业演化成为股份合作制法人实体，入股农户成为企业的股东和企业的"第一车间"，相互拥有，共兴共荣。入股农户不仅可以按股分红，而且还能从企业的供销等服务中得到优惠。这种方式使农户与企业之间形成"风险共担，利益共享"的关系。这是农业产业化经营的高级形式。根据目前忠县产业发展现状来看，我们认为现阶段主要以合同制和合作制为主要形式，核心是建立二次返利机制，把加工和销售的部分利润进行再次分配，让利于农户，从而使龙头企业、专业合作社、农民均获得产业化经营所产生的平均利润。同时把握住市场导向，按照统一提供种子苗木、统一生产技术、统一农资供应、统一生产管理、统一产品销售的方式强化服务，让农民以多种形式获得利益，充分调动各类主体积极性。随着产业化的深入发展，积极引导龙头企业、专业合作社、农民以土地、资金、技术等要素相互参股融合建立起农业股份公司，实行按股和按劳相结合的分配方式，真正形成利益均沾，风险共担经济共同体。

据重庆市恒河果业有限公司介绍，我国柑橘种植面积 2 000 多万亩，居世界第一，产量 1 700 万吨，居世界第二。但亩产仅 800 kg，为南非亩产的 40%，我国柑橘国际市场均价仅每千克 2 美元，为南非的 25%。只有实现了土地集中，推进农业规模化经营，才能建立起承接现代农业科技和标准化生产的平台，才能符合农业金融支持的基本要求，才能有效利用财政支农资金并发挥其放大效应，才能提高我国柑橘生产的亩产、品质、价格和市场竞争力。

2008 年重庆南方集团在涪陵新妙镇投资兴建了南方集团金山谷农牧有限公司，总投资为 22.80 亿元，总面积 1 000 亩，投产后将形成猪肉类完整产业链，到 2011 年将达到 100 万头的养殖规模。此基地的种植、养殖的部分土地是通过租赁土地和农民入股的方法解决的。为了让农民的生活得到保障，对于以土地入股的农民，实行保底分红——即使企业亏损，也保证农民有最低的收益。这样一来，通过龙头企业的带领，不但提高了土地收益，还实现了科技化、标准化养殖，有利于农村集结生产要素，实现城乡统筹发展。

以上调查表明,加快农村土地流转,有利于促进农业规模经营,促进生产要素集结农村,加快农业结构调整步伐,推动农业产业化发展,降低农业生产的成本,增强农业抵抗自然风险和市场风险能力,提高单位土地的产出效益和农业生产的比较收益,实现土地流转双方的互利双赢。

三、发挥市场机制作用,创新土地流转模式

1. 发挥市场机制作用,推进农村土地流转

现代交易制度是以市场机制为指导的交易制度,拥有规范的交易规则,有效的竞价方式,同时,还拥有高效的市场监管措施及机构。市场有三个方面的功能:一是发现交易对象,二是发现交易价格,三是规范交易行为。这三个方面功能促进了资源的有效配置,降低了交易成本,也决定了市场存在的价值,同时对交易双方也有一定的约束作用。十七大报告指出,"要深化对社会主义市场经济规律的认识,从制度上更好发挥市场在资源配置中的基础性作用,形成有利于科学发展的宏观控制体系。实现未来经济发展目标,关键要在加快转变经济发展方式、完善社会主义市场经济体制方面取得重大进展。"党的十七届三中全会研究了新形势下推进农村改革发展的若干重大问题,明确提出要健全严格规范的农村土地制度,建立健全土地承包经营权流转市场,逐步建立城乡统一的建设用地市场。目前,重庆市已进入工业化中期阶段,农村土地的商业运用和市场价值开始显现,表现在土地拥有者有转移土地的强烈愿望,而土地经营者又有扩张经营规模的迫切需求,共同促进了土地使用权市场化流转。因此,加快形成统一开放竞争有序的现代市场体系,发展土地要素市场,完善反映市场供求关系、资源稀缺程度、环境损害成本的土地资源要素价格形成机制,规范发展土地流转服务中心和市场中介组织,健全土地流转市场管理,是发挥市场机制作用,推进农村土地流转的必然要求。

对重庆市农村土地流转驱动力调查研究表明,随着大量的社会工商企业、产业化龙头企业和合作经济组织等不断参与,按市场规律流转土地的情况越来越多,农村土地流转的驱动力主要来自市场驱动。20 世纪八九十年代,农村土地转入方大多是为了增加粮食产量和帮助外出打工的亲戚朋友,其主要动机是为了完成税费征收和上缴任务。土地转出方也没有考虑土地的市场价值和土地的预期升值等因素,流转手续不健全,大多靠民间的诚信来维系流转关系的存在。进入 21 世纪,特别是取消农业税以后,农民流出土地经营权更多地是为了增加

收入，不仅将土地作为生产资料予以输出，而且将土地流转视为自己的市场行为，农民对土地流转的积极性有所提高。而土地经营者流入土地经营权是把农业作为一个投资领域，其目的是为了发展农业商品生产，以获取更加稳定和更高的收入，土地流转多遵循市场规律来进行，充分体现了土地的现有价值和增值价值，流转手续相对健全，靠正规合同来规范流转双方的权利和义务。从土地流转市场建设水平上来看，重庆市基本建立了县、乡、村一条龙服务的土地流转中介机构，2008 年 10 月 9 日，渝北区成立了第一家农村土地流转有形市场，其他区县也将逐步建立农村土地流转有形市场和交易所。2008 年 12 月 4 日，全国首家农村土地交易所在重庆挂牌成立，从土地流转价格决定方式上来看，随着有形市场及交易所的建立，重庆市农村土地流转将逐步迈向竞价模式。

据调查，重庆农村土地流转探索主要有三种模式：一是土地入股，建立土地股份公司。即农民以土地折价入股，与业主共组公司。例如涪陵某养殖公司，业主出资 100 万元，与农民共同承包 200 亩地，农民以耕地的 30 年承包权折算入股，按股分红。二是九龙坡、江北区先行试点的“土地换保障”流转方式。即以宅基地换住房；农耕地/农业承包权换就业或社会保障，但这种方式只能在近郊试行，因为这些地区工业基础好，财力厚，农用地流转时有较高收益。这种“换”，土地交给村里，发展农业、花卉、现代养殖，在村里建立养老等保障，仍为农业用地，部分宅基地复垦耕地发展农业，耕地总量不减少。三是村、镇建立农村土地流转服务中心，将自发的农地流转变成有组织的流转。三种尝试基本上都是区县范围内的农业用地流转，但为后来的农村建设用地指标跨区县交易积累了经验。综改试验区先行先试的权力也给农村土地交易所的探索提供了改革的空间。笔者于 2007 年年底曾以“以制度创新促进农村土地流转”为题进行调研，并向市政府提出“开放农村土地市场，建设农村土地交易所”的建议。重庆市政府在 2008 年 4 月底向国务院递交申请，两个月后，国务院各部委组成调研组来渝进行专题调研。8 月 6 日，国土资源部与重庆市政府签订《推进统筹城乡综合配套改革工作备忘录》，首次将重庆纳入城镇建设用地增加与农村建设用地减少挂钩试点，支持“探索建立城乡统一的土地交易市场”。

2008 年《中共重庆市委关于加快农村改革发展的决定》明确提出，一是保护农民土地权益：坚持“一个长久不变，推进两个转变”的农村土地经营改革方向，守住 3 200 万亩耕地红线。开展“农民专业合作社”试验项目，规范承包方之间土地承包经营权入股方式，发展农民专业合作社。建立征地安置补偿标准适时增长机制，征地补偿必须与社会保障联动。建立非农转移自愿退出承包地和宅基地补偿激励机制，农民变市民的相关社会保障政策。促进城市土地收益反哺农村。二是盘活农村土地资源：允许农民以多种方式流转土地承包经营权，建立区县、乡镇、村三级农村土地流转中心。设立重庆市农村土地交易所，探索开展地宗交易和指标交易，逐步建立城乡统一的建设用地市场。允许市级中心镇集中利用村社集体建设用地建设标准厂房。实施“造地工程”，5 年投入土地开发整理专项资金 30 亿元以上，支持渝东南、渝东北造地，新增耕地 30 万亩。

2. 创新土地流转模式，解读重庆先行先试

“麒麟模式”，即土地承包经营权股份化。长寿区石堰镇麒麟村将农民的土地承包经营权经会计师事务所评估，依据土地承包经营权剩余年期和年收益，每亩土地承包经营权折价 5 740 元。然后与重庆市恒河果业有限公司合资组建股份公司（宗胜公司），发展优质柑橘种植，农民以土地资金入股，恒河以出资现金入股。在获批“国家统筹城乡发展综合试验区”后，重庆迅速推出了试点土地改革的政策措施。2007 年 7 月 1 日，在重庆市工商局推出的《服务重庆统筹城乡发展的实施意见》中明确表示，农民可以用农地承包经营权出资入股成立公司，即“股田公司”。土地制度改革中任何风吹草动都会引来一场争论，正是这种以工商登记确认土地权益正式转化为资本的试验，在全国首开先河引发了广泛争议。学术界质疑股田公司的声音仍然不绝于耳。甚至有知名杂志报道，国家有关部门有意识叫停土地入股的试点。中国社会科学院农村发展研究所研究员党国英的观点最具代表性，称股田公司一旦破产，就会造成大量农民失地，影响社会安定。而重庆市社会科学院农村研究所所长王渝陵在走访各个试点之后表示，担心公司破产后农民失地的心理出于对“杨白劳现象”的恐惧，在农民生存对农业的依赖程度越来越低的今天，这是杞人忧天。

著名农业经济学家陈锡文认为，重庆推进城乡统筹综合配套改革要在实践中大胆闯、大胆试，已经起步的“麒麟模式”等可继续推进，但要及时总结经验教训。要研究改革创新与现行法律制度的关系，改革试点如需要突破法律原则，应按程序报批，征得同意后进行探索。改革措施出台前，应对改革风险有充分的估计，做好相关预案，确保群众权益和社会稳定。发展现代农业需要提高农民的组织化程度。是搞土地经营权入股好，还是专业合作社好，还值得深入研究。相比而言，以土地经营权入股的法律风险更大（实际已突破土地承包法和物权法等法律底线），而合作社则是法律政策允许的。

“云盘模式”，2006 年初，在涪陵区委、区政府支持下，重庆桂楼食品股份有限公司努力探索，创新土地流转和生猪养殖产业化新机制，成立了东江养殖公

图 2.5　东江养殖公司 2006 年股东分红大会

司。该公司注册资本 100 万元，其中桂楼公司以现金出资 70 万元，占股 70%；江东街道云盘村 26 户农民以项目所用 23.24 亩土地承包经营权按当地土地流转租赁市场价折价入股占 28.5% 股份；另 22 户农户以现金 1.5 万元入股占 1.5% 的股份。东江公司从 2006 年 5 月起饲养第一批仔猪，到 2007 年 5 月底共出栏商品猪 7 500 头，全年实现税后利润 44.6 万元。按照公司章程，利润分配为：提 50% 利润即 22.3 万元归还银行贷款；50% 即 22.3万元用于分配。其中桂楼公司占 70%，分红 15.61 万元；农民土地入股 28.5% 股份，分红 6.355 万元，平均每亩土地收入 2 735 元，比单纯的土地出租每亩 400 kg 稻谷（折合平均每亩 600 元）高 3.55 倍，净增 2 135 元；农民现金入股占 1.5% 分红 3 345 元，年回报率 22.3%；8 名农民务工收入 700 元/月，年人均收入 8 000 元以上。7 月 11 日上午，东江养殖公司 2006 年度股东分红大会在江东街道云盘村举行。东江养殖公司的所有股东、国家开发银行重庆市分行行长吴德礼、涪陵区区长汤宗伟等负责人出席了会议。

重庆市发改委副主任徐强、科委副主任张文对桂楼公司以农民土地入股分红为特点的“东江模式”和种养结合的循环经济模式给予了充分肯定和高度评价，并表示，将一如既往地支持桂楼公司做大做强，推动涪陵城乡统筹发展。

笔者认为，按照《公司法》规定，股东既有分红的权利，也有承担风险的义务。股田公司中的农民股东也不例外。但是农民在公司中难以获得决策权，一旦经营不善，就无法逃脱风险，甚至会失去土地。这一点几乎是全国学术界的共识。东江公司在注册公司时，就与入股农民签订了《土地经营权入股协议》。东江公司保证农民土地入股每年每亩不低于 400 kg 稻谷、现金入股年回报率不低于 10%。在这个前提之下，根据养殖公司经营业绩参与利润的再次分配。《土地经营权入股协议》还规定东江公司承诺不用农户的土地经营权为本公司的经营和财务活动担保；若东江公司按法定程序结算解散后，土地经营权无条件归还原农户。“经营问题之后就是法律问题。《土地承包法》的根本宗旨是保障农民土地经营权，并且认为这是农民的基本权利，但是股田公司破产之后，《公司法》和《土地承包法》的冲突就暴露出来。重庆行政部门制定了文件，但是该《意见》里面没有风险评估和风险防范的内容,后来又进行调整,仍然没有对此制定出前瞻性的政策条款。"问题就在于违背了制度创新前要作风险评估和风险防范的基本原则。面对这个风险,目前有两种途径:一是停止试验,二是建立防范风险的机制。探索股田公司有哪些风险,与基本的经营制度和法律有什么冲突。对这些基础工作要进行研究。虽然社会各方的忧虑也不无道理,但是笔者认为,之所以重庆市在舆论中处于被动,还有一个重要原因是理论总结工作没跟上,虽然重庆是试点的前沿,但在舆论中处于弱势。在制定《公司法》的时候没有涉及农村土地入股的内容。重庆应该作调查研究和理论研究,用实践经验和理论成果来支撑重庆的改革。实验出成果之后,要占领理论制高点。有了试验成果,进行理论总结之后,才可能完善现有的法律法规。

"博富文模式" 即租赁土地,规模经营型。2006 年 9 月开始重庆博富文柑橘有限公司在忠县的石宝、黄金、忠州、拔山等 7 个柑橘基地乡镇租赁果园 4 万亩,租期 30 年。租金按每年每亩田 440 元、土 360 元给付,较好地块的租金上浮 3%。合同签订后,每满 5 年调整一次租金基价。农户果园流转直接收益为 1 850万元,部分农民在企业就地就近务工收入 820 万元,两项合计 2 670 万元,户均 2 185 元,比农户原经营收入增长了 3.5 倍。2006 年在遭受特大旱灾的情况下,企业仍获利 206 万元,实现了企业增效、农户增收。该公司目前已计划投资 3 000 万美元,继续租赁柑橘园,并组建果品加工厂,年加工能力达到 20 万吨,有力地推动了当地柑橘产业的发展。

"九龙模式" 九龙坡区作为重庆确定的先行试点区域,目前正在探索用"住房换宅基地、社保换承包地"的办法,使农民"从土地上解放出来"。(1)以社保置换土地。九龙坡区已颁布相应政策,即凡拥有稳定的非农收入来源,又自愿退出宅基地使用权和土地承包经营权的,就可以申报为九龙坡区城镇居民户口,并在子女入学、就业扶持、养老保险、医疗保险、生活保障等方面与城镇居民享有同等待遇。重庆市今年启动了农村养老保险试点,九龙坡仍为先试单位。目前试点村参保人数有 1 900 多人,今年将扩大试点范围到 10 000 人,同时,大力推广新农村合作医疗,解决农民的看病就医问题。而西彭镇政府还开始考虑,要求所在企业为职工办理失业保险。(2)住房换宅基地。西彭镇为集约利用、集中布局农村建设用地,拿出原农村宅基地的 20%左右,集中兴建新型农村社区,腾出的 80%左右复垦为耕地,其农村建设用地指标,则置换为本镇城镇建设用地指标。对流转的宅基地每个村民都能免费置换 $20m^2$ 住房,优惠 $5m^2$ 住房,多余面积按 580 元/ m^2 计算。

笔者认为，九龙坡模式的市场色彩并不浓厚，它是一种政府推动的模式。宅基地换新房，就是让宅基地流转起来。直辖 10 年来，重庆的农村建设用地从 10 年前的 36.73 万 hm^2，到 2005 年还有 36.08 万 hm^2，乡村人口却减少了 500 万，即每减少一个乡村人口，仅减少农村建设用地 6.41 m^2。但在城镇建设用地已经非常紧张，并且要守住耕地“红线”的前提下，新的建设用地从哪里来？于是，农村大量被闲置和粗放利用的宅基地进入到九龙坡区试验者的视野。据调查，在重庆，农民占用宅基地多，人均达到 240 m^2，每户宅基地就有一亩多地，而城镇人均用地才 80 多平方米。如果农民到城里来，居住面积只有 80 多平方米，那么剩余的数百平方米的土地可以用作什么？一部分可以复垦耕地，增加耕地；二是可以用作发展乡镇企业和现代农业的生产用地。把农村闲置的土地利用起来，让不准流动的农村建设用地流动起来，这样就能够解决城镇用地紧缺、农村土地浪费的问题。要保障农民的土地权益，就应该让失地农民能够享受到农地转用、征用带来的土地增值收益。如果失地农民生活水平下降，长远生计没有保障，必然不符合城乡统筹发展的要求。

“渝北模式” 2008 年 10 月 9 日，“重庆市渝北区农村土地流转市场”和“重庆市渝北区农村土地流转服务管理中心”在这里同时挂牌。这是重庆首家农村土地流转市场。建立农村土地交易市场，实现土地入市，被重庆作为统筹城乡综合配套改革试验的突破口。

渝北区土地流转市场的建立，是重庆统筹城乡综合配套改革试验区的一部分。2007 年 6 月重庆成为“新特区”之后，渝北等多个区县全力推进了农村土地改革。在渝北区农村土地流转市场建立的背后，是当地政府部门的积极推动。2008 年 8 月 1 日，渝北区政府正式出台了《关于推进农村土地承包经营权流转促进产业发展的意见》的文件，希望能对土地流转进行规范。文件中明确了土地流转的原则、方式、程序、保障措施，以及鼓励发展规模经营促进土地流转的政策措施。目前，渝北区共流转农村土地 8.15 万亩，占该区耕地的 17%。渝北区政府的最终目标是，通过该市场的建立，农村土地承包经营权流转以每年 6%的速度递增。到 2011 年，全区农村土地流转规模达到 17 万亩，农村土地规模经营达 40%以上。

笔者在接受《广州日报》采访时表示，渝北区此举是重庆统筹城乡综合配套改革试验区的“一个探索”。经济规律表明：“生产要素的集结地，就是财富的增长点。”而在过去，农村并非生产要素集结的地方，相反却不断流向城市，城乡差距因此不断扩大。要生产要素向农村集结，就看农业生产效率能不能提高，这就要求发展现代农业。而发展现代农业，有一个要求就是要适度规模经营。但如果土地不流转，分散在农户手里，进行破碎化经营，生产要素就很难集结到农村。从发展现代农业角度看，就要推动土地流转，要推进农村土地制度创新。此外，重庆现实的困境还在于，大量农村劳动力进城务工，很多土地就荒芜在那里。据调查，重庆市的撂荒耕地占11%，而宅基地的撂荒更严重，达到了22%。如果土地不流转，土地就荒废了；如果流转，这些土地就能够发挥出能量。九三学社重庆市委员会曾经作过一个关于农村土地流转的调研。在这份关于农村土地流转的报告中，笔者提出要开放农村土地市场、推进农村土地流转市场化，引起当时中共重庆市委负责人的重视。

笔者在接受《中国新闻周刊》采访时认为，重庆试验区的新农村土改模式最大的特点是政府强力推动，行政色彩浓厚，而农村土地交易所的建立将更着重市场对资源的配置。现在探索农村建设用地流转，达到了优化城乡土地资源统筹配置的目的，也增加了耕地保护力度，流转收益也使农民生产生活条件得到改善，应该是新农村土改发展的方向。由于这一改革涉及许多深层次矛盾，不可能一蹴而就。而农村土地交易所建立后，将有利于推进多元化投资主体参与集体建设用地复垦，逐步建立政府、农民和投资者的利益平衡机制，充分调动各方面的积极性。对于整个重庆来说，还有着更大的构想。据重庆市国土局统计，国家每年下达重庆的用地指标是100 km^2，但重庆的实际需求是200 km^2。正是在这种背景下，促使重庆酝酿了设立农村土地交易所这一改革举措。建立农村土地交易所，如何解决利益的二次分配，保障农民收益是重要课题。健全严格规范的农村土地交易制度，必须充分尊重农民意愿，让农民有知情权，有话语权，听取农民意见，建立完备的利益分享机制、交易规则、定价规则和交易管理办法。在这些方面还需积极探索、深入调研、科学决策。

“重庆农村土地交易所” 被称为中国首家农村土地交易市场的“重庆农村土地交易所”，正式在2008年12月4日挂牌成立。与此同时，全国首次“城乡建设用地增减挂钩指标”的拍卖，也在重庆农村土地交易所举行。第一笔交易成功，300亩城乡建设用地增减挂钩指标竞价2 560万元。

图2.6 重庆市农村土地交易所土地交易会

重庆农村土地交易所由重庆市政府注资5 000万元成立，是重庆市国土房管局直属的副局级事业单位。按照重庆市政府的设计，重庆农村土地交易所成立后，该交易所将与已有的重庆土地和矿业权交易中心合署办公。重庆农村土地交易所交易的主要品种是“农村建设用地复垦为耕地而产生的建设用地指标”，表现形式是“地票”。按照重庆市的设计，当地农村的宅基地、村落公共用地、乡镇企业用地等集体建设用地，在经过复垦整理并严格验收后，农村建设用地的“地票”就可以经过该交易所交易，置换为城市建设用地指标。此外，该交易所还可交易“农业用地、林地、农村集体建设用地的使用权”。

国土资源部副部长鹿心社表示，作为统筹城乡综合配套改革试验区，重庆在全国首家挂牌成立农村土地交易所，意义重大。希望重庆能够在规范的基础上不断创新，把重庆农村土地交易所建设成立足西南、面向西部、辐射全国的农村土地交易大市场。

重庆农村土地交易所的机构设计上，主要有两个层面的考虑。首先，由相关政府部门负责人组成农村土地交易所监管委员会，负责农村土地使用权交易的指导、监督和管理。农村土地交易所监管委员会将下设办公室，负责审查交易服务机构资质、核发城乡建设用地增减挂钩的指标等，并对农村土地交易所进行监督。其次，成立农村土地交易所，建立交易信息库，发布供求信息，提供交易场所，办理交易事务。

根据重庆农地交易所的交易规则，农村建设用地的“地票”交易，主要有两类：如果建设用地指标对应的土地在城市规划区范围内，买家在交易所竞价，直接获得该土地的使用权；如果不是，则需先买得上述指标，再到城市规划区范围内，征用和指标数量同等面积的土地。

在具体操作上，如果买卖的用地指标在城市规划范围外，其做法则更类似于现行“城乡建设用地增减挂钩试点的做法”。所谓“城乡建设用地增减挂钩”，是指在国土资源部门直接监管下，把农村宅基地等作为“拆旧复垦区”，与拟增加建设用地的“新建区”组成项目区，通过把拆旧复垦区的农村建设用地整理为耕地，然后在新建区划出相应的城市建设用地，实现城乡建设用地总量不增加，耕地总量不减少。进入农地交易所交易的农地指标，与现行“城乡建设用地增减挂钩”的不同在于：后者“拆旧复垦区和新建区的用地指标置换不能跨县”，而进入重庆农村土地交易所交易的城乡建设用地指标买卖“可以跨县”。“地票”在落地时，必须符合城乡总体规划和土地利用总体规划，而且征地要遵循现有法律程序。

根据《重庆农村土地交易所管理暂行办法》，重庆农村土地交易所只是一个交易平台。除了“地票”交易，在“不改变土地集体所有性质、不改变土地用途、不损害农民土地承包经营权益"的前提下,也可为重庆的农村土地承包经营权流转提供服务。在收益分配环节,不同形式的农村土地交易,其收益按不同比例在农民和农村集体组织之间分配。其中,耕地、林地的承包经营权交易的收益,全部归农户所有。而农村集体经济组织由此获得的收益,应主要用于农村社会保障等。

四、提高土地利用效益,集约利用农村土地

1. 农村土地粗放利用,撂荒闲置现象普遍

耕地资源大量流失。耕地作为不可替代的自然资源基础,其数量增减的状况取决于各种因素。随着重庆市城市化、工业化进程加速,经济增长对耕地非农化占用的压力陡增,耕地流失速度随着经济发展水平的不断提高而增加。从总量上看,1996～2006 年 11 年间重庆市耕地面积由 3 817.52 万亩下降到 3 362.93 万亩,净减少 454.59 万亩,减幅达 11.91%,远高于全国平均减幅 6.55%,平均减少 41.33 万亩和 1.08%。人均耕地面积由 1996 年的 1.26 亩下降到 2006 年的 1.05 亩,年均递减 1.91%,人均耕地占有量只有全国平均水平(1.39 亩)的 75.54%。由于土地总量的有限性,随着耕地资源禀赋的相对匮乏与建设用地需求增大、人口不断增长形成的反向运动日益加剧,人地矛盾将日益尖锐,耕地安全形势会更加尖锐(图 2.7)。推进农村土地流转 ,是坚守红线、保护耕地、节约集约利用土地,促进土地资源优化配置,建设资源节约型、环境友好型社会的重大举措。

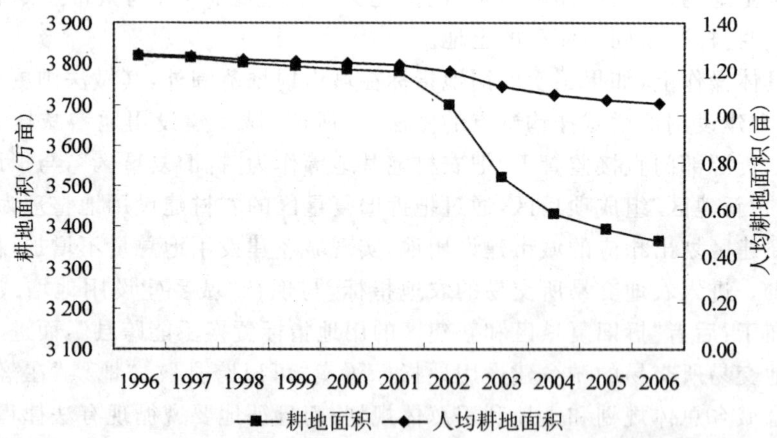

图 2.7 重庆市 1996～2006 年耕地及人均耕地面积变化

土地质量退化明显。从全国范围看，20 世纪 90 年代开始以来，快速的工业化与城市化活动已经造成大约 6 000 万 hm^2 的农业土壤受到严重污染。2000 年对 30 万 hm^2 基本农田保护区土壤有害重金属抽样监测，结果发现，3.6 万 hm^2 土壤重金属超标，超标率达 12.1%。农业劳动力的机会成本上升，农户在农业生产中采取资本替代劳动的投入组合，忽视对地力的培肥和管理投入，有机肥的施用、绿肥的种植、秸秆还田的面积都大幅减少。此外，城市工业的梯度转移以及农村污染防治投资少导致的农村环保设施少且利用率低也是农村土地质量退化的主要原因。

重庆地貌结构复杂，山地、丘陵约占 90%，平坝不足 10%。现有耕地资源整体质量不高，2002 年中低产田土面积占到耕地总面积的 73.20%，坡度＞25°的耕地占耕地总面积的 15.30%，相当一部分耕地土瘦地薄，质地低劣，基础设施也跟不上。2006 年全市耕地的有效灌溉率仅为 44.60%，低于全国 52%的平均水平，尤其是巫山、奉节等地耕地大多无自流灌溉设施。重庆市耕地生态环境恶化严重，水土流失、土地污染、土质退化三大问题突出。水土流失面积占幅员面积的63.26%，大大高于全国 16.98%的比例，平均水土流失强度达 3 540 t/(km^2·a)，平均土壤侵蚀模数近 4 216 t/km^2。重庆市耕地污染主要来自工业"三废"、生活废弃物、农药和化肥污染。土质退化日益加剧，据重庆市土壤调查报告，在 1991～2000 年，重庆市土壤有机质下降了 5.20%，碱解氮下降了 8.30%，速效磷下降了 1.60%，速效钾下降了 11.20%，而化肥、农药使用量逐年递增(图 2.8)。推进农村土地流转，使广大农村土地向种田能手集中，维持长期稳定的耕种关系，是在自然条件较差的基础上减少认为耕地破坏，维护土地质量的必要措施。

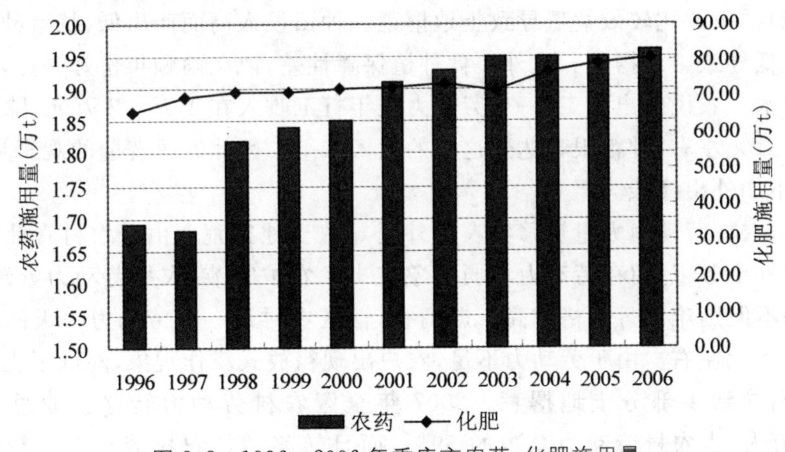

图 2.8 1996～2006 年重庆市农药、化肥施用量

耕地撂荒现象严重。由于重庆市农村劳动力的大量转移，耕地撂荒现象严重。据统计，万州区现有耕地面积 86.12 万亩，总人均耕地 0.70 亩。其中撂荒面积 7.50 万亩，占总耕地面积的 8.5%。我们抽样调查了万州区响水、柱山、溪口、燕山、黄柏、走马、地宝、白土等 8 个乡镇 24 个村的土地撂荒情况，2007 年撂荒面积占耕地面积的 7.3%。从辖区小春面积和产量看，2007 年小春面积比 2000 年以前下降 22.1%，减少了 14.3 万亩。2007 年小春粮食产量 10.2 万 t，比 2000 年小春粮食产量 12.5 万 t 下降了 15.0%。忠县现有承包耕地 79.60 万亩，人均耕地 0.96 亩。其中撂荒地面积 2.57 万亩，占承包耕地总面积的 3.23%。忠县马灌镇、乌杨镇撂荒地分别占到承包地的 15.70%，10.04%。武隆县鸭江镇地处武陵山区，全镇农村人口 1.9 万人，计有 0.6 万人外出务工。在这里人均才几分耕地，土地相当珍贵，但耕地撂荒现象随处可见，据调查全镇耕地撂荒率达到 12.6%。

土地撂荒主要由以下几个方面引起：

(1)地理条件差导致土地撂荒。交通方便、土质较好、人均耕地少的地方撂荒面积很少，只占总耕地的 1.0%左右；高山偏远乡镇中的撂荒面积较大，多的占耕地面积的 17%左右。例如：地处偏远高山的地宝乡 2007 年撂荒面积 800 亩，撂荒占耕地面积比例高达 21.6%。据调查，撂荒面积多数属于坡瘠地、边远零星地，因此而土地撂荒的情况占总撂荒面积的 80%左右。响水镇 2007 年撂荒面积 1 130 亩，其中应纳入而未纳入退耕还林还草范围的面积有 1 000 亩左右，占了总撂荒面积的 88%。

(2)种植业比较效益低导致土地撂荒。种田投入高而产出低，从事种植业比较效益低导致土地撂荒。此外粮食种植保障性差，风调雨顺年份好一点，遇到灾害就亏本。农民外出打工，一个劳动力全年打工收入在 1 万～2 万元，除了开销还余 1 万元左右，种粮很难达到这样的收入水平。因此农民普遍的观念是：在家种田，不如外出挣钱。

(3)农村劳动力大量转移和农户外迁导致土地撂荒。由于农村青壮年劳动力大量外出务工，留存劳动力老弱现象突出。农忙时节，农村劳动力紧缺，劳动力调剂不但困难而且价格较高。据调查，辖区农村请一个劳动力一天的花费平均在 120 元左右。由于劳动力不足，农户出现粗放式耕作现象，降低了土地利用率，进而导致少部分土地撂荒。2007 年全区农村劳动力转移就业总人数达 44.34万人，占农村劳动力总数的 59%，而且转移的是农村劳动力最精干的部分，在家务农的基本上是年龄偏大或素质较差的劳动力。地宝乡劳动力 4 000 人左右，其中外出务工的就有 3 000 人，占 75%。少数农民整户外迁也导致土地撂荒，溪口乡 33%的撂荒户属于整户外迁。

重庆市政府尝试采取行政干预的措施解决农民将土地撂荒问题。全文规定：承包耕地撂荒 1 年，发包方要组织人代耕，对连续 2 年撂荒的耕地，由原发包方收回。这些条款都出自《农村土地承包法》和《土地管理法》等法律法规，重庆没有任何独创的地方。武隆县鸭江镇地处武陵山区，全镇农村人口 1.9 万人，计有 0.6 万人外出务工。据调查，全镇耕地撂荒率达到 12.6%。“尽管法律有明确规定，但对因撂荒 1 年或 2 年，而收回承包权的，在全国未发生过一起案例。农民对土地的承包经营权，是国家基本制度，如果农民失去土地，将失去最后保障，涉及人数多了，还会成为不可控因素。”重庆市法制办一位官员称，他对文件这一条款的可执行性持不乐观态度。在司法实践中，往往以保护土地承包关系为原则，所以解除承包权，可行性相当小。对什么是撂荒地，目前也没有统一的解释。

笔者认为，对耕地撂荒进行行政干预是必要的，但不是解决问题的根本之道。农民将土地撂荒，一是因为土地利用比较效益太差。据重庆市政协 2007 年调查，农民耕田种粮一年毛收入仅 1 500 元。即使种经济作物，年毛收入也仅 2 000～3 000元。而出外打工毛收入为 8 000～10 000 元。因差别悬殊，农民自然对种地缺乏积极性。早在 2003 年，针对耕地大面积撂荒，重庆市政府就出台了对复垦耕地进行补贴的激励措施，每亩补贴 15 元，但收效甚微。二是缺乏劳动力；三是对农业投入力度不大；农村金融资源资本缺失，农村储蓄的 75%以上流向城市。因此，行政干预不是根本解决之道，关键是解决资源配置要发挥市场机制，使农民种地有所收获，才能杜绝耕地撂荒。

四川省武胜县黄角湾村共有耕地 681 亩，撂荒 21 亩，撂荒率 3%，而同在一个乡镇的红星村，土地撂荒率则高达 21.3%，即便是在整个武胜县，土地撂荒已经不是个别现象，全县土地撂荒率则高达 7.8%，(详见 4 月 27 日 CCTV 经济半小时)。土地撂荒，这是在新时代下才可能发生的事情，土地之所以会被撂荒，可以说是一个历史时期出现的现象，要解决这种现象所带来的问题，就需要积极探索，而不是在原地踏步。随着我国改革开放的逐渐深入，市场化经济改变了农民自给自足的传统观念，他们也要实现“利润最大化”，以期改变自己的生活现状。在种植粮食无法实现这个目的时，农民就会自愿变成“农民工”，他们在乎的是能挣到比种地更多的钱，能让自己的生活变得更加美好，而不是整天在田间劳作却一无所获。那么,农民的观念改变了,政府的观念也要改变。以单一的提高补贴的政策来激励他们回到田间再种那几亩几分地,是不太现实的。政府应鼓励个人或企业规模化、机械化种地。农业经济只有提高生产力,改变生产方式才能保证农业的基础地位,这当然是需要条件的。首先,南方尤其是丘陵地带,梯田多,山间土地多,这些土地如何实现规模化、机械化种植,需要探索出一条路子。这就需要农业专家下大力气,需要政府督促搞农村研究的公务员们好好下番工夫。其次,变撂荒土地为规模化种植土地。政府可以把补贴给农民的那些款项当作租种土地的费用,或者根据实际情况再增加资金补助,以租种这些撂荒土地。这样让农户感觉到实惠,让他们心甘情愿地不让土地撂荒。第三,对于愿意从事规模化、机械化种植的个人或者企业,政府应该给予政策倾斜,比如提供化肥、农药等农资产品的一条龙服务,开通绿色通道。在粮食等作物进入市场前也提供及时准确的信息,及予以一定的政策支持。

2. 推进土地开发整理,强化城乡统筹效应

据调查,2001～2007 年重庆市完成各级政府投资的土地开发整理项目入库 965 个(其中国家投资项目 120 个、市级投资项目 35 个、区县投资项目 810 个),初设实施规模 17.99 万 hm^2,估算投资规模 39.40 亿元,预计新增耕地3.98 万 hm^2。完成验收土地开发整理项目 681 个,完成投资 14.84 亿元,新增耕地 2.57 万 hm^2,实现同期建设占用耕地占补平衡。全市"一圈"和"两翼"新增耕地数量分别占全市新增耕地数量的 35%和 65%,市政府通过新增耕地指标收购,向"两翼"农村实现财政转移支付约 10 亿元,建立了"以城带乡,以工促农"的新机制。

①围绕新农村建设和城乡统筹,大力实施土地开发整理。近几年,重庆市的土地开发整理在实现耕地占补平衡和提高耕地质量的同时,围绕新农村建设和统筹城乡发展这一主题,积极发挥其独特的优势,取得较好的效果。重庆市武隆县仙女山镇龙宝塘村海拔较高,过去生产成本较高,效益差,不少土地撂荒,当地农民生活长期处于贫困状态。2005 年,市县国土资源部门主动与镇村联系,在龙宝塘村、桃园村安排实施土地整理项目,新建道路、农田水利设施和生态保护设施,客土改造和新建优质耕地 3 000 余亩,为当地农业结构调整、开展多种经营创造了条件。现在,龙宝塘村和桃园村大力发展无公害优质反季节蔬菜,农民人均收入近万元。40 余户农民搬进新居。龙宝村和桃园村被列为市新农村建设推进村。市委、市政府提出实施新农村建设"千百工程"村以来,市、区县国土资源部门在"千百工程"村安排实施土地整理项目 20 余个,投资近 2 亿元。同时,在江北区、九龙坡区、渝北区、长寿区、荣昌县、梁平县和云阳县开展了实施土

地开发整理推进新农村建设和城乡统筹试点，与德国汉斯·赛德尔基金会合作，在长寿区八颗镇开展了“土地整理和农村发展示范项目”，得到了新闻媒体的高度关注。

②围绕三峡库区经济社会发展，筹划土地开发整理重大工程。近年来，重庆市根据三峡库区移民安置的实际，向国务院申报三峡库区土地开发整理移土培肥工程、三峡库区移民安置土地开发整理重大工程等项目，估算投资 40 亿元，其中央财政和市级财政已投入约 5 亿元。重大工程投资力度大、建设标准高、受益群众广，促进移民安稳致富效果明显。2006 年，在库区 9 个区县实施移土培肥，一期工程对三峡工程即将淹没的 139～156 米水位线的优质耕作层实施取土 1 797.90 hm^2、土方量 370.58 万 m^3。覆土培肥库岸周边贫瘠耕（园）地 3 567.06 hm^2，实施坡改梯 1 743.65 hm^2。据统计，农民群众直接参与工程实施的，每人每天能挣到 30～80 元，项目区部分农民务工收入近 3 000 元，大大减轻了 2006 年特大干旱的减收影响。移土培肥工程，（一期）实施后，全市受益乡镇即达 89 个，涉及 326 个村、533 个社、4.22 万农户（其中移民 1.15 万户）农业人口 15.43 万人（其中移民 4.02 万人）。未来 5 年，随着土地开发整理重大工程逐步启动实施，三峡库区耕地状况将得到进一步改善，一批优势农业基地的建成，将有力地促进库区农民增收。

③围绕农业结构调整优化布局，合理安排土地开发整理项目。土地开发整理项目在投资、选址、规划和实施等环节上，按照“高产、优质、高效、生态”的要求，围绕优质粮、蔬菜、花卉、中药材、柑橘等重点和优势产业，配合三峡库区百万亩柑橘带、优质生态无公害蔬菜等产业基地建设，取得明显成效。江津区在实施碑吴乡土地整理项目时，将项目区规划定位为花椒产业化基地，通过土地整理，将贫瘠破碎的石骨子地变成了土层厚度 50 cm 以上、格田化的优质耕地。碑吴乡项目竣工后，当地椒农不仅增加耕地 1 470 亩，而且人年均实现增收近 300 元。近年来，结合农业产业化布局和结构调整，土地开发整理项目为诸如江津碑吴优质花椒、渝北区石坪丝瓜 、武隆仙女山生态蔬菜、綦江县葡萄和开县沿江优质蔬菜等优质农产品基地的发展夯实了基础。

④围绕灾后自救扶贫解困，积极开展土地开发整理。重庆生态环境脆弱，自然灾害频发，重大自然灾害后，组织灾毁耕地复垦，帮助受灾群众恢复生产十分重要。2003 年 7 月 3 日，特大暴雨诱发城口县 14 个乡镇发生泥石流，损毁耕地 1 200 余 hm^2。为尽快复垦灾毁耕地，减少损失，恢复生产。重庆市政府安排土地开发整理专项资金 2 400 万元，实施土地复垦项目，帮助灾民抗灾自救。此

外，还相继实施了万州区铁峰乡重大滑坡灾毁耕地复垦、开县江里河沿岸洪灾损毁耕地复垦、潼南县安兴乡水淹地复垦等一大批救灾项目。重庆市积极实施土地开发整理，推进生态移民扶贫工作成效显著。已实施完成的城口县后槽乡、开县满月乡、酉阳县小坝乡等高山移民土地开发整理项目，为当地安置高山移民提供了耕地保障。

⑤围绕提升农田综合生产能力，不断丰富土地开发整理内涵。一方面，逐步开展建设占用耕地的耕作层土壤剥离再利用、农民废弃宅基地和复垦、废弃砖瓦窑复垦工作；另一方面，出台符合重庆本地实际的《土地开发整理工程建设标准》，适度提高并逐步完善工程投资标准，不断适应生态建设和环境保护新要求。通过坡耕地整理，改造中低产田地，配套完善农田水利工程，改良传统耕作方式，配合工程、生物和农艺等措施，增加了耕地保土保水保肥能力，提高了耕地集约经营水平。几年来，土地开发整理直接建设农田水利工程投资资金达 4.25 亿元，新建和维修了一大批服务于农业生产的堰塘、蓄水池、沉沙凼、拦山堰、灌溉渠和排水沟等。土地开发整理用于新建和维修田间道和生产路资金逾 4 亿元，用于坡改梯等土地平整工程的资金近 5 亿元。土地开发整理项目实施后，耕地的农业综合生产能力得到提高。

据调查，2009 年 1 月 19 日，重庆市国土房管局与江北区政府签订协议，共同在江北区五宝镇启动乡镇土地综合整治试点项目。该项目是全国首个乡镇土地综合整治项目，预计投资 10 亿元，3 年完成主体工程建设。该项目包含了田、水、路、林、村的综合整治，除了通过土地整治新增耕地外，还要对农村的生态、交通以及小城镇建设等进行统一规划建设，推进社会主义新农村建设。重庆市此前也曾开展了大量的土地整治项目，都是以村为单位，以新增耕地为目标。这次以乡镇为单位，以推进新农村建设为目标，进行土地综合整治在全国都有示范效应。据测算，该项目可提高农村土地综合利用率 18%，提高田间道路利用率 26%，提高农田灌溉率 35%，提高人居环境指数 22%。据了解，全市开展乡镇土地综合整治试点，还有璧山县大路镇等 11 个乡镇。

3. 土地流转促进集约，建设用地价值显现

土地是农民赖以生存的最基本和最重要的财产，其财产价值只有在流通中才能得到实现。然而，目前的法律禁止农村集体土地进入一级、二级土地市场，而规定必须征收为国有后才能进入市场流转。这种对集体土地产权的歧视安排导致了农民对现行法律的规避，特别是受土地用途转换带来的巨大土地收益之诱惑，农民更愿意自我开发土地或者与开发商等利益主体以各种形式暗箱操作，

隐形入市，从而导致土地市场失范无序，土地税费流失，耕地破坏等后果。目前的隐形入市已经不是个别现象，据统计，珠江三角洲地区通过隐形流转的方式使用农村集体建设用地实际超过集体建设用地的50%，而在粤东、粤西等地，比例也超过20%。据重庆市政协反映，直辖十年，重庆市乡村人口由2 042.56万人减少到1 496.71万人，农村居民点用地由36.37万hm^2减少到36.02万hm^2，即每减少一个乡村人口，仅减少农村居民点用地6.41m^2。2006年重庆市每个乡村人口占用农村居民点用地240m^2，江津区38.97万户农户中有23%的农户完全放弃了农地耕作，近60%农户的家庭收入以非农收入为主体。全区农房空置率达到9.20%。农村居民点用地2.25万hm^2，农村人均宅基地198m^2。2003～2006年，重庆市璧山县农村人口减少了2.68万人，该县2006农村人均居民点占地面积为234.11 m^2，按此计算应该减少627.41万m^2，但此期间农村居民点仅减少了26.68万m^2。截至2006年底，璧山县有8 526户农户在城镇有了固定的收入，其农村的宅基地面积达到527.50 hm^2，农村宅基地闲置严重。如果土地不流转，土地就荒废了；如果流转，这些土地就能够发挥出能量。因此，从节约集约利用土地资源，提高土地利用率的角度出发，我们应当推动农村宅基地的流转，集约利用农村土地。

根据国土资源部《关于规范城镇建设用地增加与农村建设用地减少相挂钩试点工作意见》（国土资发[2005]207号文件），重庆市于2007年选定九龙坡区、江北区、渝北区、沙坪坝区、北碚区、长寿区以及大足县等7个区县开展城镇建设用地增加与农村建设用地减少相挂钩试点工作。据调查，这些试点项目具有两个特点：一是政府主导实施，二是区县内部平衡。九龙坡区白市驿镇项目区涉及高田坎村、高峰寺村、清河村、梅乐村、黄家堰村。项目拆旧区分布在上述5个村，总人口2 900人、830户，人均农村居民点用地面积172 m^2，户均农村居民点用地面积599 m^2，拆旧地块117个、总面积49.78 hm^2，通过整理复垦新增耕地43.81 hm^2，新增其他农用地5.97 hm^2。根据项目规划，建新区分布在高田坎村、高峰寺村、清河村等3个村，总规模43.81 hm^2，其中农民集中安置区用地面积8.30 hm^2、城镇新增用地面积35.51 hm^2。该项目预计投资12 790.29万元，建新地块价款收入14 380.94万元。该项目预期效益：净增耕地5.26 hm^2，提供35.51 hm^2城镇建设用地指标，盈利1 590.64万元。

为推进农村建设用地流转市场化，从2007年9月至2008年8月，江津区在重庆市率先开展了农村集体建设用地置换试点。该试点具有两个鲜明的特点：一是市场主导实施，二是指标跨区流转。截至目前，重庆共有15个区县进行类似的尝试,其中江津的规模最大。指导试点的纲领性文件,是该区政府于2007年9月颁发的《农村集体建设用地置换管理工作试行意见》。将农村建设用地复垦为耕地,范围包括农民宅基地、废弃的工矿企业用地、公路等。这之前,全区已完成了土地利用总体规划的修编工作。在此基础上,以镇街为单位,编制了首期25个农村集体建设用地复垦整理项目,规划整理集体建设用地4 806亩,涉及地块3 586个。

首期复垦点大多选择废弃的宅基地。在李市镇孔目村新龙湾复垦点,列为首期的两户人家,房主均已搬离。一户就是屈胜芳,因为暴雨,房屋受损,全家五口人于2008年3月搬迁到孔目村中心场的娘家;另一户马兴全,离乡经商已10年,并在2007年12月举家定居重庆璧山县。据江津区国土局统计,一期复垦,全区新增农用地面积4 160亩,其中耕地面积2 781亩。而屈胜芳家有320 m^2宅基地,加上580 m^2晒坝和700 m^2其他用地,共计1 600 m^2,复垦为2.4亩耕地。马兴全家的宅基地、晒坝、其他用地,共计面积1 500 m^2,复垦耕地面积为2亩。

江津区国土局介绍,被拆除的房屋和建设项目用地,均按征地标准补偿。参加宅基地复垦的农户,可持宅基地复垦证,在新村居民点按成本价(每平方米600元到700元)购买一套住宅,并享受20%的优惠。宅基地所复垦的耕地,归村集体经济所有,由原宅基地业主拥有承包经营权。置换出的建设用地指标,由区政府统一调派,主要作为农村新居工程、集镇建设和中小企业用地。如珞璜镇,复垦宅基地289亩,区国土部门审查下达了建设用地指标142亩,利用这部分指标,修建农民新村2处占地7亩,另中小企业用地30亩。江津区国土局统计,至8月底全区已审批使用置换建设用地33宗185亩。

国内已有众多学者及官员指出,"城镇建设用地增加与农村建设用地减少相挂钩"为核心的集体建设用地流转,其实质在于解决城市建设所需土地。这也是江津推行土地改革的重要动力。江津位于重庆"一小时经济圈"核心圈层,是该市重点打造的区域中心城市。随着其发展不断提速,有限的用地计划,成为其发展瓶颈。该区国土局人士介绍,江津规划的现代农业园区,已成功引进恒河果业、瑞恩农业、德国亨嘉等26家企业入驻,这些企业入驻需要成片的、成规模的土地。农用地可以通过土地流转予以解决,但园区基础设施及非经营性设施的建设用地,由于土地指标有限,很难保障。此外,江津区政府今年确立了打造千亿工业强区计划,其招商引资的大量企业,受限于土地指标的限制,面临签约后无法落地的局面。而在农村,大量土地、宅基地闲置。据统计,2006年江津区38.97万农户中有23%的农户完全放弃了农地耕作,近60%农户的家庭收入以非农业收入为主体。江津区国土局统计，2006 年全区农村居民点用地 33.68 万亩，农村人均宅基地占地达 198 m^2，高于国家标准人均 150 m^2 上限。若将人均宅基地减少至国家规定的 150 m^2 以内，就可以腾出土地 8 万余亩。

目前，江津的上述建设用地指标交易，还只是在一个区内进行流传。不久的将来，这个指标的置换范围不再限于项目区域，而是在全市范围内实现农村建设用地的流转，这要归功于重庆正在紧锣密鼓筹划的农村土地交易所。它的主要交易品种是农民宅基地、乡镇企业用地、村落公用地等农村集体建设用地，经过复垦整理并严格验收，置换出的建设用地指标。农村土地交易所是重庆进行统筹城乡综合配套改革而向国务院申请的重要政策之一，重庆市政府已在 2009 年 4 月向国务院递交了申请。重庆市国土局人士表示，目前具体操作方案已在拟定之中。

江津模式全程均由政府兜底。首先是经费。李市镇国土所所长周思恒算了一笔账，政府复垦土地的成本，包括劳动力、安置补偿、新居建设配套设施完善，每亩在 4 万元到 5 万元左右。李市镇一期复垦面积为 148.32 亩，花费近 400 多万元。“这些钱现在还没完全回收。”农村土地广袤，要更大规模推进土地复垦，这样的机制显然难以为继。其次，政府投入巨大成本，为回笼资金，自然也主导了指标流转、定价及收益分配。“输赢都是政府的事。”一位村干部称，这虽然让农民不用承担建设用地流转的风险，但也会影响到农民流转的积极性。江津对土地指标进入交易所表示出积极的期待。该区国土局一位官员称，现在的农村建设用地流转，的确需要在一个更严格规范的新机制下进行完善。

笔者在接受《时代信报》采访时认为，在农村建设用地流转制度设计中，原来的农村建设用地要复垦。复垦是把农村建设用地指标迁移到城镇周围的前提。边远地区通过复垦减少建设用地指标，增加耕地；城镇扩建地区可购买指标扩大建设用地。好处在于，可以把以前分散的、低效利用的、价值低估的农村建设用地集中到城镇来，形成集约高效利用的态势。这样一来建设用地指标多了，城镇发展用地障碍就弱化了，城市化和工业化的进程就提速了。出让建设用地指标的边远地区所需要的复垦费、农民安置费用，可以由获得用地指标的受让方出资，农民也可以选择去城镇周边集中居住，改善生存发展环境。指标贡献单位和指标收获单位是利益共同体，应该实现双赢。这也是成立农村土地交易市场，推进农村建设用地流转的目的。

据中国新闻网 2008 年 10 月 12 日报道，天津近郊农民眼下最热衷的话题是“宅基地换房”。所谓“宅基地换房”办法，即农民自愿以其宅基地，按照规定的置换标准，换取小城镇内的一套住宅，迁入小城镇居住。原村庄建设用地进行复耕，而节约下来的土地整合后再“招”、“拍”、“挂”出售，用土地收益弥补小城镇建设资金缺口。从 2005 年下半年开始，天津市围绕破解土地和资金双重约束的难题，在广泛征求农民意愿和大量调研基础上，推出以“宅基地换房”加快小城镇建设的办法，并在“十二镇五村”开展试点，涉及津郊近 18 万农民。至 2008 年末，将有 10 万农民告别乡间老屋，住上有产权的商品房，过上进工厂上班拿工资、有社保医保的“城里人”生活。天津经济体制改革研究会秘书长郝玉兴说：“小城镇建设需要大量资金，依靠政府财力、农民自身积累，显然不可能。只能在土地上做文章。通过宅基地换房，让土地流动起来，使资源资本化。”郝玉兴给记者算了两笔账。第一笔账：东丽区华明镇 12 个村共有宅基地 12 071 亩，总人口 4.5 万，新建小城镇需占地 8 427 亩，其中规划农民安置住宅占地 3 476 亩；宅基地复耕后不仅可以实现耕地占补平衡，还可腾出土地 3 644 亩。第二笔账：东丽区华明镇用于农民还迁住宅和公共设施的建设资金约 37 亿元，可出让的商业开发用地预留了 4 000 多亩，土地出让收益预计达到 40 亿元，可以实现小城镇建设的资金平衡。天津探索得到国家相关部门的支持。国家发改委认为，天津用宅基地换房办法建设小城镇，符合中国保护耕地的基本国策。国土资源部把天津列为全国土地挂钩试点城市，并专门安排了土地周转指标。

五、维护农民土地权益，共享土地流转收益

1. 要素集结财富增长，土地流转促进增收

加快农村土地流转，是当前我市加快发展现代农业，建设社会主义新农村的必然选择，也是建设统筹城乡综合配套改革试验区的重要抓手。农村土地流转有利于促进农业规模经营，加快农业结构调整步伐，促进土地、资金、科技、经营管理等生产要素集结农村、优化配置，提高单位土地的产出效益和农业生产的比较收益，实现流转双方的互利双赢。有利于促进“双进双出”，即通过拓展农村土地流转经营主体范围，引导多元资本参与农村土地流转，推动农业产业招商引资，促进“资本进村”，缓解长期困扰农村发展的资本短缺问题；通过农村土地流转引进业主和企业，推动农业新品种、新技术、新装备、新模式和新机制的推广和应用，促进农业科技进步，发挥科技第一生产力作用，促进“科技和信息进村”。通过农村土地流转，有利于加强农产品生产基地与消费市场的联系，发挥市场导向作用，加快农产品市场化步伐，促进“农产品出村”；通过农村土地流转，切实解

除外出务工农民的后顾之忧，有利于推动劳务经济发展，促进“劳动力出村”，向城镇和非农产业转移。

据调查，1997 年底，施格兰三峡柑橘产业化项目落户重庆忠县。按照中美协议，该项目基地果园建设面积为 6.5 万亩。2001 年，为解决三峡库区产业空虚和移民安稳致富问题，结合重庆市建设百万吨柑橘产业化工程的要求，忠县将基地果园建设面积扩大为 15 万亩，项目总投资 9.625 亿元。目前，忠县柑橘产业建设进展顺利，一是建成了国内最大的工厂化容器育苗基地，年育苗能力达 250 万株；二是建成高标准基地果园 7 万余亩，定植柑橘树 240 万株；三是引进美国布朗公司的全自动成套设备，建成了现代化的橙汁加工厂；四是制定了柑橘产业化项目的系列标准，并被国家质检总局评为全国农业标准化先进县。

忠县柑橘产业化项目全部建成后，其经济效益、社会效益和生态效益相当可观。据忠县农业部门测算，到 2009 年 15 万亩基地果园建成后，可年产柑橘 36 万吨，年产鲜冷橙汁 17.28 万吨，年总产值 18.7 亿元，果农年人均增收 1 000 元以上，安置库区移民 2 万人，提高森林覆盖率 5 个百分点，近 10 万人在柑橘相关产业就业。基本建成“中国柑橘城”，从而形成柑橘产业集群，成为重庆市最大的高效生态农业示范区、特色农产品加工园区和国家级生态旅游观光园区。

为了柑橘产业发展，忠县立足现实、大胆创新，将世界柑橘品种、育苗、建园、栽培管理的先进技术与三峡库区农业生产力状况及三峡移民开发相结合，确保了施格兰柑橘项目的高起点、高标准、高质量建设，初步探索出以土地流转促农业产业化项目，以土地整理助推新农村建设的新模式。忠县施格兰柑橘项目涉及业主、政府、项目基地乡镇和农户等多个建设单位。在项目运作中，忠县一方面坚持“谁发展、谁投入、谁受益”的原则，采用“政府＋公司＋基地(果农协会)＋农户”的产业化经营模式，使龙头企业与果农、加工厂结成紧密的利益关系。另一方面坚持政策扶持，落实国家退耕还林政策，倾斜安排土地开发整理专项资金(2003 年，1500 万元支持果园建设)等。

2. 共享土地流转收益，农民增收模式解读

必须切实保障农民权益，始终把实现好、维护好、发展好广大农民根本利益作为农村一切工作的出发点和落脚点。坚持以人为本，尊重农民意愿，着力解决农民最关心、最直接、最现实的利益问题，保障农民政治、经济、文化、社会权益，提高农民综合素质，促进农民全面发展，充分发挥农民主体作用和首创精神，紧紧依靠亿万农民建设社会主义新农村。

据调查，随着璧山县农村土地流转进程的不断加快，农村土地流转有利于推

动农村土地,劳动力和资金等农业生产要素的优化配置和农业产业的发展,农业结构调整和规模经营的作用和效益逐渐彰显出来,农业比较收益大幅度提高,同时还能解决农民就业不充分的问题,加快农村劳动力向非农产业转移,使得农民的收益增加,推动了农村工业化和城镇化的进程。例如重庆市渝西园林工程有限公司,是璧山县一家市级农业产业化龙头企业,该公司于 2004 年通过土地流转在丁家镇各个乡村共承包了 2 000 多亩土地用于发展花卉苗木种植业和园林工程,现年产值为 6 300 多万元,销售收入 5 700 多万元,净利润达 300 多万元,带动了 1 600 多户农户,吸纳农村剩余的妇女和老年人就业,使得农民增加了年收入 1 300 多万元,这说明农村土地流转促进了农业结构的调整和产业发展,同时也促进了农民增收。在本次调研中,我们分别选取了璧城街道、青杠街道、三合镇、正兴镇和河边镇的典型村进行了农户访谈,以此来分析农村土地流转前后农民收益变化。调查表明,农民通过转包、租赁等土地流转方式将自家的承包地集中到农村专业大户和农业产业化龙头企业手中,不仅可以获取土地流转租金,还可以将农村剩余的劳动力从农村解放出来,使其向非农产业转移,获取一定数量的打工收入,使得农民的收入整体上比土地流转前大幅度提高了,大大改善了农民的生活水平。

表 2.2　璧山县 2006 年农业产业化龙头企业发展情况统计表

项　目	市级龙头企业	县级龙头企业	镇级龙头企业	总计
基地面积(亩)	3 419	34 475	2 410	40 304
年产值(万元)	64 600	34 835	4 007	103 442
销售收入(万元)	62 097	28 871	3 483	94 451
净利润(万元)	1 633	2 155	423	4 211
产业从业人员(人)	9 180	17 718	2 887	29 785
带动农户(户)	6 930	21 795	2 586	31 311
农民获取收入(万元)	7 175	6 170	959	14 304

大足县荷花山庄以弘扬中华荷文化为主题,发展观光农业,直接向农户租用土地 1 520 亩,涉及农户 630 户。因租用农村土地,每年向农民支付土地租金每亩 450 kg 稻谷;长期吸纳当地农村剩余劳动力 230 人,每年人均劳务收入 720 元;免费培训务工农民,提高了农村劳动力素质,拓宽了农村剩余劳动力转移渠道。

重庆市忠县通过农村土地流转,实现了农民、企业、政府三赢。一是农民获利:推行"1+5"土地流转模式,农民成为最大的赢家。一是现金收入明显增加,包括土地流转费、打工劳务费、财税支农金等。农民以土地要素参与农业产业化，分享增值收益。全县总计流转收益 5 738 万元，户均收益 806 元，比单一种粮收入提高了 50%以上。二是摆脱了对土地的依附性。大多数农民从第一产业转向二、三产业，促进了劳务经济的发展。如在三峡建设集团苗圃打工的农民每月可领 500 元工资。据统计，2007 年全县新增转移农村劳动力 1.84 万人，累计转移就业农村劳动力 29.88 万人，实现劳务总收入 1.89 亿元。三是职业农民应运而生。在土地流转过程中，一部分掌握先进的耕作技术和经营管理技术，拥有较强的市场经营能力的农民，投身农业产业，成为种养大户，改变了当前农村“老人农业”现状，传统农业后继有人。二是企业（大户）增效：推行“1＋5”土地流转模式，龙头企业和大户受益匪浅。一是保证充足、优质的原料供应。龙头企业同农民签订租赁合同，由公司统一管理，统一经营，产品统一回收，有效解决了因无原材料加工而无法正常生产、因品质差而影响加工产品质量的局面。博富文柑橘公司率先租赁了 45 110 亩果园，有效地避免了争抢原料果的现象。二是发展壮大了企业。对龙头企业通过土地流转建立基地园的各项优惠政策，为企业壮大提供了广阔的平台，增值的空间。2006 年 6 月，忠县大地科技开发有限公司在任家镇中合村租赁 350 户农民土地 502 亩，用于蔬菜规模生产，租赁期 5 年，租金按每亩 400 kg 稻谷市价付给农民。2007 年，该公司获利 30 万元。三是构建更为和谐的农企关系。实行土地租赁后，企业与农民之间的关系由原来自由的买卖关系变为现在的租赁、雇佣关系，形成更为紧密的利益共同体。三是政府受益：一是增加了财税收入。随着土地流转，农业产业化链条的建立和完善，农业加工企业、休闲农业将给地方带来更大的税收收入。2007 年，忠县天地药业，以红豆杉为原材料提炼生产紫杉醇，实现产值 3 850 万元，上缴税金 240 万元。二是政府职能转变。在土地流转过程中，政府进一步加强综合服务职能和协调职能，消除旧体制障碍，弱化部门壁垒和管理职责，打破行业界限和条块分割，逐步走向管理的一体化，实现管理型政府向服务型政府的转化。三是社会和谐稳定。农业安则天下安，农民稳则天下稳。通过土地流转，促进农民增收，有利于推进工业反哺农业，城市支持农村，有利于统筹城乡发展。

第三章

农村土地流转面临的风险

【内容提要】 风险是经济社会改革发展面临的安全隐患。据调查,统筹城乡综合配套改革试验区在推进农村土地流转探索中,面临来自各方面的风险,集中表现在五个方面:一是先行先试突破多,法律法规冲突大;二是流转管理破绽多,农民维权难度大;三是用途管制隐患多,耕地保护压力大;四是规模经营风险多,风险控制难度大;五是要素集结困难多,制度创新障碍大。为了有序、规范推进农村土地流转,必须高度重视土地流转风险分析和风险控制。

一、先行先试突破多,法律法规冲突大

1. 基本国情忧患重,法律法规约束多

我国耕地资源十分稀缺,在不到世界10%的耕地上,承载着世界22%的人口,面临的人多地少矛盾是极为尖锐和突出的。人均耕地少,优质耕地少,耕地后备资源少是我国耕地资源的基本国情。首先是耕地比重小,人均耕地少。据全国土地利用变更调查结果显示:2006年末,全国耕地面积为18.2263亿亩(12 177.59万hm^2),占全国土地面积的12.68%;而当年人均耕地仅为1.39亩(0.092 67 hm^2),不足世界人均耕地面积的40%。其次是优质耕地少。全国66%的耕地分布在山地、丘陵和高原地区,有水源保证、热量充足且有灌溉设施的耕地仅占全国耕地总面积的39%。根据《中国1∶100万土地资源图》统计,中国现有耕地资源中,无限制因素、质量好的一等耕地,有一定限制因素、质量中等的二等耕地和有较大限制因素、质量差的三等耕地分别占耕地资源总量的41.33%,34.55%和20.47%,不宜农业耕种的耕地508万hm^2,占耕地总面积

的 3.65%。此外,我国耕地的后备资源也很少。根据国务院批准的土地利用总体规划(1997~2010),以 1996 年为基期,全国通过土地整理补充耕地 600 万 hm^2,实施土地复垦补充耕地 200 万 hm^2,通过土地开发补充耕地 533.3 万 hm^2,补充耕地的总潜力仅为 1 333.3 万 hm^2,表明我国耕地后备资源明显不足。

十七届三中全会通过的《中共中央关于推进农村改革发展若干重大问题的决定》中明确指出:"坚持最严格的耕地保护制度,完善农业支持保护制度,积极发展现代农业,提高农业综合生产能力,确保国家粮食安全。"我国耕地资源的基本国情决定了必须实行最严格的耕地保护制度,包括严格实行基本农田保护制度、严格实行土地用途管制制度、严格实行占用耕地补偿制度、严格实行耕地总量动态平衡制度、严格实行土地整理复垦开发制度以确保国家粮食安全,维持社会稳定。

农村土地流转主要涉及农村的农用地问题,特别是耕地问题。在流转探索的过程中,很多流转模式都与现行法律法规相冲突。在调查中,广大农村干部群众、农业大户和龙头企业普遍反映,影响重庆市农村土地流转和规模经营的第一制约因素是现行法律法规的约束。《中华人民共和国土地管理法》、《中华人民共和国农村土地承包法》、《国务院关于深化改革严格土地管理的决定》(国发[2004]28 号)、《国务院关于加强土地调控有关问题的通知》(国发[2006]31 号)等法律法规,对土地权属管理、土地用途管制、耕地和基本农田保护、建设用地供给等涉及农村土地流转和规模经营的重大问题,都有明确规定和要求。此外,《物权法》、《担保法》、《公司法》等等也在一定程度上制约了土地流转。具体表现在:

①土地权属管理约束。《中华人民共和国土地管理法》第 2 条规定:"中华人民共和国实行土地社会主义公有制,即全民所有制和劳动群众集体所有制两种形式。"此条规定了全部土地属于国家和农民集体所有,土地所有权不得买卖和非法转让。土地流转,流转的只能是使用权,不能是所有权。根据第 9 条的规定,土地使用权分为国有土地使用权和农民集体所有土地使用权。第 43 条规定:"任何单位和个人进行建设,需要使用土地的,依法申请使用国有土地;但是兴办乡镇企业和村民建设住宅经依法批准使用本集体经济组织农民集体所有的土地的,或者乡(镇)村公共设施和公益事业建设经依法批准使用农民集体所有的土地的除外。"同时,《物权法》也明确了我国的土地所有权和使用权制度。因此,当前的农地流转在权属上仅仅是指农民集体土地使用权的流转,这一规定为

农民长期而有保障的具有物权性质的土地财产权提供了法律保障。

②土地用途管制约束。《中华人民共和国土地管理法》第 4 条规定:“国家实行土地用途管制制度。国家编制土地利用总体规划,规定土地用途,将土地分为农用地、建设用地和未利用地,控制建设用地总量,对耕地施行特殊保护。”第 63 条规定:“农民集体所有的土地的使用权不得出让、转让或者出租用于非农业建设。”同时,《中华人民共和国农村土地承包法》第 33 条规定:“土地承包经营权流转不得改变土地所有权的性质和土地的农业用途。”这些条款都限制了农地流转不得改变农业用途,保持农用地性质不变。

③严格耕地保护约束。《中华人民共和国农村土地承包法》第 31 条规定:“国家保护耕地,严格控制耕地转为建设用地。”第 34 条规定:“国家实行基本农田保护制度。”同时,《国务院关于深化改革严格土地管理的决定》第 11 条明确规定:“基本农田一经划定,任何单位和个人不得擅自占用,或者擅自改变用途,这是不可逾越的‘红线’。禁止占用基本农田挖鱼塘、种树和其他破坏耕作层的活动,禁止以建设‘现代农业园区’或者‘设施农业’等任何名义,占用基本农田变相从事房地产开发。”而事实上,所有农村土地流转经营主体在租赁土地上进行农业生产和经营,均需要一定面积的土地建设生产管理用房,与法规相冲突。

④流转土地效益约束。农村土地承包经营权作为一项财产权利,应当具有相应的融资功能,但我国《担保法》规定农村土地承包经营权不能设立抵押权(《担保法》第 34 条所列可得抵押的各项权利中无农村土地承包经营权)。同时《物权法》虽然明确了土地的物权性质,但未将抵押权加以明确规定。这在很大程度上不利于农村流转土地的抵押贷款融资,不利于发展农村经济。《中华人民共和国农村土地承包法》第 20 条规定:“耕地的承包期限为 30 年。草地的承包期限为 30 年至 50 年。林地的承包期限为 30 年至 70 年。”第 33 条规定:“土地承包经营权流转的期限不得超过承包期的剩余期限。”《物权法》第 126 条、128 条也对承包期限和流转期限有同样的规定。

2. 政策研究较薄弱,先行先试突破多

2007 年 6 月,重庆市正式获准成为全国统筹城乡综合配套改革试验区,肩负起在新的历史阶段探索科学发展、社会和谐的统筹之路。重庆市以土地流转作为加快统筹城乡的突破口,先行先试,创新农村土地流转制度,探索合适的土地流转模式,为实现农村土地集约、规模经营、发展现代农业进行了一系列探索,其中典型的有“麒麟模式”、“荷花模式”、“两桂模式”、“九龙模式”,均取得了明显成效。在创新土地流转模式的同时，土地流转有形市场也得到了发展，2008 年 10 月 9 日，重庆市渝北区“农村土地流转市场”和“农村土地流转服务管理中心”同时挂牌，实现农村土地入市，为农村土地流转市场化提供了交易平台。建立农村土地交易市场，实现土地入市，被重庆作为统筹城乡综合配套改革试验的突破口，是一个健全严格规范的农村土地管理制度的重大探索。随后，重庆市又成立了重庆农村土地交易所，进一步推动了农村土地流转的市场化进程。

但是在试验探索的过程中，农村土地流转也遇到了很多障碍，在政策研究方面不免显示出滞后改革发展的要求。特别是重庆对土地承包经营权入股的探索，引起了全国范围的关注。2007 年 7 月 1 日，重庆市工商行政管理局出台《关于全面贯彻落实市第三次党代会精神服务重庆城乡统筹发展的实施意见》（渝工商发〔2007〕17 号）共颁布 50 条措施，其中第 16 条有关“农民土地承包权出资入股”规定，“支持探索农村土地流转新模式。在农村土地承包期限内和不改变土地用途的前提下，允许以农村土地承包经营权出资入股设立农民专业合作社；经区县人民政府批准，在条件成熟的地区开展农村土地承包经营权出资入股设立有限责任公司和独资、合伙等企业的试点工作，积极推进土地集约、规模经营，提高农民组织化程度，加快发展现代农业。”这次变革被部分专家称为“第三次土地革命”。但是由于土地入股存在着很大的风险，不适宜在全国大范围的推广，争议较大。随后，重庆市工商局又制定了“关于农村土地承包经营权入股设立公司注册登记有关问题的通知”，通知指出了农村土地入股的八项基本要求：农民自愿、不改变土地用途、营业期限不超过入股农民第二轮农村土地承包的剩余期限、选择的产业项目前景良好、有龙头企业参与、有能人带头领办、区县政府支持、用作出资的农村土地承包经营权，应经具备资格的机构进行资产评估。这一系列政策的出台，都说明了重庆市在土地流转方面先行先试所做出的努力以及法律法规的突破，同时也表现出了政策研究还有待加强。

在目前的形势下，重庆市有很多的区县进行了土地流转的一些试点，取得了一定的成绩，其中不乏存在代表性的流转模式，但同时也存在着一些不足和风险。

案例一：“麒麟模式”，即土地承包经营权股份化。2005 年 10 月重庆恒河农业科技公司与长寿区石堰镇麒麟村合作，由恒河农业科技公司拿出 10 万元现金入股、农户以土地承包经营权以每亩 5 740 元作价入股，当时共筹集 508 户农民 514.3 亩土地入股，并又从村民中选出 6 个股东作为代表。此外为符合《公司法》规定的注册资金中现金不得少于30%的规定，农户按每亩土地300元缴纳现金，作为公司的流动资金。2006年3月工商注册成立了重庆宗胜果品有限公司，由该村村委会主任出任公司董事长。重庆宗胜果品有限公司对公司所属的土地进行统一的经营管理，栽植优质柑橘，聘请有技术和责任心的股东作专职技术员，支付额外报酬。

第二章已阐述，这是典型的以农村土地承包经营权入股的流转模式，这种模式存在着很大的法律风险和冲突。具体表现在：①对隐性股东的权益保障问题。《公司法》第24条和第27条明确规定："有限责任公司由50个以下股东出资设立"。为规避《公司法》对股东人数的限制，在实际操作中，普遍采用代表制，宗胜果品有限公司剩余482户"隐名股东"的权益就很难得到法律的保护。②农民股东的权利与义务不对等。由于人数众多的股农因各自在公司中的股份小得微不足道而无法参与管理，大多数农民和公司之间实际上只能算作土地租赁关系。但却要承担投资入股方面的义务和风险，权利义务明显不对等，对股农来说这是最大的不公平。因此，土地承包经营权入股违反了法律的公平正义原则。③土地承包经营权入股与股权转让、股东退出公司、公司清算等规定相矛盾。就股权转让制度而言，根据公司法的一般原理，股东财产一旦投入到公司里就成为公司的法人财产，股东退出公司时无法收回出资部分。股东只能通过转让股份方可退出公司。由于公司法做出了强制性规定，一旦将土地承包经营权投入到公司，股农要么因其没有其他选择只得终身成为公司的股东，分取固定股利；要么一次性转让公司股份，退出公司，告别土地。前者在提高土地利用率的同时却无法让农民致富，后者让农民彻底失去土地。就公司清算制度而言，依据《公司法》第184条规定，公司解散、破产时都必须进行清算，土地承包经营权作为公司资产用来偿还公司债务成了问题。作为公司资产的土地承包经营权用来偿还债务理应不属于被"任何组织和个人""侵犯"。④土地经营权入股在公司破产时可能出现的偿债风险。最高人民法院司法解释规定"承包方以其土地承包经营权进行抵押或抵偿债务的，应当认定为无效"。但"股田公司"的主要资产就是农民的土地承包经营权，作为公司注册资本的土地承包经营权在企业贷款时必然要作为公司资产的一部分进行抵押，而在调查中我们发现这很难行得通。以入股形式流转的土地收益与其上承载的企业的收益以及该企业所在行业的收益是紧密联系在一起的。如果企业效益不好或者破产，农民能否分红和能否拿回土地都是问题，因为土地的物权已经变为对企业的债权，按照《公司法》的规定，股份不能退只能转让。一旦由于公司经营不善出现其他资产不足以清偿时，就必须动用股权，其结果要么是作为股东的农民将土地承包经营权易主，面临永远失去土地承包经营权的风险；要么如果没有政府的“兜底”，债权人利益将无法保障。

案例二：“博富文模式”，即租赁土地，规模经营型。2006 年 9 月开始重庆博富文柑橘有限公司在忠县的石宝、黄金、忠州、拔山等 7 个柑橘基地乡镇租赁果园 4 万亩，租期 30 年。租金按每年每亩田 440 元、土 360 元给付，较好地块的租金上浮 3%。合同签订后，每满 5 年调整一次租金基价。农户果园流转直接收益为 1 850 万元，部分农民在企业就地就近务工收入 820 万元，两项合计 2 670 万元，户均 2 185 元，比农户原经营收入增长了 3.5 倍。2006 年在遭受特大旱灾的情况下，企业仍获利 206 万元，实现了企业增效、农户增收。该公司目前已计划投资 3 000 万美元，继续租赁柑橘园，并组建果品加工厂，年加工能力达到 20 万吨，有力地推动了当地柑橘产业的发展。

此种模式属于典型的土地租赁规模经营模式，也存在着一定的风险：具体表现在：①农民违约的风险。部分农民自己无力经营一些高投入高产出的产业，把土地租赁给公司，但当公司投入大量资金土地产出效益逐步提高的时候，农民在利益的驱使下可能要求提高土地租金，甚至单方撕毁合同，要求退还其土地承包经营权，业主或企业的利益得不到保障。如忠县的涂乡友谊村的业主申继河（三峡首批迁到山东的移民），现租赁该村柑橘园 90 亩 3 500 株，2006 年签订的合同是每年每株 6 元，投入了 10 万多元，对柑橘园进行整治和管理。其中有户农民看到原来自己不像样子的柑橘被他搞的这么好，单株收益明显提高，就找到申继河要求提高租金，搞得申继河无计可施但又不能答应，因为后面还有很多农民在等待和观望。②生产管理用房占地问题。《国务院关于深化改革严格土地管理的决定》（国发〔2004〕28 号）第 11 条明确规定：基本农田一经划定，任何单位和个人不得擅自占用，或者擅自改变用途，这是不可逾越的“红线”。事实上，所有农村土地流转经营主体在租赁土地进行农业生产和经营，均需要一定面积的土地建设生产管理用房。③租赁期限问题。重庆市农村土地延包时间多为 2028 年，土地出租期限最长也只有 21 年，“农村土地流转期限不得超过承包期”是农业部颁布实施《农村土地承包经营权流转管理办法》中的明确规定。而调查发现博富文柑橘有限公司在忠县县石宝、黄金、忠州、拔山等 8 个柑橘基地乡镇果园租赁了 45 110 亩，租赁期限 30 年，都超过了规定的期限。

案例三：“九龙模式”，即承包地换社保，宅基地换住房。九龙坡区作为重庆确定的先行试点区域，目前正在探索用“住房换宅基地、社保换承包地”的办法，使农民“从土地上解放出来”。(1)以社保置换土地。九龙坡区已颁布相应政策，即凡拥有稳定的非农收入来源，又自愿退出宅基地使用权和土地承包经营权的，就可以申报为九龙坡区城镇居民户口，并在子女入学、就业扶持、养老保险、医疗保险、生活保障等方面与城镇居民享有同等待遇。重庆市今年启动了农村养老保险试点，九龙坡仍为先试单位。目前试点村参保人数有 1 900 多人，今年将扩大试点范围到 10 000 人，同时，大力推广新农村合作医疗，解决农民的看病就医问题。而西彭镇政府还开始考虑，要求所在企业为职工办理失业保险。(2)住房换宅基地。西彭镇为集约利用、集中布局农村建设用地，拿出原农村宅基地的 20%左右，集中兴建新型农村社区，腾出的 80%左右复垦为耕地，其农村建设用地指标，则置换为本镇城镇建设用地指标。对流转的宅基地每个村民都能免费置换 20m^2 住房，优惠 5m^2 住房，多余面积按 580 元/ m^2 计算。

此种流转模式在一定程度上有利于农地资源的合理配置，又能使流转农户在身份上“市民化”，有助于推进城乡统筹发展。但是调研发现，在实际试点过程中还是存在着不足。首先是流转户对未来生活的担忧。虽然在政策上给予了身份转换，但是对于各种保险能否实现仍旧存在顾虑。在白市驿镇全镇新型农村合作医疗参合率已达 90%以上，但农村基本养老保险推行起来并不容易。农民办理农村基本养老保险，费用由区财政承担 84%，镇村社承担 8%，个人承担 8%，年轻农民，逐年缴纳；而农村男性满 60 岁、女性满 55 岁后，要补交 15 年费用，约合 4 000 元。如此长期的投入，很多农民难以接受。与此同时，并不强大的村集体，也难以支撑农村基本养老保险。调查发现，在试点中，农民主动参与意识不强，政府主导、农民等靠的现象普遍存在。农民大多对离土后的就业问题、生活保障存在担忧，实现试点的目标尚需要一个过程。

案例四:“海龙模式”，即以地招商，以租代征。 九龙坡区白市驿镇海龙村因地处城郊，区位优越，很适合发展中小企业。2003 年底海龙村成立“海龙经济发展中心”，以 550 kg 稻谷/(a・亩)租用村民土地，并将村民入股资金用于修建厂房宿舍，吸引了不少中小企业入驻。厂房以 10 元/m^2 对外出租，按照约定，除了租金，现金股东可分 15%的利润，村集体分 5%。通过出租土地进行中小企业建设，海龙村的集体经济得到飞速发展。截至 2008 年，全村 3 000 亩耕地，已流转 1 400 亩，全村 16 个社都参与了土地流转，修建厂房 5 600 m^2，引进企业 106 家。园区发展的同时，村集体经济组织也得到了壮大，集体出资修建了 5 条公路、9 条便道。此外，村民还将自己的住房以 500～800 元不等的价格出租给外来人口，人均收入均超过 5 000 元。

这种土地流转模式虽然给农民和集体以及企业都带来了好处，但是触摸到了“耕地红线”，与国家土地管理的相关法律法规相冲突，无论是在理论界还是在实践中都存在争论。具体表现在：①违反“非农建设用地必须占用国有土地”的规定。海龙村租用集体土地直接用于中小企业建设，很明显是违背《土地管理法》相关规定的。海龙村 1 400 亩耕地的流转被认为违法。2007 年 12 月 26 日九龙坡区国土资源管理分局出具《责令停止土地违法行为通知书》称，未经有权机关批准，海龙村七社占用 0.75 亩土地的行为，违反了《土地管理法》第二条，第三款和第五十九条的规定。②违反了“农地流转不得改变农地农业用途”的规定。海龙村流转的土地全部用于非农建设，违规改变了农地的农业用途。海龙村并不是个案。2007 年底，开发商在九龙区金风镇白鹤村租用 1 000 亩耕地(博士农业科技园项目)，以建蔬菜温室大棚为名，并行修建 700 座别墅，每座别墅或配送果林或配送温室大棚。田地被租用后，农民可获得每亩 450 kg 稻谷作为租金。擅自改变流转的农耕土地用途，用以建设房产项目，耕地受到破坏，且扰乱了房地产市场。

案例五:“复兴模式”，即以租代征，建小产权房。调查发现，北碚区复兴镇由于地处重庆郊区，且在二环高速公路沿线，存在着很多小产权房。目前，在复兴镇堕井村共有小产权房 150 多套，已卖出 100 多套了，还有很多正在修建的小产权房，其规模已接近主城区的一些开发项目，全部是 7 层的楼房。这些小产权房没有合法的产权证，就连镇政府和房管所的批文都没有。开发商在这里修建的“商品房”，基本上是采用向当地村民租用土地的方式获得土地的使用权。购房者也知道“小产权房”是不合法的，也知道其中所包含的风险，但由于价格低廉、在经济利益的驱动下，农民、乡镇干部以及来自城镇的购房者都形成了潜在的需求，从而推动了市场。

其实近几年来“小产权房”现象在全国各地都很突出，北京、上海、广州全国各地到处都有，比如“北京宋庄的农宅诉争”。所谓“小产权房”(也称乡产权房)，是指由乡镇政府或乡镇政府联合房地产开发商，在集体土地上开发的，以“乡产权”等名义，以商品房的形式向购房者销售的住房。它一般由开发商与村委会合作或由村委会自行开发建设未缴纳土地出让金等费用，其产权证不是由国家房管部门颁发，而是由乡政府或村政府颁发，所以叫做乡产权房，其形成流程见图 3.1。

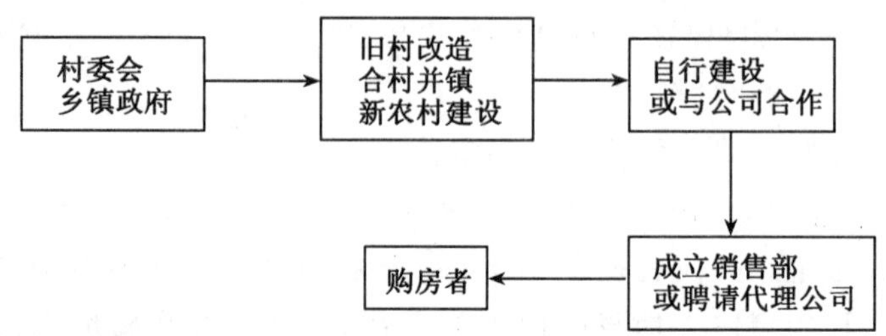

图 3.1　小产权房形成流程图示

“小产权房”的产生是违法的，与《土地管理法》第 63 条，“农民集体所有的土地的使用权不得出让、转让或者出租用于非农业建设”的规定相出入。“小产权房”不受现有房地产法律框架的规制，在房屋之上形成的各种权利关系模糊不清，购买小产权房主要存在着以下风险：①国家不颁发产权证，业主权益得不到保护。根据我国现行的土地管理法，非集体经济成员购买农村集体土地上建设的房屋，没有国家发的土地使用证和预售许可证，将无法办理房屋产权登记，业主在房屋使用过程中的合法权益就得不到保护。②拆迁难补偿。小产权房的开发建设未经土地规划相关部门审批，属于违章用地，如果与国家规划相冲突，还很有可能被拆除，国家的拆迁补贴只会给集体原有的村民，业主却不会得到拆迁安置补偿费用，导致业主损失惨重。因此，小产权房应该坚决遏止。中央农村工作领导小组办公室主任陈锡文表示，在加快农村金融体制改革过程中，应排除土地承包经营权、宅基地和农民房产作为抵押。“小产权房”的产生是违法的，违法批准建设“小产权房”，违法开工建设“小产权房”的人，是要承担法律责任的，“小产权房”绝对不允许再搞。

案例六：“渝北模式”，即开放农村土地流转市场。2008 年 10 月 9 日，“重庆市渝北区农村土地流转市场”和“重庆市渝北区农村土地流转服务管理中心”在这里同时挂牌。这是重庆首家农村土地流转市场。建立农村土地交易市场，实现土地入市，被重庆作为统筹城乡综合配套改革试验的突破口。事实上，2008 年 8 月中旬，重庆市传出消息，已向中央申请全国首家农村土地交易所，在国家现有法律法规和政策范围内，以城市建设用地增加与农村建设用地减少相挂钩为中心，开展农村土地使用权或承包经营权流转服务。消息一出，立即引起极大关注，多家媒体报道称，农村土地即将入市。农村土地流转市场化，是对现行土地流转制度的创新。

渝北区建立的这种有形的农村土地交易市场，是重庆统筹城乡综合配套改革试验区的"一个探索"。笔者认为,"生产要素的集结地,就是财富的增长点"。在过去,农村并非生产要素集结的地方,相反却不断流向城市,城乡差距因此不断扩大。要生产要素向农村集结,就看农业生产效率能不能提高,这就要求发展现代农业。而发展现代农业,有一个要求就是要适度规模经营,就要推动土地流转,就要推进农村土地制度创新。当前重庆市大量农村劳动力进城务工,撂荒耕地占11%,而宅基地的撂荒更严重,达到了22%。而土地流转有利于推动适度规模经营,同时又能够增加农民的收益。通过市场推进土地流转,发挥市场机制在土地流转中的约束作用,有助于土地流转的规范化。通过设立重庆市农村土地交易所,探索开展地宗交易和指标交易,逐步建立城乡统一的建设用地市场。

二、流转管理破绽多,农民维权难度大

1. 管理薄弱留隐患,流转管理破绽多

1)农村土地流转行为不规范

据重庆市农办2007年全市农村土地流转的调查反映,目前重庆市还有相当一部分农村土地流转没有书面协议,其中以互换流转最为普遍,有近60%没有书面协议,甚至有近15%以上互换流转既无书面协议也无口头约定。全市在农业承包合同管理机关登记、备案或鉴证的农村流转土地不超过40%。同样,本次调研也发现,各区县也存在着同样的问题。据调查,截至2007年底,忠县累计签订土地流转合同25 684份,有相当部分的土地流转只是口头约定,双方未签订协议。尤其是村集体内部成员之间的土地流转,以及20亩以下小规模的土地流转,合同签订率更低。

由于重庆尚没有制定统一的农村土地流转合同范本,部分农村土地流转合同存在着形式不规范,合同内容过于简单,条款不完整,对于流转双方的权利义务及违约责任、承包土地上附着物处置、有关赔偿条款等缺乏明确的规定,合同既不规范,也不完善,对土地流转双方的维权不利。尤其是2003年《农村土地承包法》出台前的一些土地流转合同,流转合同更不规范,甚至存在与现行法律法规相左的合同条款。

同时,农村土地流转合同管理情况也较差。在重庆市璧山县调研发现,绝大部分土地流转合同签订后,由于种种原因,没有在街道,镇乡农经部门鉴证,存档和备案,有的在村社都无备案,更有甚者,在村社合并后,流转合同的原件已丢失,致使农经部门对全县土地流转的真实情况难以掌握。目前全县的土地流转

合同在街道，镇乡的存档备案率仅为9%，土地流转合同公证或鉴证率仅为6%，不利于开展农村土地流转的指导工作和土地纠纷的及时解决。

2)农村土地流转政府定位乱

在农村土地流转过程中，政府及主管部门应当发挥规划、引导、协调、服务和监督管理的职能。据调查，在实际操作过程中，存在政府服务缺位、干预越位的现象。尤其是基层政府和主管部门往往定位不当。主要表现为：既有对农村土地流转不支持、不引导，任其自然发展的现象；也存在过多地用行政手段干预土地自由流转，有的甚至直接充当土地流转的主体，随意改变土地承包关系，搞强制性的土地流转现象。

一方面部分区县和乡镇尚没有建立完善的农村土地流转管理机构，缺乏对农村土地流转的有效管理、引导和服务，农户自发土地流转还占相当比例，农村土地流转纠纷时有发生，农民在土地流转中的主体地位尚没有充分体现，农民的土地承包权和流转收益权受侵害的事情屡见不鲜，这在一定程度上制约了农村土地流转的有序进行。另一方面个别乡镇甚至把农村土地流转作为增加镇村收入的手段，或者作为突出地方政绩的形象工程，不尊重农民意愿，损害农民利益。由于流转的动机和做法各异，在部分地区政府在操作中曲解甚至违背土地政策，如有的地区为了追求农村土地流转规模和增加招商引资数量，不尊重农民意愿，以各种理由强行要求农民土地出租，土地租金的收益分配缺乏透明度，侵害法律赋予农民的农村承包土地收益权。政府在农村土地流转过程中定位不当、引导不力、服务不到位，错位、缺位和越位现象并存，政府与业主、业主与农民、农民与政府之间矛盾时有有发生。这些都直接影响到土地流转和规模经营的顺利推进。

3)农村土地流转市场不成熟

市场是交易关系的集结地，是供求规律、价值规律、竞争规律、边际效用递减规律的作用场所。没有土地承包经营权流转市场，就谈不上发挥市场机制在土地资源配置中的基础性作用，土地承包经营权流转就得不到市场激励、市场服务、市场约束。具体表现在以下几个方面：

一是农村土地流转市场结构不健全。农村土地流转属于市场行为，其根本目的在于提高土地利用率和产出效益，必须按市场规律办，形成统一规范的土地流转市场，建立保障有力的服务体系。而目前，重庆市土地流转市场建设滞后，当前许多区县和乡镇都在积极推进土地承包经营权流转，但都未建立土地承包经营权流转市场。整个土地流转市场化程度低，市场建设不成熟。

二是农村土地流转服务体系不健全。农村土地流转缺乏中介服务组织，造成可流转土地供求信息，流转信息传播渠道不畅，土地供求双方对接难，导致土地流转的成本高，土地资源配置的效率低，影响农村土地在更大的范围和更高的层次上进行流转。一些区县尽管建立了土地流转的中介组织，但真正按市场经济法则对土地流转进行运作的并不多。市场发育不良，信息不灵，往往形成“有买找不到卖，有卖找不到买”的尴尬局面，影响了土地流转的速度、规模和效益，不利于土地资源的优化配置。

三是农村土地流转监管体系不健全。农村土地流转存在较多不规范流转行为，包括农户之间口头协商的土地流转随意性比较大，没有签订书面合同；土地流转过程中未充分征求流转双方的意愿，双方的要求未能及时协调解决；部分流转协议条款不齐全，双方权利义务不够明确，合同未能签证和公证。

四是农村社会保障体系不健全。由于土地对农户的直接收益功效和就业功效占总功效的比重较小，一些农户并不想将土地流转出来，特别是对于那些承包地不多的农户来说，保住承包地可解决自身粮食消费问题，同时也对自己的将来具有一定的保障。当前璧山县农村生产力整体水平较低，在缺少资金、技术、排灌、机耕、农产品加工等配套服务的条件下，大多数农民无力经营较大面积的土地，从而造成了农村承包地流转的缓慢。

4)农村土地流转机制不健全

从农村土地流转管理机制看，总体上重庆市的农村土地流转尚处于摸索阶段。目前，部分区县和乡镇尚没有建立完善的农村土地流转管理机构，缺乏对农村土地流转的有效管理、引导和服务，农户自发土地流转还占相当比例，农村土地流转纠纷时有发生，农民在土地流转中的主体地位尚没有充分体现，农民的土地承包权和流转收益权受侵害的事情屡见不鲜，这在一定程度上制约了农村土地流转的有序进行。土地流转合同缺少统一的标准尺度，流转的程序不规范、不固定，土地流转风险保障金、调解仲裁、合同档案管理等一系列流转制度尚未真正建立。尚没有形成地方性相对完善的农村土地流转条例或文件，来健全规范农村土地流转程序和土地流转双方的约束机制。

从农村土地流转价格形成机制看，目前农村土地的市场运作和市场价值开始显现，表现在土地拥有者有转移土地的强烈愿望，而土地经营者又有扩张经营规模的迫切需求，共同促进了农村土地使用权流转市场化。但是，在加快形成统一开放竞争有序的现代市场体系，发展土地要素市场，完善反映市场供求关系、资源稀缺程度、环境损害成本的土地资源要素价格形成机制等方面还存在较大差距。农村土地流转转包费、租赁费形成缺乏科学依据，尽管法律法规赋予农业主管部门对农村土地流转的管理职能，但缺乏统一规定，职责不明确，依据不充分，政府在土地流转价格管理实际操作中无法可依，管理和服务不到位。

2. 农民维权难度大，农地流转侵权多

十七届三中全会通过的《中共中央关于推进农村改革发展若干重大问题的决定》中指出，"土地承包经营权流转，不得改变土地的所有权性质，不得改变土地用途，不得损害农民利益"。在土地流转中，一定要维护农民主体的利益，依法保障农民的知情权、参与权、表达权、监督权，赋予农民更加充分而有保障的土地承包经营权，在农民自愿的前提下进行流转。然而在实际操作过程中，农民的权益很难被保障，侵权现象严重，主要表现在以下几方面：

1)土地流转推进忙，违背农民意愿多

推进人民当家作主是社会主义民主政治的本质和核心，农村土地流转事关广大农民的根本利益，在农村土地流转推进过程中，必须保障广大农民的知情权、参与权、表达权、监督权，扩大农民有序政治参与，充分反映广大农民的意愿和诉求。《农村土地承包法》明确规定：家庭承包经营土地流转的主体是农户，集体"四荒地"流转主体是农民集体经济组织。事实上，部分土地承包经营权流转合同的流出方是村或合作社，甚至是乡镇的现象在重庆市并不鲜见，许多由政府"包办"的土地流转合同，既无农户的签名，也没有书面委托书，不尊重农民土地流转的主体资格，用变相的行政手段干预土地流转，造成土地流转双方流转主体不合法，并因此引发一些土地流转的矛盾纠纷。

据调查，有的村社的集体土地和四荒地流转，未召开社员或社员代表大会，完全是村社干部自行操作；有的村社虽然召开了社员或社员代表大会，却没有进行会议的文字记录。部分农户的土地流转时，由发包方代签合同，而不是业主或企业直接与农户签订。有相当部分的农户未与合作社签订委托书，未履行委托手续，有一部分只在流转合同后(或附件上)签了名，更有的存在由他人代签农户户主姓名现象，从而引发一些土地流转的纠纷。例如在璧山县青杠镇孙河村，广州温氏集团于2005年与当地居民协商后承租150亩地发展家禽养殖业，但是随后却发生了一系列的土地流转纠纷，如环境污染问题，农民觉得土地租金偏低，对自身的好处不大，要求提高租金等。

土地流转中，一定要维护农民主体的利益，依法保障农民的知情权、参与权、表达权、监督权，赋予农民更加充分而有保障的土地承包经营权，在农民自愿的前提下进行流转。然而在实际操作过程中，很多地方无视法律法规，强迫农民流转，完全不尊重农民的意愿，农民的权益被侵害现象严重。个别乡镇甚至把农村土地流转作为增加镇村收入的手段，或者作为突出地方政绩的形象工程，不尊重农民意愿，损害农民利益。调查发现，一些地方政府官员为了一己私利或是为了“规模”而规模，做大自己的政绩，违背农民意愿，甚至采用高压手段，改变承包合同，强迫农民流转，或是在承包户无书面委托的情况下，强行代承包户对外签订农地流转合同。这种现象，不仅在重庆存在，全国各地都有类似侵害农民权益的现象。比如在安徽省凤台县一些乡村干部假借新农村建设为名，以每亩不足 2 万元的超低价逼农民出卖耕地，变相用于商品房开发和其他建设，一些失地农民得不到应有的生活保障，农民是权益严重受到侵害。据当地村民介绍，凤台县批准的新农村建设的试点项目，总占地面积 300 多亩。2006 年以来，村党支部书记等人打着新农村建设旗号，从群众手中按照 19 800 元每亩强行征地，进行房地产开发，谁不卖地就要挨打。以每间房 6 万元的价格卖给农民，但不出具任何手续，不同意征地，村干部就将砖瓦堆在田上，让农民无法种地。而当地县政府查而不处，村干部阳奉阴违，农民上访告状，地方政府就动用警力，关押上访村民。

老家房子不知被谁推平了

白市驿一村民近日找政府部门投诉，九龙坡花卉园区值班人员答复不知情

九龙坡区的秦晓江随妻女在外工作，很少回老家。前日，秦晓江告诉记者：自己90多平方米的家不知被谁推平了，老家地基只留下几排推土机履带印。

父女回家找不到“家”

10月3日那天，秦晓江对女儿说：“好久没去老屋看看了，我们回去看看吧！”他的老家在九龙坡区花卉园区的[illegible]村15社。

“花卉博览会就在离我家几百米外举行。”秦说，由于他在二郎打工，近几年就暂住在华岩的女儿家里。虽然老家已没有什么东西，但每年他都要回去看看。

3日，女儿陪他回老家才发现，老家已经没有了。在老家地基周围，只找到几片零星的瓦片。

昨日，记者在现场看到，秦所指的家除了依稀可见的履带印，只是一块平地，附近已没有住家户。记者向一千米外的几户居民了解，均称并不知道房子被推的事，也没看到有推土机等过路。

园区绝对没派人推房屋

前日下午，记者来到九龙坡花卉园区办，值班的规划发展科一赵姓负责人称，他已于10月4日接到了秦晓江的电话，已知晓了他家“消失”的事。

“他那房子，可能是自行垮的哟……”赵称，去年，自己就看到秦的房子显得破烂不堪，已没人居住，[illegible]土墙房子，甚至有部分墙都倒了。记者追问自然垮塌为何不见瓦砾和砖土墙的疑问，赵称，他不知情，但可肯定，园区绝对没派人推房屋，也问过村委会，都不知此事。他说，由于才忙完花卉博览会，大家都在补休假，已通知将13日再去了解情况。

昨日，九龙坡区花卉园区，手机中显示的是9月10日老秦给自家房屋拍的照片　记者 [illegible] 实习生 [illegible] 摄

所在地块属于规划地带

赵告诉记者，秦家所在的位置正好是规划覆盖片区。目前，秦家所在村的其他邻居都已经达成协议搬迁走了。

据介绍，秦家周围的5家也已搬迁，仅剩秦家。园区多次找秦谈判房屋征地拆迁事宜，但由于双方在补偿方面有分歧，一直没谈成。但赵认为，这与秦“家”不见了，可能并没有联系。

秦晓江说，他留有证据。9月10日，秦和妹夫一起回老家，妹夫给房子摄了像，秦用手机拍了照片。在秦的手机上，记者看到，老房虽破不堪，有些地方已破出大洞。秦称，老屋3米多高，砖房，90平方米，已年久失修。但秦认为，不管房子多破烂，在没达成拆迁协议之前，任何人都不该不打招呼就把它推了……

律师说法

人为推倒构成犯罪

“当时[illegible]我一套2室1厅的房子，约50平方米。”秦说，4个月前，该园区曾派人联系他，商谈拆迁事宜。但他认为根据宅基地记载，老房有90平方米，园区没同意，搬迁的事就搁置下来。

重庆[illegible]律师事务所[illegible]律师认为，现在无法证明是谁推倒了房子，但秦先生应该先报案，以公安机关侦查所得情况为证，若证实是人为推倒的，就已触犯故意损坏财物罪，要受法律制裁。

记者 [illegible] 实习生 林虹

图 3.2　强拆农民住宅

2)流转土地定价难,农民收益隐患多

在推进农村土地流转过程中,必须保护农民的土地权益在经济上得到实现,让广大农民能够共享土地流转带来的经济效益。据调查,农民获得土地流转收益的主要途径是土地流转租金,土地种粮效益比较低,各地包租土地的业主就以每亩土地种粮食的收益作为参照,以此界定土地的租金价格。用这样的办法来确定地价租金,显然有失公平。土地经济学原理揭示了土地价格的形成机理,土地价格是未来土地利用产生的纯收益的现值总和。土地流转后,土地的用途发生了改变,未来土地利用产生的纯收益也相应发生了变化。在对忠县调查的过程中我们发现,当问及业主经营失败后会带来什么样的损失时,80%的人认为排除市场、国家政策等不确定因素,不会带来太大的损失。其主要原因之一就是土地转让金较低,一般为 400 元/年·亩,低的还有 180 元/年·亩。事实上,许多地方在转让、租赁土地时价格定得偏低,而且一定就是 20 年、30 年、50 年,虽然农民得到了眼前实惠,但从长远看,在企业(包括个人投资者)经营收益大幅度增长时,农民的土地租金却只能维持原来的水平,必然影响农民的长远利益。

根据有关调查,以重庆市忠县某镇为例,按照合同规定,村民们可以获得每亩每年 260 元的租金。当地干部普遍认为这是一个很高的价格,可有的农民却算了一笔账,如果按每年每亩地 260 元,1 亩地租 10 年只有 2 600 元,目前种一亩地豇豆 1 年就可以收入 2 000 多元。更有甚者,在流转过程中部分乡镇组织及开发商故意压低流转价格,流转价格远远低于应有价格,流转农户经济收益得不到实现。在经济利益驱动下,一些地方热衷于搞“反租倒包”,以较低的价格把土地从农民手中租过来,然后以较高的价格出租出去,从中赚取差价,土地租金的收益分配缺乏透明度。实际上,这些地方之所以置法律和中央的规定于不顾,暗箱操作,强迫流转,关键在于其背后蕴含着巨大的利益。

3)土地流转管理弱,农民利益难保障

调查发现,部分业主在取得土地经营权以后,擅自改变土地使用性质或对土地实行掠夺式经营导致耕地质量下降。部分业主和企业在其经营项目的收益没有到达其预期目的后,不兑现其租金承诺或要求降低土地租金,有的甚至携款潜逃,农民的收益得不到保障。如大足县雍溪镇石堡村 2003 年引进铜梁正邦苗木有限公司,承租土地 260 亩搞苗木基地,结果正邦公司在 2005 年 2 月不辞而别,给政府留下后患,致使政府筹资 25 万元支付农户的承包费,并为土地复耕。

实际上，在“公司”+“农户”的模式中，公司多熟悉国家的法律、法规和政策，掌握较多的市场信息，拥有更强的竞争实力。相反，农户居住分散，经营规模小，资金和技术力量薄弱，获取和处理市场信息的能力不足，由于其受文化知识水平的影响，判断、处理信息的能力相对较弱，竞争力相对较小，这些因素决定着农户在与公司签约谈判中常常处于不利的地位。公司实际上成为农业产业化经营中的组织者和主导者。农户与企业的信息不对称，一旦企业在判断和处理信息中出差错而采取违约或毁约的行为来减少损失时，对农户而言无疑是当头一棒。在缔结契约的过程中，公司有可能凭借其强势地位单方面规定契约条款，甚至可能产生对农户的欺诈和强制行为，造成契约的不完全。目前，重庆市订单农业还存在管理体系不健全、运行环境不完善、合理的利益保障缺乏法律支持等情况，加上职能部门执行相关法律和政策乏力，保护弱势群体的机制不完善。在发展订单农业的热潮中，一些不法之徒打着订单农业的旗号，诱骗乡、村组织或与农民签订所谓“订单”，诈骗钱财，然后逃之夭夭，使不少农户蒙受惨重损失。当订单合同价格远远高于目前市场价时，部分企业为避免亏损，制造借口拒不履约。

4)农地用途改变多，农民生计隐患大

一些外来企业不愿与村社及众多农户打交道，而乡镇政府急于招商引资，不经农户同意擅自与企业(包括个人投资者)签订土地包租合同，并代企业先行垫付土地租金；还有一些村社以集体的名义随意终止承包合同，无偿收回或强迫农民转让、出租承包地，从而使承包农户的土地经营权、使用权无形中被基层政府剥夺了。一些外来企业开发、租赁农民和集体的土地，出于自身经济利益的预期，对农户和集体土地收益的补偿绝大多数都采取一年一给付的办法，而农业的自然风险和经营风险很大，企业(包括个人投资者)一旦经营失利，多数情况下是逃之夭夭，不能履行合同义务，无法兑现农民的承包和补偿费用。不能忽视的是，有的企业(包括个人投资者)成片租赁土地后，擅自在耕地上建造永久性固定建筑物，有的甚至干脆租用耕地办厂；有的为了降低开发成本，更多地招商引资，借流转之名，随意改变土地的农业用途，并强迫农民长时间、低价出让土地经营权，违背了《土地承包法》及“农地农用”的规定。比如，重庆市博士园项目在九龙区金凤镇白鹤村租用 1 000 亩耕地，以建蔬菜温室大棚为名，进行房地产开发，使耕地受到破坏，农民的权益遭到侵害。

三、用途管制隐患多，耕地保护压力大

1. 流转土地转用多，用途变化驱动强

1)流转土地转用多

严格保护耕地是我国的基本国策，土地用途管制是我国土地管理制度的核心。十七届三中全会通过的《中共中央关于推进农村改革发展若干重大问题的决定》中指出，"土地承包经营权流转不得改变土地集体所有性质，不得改变土地用途，不得损害农民土地承包权益。"虽然，《农村土地承包法》第 33 条规定，"土地承包经营权流转不得改变土地所有权性质和土地的农业用途。"但调查发现，当前流转农地用途变化主要表现为：一是流转农地的外部用途变化，即由农用地转变为了非农建设用地；二是农用地内部用途变化，多表现为耕地变为园地等其他农地类型和耕地由种植粮食作物转变为种植效益更高的经济作物。在重庆市忠县，流转耕地由"种粮田"变为"非种粮田"现象明显，转变率达 82.63%。在农村土地流转的过程中，农地的用途发生了巨大的变化，受到各方高度关注。

①流转农地非农化　由于农地农业利用比较效益低下，在农地流转过程中，村集体为发展地方经济，更多地招商引资，而企业为降低开发成本，借土地流转之名，随意改变土地的农业用途，这违背了《土地承包法》中农地流转的用途限制规定。据调查，重庆市流转农地非农化的比例达到 22.6%。据调查，九龙坡区白市驿镇海龙村地处城郊，区位优越。经村民大会研究决定，以土地租赁方式流转土地 1 400 亩，引进工业企业 126 家，当地非农产业快速发展，农民收入大幅提高，集体经济实力明显提高。但是这些流转农地多用于企业修建厂房，导致农地非农化，这与现行法律是相互冲突的。更有甚者，重庆博士园项目，以农业建设为旗号进行房地产开发，将农村集体土地直接入市，在集体土地上进行商品房开发，明显是不合乎法律的。一旦当事双方出现纠纷，集体经济组织和农户将遭受严重损失。据调查，截至 2007 年底，忠县流转耕地累计 24 520.59 hm^2，流转耕地用途发生变化 16 951.09 hm^2，占耕地流转总量的 69.13%。其中耕地变为建设用地 1 787.55 hm^2，占流转耕地总量的 7.29%。主要表现为政府引导下的农地流转，多数是由于龙头企业建设生产管理用房而造成的，另外，还有部分地方在农地流转时未签订流转合同，一些业主随意改变耕地的农业用途，导致耕地非农化。

歌乐山农用承租地违规建豪华别墅

经网友曝光，沙区国土局表示现场查实后将列入拆除计划

记者调查 房产老板租农用地建庄园

区国土局和规划局称无手续

处理情况 价值数百万元庄园可能被拆除

图 3.3　流转农地建别墅

②流转粮田非粮化　土地流转是实现农地规模经营、农业产业化发展的途径。随着农地流转进程的不断加快，农村土地流转已不仅仅局限于农户之间，大量的社会工商企业、产业化龙头企业、合作经济组织也参与到农村土地流转中。正是如此，流转主体多元化的发展，使越来越多的流转农地用于发展林果业、蔬菜业或是一些经济作物的种植，粮田非粮化现象突出。据调查，重庆市流转粮田非粮化的比例达到 68.4%。调查发现，在重庆市忠县，由于推行“1+5”模式的土地流转，引导农村土地向柑橘园区、农业产业化项目集中，发展现代农业，使耕地变为园地等其他农用地。龙头企业通过租赁形式承包农村集体土地，建立了大面积的柑橘基地、红豆杉苗圃、原料林基地，但这些土地大部分为区域的基本农田。这与《基本农田保护条例》第 17 条“禁止任何单位和个人占用基本农田发展林果业和挖塘养鱼”相冲突。同时由于比较利益低下，土地流转受让户基于自己的目标进行集约化经营导致耕地的土地利用方式发生变化。流转后耕地由种植传统的粮食作物转为种植效益更高的经济作物，导致区域的粮食产量下降，全县粮食产量从 2005 年的 432 373 吨下降到 2007 年的 415 011 吨。另外在新立镇、拔山镇等柑橘基地调研还发现，这些发展现代农业的园地大部分是基本农田。

2)用途变化驱动强

①用途变化力学分析　以物理动力学理论为基础,可以将流转耕地用途变化的过程看做是物体在外力作用下的一种运动现象。将流转耕地作为受力分析对象,农地流转市场中耕地用途变化的各种驱动因素 F 和制动因素 f 作为推力与阻力,流转耕地发生用途变化是这两种动力共同作用的结果。其受力情况如图 3.4 所示:斜面 AB 可以看做是流转耕地所处的外界环境,即农村土地流转市场。由于农业比较效益的存在,流转耕地在无外界动力制止的情况下势必发生用途变化,即沿斜面以速度 V 向下滑动。而随着流转进程的加快,即倾角 A 的增大,用途变化将呈现随之加剧的风险。

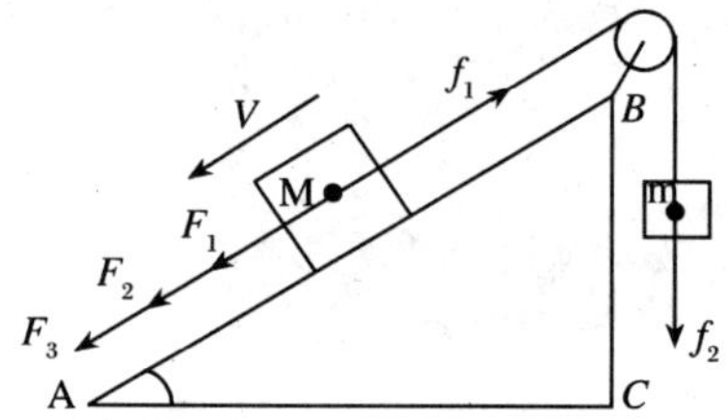

图 3.4　流转耕地用途变化受力分析图示

通过对农户、政府及龙头企业的实地访谈、问卷调查,发现影响流转耕地用途发生变化的因素主要来自于流转市场的发展、比较效益的驱动以及地方政府引导行为的驱动。由于耕地保护政策的失灵以及农地流转的程序不规范、服务体系差、政府定位不当都在一定程度上表现为受利益驱动而导致流转耕地的用途变化。基于物理动力学原理,根据受力分析图(见图 3.4)可以建立流转耕地用途变化的模型,具体公式为:

$$V=F'\times\beta=(F-f)\times\beta=[(F_1+F_2+F_3)-(f_1+f_2)]\times\beta$$

其中:V:流转耕地用途变化速度　　F':流转耕地动力系统集成

F:流转耕地驱动因素　　f:流转耕地制动因素

F_1:农地流转市场发展　　F_2:土地利用比较效益

F_3:地方政府引导行为　　f_1:耕地保护政策

f_2:农地流转管理　　β:相关运动系数

公式中,假定 β 以固定系数看待,未做具体研究,重点在于分析流转耕地所受驱动力和制动力的大小。由公式可以看出,当 $F>f$ 时,合力 $F'>0$,流转耕地沿斜面 AB 向下运动,发生用途变化现象,与实际调查情况符合。这说明,当前的土地流转过程中，流转耕地正是在强大的驱动系统，和制动系统缺陷的共同作用下，产生用途变化现象。

②农地流转市场驱动　虽然《中华人民共和国农村土地承包法》第 33 条规定，土地承包经营权流转不得改变土地所有权性质和土地的农业用途，但由于农业比较效益低下，流转耕地实际上发生用途变化的现象十分突出。在对重庆市忠县农地流转的调研中发现，2002～2007 年耕地流转总量由 1 708.17 hm^2 上升为 24 520.59 hm^2，而同时期流转耕地的用途变化总量由 267.67 hm^2 上升到 16 951.09 hm^2（见图 3.5），占耕地流转总量的 69.13%。通过建立一元线性回归模型分析发现，农地流转率与耕地用途变化率呈正相关性，其线性回归方程为：$Y=10.648+2.046X(R^2=0.986)$，这说明随着农地流转进程加快、规模加大，流转耕地用途变化有加剧的趋势。在对 86 户农户的问卷调查分析发现：有实际流转行为的 63 户中有 46 户都发生了农地用途变化，占 73.02%；而非流转农户 23 户中仅有 3 户发生了农地用途变化，占 13.04%。这进一步说明农地流转刺激了流转耕地用途的变化。这主要是由于当前农地流转市场机制不健全、流转程序不规范、流转中介组织缺乏造成的。在研究区部分地方与业主和企业并未签订土地流转合同，甚至无口头约定，导致流转双方的权利义务无明确的规定，业主用地时没有遵循不改变农业用途的政策规定，擅自建立大面积的生产管理用房和建立农业庄园等，甚至从事房地产开发、建别墅和度假村等等，随意改变耕地的农业用途，导致耕地非农化。

③土地利用效益驱动　追求最大经济利益是市场主体的天性，比较经济利益的存在是土地利用变化的原动力。一方面，我国的耕地利用的比较效益偏低，城镇工矿用地的生产效率是耕地的 10 倍以上，商业用地的生产效率是耕地的 20 倍以上，而且这种比较效益差距还在逐年扩大。另一方面，耕地转变为非农业用途后的增殖效应也将促进流转耕地的用途变化。据测算，我国 2005 年每公顷耕地形成的农业产值为 8 412 元，农民耕作土地的年均纯收入仅有 2 000 多元，而同期每公顷工业用地形成的工业产值可达到 2 246 万元，城市工人的年均收益可达 1.8 万多元。耕地利用在微观尺度上是一种农户行为，农户对生产投入的选择服从于局限条件下的收入最大化原则。相对较低的农产品价格和日益升高的农业成本（见表 3.1、表 3.2）以及非农产业较高的收益条件下，农户为实现个体收入最大化，会选择将流转的耕地用于非农业用途。在市场经济条件下，比较效益驱动会使农户减少耕地的粮食生产，而将大量耕地向比较效益更高的经济作物或二、三产业转移，劳动力向效益更高的产业或区域转移。

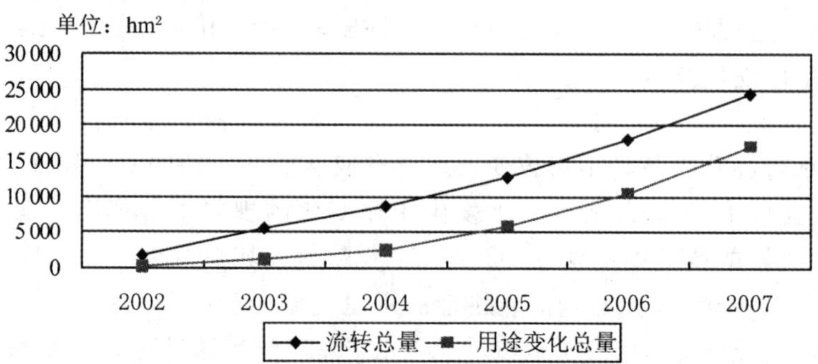

图 3.5　忠县 2002～2007 年流转耕地变化趋势图

表 3.1　耕地利用各类型投入产出情况　（单位：元/亩）

调查样点	耕地类型	利用方式	农业产值	农资综投	农户收入
忠县拔山镇	水田	一季水稻	900	250	650
忠县忠州镇	水田	两季水稻油菜	1 840	410	1 430
忠县马灌镇	坡耕地	一季小麦玉米红薯	1 030	160	870
忠县马灌镇	坡耕地	两季小麦花生	1 400	310	1 090
忠县新立镇	坡耕地	柑橘(45 株/亩)	1 380	300	1 080
忠县忠州镇	耕地	常年蔬菜	3 400	775	2 625

表 3.2　调查区主要农产品的投入—产出表

项目	稻谷	小麦	油菜	柑橘	花生	花椒	玉米	辣椒	红薯
单产(kg/hm^2)	7 500	4 500	3 000	21 000	2 250	15 000	6 000	11 250	22 500
单价(元/kg)	1.8	1.5	4.0	1.2	6.0	2.0	1.8	4.0	0.2
平均毛收入(元/ hm^2)	13 500	6 750	12 000	25 200	13 500	30 000	10 800	45 000	4 500
平均成本(元/ hm^2)	3 000	750	1 875	4 500	1 080	——	2 700	8 250	300
平均净收入(元/ hm^2)	10 500	6 000	10 125	20 700	12 420	30 000	8 100	36 750	4 200

注：以上成本均不计算劳动力成本。数据来源于样本区 86 户农户调查整理而得。

④地方政府行为驱动　地方政府行为对流转耕地用途变化的驱动也是一个不可忽略的因素。重庆市忠县农林牧渔总产值从 2002 年的 176 174 万元增加到 2007 年的 273 827 万元，5 年间共增加产值 97 653 万元，平均年增长率达 11.09%，但与此同时，大量耕地甚至是基本农田被占用发展现代农业，转变为园地等其他农用地。这主要是由于忠县各级地方政府大力推进发展现代农业，以农业产业化推进土地流转规模化，引导农村土地向柑橘园区、农业产业化项目集中。

调查发现，大规模的土地流转一般是由政府引导的，82.60%的耕地用途变化面积得到了地方政府的支持，因为在农地流转过程中以利益最大化为行动目标，地方政府也选择将耕地向收益更高的用途流转。而这种利益因素又可分为经济动因和社会动因。前者主要是通过倒买倒卖土地，或是通过隐性流转"丰厚"个人腰包，直接产生经济效益。还有部分是由于地方"以廉价土地换发展"的错误思维导致农地流转异化。由于征地成本太高，同时由于农村地理位置的局限性，开发商又不愿意来，所以为发展经济部分地方就以"农地流转代替土地征用"，或是变相地采用入股制，以此来达到降低成本的目的。而社会动因则是盲目追求土地流转规模，并将其作为政绩考核标准，各地流转"攀比"现象普遍，一些农村集体组织不惜违反国家法律，不尊重农民的意愿和土地权利，强制推进土地流转，甚至将农用地转为建设用地以获取"超额利润"。

2. 耕地保护不到位，用途管制障碍多

1)耕地保护政策失灵，推动耕地用途变化

现行的农地保护制度有基本农田保护制度、耕地总量动态平衡制度、土地用途管制制度、建设占用耕地补偿制度等。土地用途管制是指国家为了坚持科学发展观，保证土地资源的可持续利用，通过编制土地利用规划、依法划定土地用途，实行土地用途变更许可的一项强制性管理制度。而基本农田保护制度是近年来，国家从保障粮食安全的角度，颁布和实施了一系列耕地保护的政策和法律、法规，加大了对耕地保护的执行强度。同时，通过提高粮食价格，减免农民负担，消除农业税，加大对农业种植的扶持等等，都在一定程度上控制了耕地用途的变化。

但实际上在流转过程中耕地用途变化剧烈，耕地保护政策的失灵推动了其用途的变化。调查发现，在农村土地流转中，土地用途管制主体往往缺位，用途管制的执行合约不完整。由于各地条件的差异，基本农田的保护等级和管制缺乏统一的标准，影响到流转过程中严格用途管制的执行。在目前的制度安排下，耕地保护的激励约束机制并没有真正发挥有效作用，存在明显的效率缺失。现有的考核机制，导致地方政府在任期间为发展经济、追求GDP增长和财税收入，获得好的政绩评价，千方百计通过各种招商引资渠道和方式为所在地区引入各类项目。调查发现，大规模的土地流转一般是由政府引导的，在农地流转过程中往往以自身利益最大化为行动目标，选择将耕地向收益更高的用途流转。

2)农地流转机制缺陷，推动耕地用途变化

在农地流转管理方面，通过建立流转中介组织、健全流转服务体系；创新土地流转的程序和建立农村社会保障体系，为农地流转的市场化建立了条件。调查发现，截至 2007 年底，忠县累计签订土地流转合同 25 684 份，签订率达 85%，土地流转发生了 3 个转变：由过去以农户之间、业主与农户间的自发流转为主向当前政府和市场引导并重转变；由过去依靠口头协议的不规范流转向签订书面协议的规范流转转变；由过去不固定的流转程序向规范的土地流转程序转变，规范了土地流转的程序。严格按照程序规范操作，签订土地流转合同，可以减少流转耕地用途变化的风险。

调查发现，当前农地流转的行为不规范，服务机构不健全，市场机制不完善促进了流转耕地用途的变化。由于农村土地流转尚处于摸索阶段，土地流转合同缺乏统一的标准尺度，流转程序不规范、不固定，土地流转中介组织匮乏，缺乏专门的土地流转管理机构，在流转过程中对耕地的数量和质量保护政策认识不足，未能落实好区域的耕地保护。主要表现在：一是部分地方与业主和企业并未签订土地流转合同，甚至无口头约定，导致流转双方的权利义务无明确的规定，业主用地时没有遵循不改变土地农业用途的政策，严格限制耕地用途和临时生产性用房的建设比例，导致耕地数量减少。二是短期的土地流转行为，导致经济利益与耕地保护发生矛盾时，业主或企业往往选择经济利益，对耕地实行掠夺性经营或是非农转用，导致流转耕地用途变化。

3. 实证研究

21 世纪经济报道(2007 年 09 月 28 日)：笔者谈先行先试农村土地流转。

舆论对房价飞涨和房地产金融泡沫化的担心正在成为现实，而此一问题亦考验政府提供公共服务的决心和执行力。从设立住房保障与公积金监管司，到扩大廉租房与经济适用房供给，再到各地实验构建多层次保障体系，其关键点是“分配公平”与“扩大供给”。但最终解决住房问题，仍期待整体性的制度安排。在本期调查中了解到，小产权房的兴起有着复杂的背景，并对“扩大住房供给”提供了新的思路。

笔者认为，小产权房的产生和存在，反映了解决低收入者购房需求的紧迫性，反映了农民土地权益在经济上实现的客观要求，也有其合理性，但由于与现行法律的冲突，必须以制度创新来化解矛盾。

《21 世纪经济》：目前全国各地小产权房形式五花八门，究竟应怎么定义？

邱道持：小产权房，简单地说就是利用集体土地修建的商品房。它的主要特点，也是争议所在：一是这样建起的房屋，因与现行法律、法规有冲突，不可能办到正规意义上的产权证。二是这些房屋多由农民自建，或乡镇政府作为推进城镇化的举措，介入修建。另外一个重要特征就是房价便宜，房屋产权风险巨大。小产权房作为一个客观存在的现象，有其合理的一面。

《21世纪经济》：小产权房兴起的原因是什么？

邱道持：在严格土地管理的大背景下，小产权房的兴起有复杂的原因。一是政府在保障城市居民住房方面工作不到位，大量城市居民买不起商品房。另外农村居民进城就业定居也需要购房。小产权房正好满足了这些弱势群体的需求。还有一些地方的征地或生态移民，也需要这个部分来解决住处。当然也有小部分是投资者，寄希望以后政策调整，使之成为合法的投资。这样一来就形成了小产权房的市场需求。

小产权房都是用农村集体土地。农民为什么要拿自己的地建房？这是因为农村土地利用比较效益低。国家对土地用途实行严格的管制，比如集体建设用地，只能用于农民宅基地、乡镇企业、农村公共设施和其他基础设施。这些用途的经济效益都不高。

同时，农民市场意识不断提高。他们看到，土地经政府征用出让获得很多出让金，开发商买得土地后修建商品房出售获得很大利润，就会想到自身的土地权益。尤其在近效地区，尽管土地转用增值惊人，被征地的农民却只能得到极低补偿，因此自然会萌生自建房屋销售的念头。小产权房实际提出了一个深层次的问题，即农民的土地所有权、使用权在经济上究竟应如何实现？

《21世纪经济》：小产权房尽管价格便宜，也面临一系列困境，对购房者来说，是一种潜在的风险。

邱道持：小产权房的风险，在制度层面主要是与现行法律、法规有冲突。《土地管理法》第四十三条规定，任何单位和个人进行建设，需要使用土地的，依法申请使用国有土地。意思是土地必须经过征用后，才能修建商品房出租出售，小产权房的用地未经过这个程序。另外第六十三条还规定，农民集体所有的土地的使用权不得出让、转让或者出租用于非农业建设，小产权房用地与这一条款也有冲突。小产权房合法与否，无论是在理论界，还是在实践中都存在争论。但它究竟是不是有利于提高住房保障，有利于农民的土地所有权、使用权在经济上得到实现，要试了以后才能定性。

新京报(2007年12月17日)：笔者谈农耕地开发房产必须遏制

12 月 15 日,《新京报》记者就九龙坡区博士园项目所涉及的土地流转问题对其进行采访。

《新京报》:“重庆博士园”这一项目您知道吗?它以推进现代农业建设的旗号进行房地产开发,这样做是否存在问题?

邱道持:我知道“博士园”。它的模式还是有风险的。我知道它,因为它曾经打过广告,称订购房屋可获得一块农业生产用地,可以开展农业科研或农业生产。但是它的非农用地比例太大,有搞房地产的嫌疑。

《新京报》:博士园的非耕作用地面积占到整体约一半,正常的比例应该是多少?

邱道持:原则上在 2%以内,不能超出这个比例。如果涉及农用地转变用途,转为建设用地,这就要求到国土部门提出用地申请报告,要获得批准才行。有些地方,我们也在查处,把流转的农耕土地擅自改变用途,用以建设房产项目,这个必须得到遏制。如果不制止,不仅耕地将受到破坏,还会扰乱房地产市场。

《新京报》:12 月 10 日,重庆国土资源和房屋管理局公布了十大典型土地违法案例,“博士园”并不在其列。国土部门为何没将其列为违法用地?

邱道持:一般来讲,国土部门在接到群众举报后,再去检查。原则上,如果情况反映上来,我们会先去区里调查,形成一个初步的方案意见再报到市局。

《新京报》:今年 6 月,重庆成为城乡统筹试验区,许多房地产商认为他们的春天来临了,可以去开发农村土地了,那么作为试验区,土地政策与执法和以前有什么不同呢?

邱道持:九龙坡区比较特殊,它是重庆城乡统筹先行试验区。但探索也必须在现行的法律框架内进行。我觉得农用地应该按照国家要求严格管理,无论是发展现代农业也好,还是建设新农村也好,农业的基础地位不能削弱,那就需要一定数量的耕地来保障,因此在农用地管理方面不能乱。

《新京报》:房地产界有一种不同的提法,现在城市和乡镇边界将越来越模糊化,城里有乡、乡里有城。这个地段的农村老是发展传统农业,单位土地的产出价值不是很高,能不能探索出一条房地产和农业和谐相处的模式呢?

邱道持:为了推进现代农业发展,我们欢迎各类人士到农村,推进农村土地流转,但是一定是发展现代农业。搞果园、养殖,只要是农业都可以。前不久,农业部、国土资源部都发了文件,支持发展规模养殖,建设现代养殖场,用地审批权力也下放到县里了。真正推进现代农业发展,要用地我们都支持。如果不是推进现代农业发展，用地肯定会遇到障碍。

《新京报》：温家宝总理前些日子也强调要保护耕地，并称我国耕地资源紧缺。

邱道持：中国因为人口多，耕地相对就少，这个特殊国情决定了对耕地的保护最严格。近段时间农产品价格上涨很猛，现在有相当一部分粮食和食用油都依靠国际市场，国际市场价格涨幅也比较大，所以我们国内价格也很高。当前的形势更证明了，中央经济工作会和十七大都提出的要加强农业的基础地位，发展现代农业的正确性。所以从土地利用这个角度来讲，要保护和维护这样的发展目标。

《新京报》：土地流转中，乡镇政府会扮演什么角色？

邱道持：乡镇政府兼有发展经济和保护土地的义务。当要求它加快发展的压力过大，它有时候就会弱化保护资源和环境这两项。它就会参与一些明知道不符合国家法律规定，比如说土地流转方面、耕地的占用等，就没有履行保护职责。之所以出现这样的状况，是因为受非科学发展观的影响。

《新京报》：当镇政府和农民之间出现利益分歧时，镇政府在农民不自愿的情况下，把土地转租了，国土资源局该怎么办？

邱道持：我们也发现有个别地方的乡镇政府，没有发挥农民的主体作用，取代农民、违背农民的意愿，强行推进流转，甚至违反了国家的法律，导致农民不满。情况属实，我们就要下处理意见，要查处的。

《新京报》：土地流转是否设有期限？

邱道持：我们有一个土地承包经营权的法律，规定了农民的土地承包经营权期限是30年。那么流转期限在30年内是可以的。如果超过农民的土地承包经营权期限，就有问题了。镇政府签超过30年的合同不符合法律。

新华社电2008年12月22日：中农办主任陈锡文谈农村土地流转

中央财经领导小组办公室副主任、中央农村工作领导小组办公室主任陈锡文在国务院新闻办新闻背景吹风会上表示，在加快农村金融体制改革过程中，应排除土地承包经营权、宅基地和农民房产作为抵押。在中国这样的发展中国家，土地承包权、宅基地和房产是农民最后的生存依据，在任何情况下，都不能拿走农民土地承包权、宅基地和房产，否则会引发农民流离失所，影响社会稳定。还有一个重要原因就在于我国社会保障体系尚不完善，必须避免农民“失地、失业、失住房”的情况发生。

中央明确不许再建小产权房。中央电视台记者在会上问，农村“小产权房”的问题比较突出，这次《决定》中或者说中央有没有这方面新的政策？如果有的话，怎么样加以解决？陈锡文回答说，“小产权房”的产生是违法的，违法批准建设“小产权房”，违法开工建设“小产权房”的人，是要承担法律责任的。但是，很多消费者购买的时候不可能对国家的法律有这么多的了解，觉得便宜就买了。那么怎么样才能让他们在这种非法交易中形成的权利合法化，这是有关部门正在研究的具体措施。但是明确一条，“小产权房”绝对不允许再搞。

四、规模经营风险多，风险控制难度大

在调查中，广大农村干部群众、农业大户和龙头企业反映，土地规模化经营带来的风险远大于家庭承包经营。这种风险主要来自于生产过程中不可预料的自然灾害、交易过程中市场供求关系变化导致的价格风险、规模经营中的契约风险。因此，业主普遍存在着“两怕”意识：“一怕”农村土地政策不稳，政府提前收回土地承包租赁权，与投资回收期相比，租赁期限相对较短，一般为20年左右，投资回报率不高，不敢大胆投入；“二怕”农业生产自然和市场的双重风险压力大，农产品市场前景不好，租赁农村土地进行规模经营效益不高，不敢大规模搞开发。

1. 自然灾害发生多，农业损失威胁大

1）自然灾害发生频繁

我国幅员辽阔，自然地理条件复杂，气候条件多变，环境基础脆弱，农业基础薄弱，常常遭受各种自然灾害的侵袭，如暴风雨、干旱、洪涝、冰雹、病虫害等都会给农业生产造成损害，轻则减产减收，重则劳而无获，农业生产面临巨大的自然风险。我国的自然灾害不仅具有种类多、频率高、强度大，而且还具有时空分布广、地域组合明显、受损面广、损害严重等特征，因而不能不引起高度重视。近半个世纪以来，我国的自然灾害频繁且不断加剧，根据国家气象局资料统计，各种气象灾害平均发生频度呈增长趋势，1949年以来，平均每年出现旱灾7.5次、洪涝灾害5.8次、台风6.9次、冷冻灾害2.5次，这远远超过了世界的平均频度。自然灾害的频繁发生，使受灾面积大量递增，见表3.3。作物成灾面积占播种面积的比重由20世纪80年代以前的10%上升到20世纪90年代的17.5%。成灾率由1978年的48.2%上升到了2006年的59.9%，增加了11%。自然灾害

的频繁发生，给农业生产带来了巨大损失。

表 3.3　受灾面积和成灾面积　　单位：10^3 hm^2

年份	受灾面积	成灾面积	成灾面积占受灾面积比重(%)	水灾		旱灾	
				受灾面积	成灾面积	受灾面积	成灾面积
1978	50 790	24 457	48.2	2 850	2 012	40 170	17 970
1980	44 526	29 777	66.9	9 146	6 070	26 111	14 174
1985	44 365	22 705	51.2	14 197	8 949	22 989	10 063
1990	38 474	17 819	46.3	11 804	5 605	18 175	7 805
1991	55 472	27 814	50.1	24 596	14 614	29 414	10 559
1992	51 333	25 859	50.4	9 423	4 464	32 980	17 049
1993	48 829	23 133	47.4	16 387	8 611	21 098	8 657
1994	55 043	31 383	57.0	17 329	10 744	30 425	17 049
1995	45 821	22 267	48.6	12 731	7 630	23 455	10 401
1996	46 989	21 233	45.2	18 146	10 855	20 151	6 247
1997	53 429	30 309	56.7	11 414	5 840	33 514	20 012
1998	50 145	25 181	50.2	22 292	13 785	14 236	5 060
1999	49 981	26 731	53.5	9 020	5 071	30 156	16 614
2000	54 688	34 374	62.9	7 323	4 321	40 541	26 784
2001	52 215	31 793	60.9	6 042	3 614	38 472	23 698
2002	47 119	27 319	58.0	12 378	7 474	22 207	13 247
2003	54 506	32 516	59.8	19 208	12 289	24 852	14 470
2004	37 106	16 297	43.9	7 314	3 747	17 253	8 482
2005	38 818	19 966	51.4	10 932	6 047	16 028	8 479
2006	41 091	24 632	59.9	8 003	4 569	20 738	13 411

耕地资源比其他土地类型环境更为脆弱，近年来农业自然灾害更为频繁，灾害种类较多，包括天灾（旱灾、水灾、冻灾、风灾等）和地灾（水土流失、滑坡）等，危害程度和受损面积呈增大趋势。1997～2006 年全国耕地占用结构数据分析表明，每年因水冲、沙压、山崩、泥石流等灾害破坏所导致的灾毁耕地一般在 5 万～16 万 hm^2，占耕地减少总量的 25%左右，见图 3.6。

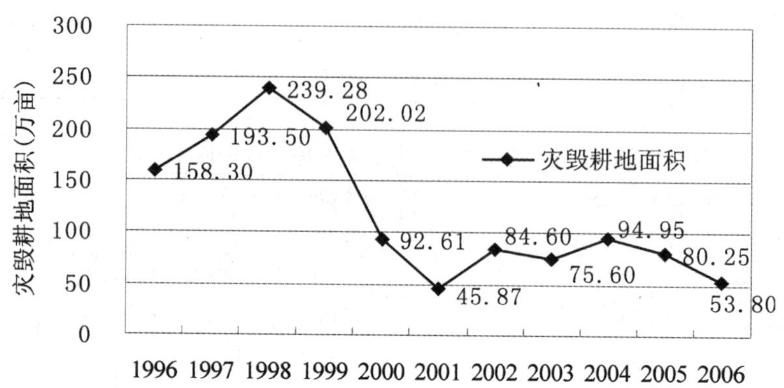

图 3.6　1996～2006 年我国灾毁耕地面积变化图示

2)农业损失威胁巨大

据多种调查资料分析表明:自然灾害对粮食的减产幅度多年平均为 5%,可使粮食产量减产 250 亿 kg,远远超过近几年中国每年进口 150 亿 kg 粮食的水平;自然灾害严重的年份,可使棉花产量损失 20%～30%,达到 150 万担以上,可使油料产量损失 15%,达到 500 万吨以上。中国 20 世纪 90 年代以来仅旱涝灾害造成的直接经济损失年均高达 1 900 亿元左右(按当年价格计算)。进入 21 世纪后,自然灾害造成的损失仍很严重。自然灾害的频繁发生给农业生产带来了巨大的损失。2006 年,由于自然灾害,造成农作物受灾面积达 4 109 万 hm^2,倒塌房屋 193.3 万间,死亡 3 186 人,紧急转移安置民众 1 384.5 万人次,直接经济损失高达 2 528 亿元。据农业部农情调度显示,截至 2008 年 2 月 14 日,由于发生雪灾冻害,使得全国柑橘等果树受灾面积已达 1 839 万亩,约占全国果树种植面积的 12.4%。

图 3.7　2006 年重庆旱灾

图 3.8　2007 年重庆洪灾

2006 年重庆市遇到百年不遇的特大旱灾(见图 3.7),受灾面积达 132.7 万 hm^2,直接经济损失达 25 亿元。大部分地区总旱日数超过 50 天,日极端气温高达 44 ℃,全市 80%的土壤表层出现严重干旱情况。由于水利设施不足,遭遇持续高温,农业生产经营者损失惨重,基本上颗粒不收。2007 年又遇上特大洪灾(见图 3.8),造成 33 个区县的 411 个乡镇、643 万人受灾。因灾倒塌房屋 3 万间,死亡 42 人,失踪 12 人,直接经济总损失 26.59 亿元。以璧山县重庆市绿宇园林发展有限公司为例,该公司为一家县级农业产业化龙头企业,公司在正兴镇曙光村承租了 500 多亩土地发展直杆蓝杆种植业。由于去年的旱灾和今年的洪灾等自然灾害,良种死亡了 40%~50%,国家没有补贴,只能是自主经营,自负盈亏,给公司造成了十几万元的经济损失;与此同时,现在市场上香油价格上涨,对直杆蓝杆的需求不旺,随着劳动力价格和成本的提高,公司的压力越来越大,利润变小,现在每生产一吨要损失 1 000~2 000 元,因此公司已停产,将其全部土地转让给木材承包商搞木材生产。

2. 供求关系难把握,市场变化威胁大

市场风险对农村土地流转和规模经营的威胁很大,在市场经济条件下,一切农业生产经营活动都要在市场中实现,由于市场供求失衡、农产品价格波动、贸易条件变化、资本市场走势变化等方面的影响,或者由于经营管理不善、信息不对称、市场前景预测偏差等导致业主经济上遭受损失的风险,降低了他们将土地集中起来规模经营的积极性,在一定程度上制约了农村土地的流转。

①农产品供求变化　在市场机制作用下,生产者之间、生产者和消费者之间均存在竞争,农产品的供求关系不可能始终处于一种均衡状态,这样必然会导致农业产品市场价格的波动(图 3.9),由此会引发一系列的风险。当农产品供不应求或供过于求时,潜在的供求均衡绝对先于市场上的供求均衡,而只要潜在的供求均衡先于市场上的供求均衡,就一定有供给大于需求或供给小于需求的可能。由于市场供给关系的变化,导致农产品价格的大幅度波动,甚至导致大量农产品滞销,给业主带来巨大的经济损失。调查发现,在巴南区跳石镇由于种植户市场信息掌握不够,盲目栽种绿化花木,导致 2 000 亩绿地植物滞销,百万花木只能当柴烧。该村一种植大户,在 1998 年时以 0.1 元/株的价格买了 900 多株幼苗,第二年就以 0.8 元/株的价格卖了出去。但是 2006 年由于大旱导致很多植物都死掉了,西洋鹃、红檵木的价格升至 1.8 元/株。于是,村民发现"商机"后,自发把良田改种为绿地植物,由于需求量减少,花木价格下降到 0.1 元/株,

导致大量花木滞销，业主受到严重损失。正是如此，在调查中，业主和政府普遍反映由于农业经营的巨大市场风险，使得各种资本缺乏对经营农村土地的利益驱动。

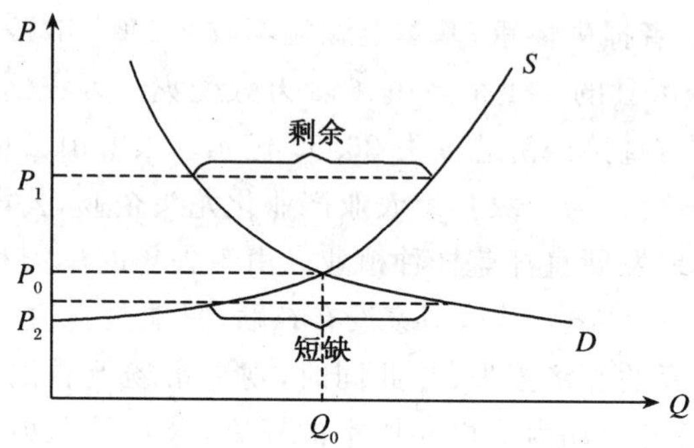

图 3.9　市场供求关系变化图示

注：市场在均衡价格 P_0 和数量 Q_0 处出清。在更高的价格 P_1 处，有剩余产生，价格下跌；在更低的价格 P_2 处，有短缺发生，价格就上扬。

②农产品价格波动　农产品价格在供求关系的作用下起伏波动，给经营者带来了巨大的风险。由于农产品的生产周期使农业生产无法迅速适应变化多端的市场，生产决策与产品销售在时间上被分割，两者之间存在着一个时间差，由此导致了农产品价格调节的滞后性，农业经营受农产品价格波动影响很大，价格波动风险即成为农业市场风险的"凝聚物"和承载体。根据"蛛网理论"，当价格对生产和供给的调节具有明显的滞后性，而且需求价格弹性小于供给价格弹性时，使得供给和需求的调整围绕均衡点上下波动，而波动离均衡点越来越远，波幅越来越大，尤其是农业生产周期较长，商品一旦开始生产后，它的生产规模、生产数量、生产结构不能在短期内得到调整，要调整只有在下一个生产周期进行。因此，农产品的价格主要由本年市场供给量决定，若农产品供不应求，价格偏高，业主来年就会多种，而这时供应量很有可能超过需求量，从而使价格下跌，又迫使业主少种植。供给与需求、价格与数量就这样反复循环变化，使规模经营者缺乏稳定的增加投资的预期，也给农业生产者和农产品的消费者带来巨大的风险。如果业主投入了大量资金进行规模经营，而由于当时农产品价格低廉，就会损失惨重。

农产品成本变化 农业经营的市场风险，还有来自于农业生产所需生产成本价格上涨而带来的损失。近年来，受国际市场化肥、饲料、薄膜上涨的影响，国内农资价格也普遍上涨。从表 3.4 可以看出，全国 2006 年到 2007 年主要农业生产资料的购买价格都在上涨。重庆市从直辖以来，农资产品的价格总体上呈上升趋势，且涨幅逐年增大，呈现“淡季不淡，旺季更旺”的特征。调查发现，我市农资产业结构不适应市场需求，抵御市场风险和严重冰雪等灾害能力不强。特别是年初包括我市部分区县在内的我国南方地区的冰冻雨雪灾害，致使部分农资生产企业由于缺煤、缺电，一段时间陷于停产或半停产状态，削弱了农资的生产能力，影响了市场供应。另一方面，规模经营业主普遍存在自身实力弱、融资困难大等问题，加之近年农资储备周期呈拉长的趋势，资金占用更大，严重影响了“淡储旺供”调控机制对稳定农资价格的作用。同时我市农资流通中间环节过多，各个环节都容易搭“成本上涨”便车层层加码，导致终端市场销售价格大幅上涨。

表 3.4　全国主要农业生产资料购买价格指数(上年同期＝100)

	2006	2007				
	全年	一季度	二季度	三季度	四季度	全年
总指数	102.35	104.4	107.09	118.57	116.71	112.15
小麦种子	102.3	100.16	104.19	102.4	106.44	105.01
稻谷种子	104.26	102.09	104.49	1025.28	108.8	104.02
玉米种子	103.66	100.19	1.2.64	101.13	104.68	102.14
氮肥	100.67	100.71	101.64	101.13	104.88	102
磷肥	101.25	101.49	102.83	102.43	105.09	102.94
钾肥	102.32	101.77	103.05	103.75	106.99	103.73
复合肥料	102.42	102.84	102.67	103.45	106.25	103.64
杀虫剂	101.56	101.39	104.3	105.39	105.67	104.75
除草剂	101.32	102.95	102.78	103.71	105.24	103.11
农用薄膜	103.93	104.04	105.26	104.07	105.75	104.97
农用机油	107.46	106.59	105.73	106.48	107.82	106.57
农业用电	100.13	100.83	100.44	99.76	99.91	100.13
排灌费	104.29	102.85	105.14	105.64	101.78	102.99
机播作业费	108.29	109.84	104.44	107.11	108.18	106.83
机收作业费	108.44	109.57	106.28	104.15	109.25	107.51

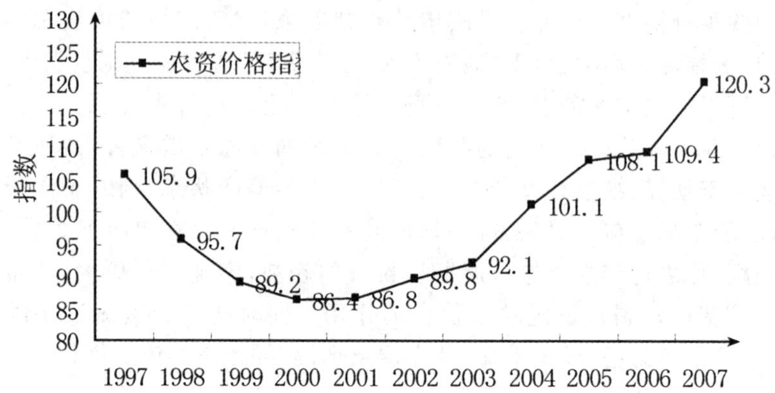

图 3.10 重庆直辖以来农资价格走势图示(以 1996 年为 100)

农资价格上涨直接增加农业生产成本，对农业生产影响较大。据有关部门对几种农产品生产成本调查显示：2007 年重庆市籼稻、小麦、玉米、油菜子每亩化肥消耗折纯量分别为 15.16 kg、9.31 kg、19.13 kg、9.83 kg，按此消耗参数和当前主要化肥品种农民终端用肥价格计算，每亩化肥消耗成本将分别较上年增加 8.87 元、6.74 元、12.37 元、7.42 元。以上述农产品年播种面积估算，全年将增加成本约 2.31 亿元；上述农产品年播面占全市农作物总播种面积约 47%，估算全市农作物仅化肥一项农资价格上涨所增加的成本将达到 4.88 亿元左右(平均每亩增加成本约 9.3 元)。如加上种子、农药、农膜、柴油等，平均每亩估计增加成本约为 15～20 元，致使农作物总成本增加约 10 亿元以上。农资价格上涨使业主的种植和养殖成本进一步上升，增加了业主的支出，加大了对农业生产的投入，给业主带来经济损失，不利于业主扩大种植规模的积极性。由于农资价格上涨而农产品价格的恢复性增长趋缓，业主的惜购或观望势必会影响农资需求投入，进而影响农业生产的发展。同时农资价格上涨还可能会诱发劣质农资市场，部分业主可能会因为低质、劣质农资商品价格便宜而使用这类农资，致使正规农资企业产量减少、品质降低。

3)广阔天地夕阳红，劳力流失威胁大

①农村劳动力流失严重　随着农村经济的发展，农民外出务工经商由“散兵游勇”变成“集团大军”，留家农民也根据农事忙闲季节，多为亦工亦农的“两栖农民”，真正务农的不足劳力总数的三分之一。由于耕地利用在微观尺度上是一种农户行为，农户对生产投入的选择服从于局限条件下的收入最大化原则。在不断完善的市场经济条件下，农户收入最大化的个体追求，会使得众多农户减少对

所承包耕地的粮食生产投入而大量向比较效益较高的经济作物或二、三产业转移，劳动力向效益更高的产业或区域转移，引发耕地严重抛荒。

表 3.5 九龙坡区西部九镇农村劳动力转移统计表 （单位：人，%）

年份	转移人数	其中外出务工人数	占转移人数比重
2001 年	6 795	3 384	49.8
2002 年	7 202	3 716	51.6
2003 年	7 053	3 611	51.2
2004 年	8 115	4 358	53.7
2005 年	9 020	5 042	55.9
2006 年	10 650	6 092	57.2

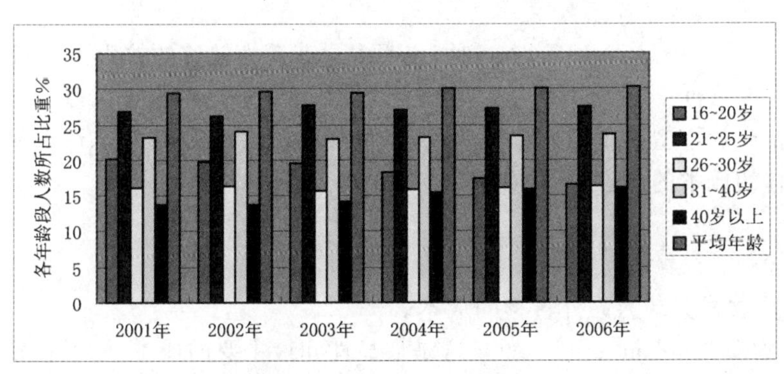

图 3.11 九龙坡区外出农村劳动力年龄构成 单位：%

据调查，重庆市农村普遍存在“广阔天地夕阳红，农业粗放唤三流。众望统筹集结号，田园不废春意浓”的现象。据统计 1997～2006 年，重庆市城镇居民人均可支配收入与农村人均纯收入之比，由 3.40∶1 增加到 3.94∶1。农民作为理性的经济人，对耕地的投入必然符合比较利益原则，所以大量劳动力发生区域性转移。从调查的情况看，当前农村劳动力流失严重，农村剩余劳动力多为老人和小孩，文化水平普遍偏低。以重庆市九龙坡区西部九镇为例(见表 3.5、图 3.11)，2001～2006 年累计转移农村劳动力 4.9 万人，转移人数总体呈增长趋势，仅 2006 年就转移农村劳动力 10 650 人，比 2001 年增加 3 855 人。外出务工人数也由 3 384 人增加到 6 092 人，占转移人数的比重由 48.9%上升到 57.2%，增长了 8.3%。根据农村住户的抽样调查，这些外出务工的农村劳动力以青壮年为主，2006 年平均年龄为 30.7 岁。总体上看，转移出去的农村劳动力的文化程度要高于农村劳动力平均水平,外出农村劳动力中,初中及以上文化程度占 82.6%,比全区农村劳动力平均水平高 17.3 个百分点。

②经济学驱动机理　与农村劳动力的转移相关的理论有刘易斯模型、拉尼斯一费景汉模型、乔根森模型和托达罗模型及"人力资本投资"理论等。本文在分析九龙坡区农村劳动力转移的直接经济动机时,对托达罗模型进行了修正,构建了基于人口转移成本的新模型。公式如下:

$$M(t)=f[\alpha \cdot d(t)-\beta \cdot c(t)]$$

公式中,$M(t)$:表示人口从农村迁入城市的数量

$d(t)$:表示城乡预期收入差异

$c(t)$:表示农村劳动力向外转移的成本

α、β:经验系数

f:当 $d(t)-c(t)>0$ 时,表明农村劳动力转移的拉力大于阻力;当 $d(t)-c(t)<0$ 时,表明农村劳动力转移的阻力大于拉力。

修正后的模型突出了人口转移成本,更加切合实际。对于 $c(t)$农村劳动力向外转移的成本的确定,公式如下:

$$c(t) = \mathrm{M}(m_1, m_2) + P + O$$

公式中:

$c(t)$:农村劳动力向外转移的成本。

M:物质成本(material cost),这是最显性和最主要的成本,一般包括流迁成本($\mathrm{m_1}$)和生存成本($\mathrm{m_2}$)。流迁成本($\mathrm{m_1}$)指外出就业形成的交通费、就业信息费、培训费等。当然,也包括政府基于非经济性因素考虑强行收取的各种"入门费"(城市增容费、暂住费、流动人员管理费、劳动力调节费、外地务工人员管理服务费等)。生存成本($\mathrm{m_2}$)主要包括在新旧两种环境中生存所必要的费用之间的差额(家庭安置费用、房屋租赁费用及相关的生活费用,有的还有子女就学的额外费用),这两种必要费用之间的差额更准确地表达出这部分成本是由于外出而引起的。

P:心理成本(physiological cost)。心理成本虽然在量化方面存在困难,但不能因此而忽视其对农村劳动力转移的明显作用和影响。外出劳动力由于和家人分离,进入一个新的环境,在心理上受到多方面的影响。其中一个重要的体现,就是对外出生活的预期与现实之间的差距所带来的心理失衡。

O:其他成本(other cost)。其他成本主要包括知识成本(knowledge cost)和技能成本(skill cost)。农村劳动者在作出外出就业打算之前,一般要拥有一

定的知识和技能，才有可能在城市中找到相对稳定、较好的工作，而不是只从事脏累苦的低收入工作，因此这项成本也是制约农村劳动者外出与否的一个重要权衡因素。

③心理学驱动机理　农村劳动力向外转移除了受到经济因素的影响之外，还有其自身的心理需求。参照马斯洛的“需求层次”理论并结合问卷调查，发现农民在作出外出务工打算时，主要有以下心理动机。

务工致富心理。这是大部分农村劳动力向外转移的普遍心理动力。由于农业比较利益低下，农民切身感受到“种地不赚钱”，再加上农业种植所需的劳动力和劳动时间有限，所以绝大部分农民是想通过转移或流动就业来挣钱致富。农民流动就业、外出打工的经济收入相当可观，据调查该地区常年外出务工人员平均年收入可达 8 632 元，而长年在家务农的农民平均年收入仅为 3 526 元。据调查，九龙坡区西部九镇农民外出打工收入约占农民纯收入的 45.2%，在白市驿镇高峰寺村，该比例甚至达 70%，这些收入为促进农村经济发展、农民致富奔小康和社会稳定注入了活力。

改变生活方式心理。在调查中发现，许多农村劳动力外出就业，不仅仅是为了多挣钱，而是有更高远的目标，就是要改变本人和下一代子女的社会环境和发展条件，享受城市完善的基础设施和优越的公共服务体系。多年来，各级政府更多地关注城市发展，公共财政更多地支持城市建设，导致城乡差别加大，广大农村基础设施落后、公共服务体系薄弱、社会保障缺失。在九龙坡区新农村建设试点地区，调查资料显示，农民在回答“第一次外出动机”时，有 84% 的人选择“改变生活条件”，71% 的人选择“想成为城里人”。

创业发展心理。创业发展心理在外出的青年农民中特别是具有高中以上学历的男性农民中普遍存在。在部分女青年和初中毕业的农民工中也有强烈的表现。在对白市驿镇的调查问卷中，“创业发展”做成功人士的选择比例相当高，在具有高中以上学历的农民工中，选择此项的比例分别为 89% 和 91%，在初中学历组中，这一选项也达 68% 以上。

④社会学驱动机理　农村劳动力转移问题是一个复杂的社会现象，其动因由多种因素形成，不仅受到经济因素的影响，还受到社会、政治、法律、环境、资源等因素的影响（见图 3.14）。目前政府引导和政策激励成为推进农村劳动力转移的一个积极社会因素。为了把重庆加快建设成为西部地区的重要增长极、长江上游地区的经济中心、城乡统筹发展的直辖市，在西部地区率先实现全面建设小康社会的目标，重庆市各级地方政府出台了一系列的政策和举措，大力推进城

镇化，积极引导农村劳动力转移。重庆市国民经济和社会发展“十一五”规划明确提出，全市城镇化率每年提高1.5%。由于国家出台鼓励和保护农村劳动力外出务工的政策，加之户籍制度放宽和土地承包制度进一步完善，白市驿镇等地的农民或出钱请人代耕田地，或将土地转包或租给花卉苗木种植公司，不再像以前那样一到农忙季节就急匆匆地赶回家去抢种抢收，而是相对固定地常年性地在外务工。据调查，2006年该地区农村劳动力平均外出务工时间延长到了8.5个月。九龙坡区西部九镇的农村劳动力转移正由季节性转移向常年性就业转变。

图3.12 农村老妇采春茶

图3.13 农民工期盼城市

农村劳动力转移是当前我国经济社会发展、科技进步、产业结构调整、消费结构升级等多因素推动的必然结果，对全面落实科学发展观，统筹城乡发展，有效配置劳动力资源，推进国民经济的持续发展，促进“社会主义新农村建设”，全面建设和谐社会都将产生重要影响。调查表明，近年来九龙坡区农村劳动力在经济发展、科技进步、政策引导，以及自身要求等因素的影响下，转移的数量逐年增加，转移的时段逐年加长，就地转移比重加大。但在转移过程中，仍存在着自发性强、稳定性差、保障度低的现象。因此，建议政府要积极推进制度创新，完善政策激励机制，统筹规划，加强管理，引导农村劳动力有序转移。政府还要转变职能，为农村劳动力有序转移提供优质服务，加大对农民工的就业培训，提高农民工的素质和技能。同时应完善农村外出务工农民的各项保障制度，切实改善农民工就业、生存和发展的环境，有效监督劳动合同实施情况，从而实现农村劳动力的可持续转移。

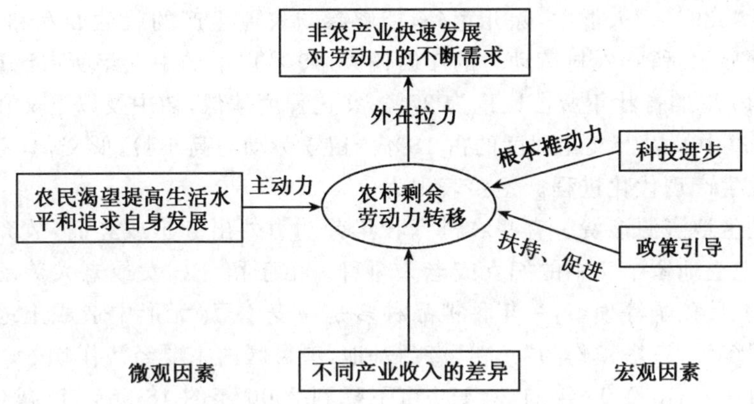

图 3.15 农村劳动力流失社会驱动因素综合分析图示

劳力匮乏制约多。农村劳动力的大量转移,在一定程度上制约了当地经济的发展,主要表现在农村劳动力价格上涨及农村劳动力的综合素质偏低,对涉农公司发展现代农业对劳动力的需求产生了制约。在对璧山县农村产业化龙头企业的实地调查中,我们发现了一个普遍存在的问题:农村劳动力极度匮乏,大多为老弱病残且缺少技术。璧山县总人口 61.88 万人,农业人口 47.22 万人,农村劳动力 29.79 万人,当前全县大力推进农村剩余劳动力向非农产业转移,截至 2006 年底累计转移农村劳动力 22.36 万人,占农村劳动力的 78.4%,大量年轻力壮的农村劳动力转移到城镇,农村仅仅剩下老年人和儿童。由于农业生产的比较效益低下,多数人不愿回乡从事农业生产,所以尽管土地集中流转到了专业大户和龙头企业手中,但他们却面临请不到人做工,劳动力工资成本高,利润下降的困难,使得农村土地闲置,制约了土地的集约化利用。以璧山县的凯普农业技术开发有限公司为例,该公司为一家县级龙头企业,在青杠街道中心村、凉山村等地承包了 2 000 多亩土地发展葡萄、杏李等水果种植业,由于有技术的支持,其葡萄和李子每亩最好产量能达到 3 000~3 500 kg,复种指数为 3.5,年纯利润为 500 多万元。目前该公司面临的最大问题就是劳动力缺乏,现在每天做工 100 多人大多为 50 岁以上的老年人,50 岁以下的青壮年劳动力基本没有,这些劳动力都不具备技术只是从事简单的体力劳动。公司平均每年的劳动力工资为 130 多万元,每亩工钱约为 300 元,随着今后劳动力的进一步短缺,工资成本将逐渐提高,公司所得利润会减少,影响了其扩大规模,加快发展的积极性。

调查发现,随着大批青壮年劳动力不断走出农村,奔向外地务工或经商,留守农村的“389961”人群中，除儿童外，能够参与农业生产的就数妇女和老人了。调查数据显示：留守农村劳动力的年龄偏大，40 岁以上的中老年所占比重 63%，18 岁到 40 岁的青壮年所占比重为 37%；文化程度偏低，初中及以下文化程度的占 82%，高中及以上文化程度的占 18%。留守劳动力高年龄、低文化，必然影响推进农业生产现代化进程。主要表现为：

一是土地资源浪费。有些农村青壮年劳动力外出务工或经商，放弃从事农业生产，把土地留给家中的妇女或老人耕种。由于留守妇女或老人劳动能力有限，再加上带孩子等琐事，一年种植品种多是一麦一豆，无形中造成土地资源的浪费。据统计，三塔镇作为“三粉”产品基地，项目区内主要经济作物——高淀粉红芋种植面积，由 2005 年的 20 426 亩下降到 2006 年的 18 365 亩，减少 10%，与青壮年劳动力流失关系很大。

二是田管人力不足。田管人力不足主要表现在两个方面：一是投入田间管理的力量不足。如大面积的红芋栽种、麦田管理（如施肥、除草、打药等），都需要及时投入大量人力，由于留守农村的多是一些老、弱、病、残等中老年劳动力，心有余而力不足，直接影响项目区田间管理质量，土地产出率降低。调查中了解到，忠县有一老农，她的四个儿子、媳妇全部在广东打工，家里留有 5 个未成年孩子和 10 多亩耕地给老人看管，老人光看孩子就很吃力了，根本没时间管农田里的事，眼睁睁地看着田里长满荒草。二是农村基础设施建设维修难以实施。例如，在璧山县病险水库整治项目区，按照要求，地方以劳代资，需要投入人力完成项目区道路基础工程，在工程实施时，地方留守劳动力全部到位，工地上还显人影稀少，大大延长了工期。另外，项目区一些水利基础设施、道路都需要随时维护，青壮年劳动力不足，势必会影响农田排水沟渠清淤治理，造成农田受灾。

三是生产成本增加。虽然随着农业生产机械化水平不断提高，农田耕、种、管、收等逐步实现机械化，农业生产劳动力投入相对减少，但是农业生产有些环节还要大量劳动力投入，留守农村劳动力不足，留守家庭还要靠雇请青壮年劳动力帮助完成生产任务，显然将增加农业生产成本。据调查，有无青壮年劳动力在家从事农业生产，每亩土地劳动成本差额在 350 元左右。

四是科技推广受限。由于留守农村的劳动力多是妇女和老人，这些劳动力年龄偏大、文化程度偏低，许多人看不懂农药、化肥、除草剂的使用说明书，致使使用剂量不是不足，就是过量，更谈不上搞配方施肥、土壤分析、新技术养殖等农业技术推广了，使得农业生产后劲不足。

五、要素集结困难多，制度创新障碍大

1. 农业呼唤资金来，农村金融保障难

1)农村金融发展滞后

发展农业，就必须有资金的积累和投入，但是在调查中，广大农村干部群众、农业大户和龙头企业普遍反映，农业融资金难的问题，已成为制约农村、农业、农民发展的重要因素。

据统计(见表3.7)，2006年农村固定资产投资总额占全国固定资产投资总额的比例仅为14.92%；而各类金融机构的贷款余额中，用于农业的贷款仅占5.86%，户新增投资中，用于农业的比重也明显偏低，表现出强烈的非农化倾向。由此可见，我国目前农业融资能力有限，农村金融的发展滞后、服务不足，已经拖了农业、农村、农民发展的后腿，成为农村经济发展的制约因素，甚至出现了倒退现象。农村金融发展滞后、服务不足主要表现在：农村融资难、贷款难，农村发展农产品深加工企业没有融资渠道，农民开展农业生产时，农业生产资料一时所需贷款无法解决，购置拖拉机、收割机等大型农业机械更是融资无门；农业经济发展的结算渠道不畅，农村异地汇款难，大大影响了农产品的流通和销售；农村资金外流严重，现在乡镇的金融机构中，邮政储蓄只吸收农村资金而不发放贷款，其吸收的资金统统上划到地市级以上机构，然后转存人民银行获得利息收入，而农村信用社也在强调资金的集中使用，往往也把吸收的农村资金上存到县级以上机构。

长期以来，我国农业大多分散经营，难以有效地组织起来，对政府财政、信贷政策的制定执行难以自觉发生影响，相对于其他产业，极易处于不利的融资地位。另外，在金融改革中，对于农村金融发展重视不够，忽视了农村金融改革的迫切性，没有估计到农村金融对于农村经济发展的巨大促进作用。据调查，农村存款70%以上流入城镇，全国农村每年的资本缺口都在5 000亿元以上，重庆市农村每年的资本缺口都在120亿元以上，广大农民和农村企业贷款的困难程度增加，农村资本的净流出已经成为阻碍新农村建设的瓶颈。重庆市直辖以来，各家银行大规模地缩减了农村网点，乡镇网点基本全部撤出。据调查，我市库区15个区县各家银行的储蓄所已由直辖之初的896个锐减至目前400余个。另一方面，各家银行又逐步上收了信贷权限，致使农村金融机构失去了信贷功能。农村存款70%以上流入城镇，据调查，86.6%的农业大户和龙头企业都面临资金短缺和融资困难。

表 3.7 我国农业投资情况表 (单位:亿元,%)

指标	2000	2001	2002	2003	2004	2005	2006
1. 全社会固定资产投资总额	32 917.7	37 213.5	43 499.9	55 566.6	70 477.4	88 773.6	109 870
其中:农村投资	6 695.9	7 212.3	8 011.1	9 754.9	11 449.2	13 678.5	16 397
农村投资占总投资比例	20.34	19.38	18.42	17.56	16.25	15.41	14.92
2. 城镇固定资产投资总额	26 221.8	30 001.2	35 488.8	45 811.7	59 028.2	75 095.1	93 472
其中:农林牧渔业投资	420.288	491.428	665.364	535	645.1	842.8	1 102
农林牧渔投资占总投资比例	1.60	1.64	1.87	1.17	1.09	1.12	1.18
3. 各项贷款余额(人民币)	99 371.1	112 314.7	131 293.9	158 996.2	178 197.8	194 690.4	225 285.3
其中:短期贷款	65 748.1	67 327.2	74 247.9	83 661.2	86 840.6	87 449.2	98 509.53
其中:农业贷款	4 889	5 711.5	6 884.6	8 411.4	9 843.1	11 529.9	13 208.19
乡镇企业贷款	6 060.8	6 413	6 812.3	7 661.6	8 069.2	7 901.8	6 222.01

虽然,现阶段农村土地流转吸收了一定的工商资本进入农业生产,但由于制度障碍,使得经营者存在着很大风险。据重庆市政协副主席,南方集团董事长孙甚林介绍,2008 年,他在涪陵区投资 20 亿元建立的重庆南方集团金山谷农牧有限公司现代化养猪场,饲养 5 万头种猪,建设 50 万 m^2 圈舍,饲养 100 万头生猪,建设 150 万 m^2 圈舍,因没有产权证,不能抵押贷款,经营风险巨大,希望政府出台相关融资政策以促进农村经济社会发展。事实上,虽然 5 个中央一号文件,都对农村金融改革提出了要求,但是,至今还没有实质性进展。

2)农业融资保障难

财政资金投入制约多。财政资金向农业投入的渠道主要是农业扶贫资金投入、农村水利等基础设施投入、农业其他各项专项基金投入等,这些专项资金不仅用途管制严格,而且还存在严重的资金不到位的现象。由于县、乡财政体系还不够完善,财政供养的人员过于繁杂,而地方财政收入不足,上级拨的专项发展基金被挪用的情况较多。另外,也没有更好的民主监督机制,使此类情况较为普遍。所以,财政投入很难最终流入农业,形成农业的资本积累。

农村信用社经营僵化。首先,在体制上农村信用社传统的行政管理的职能和定位使信用社的信贷资金难以合理配置和优化。其次,在职能上局限于单一的贷款服务,由于受到行政、政策、人为等方面制约,难以提供全程式、综合性的服务。再次,机构管理机制上,行政管理岗位过多,服务于农村信贷业务的人员较少,员工知识更新慢,不适应农村经济发展和市场多元化的需要。

农业资本向城市流入。我国长期以来的工农产品价格差、种植计划,使得大量农村资金流入城市,成为工商业资本。市场经济条件下,资金从收益率低的农村向收益率高的城市,从收益率低的农业向收益率高的第二和第三产业流动。同时由于农业产品成本相对上升、价格相对下降,剩余资金越来越少,而投资于农业的比较效益低,导致许多农民将钱存入银行和信用社,由于银行的贷款制度和原则,使得这部分农业资本最终成为推动城市经济发展的动力,却没有成为农业经济的投入资本。

农村土地抵押受限制。农村土地流转,使得土地规模经营得到了实现。从经济学角度来看,一种资产的债值只有在流动中才能体现和实现。耕地是一种生产要素,在市场经济条件下,它是一种资产,是有价格的。然而,目前的由于农村土地的不可融资性,使土地资产难以通过抵押等方式得到信用融资。虽然农村土地属于集体所有,但在农村集体的账面资产上并没有土地资产这一项,集体土地不可抵押贷款、承包户只有土地使用权,不能将土地的产权抵押。

农业投资收益率较低。市场经济条件下,资金的流动是要追逐收益率的。无论是信贷资金、资本市场壁垒,还是个人投资资金,都要追求资金的收益率。如果农业的收益率很低,而其他产业的收益率较高,资金是不会向低收益率的农业流动。这是经济运行的一个法则。假如资金投入农业的收益率为2%,而且市场风险很大,甚至种田会亏本,收益率为负;而资金投入非农行业,收益率为7%,而且风险比投入农业要小。在这种情况下,基本上不会有银行,也不会有私人投资者放贷农业。因此,在不改善农业收益率的情况下,鼓励金融机构、信用社和其他社会资金投入农业的效果难有成效。

2. 农业巨灾威胁大,农村保险发展难

1)农业巨灾威胁大

农业是自然再生产和经济再生产过程交织在一起的生物性产业,农业的经济再生产是以自然再生产作为基础和起点的,因而,各种自然因素(阳光、气候、土壤、雨量等),直接进入农业系统的循环和能量转换过程,成为影响农业投入产出关系的决定性因素,这就使得农业生产的运行风险高于工业和其他产业。农业自然灾害主要存在以下特点:①利害互变性。农业自然风险的发生不仅仅给农业造成一定损失,有时灾害过后还会带来一些好的结果。比如洪水暴发会给农业生产以及农民生活造成很大损失,但洪水过后,土质得到改良变得肥沃。②局部损失与全局丰收的反差性。对于一般的财产来说,灾害发生后在造成一种财产损失的同时,不会使其他财产因此而受益。但多数农业自然风险却是另一种情况,例如,台风可能会使台风中心地区的农作物受损,但随台风而来的雨水,却可能为附近地区的作物解除了旱情，创造了丰产的条件。③区域性。与其他类型的灾害相比，农业自然风险的区域性更为突出。这主要表现在：一是灾害种类分布的地域性，即不同地区存在着不同的灾害种类；二是同一生产对象灾害种类和受损程度的地区差异性，即由于地理、气候、品种不同，同一生产对象在不同地区有不同种类的灾害，且对同一种灾害的抵抗能力不同。④伴发性与持续性。伴发性表现在一种灾害发生时往往诱发其他灾害同时发生，如台风灾害往往伴有暴雨灾害，山区暴雨灾害可能导致山洪暴发和泥石流，湿度过大容易诱发作物病虫害等等。持续性表现在同一灾害的连续发生和不同灾害的交替发生。

据有关统计资料显示，近 10 年来，因干旱、暴雨、热浪、台风等气象灾害造成我国平均每年约有 3 亿亩农作物受灾，2 亿多农村人口受到灾害影响，种植业因灾遭受的损失率高达 11%，而且近几年我国自然灾害有越演越烈之势。2005 年，全国农作物洪涝受灾面积 16 380 万亩，成灾面积 8 392 万亩，受灾人口 1.507 8 亿人，直接经济损失超过 1 028 亿元；根据 2007 年 1 月 17 日民政部发布的《2006 年民政事业发展统计公报》，2006 年是 1998 年以来灾情最为严重的一年，台风、洪涝、干旱等自然灾害频繁发生，共造成 3 186 人死亡，农作物受灾面积 4 109.1 万 hm^2，绝收面积 540.9 万 hm^2，造成直接经济损失 2 528.1 亿元。在自然灾害面前，灾民的抗风险能力极差，这主要是由于长期以来，我国农民没有什么风险管理意识，同时也受到其经济能力等因素的制约所造成。而此时政府的救济又非常有限，因此，农业保险十分必要和迫切。

2)农业保险发展难

农业保险是现代农业风险管理的有效手段，世界上许多国家都对农业保险的发展高度重视。从根本上讲，农业保险是保护农业生产、保障农民利益、提高农产品市场竞争力的一种有效手段。加快发展农业保险，对于稳定农村经济，增加农民收入是一条重要的保证措施。从宏观层面讲，农业保险的受益者不仅仅是农民，而是整个社会，农业稳定与否，关系国计民生的大事。农业保险是一种具有正外部效应的准公共产品或混合公共产品；从微观层面讲，农业保险最直接的受益者仍然是农民，是从根本上解决“三农”问题的重要举措。但是我国目前的农业保险发展明显滞后于整个保险业的发展。农业保险“三高三低”(高风险、高费率、高赔付和低保额、低收费、低保障)的特性使得农业保险的经营形成一个恶性循环：政府没有对农业保险进行充分的支持(补贴或政策优惠等)，农业保险只能以收取较低的保费勉强度日；低收费使得保险公司发生亏损，保险公司越是亏损就越不愿意大范围开展农业保险，反而会提高费率；而费率提高后，农民又无力投保，导致大灾之年遭受的损失就越大，最终更没有能力去投保，政府也必须加大对受灾地区的救灾救济等福利措施。农村保险发展难主要是由于以下原因：

第一，法律法规严重缺位。从国外农业保险的成功经验看，无论是美国、日本还是西班牙，在其开展农业保险的过程中，都有一个用法律来保障农业保险产业的历程。而我国自1982年恢复农业保险业务以来，迄今为止，也没有一部专门针对农业保险的法律法规。在《中华人民共和国保险法》第155条只有这样一条规定："国家支持发展为农业生产服务的保险事业，农业保险由法律、行政法规另行规定。"由此可见，在该法律中也没有专门针对农业保险的条款。由于没有专门针对农业保险的法律、法规，因此，农业保险在组织制度、业务经营方式和会计核算制度等方面都是参照《保险法》中对商业保险的管理小法进行的，而忽视了农业保险的特殊性，这必然会制约农业保险的规范化、制度化发展，从而影响农业保险的发展进程。

第二，不符合保险的大数法则。保险是以大数法则为基础的，即是说，投保主体越多，则保费率越低，保障的风险也越小。然而就目前农业保险的试点情况来看，投保者主要是一些种养大户，对于我国是一个农业大国的国情来说，他们只是冰山一角，更何况不少农业保险还存在着逆向选择的问题，例如旱涝保险，通常是在旱涝灾害发生频繁的地区投保的较多，而在旱涝灾害发生较少的地区投保的则较少，这样一来，大数法则就难于正常的发挥作用，最终必然导致这样的结局：或者农业保险的保费过高，或者经营农保的公司亏损，或者国家补贴太多而财政包袱过重，或者兼而有之。

第三，风险管理措施缺乏。由于农业受自然因素影响较大，因而农业保险的风险就较大，故必须对农业保险进行风险管理，最终达到减轻投保人、保险人及国家经济负担，从而使农业保险得到顺利发展的目的。然而，在我国目前试点的农业保险中，并没有风险管理的相应措施，这对农业保险的可持续发展非常不利。

第四，农业保险认同缺失。因为保险商品具有无形性、非渴求性以及保险需求滞后性的特点，特别是在经济条件还不是很好的地区，农村村民不仅经济收入较低，投保能力较弱，而且其保险意识也非常淡薄，他们普遍存在着侥幸心理认为倒霉的事情一般不会发生在自己身上。加上农险的保费率较高，农作物的保费率是15%左右，而一般家财险的费率是1‰左右，农作物的保险费率是一般家财险的费率的几十倍、几百倍。且村民们还存在着“一旦遭灾，会有政府来救济”的思想，在这几个因素的共同作用下，他们会认为购买农业保险没有什么必要。

3)农村社保推进难，农民后顾之忧多

我国现行土地政策赋予了农村土地具有多重功能，可以归结为三个方面：其一是收入保障功能，即农民通过土地经营获取收益；其二是社会保障职能，即土地经营为农民提供生存和发展的基本保障；其三是就业保障功能，即农民通过土地经营尽量实现充分就业。一方面农村土地具有的农民社会保障功能，它不能商品化，不可能流失，农村土地承包经营权是当前农民在土地公有制条件下获得的最基本的社会保险，农民失去了承包经营权，就失去了这份社会保障。另一方面，土地作为最基本的生产资料和农业生产要素，经济效益最大化是其终极目标，在市场经济条件下，必然要求农村土地像其他生产要素一样，在流动中才能优化配置。从我国的基本国情看，在相当长的时期内，农业仍将是农民收入的主要来源，现阶段农民收入近60%来自农业，土地仍是农民生活的基本保障。

近年来，国家投入了大量资金用于农村社会保险。(1)养老保险：据2006年9月7日发布的《中国的社会保障状况和政策》白皮书显示，2005年底，我国有1 870个县(市、区)不同程度地开展了农村社会养老保险工作，5 428万人参保，积累基金259亿元，198万农民领取养老金。全国享受最低生活保障和特困户生活救助的农村特困人数为1 257万人。(2)医疗保险：为保障农民的基本医疗需求，减轻农民因病带来的经济负担，缓解因病致贫、因病返贫问题，于2002年开始建立以大病统筹为主的新型农村合作医疗制度，由政府组织、引导、支持，农民自愿参加，政府、集体、个人多方筹资。截至2005年6月，覆盖9 504万农业人口，实际参加人数6 899万人，共筹集资金30.2亿元，其中地方各级财政补助11.1亿元、中央财政对中西部地区补助3.9亿元。(3)农村社会救助：20世纪50年代，我国开始建立五保供养制度，1994年国务院颁发《农村五保供养工作条例》，对农村村民中符合下列条件的老年人、残疾人和未成年人实行保吃、保穿、保住、保医、保葬(未成年人保义务教育)的“五保”供养：无法定扶养义务人，或者虽有法定扶养义务人，但是扶养义务人无扶养能力的；无劳动能力的；无生活来源的。2003年底，全国实际五保供养人数为254.5万人。(4)农村低保：我国政府针对各地区经济发展不平衡和地区间财政经济状况差异大的实际，鼓励有条件的地区探索建立农村最低生活保障制度。其他地区则坚持“政府救助、社会互助、子女赡养、稳定土地政策”的原则，建立特困户基本生活救助制度。同时，对患病的农村困难群体实行医疗救助。截至 2003 年底，全国享受最低生活保障和特困户生活救助的农村特困人数为 1 257 万人。

调查发现，即便如此，由于现阶段我国的农村社保体系还不健全，广大农户仍然不愿意放弃土地承包经营权。因为对农民而言，土地经营不仅是收入职能，更重要的是社会保障职能和就业职能。虽然短期来看，进城打工获得的工资性收入比从土地上获得的农业收入要高，但打工并不是一个长久之计。由于受自身条件的限制，大部分农民进城后所进入的行业都是劳动密集型的产业，到了一定的年龄阶段，当他们没有能力再继续打工的时候，他们还可以回到土地上，土地其实是他们的“养老保险”。所以从长期来看，由于土地承担着“养老保险”的功能，农民并“不敢”轻易放弃土地的承包经营权。据调查，忠县现在外出打工多是季节性的打短工，“农闲出去，农忙回农”，大多是“离土不离乡”，或“离乡不离土”，95％以上的打工农民没有放弃土地承包权。将土地给亲朋好友代耕，或是选择抛荒，也不会愿意放弃土地承包经营权。重庆市农办专题调研报告也显示，由于农村社会保障体系较为薄弱，农村普遍存在“两不”意识。2006 年国家全面取消农业税以后，农民在获得土地承包经营权的同时，不再上缴农业税，也许还可以获得一定数量的农业补贴，“不占白不占，占了也白占”的心理普遍存在，“不愿”交出其土地承包经营权。同时在当前城市尚不能为进城务工经商的农民工解决好住房、就业、医疗、子女教育和社保等各方面保障的情况下，农民工把其在农村的承包土地作为其今后生活保障的最后一道防线，“不敢”交出土地承包的经营权和宅基地。因此造成“有人无田种”与“有田无人种”并存的不正常现象。

在我国农村工业化和城市化的初级阶段，非农产业所提供的就业机会常常具有不稳定性和不充分性，出于对经营安全和土地保障功能的考虑，农民仍把土地作为命根子来看待，认为有了土地，生活就有了保障和退路，不愿意轻易离开土地。农村社会保障体系不配套。目前重庆市乃至全国都没有健全的多层次的农村社会保障体系（包括农村社会保险、社会救济、社会福利、优抚安置、社会互助以及发展和完善农村合作医疗制度等），使得离开土地的农民缺少安全感和抗风险的能力，这些都阻碍了土地的流转。同时 2006 年国家全面取消农业税以后，农民在获得土地承包经营权的同时，不再上缴农业税，还可以获得一定数量的农业补贴，因此农民更倾向于保有承包地。在调查中，我们选取了璧山县五个乡镇（璧城、青杠街道、正兴镇、河边镇和三合镇）进行了 158 户农户访谈，其中愿意将土地流转的为87户，占54.2%；希望保持不变，不愿意流转的为48户，占31.2%；表示无所谓没有想过的为23户，占14.6%，这表明当前璧山县存在部分农户土地流转意识不强的现象。以青杠街道的安乐村为例，有不少种植业大户都有继续扩大规模经营的打算，但是有的农户不愿意将土地流转出来，所以面临着无地可扩的困难。农业剩余劳动力转移不彻底阻碍了土地流转。通过对璧山县部分务工农民直接、简单的抽样调查发现，约有80%的农民工还保留着农民身份，保留着土地，这是一种"离乡不离土，进厂不进城"的兼业式转移，这主要是因为离土的农民怕与土地分离后今后生活没有了保障，离乡农民怕难以适应异地他乡的生活环境，此种心理促使农民在进城务工的同时，不愿放弃土地，从而导致了劳动力转移的不彻底性，阻碍了土地的流转。

第四章

农村土地流转主体意愿调查

【内容提要】 选取重庆市璧山县为研究对象，通过理论研究与实证分析相结合，分析了驱动璧山县普通农户和农业经营大户参与农地流转的影响因素和决策行为机制，深入探讨了两者在农地流转中利益关系的博弈机理，揭示了博弈过程存在的突出问题和障碍性因素，提出了政府引导构建和谐利益关系，促进农地流转的对策建议。为政府科学制定农地流转政策，规范与指导农地流转主体行为，共同构建和谐的农地使用权流转机制，提供了借鉴。

一、研究概述

1. 研究意义

农业、农村和农民问题始终是我国建设发展的根本问题，而土地问题是影响“三农”问题的核心。土地是农业最基本的生产资料，也是农民最可靠的社会保障。1978年改革开放以来，我国通过农村土地制度变革，尤其是土地使用制度的变革——集体土地实行家庭联产承包制度，极大地调动了农民的积极性，给农村带来了翻天覆地的历史变化，也推动了城市和整个经济体制的全面改革。尽管我国农村家庭承包制曾经取得了令人瞩目的绩效，但随着农业和农村经济的发展，我国的土地制度面临着新的问题：在农村土地一、二轮承包过程中采取按人口数量或综合考虑人口数量和劳力数量平均地权的分配方式，结果是户均耕地面积较少，这种以均田制为特征的小规模一家一户分散经营的土地承包制度，不可避免地带来了土地经营细碎化，进而产生了农业生产中的小规模、高成本、低效益、封闭性和缺乏竞争力等问题。我国农地小规模分散经营不能保证农业劳动力得到充分利用，我国一个农业劳动力一年只劳动60～70天，而其在闲暇时的生活费用最终也要进入农产品成本，有人曾研究得出结论：全国每年为超小规模经营的规模不经济付出的代价至少在800亿元以上。从农地种植给农户家庭提供的就业机会来看，20世纪80年代中期，农地为农户提供的就业机会平均为20%以上，到20世纪90年代末期，下降到10%左右，对于特小规模户来说，农地为其家庭劳动者提供的就业机会只有3%左右，由此可以看出农地所提供的就业机会与农户家庭潜在劳动用工量相比远远不能满足农户需求，在这种情况下农户纷纷选择外出打工，农村劳动力就业非农化趋势明显，家庭承包的土地处于粗放经营甚至是撂荒的状态，土地资源闲置现象严重。因此如何完善土地制度，优化土地资源的配置，提高农业的生产效益，已成为当前我国发展农业和农村产业的重要课题。

在市场经济和农业全球化不断发展的形势下，在坚持土地家庭承包经营的农地制度前提下，大力推动农地使用权流转，发展农地适度规模经营是解决家庭经营规模超小、土地细碎化以及土地撂荒的根本途径，是提高我国农地经营效率，提高我国农业国际竞争力的重要手段，对于优化土地资源配置、提高土地利用效率、促进农业结构调整以及促进农民增收和农村经济发展具有重要作用。2002年8月29日第九届全国人民代表大会常务委员会第二十九次会议通过了《中华人民共和国农村土地承包法》。农村土地承包法用法律的形式对土地承包中涉及的重要问题作出规定，进一步稳定了党在农村的土地承包政策。土地承包法允许农户在平等协商、自愿、有偿的原则下依法采取转包、出租、互换、转让或者其他方式流转土地承包经营权。2007年3月16日第十届全国代表大会第五次会议通过了《中华人民共和国物权法》。物权法高度重视农民利益的维护，第一次将土地承包经营权明确界定为物权。物权的转让，原则上无须获得他人同意或者通知，土地承包经营权的物权化，可以更有效地促进土地承包经营权的流转。2007年7月1日重庆市工商局出台了《关于全面贯彻落实市第三次党代会精神服务重庆城乡统筹发展的实施意见》(渝工商发(2007)17号)。《意见》提出，“在农村土地承包期限内和不改变土地用途的前提下，允许以农村土地承包经营权出资入股设立农民专业合作社；经区县人民政府批准，在条件成熟的地区开展农村土地承包经营权出资入股设立有限责任公司和独资、合伙等企业的试点工作，积极推进土地集约、规模经营，提高农民组织化程度，加快发展现代农业”。农地流转是超小规模经营过渡到农地规模经营的重要前提,《意见》的出台为重庆市探索多种形式的土地流转创造了条件,为农地规模经营消除障碍。

我国农地流转中主体存在三种:普通农户、农业经营大户和政府。普通农户和农业经营大户作为农地流转中的供给方和需求方,他们的意愿和行为对于一个地区的农地使用权流转有着根本性的影响,是诱发农地制度改革的微观基础;而政府在农地流转中则充当着支持者、管理者和公共服务者的角色,引导着农村土地市场健康有序发展。本书在农地流转主体行为理性的研究基础上,透过普通农户和农业经营大户这两个微观主体的角度,试图通过实证研究普通农户农地流转意愿的影响因素,深入分析了农业经营大户参与农地流转的驱动机理,并运用博弈论来研究农地流转中两者的利益实现,同时从制度上来研究政府在农地流转中的角色定位,从理论上加深了对农地流转主体的行为认识,所以本研究具有较大的理论意义。

2. 文献综述

1)农地制度研究状况

农地制度是我国最基本的社会经济制度,各个学科都对其进行了研究,归纳起来主要从三个方面进行探讨:一是从经济学角度研究农地制度,主要用运用制度变迁理论、交易费用理论、产权理论分析了我国农地制度变迁的过程、发生制度变迁的前提条件和原因,总结了我国不同阶段农地制度变迁的方式、类型与特征,提出了促进农地流转及解决问题的一系列对策和建议,从而探讨未来我国农地制度的发展方向及可能出现的新问题。林毅夫和姚洋都是遵循这一思路进行研究的。二是从社会学角度研究农地制度,主要运用组织与制度变迁理论、行为与冲突理论、社会心理学理论分析农地制度变迁的过程、原因及所产生的社会影响,力图克服宏观理论层面,通过深入农村进行田野调查,直接从现场获取资料数据,以实证的方式来反映农村土地流转的真实现状并给予建议和对策。张翠娥、万江红的研究表明我国农村土地流转中存在着人情与利益规则的博弈现象,章辉美认为我国农地制度变革需建立农村社会保障制度,以此调动农民的积极性,而陈成文则将土地流转纳入了阶层视角的分析。三是用法律角度研究农地制度,主要从所有权和使用经营权两个层面展开。丁关良从理论和实证两个方面分析了农民集体土地所有权的主体,同时认为农地承包经营权的法律性质应是物权性质中的新型用益物权;2007 年 3 月 16 日,全国人民代表大会通过了

《中华人民共和国物权法》,将“土地承包经营权”归入了物权中的用益物权。

西方的学者对土地制度尤其是土地产权问题研究非常系统,著作颇多。西方的土地产权理论和土地制度演变,经历了一个从重“所有”到重“利用”的转变。具体表现为:在经济关系上,土地所有权表现为“单纯的土地所有权”;在立法上,开始注重资源的有效利用和土地的开发;土地所有权开始逐步证券化。同时一些学者积极倡导社会和团体主义的土地所有权理论,以取代土地所有权绝对性理论,如德国的耶林和法国的狄骥。而随着“现代土地问题”的产生,“个人和社会协调”的社会所有权思想开始出现,澳大利亚麦克尔森等学者对其作出了相应的研究。

综上所述,国内外学者对农地制度的研究已取得了一定的成果,在研究农地流转市场方面形成了一定的理论基础,对于推进农地流转市场的有序健康发展能在制度理论方面产生积极的借鉴指导作用。

2)农地流转研究状况

关于农地流转问题,国内外学者都进行了广泛而系统的研究。国内学者主要从经济学、社会学角度研究农地流转;而国外学者更多从经济学理论出发,以市场交易的一般理论为基础来研究土地市场及土地交易。

国内学者对中国农地流转的研究涉及各个方面,包括概念、意义、条件和机理、现状与问题、模式选择、利益分配、制度创新、法律规范等。由于我国市场经济的发展及其推动下的土地使用制度改革,使土地流转成为近年来我国土地经济学和土地法学界的热门研究课题之一。一些学者认为土地流转既包括土地权利的流转,又包括土地功能的流转(主要是指土地用途的改变),但在法律上是指土地权利的流转,包括所有权和使用权的流转。如孙佑海对土地流转的内涵和结构技能类型的划分和整理,田野对农村土地流转现状、问题进行了系统的分析,并提出了相应的对策建议。张照新通过对六省农村土地流转市场的调查分析,得出受非农就业机会的限制,农村土地流转市场供给低于需求,尚处于初级阶段,发育缓慢,具有显著的区域差异性。产权和制度因素是制约中国农地流转市场发展的主要因素,规范的合同签订与承包经营权证书的发放能够促进农地流转市场的发展。如何静(2001)认为必须赋予农地使用权流转一定的法律保障:在法律法规中界定“农村土地使用权”的具体权利,强化使用权的继承权,明确使用权有偿转让的合法性,规定各种流转形式的流转期限。此外还分析了农村土地流转的显著的影响因素。陈曜等分析了中国农村土地流转缓慢的原因，蒋满元分析了农村土地流转的障碍因素并对解决途径进行了探究。黄贤金、方鹏在从内在形成机理（农业产业结构调整、农业劳动力转移、农地社会经济功能转变）和外在作用机理（农地非农化市场制度的供求失衡、要素价格作用机制）两个方面分析了我国农村土地流转的形成机理，通过对农地流转主体（政府、农户、企业）的分析，认为必须规范我国农村土地流转市场的制度约束，即明晰土地权利、完善政策体系、发展中介市场、强化科学管理、规范流转程序、健全补偿机制。

由于土地制度的差异，国外很少使用“农地流转”这一概念，更多研究的是土地市场及土地交易，其具体形式有土地的买卖、租赁、抵押等，且他们研究较多的是土地产权理论，这与他们很早就实行市场经济体制有关。马克思、恩格斯是较早对农地流转进行系统、深入研究的经济学家，他们的经济流转学说、企业学说、产权和地租理论对农地流转、农地使用制度改革都有重要的指导作用。在他们前后的威廉·配第、安·罗·雅·杜尔阁、亚当·斯密、李嘉图、杜能的土地地租等理论在农地流转制度方面也有重大价值。到了现代，随着市场经济的发展和经济理论研究的现代化，许多重要的经济学家如保罗·萨缪尔森、威廉·诺得豪斯、曼昆等是把土地和资本放在一个章节中进行研究的。此外，新制度经济学的交易费用理论、企业和企业契约理论、信息理论等，对土地流转的理论研究和制度建设也有很大意义。如 Claudio Frischtak 建议认为应建立土地信息系统，提供土地价格、附加投资以及地租等信息，Jean Olson Lanjouw 利用一般土地租借均衡模型来说明农村土地市场和信息是否有效，Douglas C. Macmillan 从经济学的角度分析土地市场，认为土地可以在公开市场进行自由交易，但是在交易过程中会发生市场失效，造成土地利用的动荡，因此财政部门应支持政府干预市场以弥补市场缺陷。

通过对国内外农地流转相关研究的概述，本研究认为尽管各国土地制度存在着一定程度的差异，对农地流转的概念也有所不同，但两者的研究还是存在一些共同点：产权的清晰界定是农地流转的前提；农地流转应遵循经济理性的原则，注重市场化的因素；农地的自由流转存在着一定的市场缺陷，因此只有行政机制与市场机制的有效结合，才可以实现土地资源的优化配置；政府的市场干预应遵循一定的经济规则，必须尊重农民的意愿，从而使农地能够正常流转。

3）农户行为研究状况

在西方发展经济学家中，由于研究对象、研究方法以及所处历史阶段等的不同，对农户行为的研究主要有四个学派：一是以俄国恰亚洛夫为代表的组织生产学派。该学派认为，农户家庭经营依靠的是自身的劳动力，它的产品主要是为满足家庭自给需求而不是追求市场利润最大化。因为农户的劳动投入不以工资的形式表现，无法计算其成本，而投入与产出常常又是不可分割的整体，所在在追求最大化上农户选择了满足自家消费需求和劳动辛苦程度之间的平衡。二是以西奥多·舒尔茨为代表的理性小农学派。该学派认为，在一个竞争的市场机制中，农户经济运行完全是有理性的，传统农业的农民如同在特定的资源和技术条件下的“资本主义企业”，追求最大利润，对于价格反应的灵活，其生产要素的配置行为符合帕累托最优原则。三是以黄忠智为代表的历史学派。黄氏在综合分析了上述两个学派的研究结果后，认为农户家庭在边际报酬十分低下的情况下仍会继续投入劳动可能是因为农户家庭没有边际报酬概念或农户家庭受耕地规模制约，家庭劳动剩余过多，由于缺乏很好的就业机会，劳动的机会成本几乎为零。四是融合社会学、心理学、人类学的社会心理学派。对于个人行为的研究主要是一种基于理性选择的描述和解释。不过随着社会和个人互动程度的增加以及经济学和社会学甚至是心理学的不断融合，人们对个人行为的解释逐渐地从纯粹理性发展到有限理性，进而深入到感性意识等（韦伯、布劳、科尔曼、瑞利、荣格、西蒙、格兰诺维特、卡尼曼）。

我国对农户行为的研究是在经济体制改革后开始的，比较早的有卢迈和戴小京，宋洪远也较早地对中国农户的经济行为进行了实例分析。这时的研究以定性的理论分析为主，研究较为单一。韩耀的研究为后续的研究展现了新的视角，他从现代经济学的人的行为基本理论假设出发，认为中国农户经济行为具有理性和非理性并存、经济目标和非经济目标并存以及自给性和商品性生产并存等，提出应从经济因素和非经济因素研究农户经济行为。随着我国农村经济的发展，农地制度的变迁，农地流转现象的越来越普遍，学者们开始由对农地流转的宏观制度层面的研究走向微观层面的研究，开始关注农地流转中的农户行为，以农户行为出发去研究农地流转，研究农地制度变迁。比较有代表的是钟涨宝对湖北和浙江两地农地流转中农户行为的比较研究，认为在既定的农地制度框架下，农地流转中的农户行为不仅是一种经济行为，而且还是一种社会行为。史清华认为农户的存在不仅表现为一个经济单位，追求效益或效用最大化，付出最小化；同时也表现为一个社会单位，农户的各种行为常常还受到社区内的人文环境、风俗习惯等影响，其追求目标不单纯是单个农户最大化，可能还包含社区行为的最大化。他以“存在即是合理”为假设，认为农户经营行为目的在于合理配置农户家庭经济资源，提高资源利用效率。

国内外学者对农户行为理论的研究表明在农地流转过程中研究农户行为时，我们不但要考虑农户追求的经济效益，也要研究农户追求文化、社会、心理的效益，不仅要考虑农户理性选择也要注重农户感性选择，这样才能对农户行为有完整的理解，才能从农户角度反映我国农地制度变迁、农地流转市场化推进中存在的问题以及解决的对策。

3. 研究思路与方法

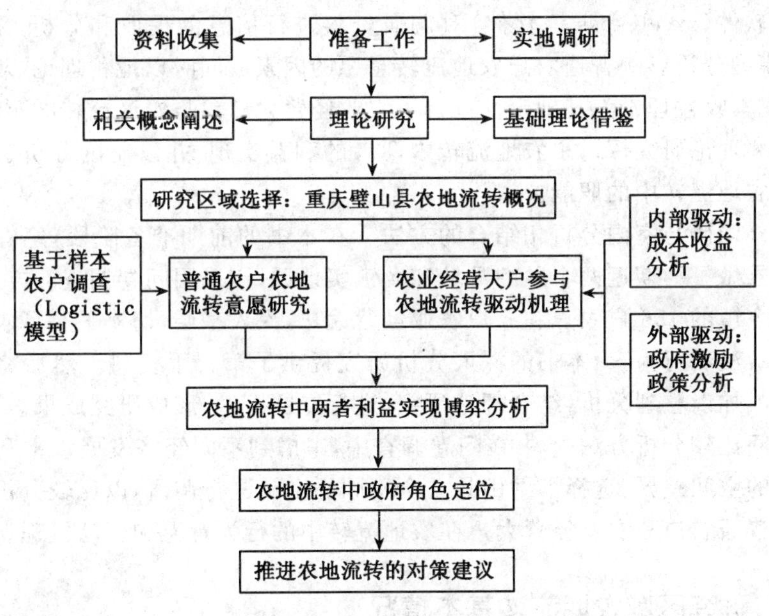

图 4.1　研究技术路线图示

1)研究思路

本书以重庆市璧山县为研究对象，以建设社会主义新农村和建立全国统筹城乡综合配套改革试验区为研究背景，对璧山县农地流转的现状、特点及问题进行研究，分析了普通农户农地流转意愿影响因素和农业经营大户参与农地流转的驱动机理，在此基础上运用博弈论探讨了在农地流转中二者的利益实现，并研究分析了政府在农地流转中的角色，以此提出了一系列促进璧山县农地流转健康发展的对策措施。本研究的技术路线如图 4.1 所示。

2)研究方法

规范分析与实证分析相结合的方法　本研究在分析璧山县农地流转主体时,主要运用了实证分析的方法,但也没有忽视规范分析方法。只有以马克思主义唯物辩证的基本观点为指导,运用理论联系实际的方法,才能更准确地把握影响农地流转主体决策意愿的主要因素。

定性分析与定量分析相结合的方法 经济现象是质和量的统一,本书在研究农地流转主体时,采用了定量分析和定性分析相结合的手段。在定性描述了璧山县农地流转的现状、特点及问题的基础上,针对实地调研的问卷,利用数学统计分析软件(excel、spss 等软件)对调研资料进行信息的提取和分析,采用 Logistic 模型分析影响普通农户农地流转意愿的因素。同时以地租理论、规模经济理论、成本收益理论为基础定性分析了农业经营大户参与农地流转的驱动机理,运用博弈理论研究探讨了农地流转中两者的利益实现,并以制度分析法研究了政府在农地流转中的职能。

室外调研与室内分析相结合的方法　在本书的前期准备阶段,笔者在重庆市璧山县做了为期近两个月的县域和乡镇实地调研,采用问卷调查的方式,走访了 5 个乡镇的 156 户农户和 6 户农业经营大户,深入基层,切实了解了农地流转主体的看法和行为,为本书的深入分析研究提供了第一手资料。然后将室外调研的资料加以整理分析,结合理论研究,进行专题探讨,形成研究成果。

空间比较分析方法 本书在问卷调查中,考虑到不同经济发展水平和农地流转程度的空间差异,选择了璧山县 5 个不同的乡镇进行调研,以比较分析的方法探讨了普通农户和农业经营大户在农地流转中的行为意愿和驱动机理。

二、研究区域农地流转基本情况

1. 璧山县区域概况

地理环境概况　璧山县位于重庆市西郊,东经 106°02′～106°20′,北纬 29°17′～29°53′,东邻沙坪坝区、九龙坡区,南界江津市,西连铜梁县、永川市,北接合川市、北碚区,县城距重庆主城区约为 37 km,属中亚热带季风湿润气候,气候温和,雨量充沛,四季分明,地貌类型以低山、丘陵、平坝为主,土壤类型有山地黄壤、紫色土、潮土、红壤和水稻土,全县总面积 915 km^2,辖璧城、青杠两个街道办事处、10 个镇、1 个乡(健龙乡)。全县家庭承包耕地面积 38.67 万亩,总人口

61.88 万人，其中农业人口 47.22 万，农户 16.03 万户，有农村劳动力 33.5 万人。

社会经济概况　璧山县既是一个传统的农业大县，同时又是重庆市渝西经济走廊发展战略重点县之一。近年来，璧山县借重庆直辖和国家实施西部大开发战略的东风，充分利用良好的区位优势、交通优势和资源优势，坚持实施科教兴县、工业强县、农业稳县、三产活县等战略，加快工业化、城镇化、市场化、信息化和农业产业化进程，大力发展城郊型经济，着力打造四大基地（中国西部鞋业生产基地、重庆制造业和工业品配套生产基地、优质农副产品生产加工基地、生态旅游休闲度假基地），构筑五大体系（道路交通体系、信息网络体系、能源保障体系、社会保障体系、县域城镇体系），全县经济和各项社会事业获得持续快速健康协调发展。全县人均财政体制收入、职工年平均工资、农民人均纯收入等多项指标位居重庆各县（市）前列。见表 4.1。

表 4.1　2008 年璧山县社会经济状况表

指标名称	在岗职工年平均工资（元）		农民人均纯收入（元）		社会人均消费品零售总额（元）		县级人均财政收入（元）	
备注	绝对数	位次	绝对数	位次	绝对数	位次	绝对数	位次
璧山县	14 979	13	3 682	6	4 144.9	9	793.5	9

2. 璧山县农地流转特点

1）规模逐年加大，流转进程加快

璧山县幅员面积 915 km²（1 371 832.5 亩），全县户籍人口 61.88 万人，农业人口 47.22 万人，农户 16.03 万户。2008 年末，农用地共有 1 154 179.2 亩，占全县土地总面积的 84.13%，其中耕地为 601 766.6 亩，园地为 118 864.1 亩，林地为 228 142.02 亩，其他农用地为 205 406.5 亩，分别占土地总面积的 43.87%，8.66%，16.63%和 14.97%。

截至 2008 年底，全县农村承包土地经营权流转总面积为 89 100 亩，占多年全县农村承包耕地总面积 384 230 亩的 23.19%，涉及 13 个乡镇，农户 24 000 余户，占承包耕地农户总数 160 051 户的 15%。根据农业部 2008 年初的统计数据显示，璧山县农地流转面积占重庆市流转总面积的 3.9%，流转比例 23.19% 大大高于重庆市平均土地流转比例 10.84%，在全市范围内排名第 4 位。所以从总体上来看，璧山县农地流转无论是在数量上还是在流转比例上都处于全市的上游水平，处于相对领先的地位。

从表 4.2 可以看出，2003～2008 年璧山县承包地共流转了 7 878 亩，流转率由 19.89%上升到了 23.19%，增长了 3.3%。虽然由于 2005 年、2006 年退耕还林的原因，使得耕地的面积有较大的减少，承包地的流转率有所下降，但是从总体上来看璧山县承包地流转呈现流转规模加大、速度加快的特点。

表 4.2　重庆市璧山县农地流转总体情况　单位：亩，%

年份	承包地面积	流转面积	流转率	变化率
2003	408 345	81 222	19.89	
2004	377 215	86 389	22.9	+3.01
2005	389 384	87 114	22.37	−0.53
2006	386 799	83 999	21.72	−0.65
2007	385 519	86 553	22.45	+0.73
2008	384 230	89 100	23.19	+0.74

2）流转形式多样化，转包出租为主导

璧山县农地流转形式呈现多样化的特点，主要有转包、出租、转让、互换和入股等五种基本形式，这与 2005 年 3 月 1 日实施的农业部第 47 号令《农村土地承包经营权流转管理办法》一致。农地流转形式的多种多样，有利于各地区因地制宜地推动农村土地的流转，促进土地资源持续高效利用，为农业规模经营和产业发展创造了有利的条件。具体来看，转包形式是现在璧山县农地流转中面积最大、比例最高的流转形式，全县通过转包流转农地总面积为 53 749 亩，占流转总量的 63.99%。从县域的角度来看，土地转包形式在璧南和璧北都很普遍，分别占到了 64.01%和 64.14%；从 13 个乡镇来看，均存在土地转包形式，其中面积最大的是大路镇，达到了 9 514 亩；其次是大兴镇、丁家镇和正兴镇，分别占到了 8 131 亩，7 154 亩和 4 318 亩；比例最高为健龙乡，达到了 87.64%；其次为三合镇、大路镇和大兴镇，分别为 85.08%，82.0 %和 74.38%。出租是璧山县农地流转面积和比例仅次于转包，分布最广的流转形式，全县通过出租流转土地总面积 13 491 亩，占流转总量的 16.06%。从县域来看，出租现象在璧南比较明显，所占比例 20.08%，将近是璧北的两倍；在 13 个乡镇中，除八塘镇外，均存在土地出租形式，面积最大的是丁家镇，达到了 3 493 亩，其次为青杠街道、正兴镇和大路镇，分别为 3 399 亩，1 536 亩和 1 150 亩；比例最高的为青杠街道，达 37.63%，其次为福禄镇、丁家镇和璧城街道，分别为 34.76%，29.05 %和 21.95%。

3）区域发展不平衡，土地流转潜力大

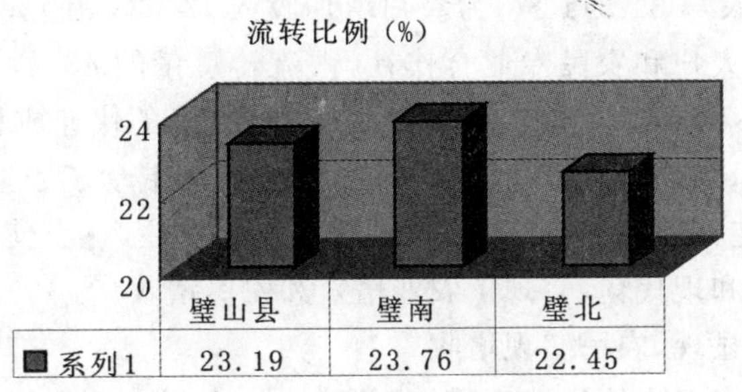

图 4.2 璧山县农地流转县域层面空间分布图

从县域层面来看(如图 4.2 所示)，璧南地区的农地流转水平略高于璧北地区。截至 2008 年底，璧山县农地流转总面积为 89 100 亩，流转比例达 23.19%，璧南地区农地流转总面积为 49 535 亩，占区域内承包耕地总数的 23.76%，璧北地区农地流转面积为 39 565 亩，占区域内承包耕地总数的 22.45%，在土地流转形式中，转包、互换和出租在两地区均占有较大的比例。从乡镇层面来看，在璧山县 13 个乡镇中，2008 年农村承包土地流转面积排在前三位的是丁家镇、大路镇和大兴镇，分别为 12 026 亩，11 602 亩和 10 931 亩；流转比例排在前三位的是八塘镇、青杠街道和大路镇，分别为 28.58%，27.43%和 26.64%；流转形式在各个乡镇的差别也很大，其中有以转包方式流转 87.64%的健龙乡，有出租流转 37.63%的青杠街道，也有互换流转 47.83%的八塘镇。综上所述，不管从县域层面还是乡镇层面来看，璧山县农地流转的规模和比例都是各不相同的，存在多种多样的土地流转形式，呈现明显的区域空间分布不平衡态势，但同时也具有较大的流转发展潜力，当前璧山县农地流转在空间上表现为由公路沿线和县城郊区向偏远地区转移的特征，其流转范围将不断扩大。

4)流转主体多元化，土地经营规模化

随着璧山县农村土地流转规模的不断扩大，进程的不断加快，农村土地流转不再是仅仅局限于农户之间的自发流转，越来越多的产业化龙头企业，农民专业合作社和农村专业大户也参与了农村土地流转，并逐渐成为农村土地流转的参与主体，使得璧山县农村土地流转参与主体呈现多元化的特点。截至 2008 年底，全县共有 66 家农业产业化龙头企业(市级 5 家，县级 36 家，乡镇级 25 家)，48 家农民专业合作社，3 205 户农村专业大户(种植大户 572 户，养殖大户 2 633 户)。其中全县约有 42 768 亩农村土地流向了农业产业化龙头企业，占流转总量的48%，带动农户 31 311 户，为农户增加收入 14 034 万元；38 313 亩流向了农业种养殖专业大户和农民专业合作社，占流转总量的 43%，带动农户 14 038 户，增加收入 578 万元。龙头企业和农民专业合作社的快速成长，促进了璧山县农村土地的流转，实现了农业生产要素的优化配置，带动了农业产业化的发展，形成了以水果、花卉、蔬菜和养殖为主的四大农业支柱产业，使得农业走向规模化、专业化、品化和现代化，实现了农业增效和农民增收。

5)流转效益显现，农民实现增收

随着璧山县农村土地流转进程的不断加快，农村土地流转有利于推动农村土地，劳动力和资金等农业生产要素的优化配置和农业产业的发展，农业结构调整和规模经营的作用和效益逐渐彰显出来，农业比较收益大幅度提高，同时还能解决农民就业不充分的问题，加快农村劳动力向非农产业转移，使得农民的收益增加，推动了农村工业化和城镇化的进程(表 4.3)。例如重庆市渝西园林工程有限公司，是璧山县一家市级农业产业化龙头企业，该公司于 2004 年通过土地流转在丁家镇各个乡村共承包了 2 000 多亩土地用于发展花卉苗木种植业和园林工程，现年产值为 6 300 多万元，销售收入 5 700 多万元，净利润达 300 多万元，带动了 1 600 多户农户，吸纳农村剩余的妇女和老年人就业，使得农民增加了年收入 1 300 多万元，这说明农村土地流转促进了农业结构的调整和产业发展，同时也促进了农民增收。

表 4.3　璧山县 2008 年农业产业化龙头企业发展情况

项　目	市级龙头企业	县级龙头企业	镇级龙头企业	总　计
基地面积(亩)	3 419	34 475	2 410	40 304
年产值(万元)	64 600	34 835	4 007	103 442
销售收入(万元)	62 097	28 871	3 483	94 451
净利润(万元)	1 633	2 155	423	4 211
企业从业人员(人)	9 180	17 718	2 887	29 785
企业带动农户(户)	6 930	21 795	2 586	31 311
农民获取收入(万元)	7 175	6 170	959	14 304

三、璧山县普通农户农地流转意愿研究

1. 研究样本基本情况

为了了解农村农户农地流转意愿对璧山县农地流转的影响，调查组于 2007

年7～8月暑假期间分别选取了经济发展水平不同的5个乡镇，采取农户访谈、发放问卷的方式对农户对农地流转的态度、认知度、接受度、参与积极性等进行了调查。其中选择了璧南的青杠街道、正兴镇、三合镇、璧北的璧城街道、河边镇、璧城街道和青杠街道属于经济发达乡镇、正兴镇和河边镇属于经济中等乡镇，三合镇属于经济较落后乡镇。共发放调查问卷175份，回收156份，有效回收率为89.14%，其中实际发生了农地流转的农户共81户，占有效问卷的51.92%。在156户农户中，转入农地的有36户，转出农地的有45户，转出农户略高于转入农户。在156个样本中，家庭人口数大多为3～4人，户主年龄介于30～50之间的占65%，户主文化程度主要分布在初中和高中阶段，共占79%，家庭从事农业生产的人数大多数为2人以下，占62%。如表4.4和4.5所示。

表4.4 璧山县5镇156户样本农户特征和土地流转状况

农户特征	类型	数量(户)	百分比(%)	农户特征
农户人口	2人以下	6	4	2人以下
	3～4人	123	79	3～4人
	5人以上	27	17	5人以上
户主年龄	30～40岁	60	38	30～40岁
	41～50岁	42	27	41～50岁
	51～60岁	33	22	51～60岁
	60岁以上	21	13	60岁以上
户主文化程度	小学及以下	33	21	小学及以下
	初中	69	44	初中
	高中及以上	54	35	高中及以上
农业劳动力人数	2人以下	96	62	2人以下
	3人以上	60	38	3人以上
承包地面积	<5亩	123	79	<5亩
	5～10亩	12	8	5～10亩
	>10亩	21	13	>10亩
转入农地	<5亩	15	33	<5亩
	5～10亩	12	27	5～10亩
	>10亩	18	4	>10亩
转出农地	<5亩	33	92	<5亩
	5～10亩	3	8	5～10亩
	>10亩	0	0	>10亩

表 4.5 璧山县 5 镇 156 户样本农户农地流转意愿情况表

调查项	农户回答	
	数量(户)	比重(%)
不愿意流转农地	51	33
愿意流转农地	105	67
合计	156	100
愿意流入农地	39	37
愿意流出农地	66	63
合计	105	100
转入农地	36	44
转出农地	45	56
合计	81	100

2. 计量模型的选择与建立

1)模型的构建

本书分析的因变量是农户农地流转的意愿,是一种定性的变量,其取值有两个,即愿意流转与不愿意流转,是个两分变量。在进行定量分析时,一般是设置一个虚拟变量来表示这个定性的因变量。微观主体的意愿主要受到个体自身特征以及社会经济特征的影响,在分析这些特征对个体意愿的影响时,由于因变量是个虚拟的两分变量,因此传统的回归模型由于其赖以成立的前提假设无法满足而无法用于对这类现象加以模型化并予以解释。

因此,本书使用 SPSS 中的 Logistic 逐步回归模型对影响璧山县农村农户农地流转意愿的因素进行定量分析,Logistic 回归模型是一种对二分类因变量(因变量取值有 1 或 0 两种可能)进行回归分析时常采用的非线性分类统计方法。该方法是由生物数学家 Verhult 1838 年创立,后在人口统计和预测中推广使用,并受到广泛关注,曾成功用于野生动物栖息地变化、森林火灾预测、林地退化、交通、医学和农户行为研究中。借助该模型能对这类二值响应的因变量和分类变量(或连续变量,或混合变量)进行回归建模,进而探讨影响概率、定性变量、二分性变量的主要因子。Logistic 回归模型没有关于变量分布的假设条件,也不需要假设它们之间存在多元正态分布,最终以事件发生概率的形式提供结果,拟合得出的 Logistic 回归模型参数估计不采用通常的最小二乘法,而采用最大拟然估计方法。

根据 Logistic 回归建模的要求,设 $x_1,x_2,x_3\cdots x_i$ 是与 Y 相关的一组向量,

设 P 是某事件发生的概率，将比数 $P/(1\sim P)$ 取对数得 $\ln[P/(1\sim P)]$，即对 P 作 Logistic 变换，记为 logit(P)为：

$$Y=\ln\frac{P}{1-P}=\alpha+\beta_1x_1+\beta_2x_2+\cdots+\beta_ix_i \tag{1}$$

$$P=\frac{\exp(\alpha+\beta_1x_1+\beta_1x_1+\beta_2x_2+\cdots+\beta_ix_i)}{1+\exp(\alpha+\beta_1x_1+\beta_1x_1+\beta_2x_2+\cdots+\beta_ix_i)} \tag{2}$$

式中 P—概率或定性变量或是具有二分性的变量，在本书中，设定农户愿意流转农地时 P 为 1(包括流入和流出土地)，农户不愿意流转农地时 P 为 0；

α—常数项，表示自变量取值全是 0 时，比数($Y=1$ 与 $Y=0$ 的概率之比)的自然对数；x_i— 影响农户流转农地意愿的因素；

β_i— Logistic 回归的偏回归系数，表示变量 x_i 对 Y 或 logit(P)的影响大小。

2)分析变量的选取

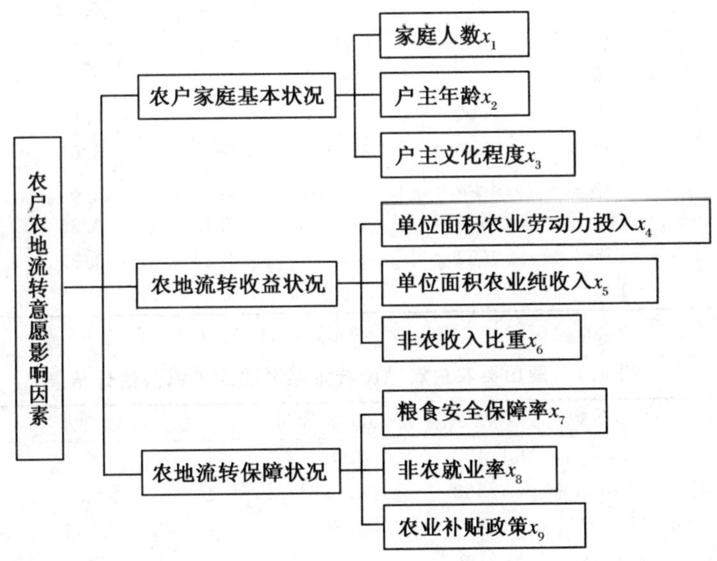

图 4.3　璧山县农户农地流转意愿因素

其中：

x_3— 户主文化程度(小学及其以下=1，初中=2，高中及其以上=3)

x_4— 单位面积农业劳动力投入=农业生产人口/家庭承包地面积

x_5— 单位面积农业纯收入=总产出—(土地租金或土地价格+生产资料价格+农业劳动力价格+农业税费)

x_6— 非农收入比重=非农业生产收入/家庭总收入

x_7— 粮食安全保障率=(人均耕地占有量−0.795)/0.795;粮食安全保障率是人均耕地占有量的线性转化形式,国际公认的耕地安全警戒线是人均 $0.053hm^2$,即 0.795 亩。

x_8— 非农就业率=非农生产人口/家庭总人口

x_9— 农业补贴政策(不享受补贴=0,享受补贴=1)

3)模型运行结果

本书选用逐步选择法(Backward stepwise: Wald),对璧山县 5 镇 156 个样本点数据作 Wald 概率统计法,向后逐步选择自变量。结果见表 4.6,表 4.7 和表 4.8。

表 4.6 变量描述表

变量	样本数	最小值	最大值	平均值	标准误差	备注
x_1	156	2	5	3.62	0.82	连续变量
x_2	156	30	66	46.02	2.68	连续变量
x_3	156	1	3			虚拟变量
x_4	156	0.00	2.00	0.53	0.51	连续变量
x_5	156	450	4000	1296.73	5.08	连续变量
x_6	156	0.00	0.96	0.53	0.35	连续变量
x_7	156	−0.37	1.52	0.18	0.36	连续变量
x_8	156	0.00	1.00	0.47	0.37	连续变量
x_9	156	0	1			虚拟变量

表 4.7 璧山县农户农地流转意愿影响因素模型估计结果

解释变量	回归系数	标准误差	Wald 统计量	自由度	显著性水平	发生比率
x_3	2.585	1.492	3.001	1	0.043	13.265
x_7	7.617	3.568	4.556	1	0.033	2031.649
x_6	13.237	5.537	5.714	1	0.017	560 751.965
constant	−11.487	5.168	4.941	1	0.026	0

表 4.8 璧山县农户农地流转意愿模型检验

−2 Log likelihood	Cox & Snell R Square	Nagelkerke R Square
10.44	0.665	0.912

本书采用 3 种方法对农户农地流转意愿模型进行检验,Likelihood 是拟然估计,表达的是一种概率,即在假设拟合模型为真实情况时能够观测到这一特定

样本数据的概率。-2 Log likelihood 值越大，意味着回归模型的拟然值越小，模型的拟合度越差。Cox & Snell R Square 是一种一般化的确定系数，被用来估计因变量的方差比率，Nagelkerke R Square 是 Cox & Snell R Square 的调整值，这两个值越大，说明模型的整体拟合性越好。综合以上的分析，表 4.7 模型拟合度较好，故选择其作为璧山县农户农地流转意愿的模型，即：

$$P=\frac{\exp(-11.487+2.585x_3+7.617x_7+13.237x_6)}{1+\exp(-11.487+2.585x_3+7.617x_7+13.237x_6)} \quad (3)$$

4）研究结论与建议

①研究结论　研究结果表明，璧山县农户农地流转意愿受到农地流转收益，保障状况和农户自身情况的影响，影响因素贡献率从大到小分别为非农收入比重（x_6）、粮食安全保障率（x_7）和户主文化程度（x_3）。

首先对农户农地流转意愿影响最大的是非农收入比重 x_6。非农收入是农村剩余劳动力转移进城，从事第二、三产业多获得的工资报酬收入，在经济越发达的地区，二、三产业提供的就业机会就越多，农民家庭经营收入中所获得的非农收入就越多，其所占家庭收入的比重就越大。非农收入比重越高的地区，农户对土地的依赖性越小，农户就会越愿意将土地流转出去，从而促进农村土地流转市场的发展。本书在对 156 个样本点的调查中发现，2007 年璧山县个体农户农业纯收入约为 300 元/亩（不包括龙头企业、农业大户），而外出务工人员的平均工资为 800 元/月，1%的管理技术人员工资达到 2 000～5 000 元/月，外出务工家庭的人均收入为非务工家庭的 1.5 倍。其中在对璧城街道碧泉村的农户调查中，人均工资收入 2 120 元，非农收入在农户家庭经营收入中所占比重高达 90%以上，农户多数外出务工而愿意将土地流转出去。由此可见，非农收入比重的提高以大量农村剩余劳动力转移和非农人口比例的提高为基础，它能够增加农户土地流转的有效供给，刺激农地流转的有效需求，是加快农地流转的内在动力。

其次，作为农地流转保障因素之一的粮食安全保障率 x_7 对农户农地流转意愿也有着较大的影响。粮食安全保障率是人均耕地占有量的线性转化形式，国际公认的耕地安全警戒线是人均 0.795 亩（0.053 hm^2），人均耕地面积只有在维系农户必要的生活保障的基础上，农户才会有参与流转的积极性，即如果粮食安全保障率过低，农地保有量不能满足最低粮食安全保障标准，就会使得农户在心理上产生恐慌，从而造成农户对农地流转的拒绝。2007 年璧山县人均耕地占有量为 1.3 亩，粮食安全保障率为 0.635，其人均耕地面积能够刺激农户产生参与农地流转的愿望。

再次，户主的文化程度 x_3 也与农户农地流转的意愿息息相关。农户的文化水平对土地流转具有收入效应和替代效应，收入效应即是由于农户文化水平的提高，对农地流转的认知度和接受度增强，非农就业机会增加，使得农户产生流转农地的愿望，引起农地流转的增加；替代效应则是指当农户文化水平提高到一定程度的时候，由于其掌握了较高的科技知识，可以从经营土地中获得较高收入，从而愿意转入土地进行规模经营。相反若农户受教育水平较低，受传统意识的影响，他们有着浓厚的恋土情结，同时由于缺乏科技知识，多采用低投入、低产出的粗放经营方式，没有扩大土地规模经营的实力，因而较少有流转土地的意愿。在156个样本点中，有81户农户进行了农地流转，其中农地转出户中，小学文化程度占18％，初中文化程度占33％，高中文化程度占49％；在农地转入户中，初中文化程度占44％，高中文化程度占56％，小学文化程度的农户没有转入农地。

③研究建议

根据以上对璧山县农户农地流转意愿的调查研究情况，为调动广大农户参与农村土地流转的积极性，提高农村土地规模经营水平，提出以下建议：

大力提高非农就业率，促进农村劳动力转移。活跃农地市场，加快农村土地流转最关键的就是要为农户创造更多的非农就业机会，提高非农就业率。大力发展二、三产业，吸引农村剩余劳动力转移；大力发展乡镇企业，增大其吸纳农村剩余劳动力的空间；改变农民的“恋土”观念，鼓励农民进城经商务工；发展农民劳务输出业，减少直接从事农业的农民数量，增加农民的收入；改革农村和城镇户籍制度，打破农民身份限制，创造有利于农民离土离乡的政策环境，从而促进农民从农村中分离出来。

大力发展现代农业，推进农村土地规模经营。大力发展现代农业，一方面可以为推进农村土地流转提供市场需求，另一方面也为激励农户参与农地流转提供了利益驱动。这是因为大力发展农业，有利于农业结构调整围绕提高质量和效益这个中心环节推进，有利于因地制宜，根据市场需要，生产出销售对路的产品，形成自己的特色产业和产品。将土地从普通农户手中集中到种植大户和龙头企业手中，实现农村土地的适度规模经营，以此来实现土地资源的合理配置和充分利用，提高土地的产出效率和农业比较效益，增加农民收入，发展农村经济，促进农村土地的进一步流转。

扩大农户受教育途径，提高农村劳动力素质。本书模型分析表明，农户的受教育水平对农户农地流转意愿产生较大的影响，这是因为：其一，掌握现代农业生产技术，是土地规模经营和发展现代农业对农村劳动力的必然要求；其二，掌握现代非农生产技能，是农村劳动力转移和就业市场对农村劳动力的必然要求。

因此，大力发展农村教育，通过开办培训班和讲座等形式，使得农民了解掌握先进的科学技术，提高农民素质和文化水平，增强接受新兴事物的能力，可以有效地激励农户的农地流转意愿，促进农村土地规模经营。

四、璧山县农业经营大户农地流转驱动机理研究

农业经营大户是在我国农业发展进程中必然出现的一种生产经营主体，代表着农业生产力的发展方向。农业经营大户是指农村中自筹资金能力较强、产业选择和产品定位符合市场需求、有适度的经营规模、采用新的生产经营方式、能带领农民增收致富、产品的科技含量较高和销售渠道较稳定的农业经营主体，包括家庭经营制的个体大户、雇工经营制的农场大户、合作(合伙)经营制的组织大户和公司经营制的企业大户四种类型。在农地流转中，农业经营大户是农地的需求者，它利用自身的资金、技术、信息和管理等方面的优势，调整农村产业结构，发展规模产业化经营项目，提高农地利用效率和农业生产效益，推动新农村建设朝着现代化的方向发展。

1. 农业经营大户参与农地流转的发展特点

1)主体数量逐年增加，流转规模不断扩大

随着农业产业化经营的深入推进，大量的龙头企业和专业大户也参与了农地流转，璧山县农业经营大户数量呈现逐年增长的趋势，农地流转规模不断扩大。截至 2008 年底，农地流转总面积为 89 100 亩，其中约 91%的土地集中到了农业经营大户手中，全县共有 66 家农业产业化龙头企业(市级 5 家，县级 36 家，乡镇级 25 家)，3 205 户农村专业大户(种植大户 572 户，养殖大户 2 633 户)，与 2003 年相比分别增长了 37.5%和 105%(表 4.9)。农业经营大户的增加和农地规模经营促进了农地流转，优化农业生产要素的配置，带动了农业产业化的发展，极大提高了农业生产的效率和效益，实现了农业增效和农民增收。

表 4.9　璧山县历年农业经营大户情况表(2003～2008)

年份	专业大户(户)	龙头企业(家)
2003 年	1 564	48
2004 年	1 897	52
2005 年	2 200	58
2006 年	2 595	61
2007 年	2 905	64
2008 年	3 205	66

2)农地经营投入增加,土地利用集约发展

农地流转进程的加快,使得农地向农业经营大户集中的趋势凸显,转入方在农地规模经营中为追求更高的生产性收益,较普通农户大幅增加了资本、劳动力、科技和经营管理等生产要素的投入,大力发展具有较高比较收益的现代化农业产业,提高了农地的集约利用程度。以璧山县大路镇高拱村为例,该村集中将233 hm^2 土地流转到龙头企业手中发展优质高效水果产业,农地经营方投入土地、劳力、资本等生产要素分别为12 000元/hm^2,3 810元/ hm^2 和9 945元/ hm^2,净收益达3 600元/ hm^2,与农地流转前普通农户纯收入300元/ hm^2 相比有十分明显增幅,因此提高了农业生产的效益,推动农业产业化经营,促进了土地集约利用发展。

3)用地结构不断优化,优势产业逐渐成形

近年来随着农业产业化的推进,璧山县农村用地结构得到不断优化,除粮食种植面积仍占较大比重外(44.33%),蔬菜,水果和花卉苗木种植面积所占比重也在逐步提升,达到了40.17%(见图4.4)。近年来璧山县以农业结构调整为主线,在稳定粮食产量的前提下,鼓励农业经营大户发展特色种养殖业,因地制宜确定了四大农业主导产业,初步形成了以璧南为重点的花卉产业带,以大路、丁家为重点的蔬菜产业带,以璧北为重点的优质水果产业带,以及以河边、健龙为重点的禽兔产业带,特色农业产值占农业总产值的60.6%,对农业经济发展的支撑作用进一步加强。

4)规模经营状况良好,农业比较效益提高

随着农地流转步伐的加快,农地集中流入农业经营大户手中,农业向着产业化、规模化、优质化、标准化和区域化发展,流转主体农地经营状况良好,比较效益提高(见表4.10)。2008年底,全县66家农业产业化龙头企业流转农地0.27万 hm^2,比2007年增加9%,销售收入总量达94 451万元,较2006年增长了59%,带动农户31 311户,为农民增加收入14 304万元,较流转前收益大幅度提升。因此农业经营大户参与农地流转既带动农业产业化的发展,又实现了农业增效和农民增收,具有显著的经济效益和社会效益。在对璧山县青杠镇凉山村的农业经营大户的调研中发现,该大户进行农业规模化经营,流转133 hm^2 农地生产精品葡萄和李子,其中葡萄的平均产量为22 500～30 000 kg/hm^2,最高达52 500 kg/hm^2,销售收入可达150 000元/hm^2,体现出了规模经营的农业经济效益,推动了农地流转市场的发展。

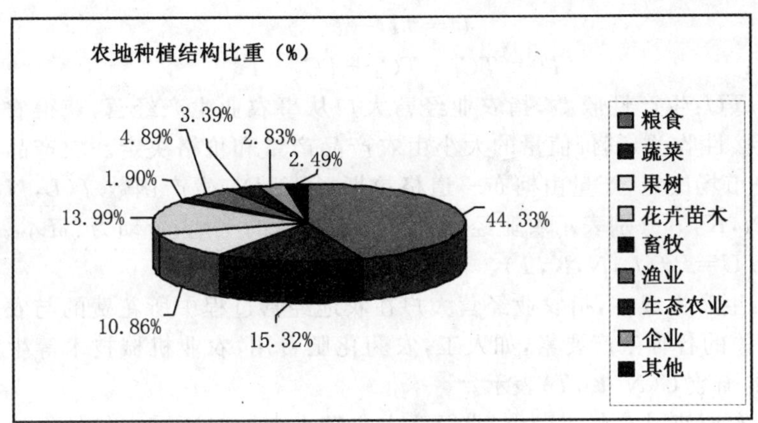

图 4.4　璧山县 2008 年农地种植结构图示

表 4.10　璧山县 2008 年农业产业化龙头企业情况表

名称	固定资产值（万元）	基地面积（公顷）	年产值（万元）	销售收入（万元）	净利润（万元）	税金（万元）	产业从业人员（人）	带动农户（户）	农民增收（万元）
市级龙头企业（5 家）	11 035	228	64 600	62 097	1 633	506.6	9 180	6 930	7 175
县级龙头企业（36 家）	23 302	2 298	34 835	28 871	2 155	608.8	17 718	21 795	6 170
镇级龙头企业（25 家）	2 148	161	4 007	3 483	423	20.5	2 887	2 586	959
合计（66 家）	36 485	2 687	103 442	94 451	4 211	1 135.9	29 785	31 311	14 304

2. 农业经营大户参与农地流转驱动机理分析

1）内部驱动——成本收益分析

对于农业经营大户而言，促使其做出参与农地流转决策的内在动力取决于农业经营大户对流入农地扩大生产所能带来的总的收益、成本和风险的判断，一旦其预期的收益足够高而成本和风险足够低，那么很自然就会流入土地。只要农业经营大户流入的土地取得的经营收益扣除经营成本以后的净收益大于流转支付成本，并获得一定的经营风险回报，那么其就愿意增加农地流入量，扩大规模经营。

农业经营大户流入农地进行土地经营的总收益为 TU，经营总成本为 TC，净收益为 U，则有：

$$U = TU - TC \tag{1}$$

其中：
$$TC = TC_1 + TC_2 + TC_3 + TC_4 \tag{2}$$

式中 TU：生产性收益，指农业经营大户从事农业生产经营，获得农产品所产生的直接性收益，其价值量的大小由农产品产量和价格决定。农产品价格为 P，由竞争市场决定，产量由柯布—道格拉斯（$C-D$）生产函数 $f(L,N,K,T)$ 决定，L,N,K,T 分别表示农业经营大户农地经营的土地、劳动力、资本、技术投入量，则 $TU = Pf(L,N,K,T)$。

TC_1：生产性成本，指农业经营大户在农地经营过程中所花费的与农产品生产直接相关的各种生产要素，如人工，农药化肥费用，农业机械技术等生产性支出，由成本函数 $C(N,K,T)$ 表示。

TC_2：农地使用成本，即为农业经营大户转入农地时所需支付的土地租赁成本，由转入农地面积 S 和单位面积农地租金 P_d 决定，据调查，璧山县农业经营大户农地流转租金平均为 6 000 千克稻谷/ hm^2，稻谷价格以当年市场价格为基准。

TC_3：风险成本，指农业经营大户流转农地，进行农业生产所需承担的风险，包括自然生产风险成本和市场经营风险成本。农业生产是自然再生产的过程，随着农地规模的扩大，农业经营大户所承担的自然和市场风险也会增加，这种双重风险成本将会影响农业经营大户农地流转的决策与积极性。

TC_4：农地交易成本，根据科斯定理，交易成本的大小与产权明晰程度、交易规模、交易频率、风险、市场完善程度等有关，一般来说农地产权越不明晰，交易规模越大，交易频率越高，风险越大。农业经营大户流入农地所花费的交易成本包括信息搜集成本，达成合约及其执行成本，农地调整谈判成本等，并且随着农地流转的规模的扩大，农地交易成本呈现边际递增的趋势。

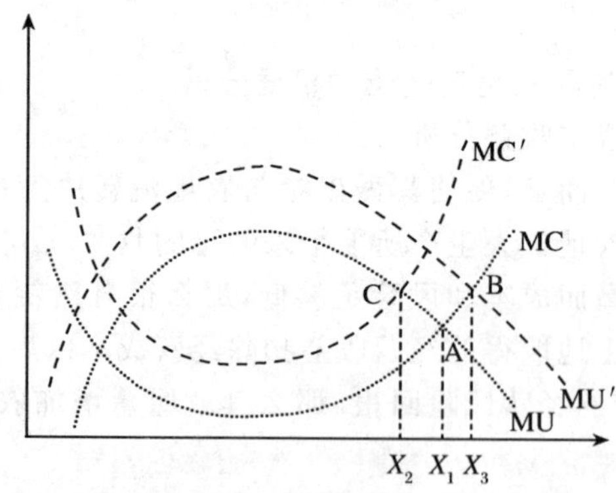

图 4.5　农业经营大户农地经营规模效益曲线

如图 4.5 所示，当农地经营的边际收益 MU 与边际成本 MC 相等时，净收益 U 在 A 点达到最大，农业经营大户流入农地规模为 X_1。当 MU 变化为 MU' 时，净收益 U 移至 B 点，农业经营大户受农地收益增加的驱动，产生扩大流入农地的动力，将经营规模由 X_1 扩大为 X_3；反之当 MC 变化为 MC' 时，净收益 U 移至 C 点，随着农地经营成本的提高，农业经营大户流入农地的积极性受到抑制，经营规模由 X_1 缩小为 X_2。

通过对璧山县农业经营大户参与农地流转情况进行抽样调查，结果表明土地经营状况良好，农业比较效益提高(见表 4.11)。由表 3 可知，农业经营大户农地经营的平均净收益：

$$U=108\ 435-27\ 720-3\ 660-2\ 370-12\ 000-500-1\ 500=53\ 685(\text{元}/\text{hm}^2)$$

与 2007 年璧山县普通农户农业纯收入 4 500 元/ hm^2 相比，二者相差近 12 倍，因此农业经营大户在经济利益的驱动下，愿意流入农地进行规模经营。

表 4.11　农业经营大户参与农地流转经营情况表　　单位：hm^2、万元

名称	级别	主营产品	基地面积	年产值	种苗投入	人工	化肥农药	农地使用	风险成本	交易成本	净收益
渝西园林公司	市级	花卉苗木	133	1 741	470	62	31	160	100	20	898
璧山德隆公司	县级	花椒	313	2 905	1 757	115	73	376	235	47	302
重庆三业茶叶公司	县级	茶叶	387	2 536	650	142	90	464	290	58	842
凯普农业公司	县级	水果	118	1 652	873	43	30	141	88	18	459
绿宇园林公司	县级	香料	35	354	100	18	9	42	26	5	154
兴林源苗木培育中心	镇级	花卉苗木	32	247	50	18	8	38	24	5	104
均值(元/ hm^2)				108 435	27 720	3 660	2 370	12 000	7 500	1 500	53 685

2)外部驱动——政府激励政策分析

随着我国城镇化和工业化的快速发展，大量的资金和劳动力流向城市与非农产业，农业生产的比较利益相对低下，因此仅从经济利益的角度考虑，还不足以促使集聚在城市的资金与劳动力转而流入农村，农业经营大户要流转农地进

行农地规模经营，除了受到成本收益经济机理的内在驱动外，还需要政府政策环境的外在推动力。当前重庆市被确定为“全国统筹城乡综合配套改革试验区”，璧山县作为毗邻重庆市主城区的近郊县，为了加快农地流转，提高农村农地的市场配置水平，璧山县政府出台了一系列政策举措引导和激励农业经营大户参与农地流转，实现农地规模经营，促进地方经济的快速发展。璧山县政府在确保支持农业经营大户农地流转各项优惠政策措施全面落实到实处的同时，积极创造有利于农地流转的条件，本着“因地制宜，多元创办，政府扶持，部门指导，市场运作”的思想，以优势资源为资本，优惠政策和良好环境为引力，加大项目资金引进力度，鼓励扶持农业经营大户发展特色产业，支持大户引进优良品种、先进技术、生产设备和科技人才，把农业经营大户培育成为农地流转的主体。与此同时以完善利益连接机制为核心，采取多种措施促进中介服务组织的发展，推广“农业经营大户＋普通农户”模式，结成利益均沾，风险共担的紧密利益联合体，降低了农业经营大户农地流转经营风险，进一步推动了农村农地流转市场的发展，实现农地资源的优化配置(见图 4.6)。

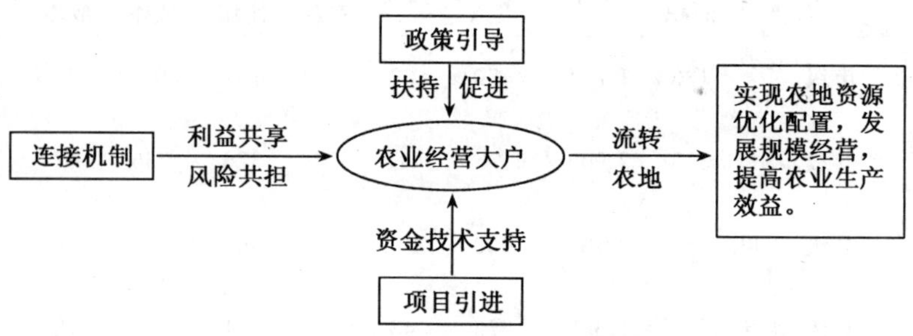

图 4.6　农业经营大户农地流转外部驱动

3. 农业经营大户参与农地流转困境

1)农地流转法律法规约束多

在调研中，农业经营大户普遍反映影响参与农地流转和规模经营的第一制约因素是现行法律法规的约束。据调查，璧山县农业经营大户参与农地流转和规模经营发展的过程中存在着与法律法规相冲突的行为。该县青杠镇孙河村地处城郊，区位优越，经村民大会决定将 60 hm^2 耕地以租赁的方式流转给农业经营大户挖塘养鱼，发展观光农业，该村农业经济得到发展，农民收入提高，但是该宗土地流转模式与上述法律法规关于实施用途管制的要求相冲突，目前无论是在理论界还是在实践中都存在争议。

2)农地流转劳动力匮乏制约多

当前全县大力推进农村剩余劳动力向非农产业转移，截至2008年底累计转移农村劳动力18.3万人，占农村劳动力的61.4%。在对璧山县璧城街道、青杠街道、正兴镇、三合镇和河边镇所发放的158份农户调查问卷中，其原来95%为乡村农林牧渔劳动者，现约42%从事第二产业，57%从事第三产业，仅有约1%的人从事第一产业。调查表明，从事第二、第三产业的人数逐年增加，而从事第一产业的人数逐年减少，因而农村劳动力极度匮乏，且大多为老弱病残并缺少技术。所以尽管农地集中流转到了专业大户和龙头企业手中，但他们却面临请不到人做工，劳动力工资成本高，利润下降的困境，制约了农地流转和集约利用。

3)农地流转主体承担风险多

璧山县农业经营大户参与农地流转推进现代农业，由于较低的农业比较收益和农业本身固有报酬递减规律，使其承担着自然生产和市场经营的“双重风险”，农地自然条件限制，自然灾害的影响以及市场供求关系，销售渠道的变化都阻碍了农地资源的合理配置，影响到农业经营大户追求经济效益最大化，降低了他们将农地集中起来规模经营的积极性，在一定程度上制约了农地的流转。据调查，璧山县农业经营大户普遍存在“两怕”意识，“一怕”农村土地政策不稳，租赁期限相对较短，一般为20年左右，不敢大胆投入；“二怕”自然灾害和农产品市场前景变化，租赁农地进行规模经营效益不高，不敢大规模搞开发。以璧山县重庆市绿宇园林有限公司为例，该龙头企业在正兴镇曙光村承租了33 hm^2 土地发展直杆蓝杆种植业，由于去年的旱灾和今年的洪灾等自然灾害，良种死亡了40%～50%，造成了十几万元的经济损失，同时由于市场上对直杆蓝杆需求不旺，每生产一吨要损失1 000～2 000元，使得该公司现已转产。

4. 激励农业大户参与农地流转对策建议

建议完善农村土地市场，发挥市场在资源配置中的基础性作用。十七大报告指出，“要深化对社会主义市场经济规律的认识，从制度上更好发挥市场在资源配置中的基础性作用，形成有利于科学发展的宏观控制体系。”结合重庆市农村土地市场建设的实际情况，还存在着与统筹城乡发展不相适应的状况。一是在健全农地承包经营权流转市场方面，重庆市各区县都在积极推进农地承包经营权流转，但都未建立农地承包经营权流转市场，农地承包经营权流转大多处于自发、盲目、服务薄弱的状况。建议依托区县建立农地承包经营权流转市场，为农地承包经营权流转提供市场驱动和市场服务。二是在开放农村集体建设用地流转市场方面，广大农村干部和农民普遍反映制度障碍大，农村集体建设用地流转难。据调查，重庆市农村集体建设用地存量大、闲置多、流转难、利用粗放、价值低估。建议先行先试，开放农村集体建设用地流转市场，开展农村集体建设用地储备整治，推进农村集体建设用地集中布局、集约利用、提升价值、促进农民财富增长、农村集体经济有效实现。

健全严格规范的农村土地使用权流转管理制度，防范土地流转风险。一是逐步推动并实行农地流转登记制度，探索建立农地流转和农地复垦保证金制度。二是成立农地承包和流转仲裁机构，配合司法部门协调处理和仲裁农村承包土地经营权流转过程中出现的各种矛盾和纠纷，规范流转双方的行为，保护流转双方的合法权益。三是建立农地流转保险机制。一种为农业经营大户本身建立各种物资保险储备，以应对自然灾害和其他突然事故，保证农业生产的顺利进行；另一种为鼓励农业经营大户参加社会保险，一旦发生自然灾害和其他突发事故，可以获得补偿，弥补损失，以此来改变自负盈亏，靠天吃饭的困境。

适度放宽农村土地的用途管制，鼓励农业经营大户加大投入力度。一是在不损害农地耕作条件和基本农田保护的情况下，应将农作物种植(包括果树、多年生经济作物、苗木、大棚和设施农业等)、禽畜养殖、水产养殖、农业科学试验等用途均应视为农业用途，为发展现代农业，提高农用地的利用效益创造条件。二是鼓励农业经营大户对农业生产的土地和资金投入量，大力调整农村产业结构，将土地集中到农业经营大户手中，提高农地投入水平，优化农地投入结构，培育特色产品和产业，提高农业经济效益，发展现代化农业。三是推广农业科学技术，加大农业新品种研究开发，引进，繁育和推广力度，提高产品品质，发展名特优质农产品，加快建设农业高新技术示范区，以高新科技带动农业生产效益提升，促进农地快速健康流转。四是切实解决好农村劳动力匮乏，自身素质低下问题。在大力推进农村剩余劳动力向非农产业转移的同时，以优惠政策鼓励和引导青壮年且具较高文化水平的农村劳动力从事现代化农业生产。

五、璧山县农地流转中二维主体利益博弈研究

随着现代化农业进程的加快，农村土地使用权流转是解决农村土地利用细碎化、粗放化、低效益，优化土地资源配置，提高土地利用经济效益的有效途径。在农地流转中，普通农户作为土地供给方，在获得一定的土地转让费并具有就业

和社会生活保障的前提下，愿意将农地使用权流转出来；农业经营大户（龙头企业和农业大户）在现代化农业经济利益的驱动下，产生将农地集中起来进行规模经营的意愿。农业经营大户与普通农户是农地流转中的二维主体，研究两者间的利益实现博弈关系，对于推行农村土地快速健康流转，促进农业产业化结构调整和农业经济发展具有十分重要的意义。

1. 农地流转中二维主体利益模型

1）农地供给方利益模型

土地本身承载了多种功能，在不同时期不同利益主体的视野里，其承载的功能是不同的。在社会主义初级阶段，对于农民来说，土地的基本功能应该是双重的，即为农民提供生存发展保障和财富增长保障。农民的财富在哪里？农民的财富增长源头又在哪里？"劳动是财富之父，土地是财富之母"，这是政治经济学的一个基本论断。在农村土地流转的过程中，普通农户在稳定承包关系和获得就业生活保障的前提下，以转包、转让、互换、出租、入股等方式将农地的使用权从承包权中流转出来，是农地流转的主要供给方。对土地供给方来说，其流转收益包括：农地租金收益为 y_0 和转移劳动力的年收益为 y_1，即外出打工收入。设贴现率为 r，转出的土地使用权年限为 n，则转出的收益 Y_s 为：

$$Y_s=\sum_{i=1}^{n}\left[\frac{y_0}{(1+r)^i}+\frac{y_1}{(1+r)^i}\right]$$

流转的成本主要有：一是为寻找土地转入方并与之进行谈判而产生的交易费用 cc_s，二是转出方转出土地前的经营收益 y_2，则转出的成本 C_s 为：

$$C_s=cc_s+\sum_{i=1}^{n}\frac{y_2}{(1+r)^i}$$

则通过农地流转，农地供给方的收益增量 ΔY_s 为：

$$\Delta Y_s=Y_s-C_s$$

据调查，璧山县农地流转租金平均为 400 千克稻谷/亩，稻谷价格以当年市场价格为基准；普通农户从事农业生产的纯收入约为 300 元/亩，而外出务工人员的平均工资为 800 元/月，1％的管理技术人员工资达到 2 000～5 000 元/月，外出务工家庭的人均收入为非务工家庭的 1.5 倍。

2）农地需求方利益模型

农业经营大户作为农地流转的需求方，其做出转入农地决策的动力在于农业经营大户对流入农地扩大生产所能带来的总的收益、成本和风险的判断，只要预期的经济收益足够高而成本和风险足够低，他们就愿意增加农地的流入量，进行规模经营。

农业经营大户农地流转的收益即为从事农业规模生产经营直接性收益，其价值量 Y_d 的大小由农产品产量和价格决定。农产品价格为 P，由竞争市场决定，产量由柯布—道格拉斯 $(C\sim D)$ 生产函数 $f(L,N,K,T)$决定，L,N,K,T 分别表示农业经营大户农地经营的土地、劳动力、资本、技术投入量，则

$$Y_d=\sum_{i=1}^{n}\frac{p\times f(L,N,K,T)}{(1+r)^i}$$

在对璧山县青杠镇凉山村的农业经营大户的调研中发现，该大户进行农业规模化经营，流转 2 000 多亩农地进行生产精品葡萄和李子，其中葡萄的平均产量为 1 500～2 000 kg/亩，最高亩产达 3 500 kg，销售收入可达 10 000 元/亩。

流转成本主要包括：一为农地经营过程中所花费的生产性成本，如人工，农药化肥费用 $C(N,K,T)$，据统计，2008 年璧山县农业经营大户农业机械投入为 2 255 W/亩，农药化肥使用量为 106 kg/亩；二为支付给普通农户的土地租赁成本 y_0（即为农地流转租金）；三为流入农地进行农业生产所需承担的自然生产和市场经营风险成本 a_d；四为获得农地所花费的交易成本 cc_d，则转入的成本 C_d 为：

$$C_d=\sum_{i=1}^{n}\left[\frac{C(N,K,T)}{(1+r)^i}+\frac{y_0}{(1+r)^i}\right]+a_d+cc_d$$

则通过农地流转，农地需求方的收益增量 ΔY_d 为：

$$\Delta Y_d=Y_d-C_d$$

2. 农地流转中二维主体利益实现的博弈分析

博弈论(Game Theory)又称对策论，是研究理性决策者（参与人）之间策略、行为的相互作用及其均衡结果的理论。一个博弈由参与人，策略和支付函数三个基本要素组成。参与人指博弈中独立决策，独立承担结果的主体（个人或组织），每个参与人必须都是理性的和智能的，目标是追求其个人期望支付函数值的最大化；策略规定参与人在什么时候选择什么行动，是参与人的“相机行动方案”，即参与人选择策略和行动空间后，在给定信息集内行动；支付函数又称偏好函数，是指在一个特定的策略组合下参与人得到确定效用水平或期望效用水平，是可以定义或量化的参与人的利益。支付函数是分析一个博弈模型的标准和基础，可以是正值，也可以是负值。除此之外，博弈中还有两个重要的方面即信息

和均衡,根据信息结构可分为完全信息博弈和不完全信息博弈,完美信息动态博弈和不完美信息动态博弈,同时在任一博弈中总存在着所谓的纳什均衡,即任一博弈方的策略组合对其他博弈方的策略组合也是最佳策略,由此二者达到均衡。

在农村土地流转中,普通农户和农业经营大户作为农地的供给方和需求方,是参与农地流转的二维主体,二者在农村土地流转这同一环境中进行决策以求自己的利益得到满足。根据经济学中人的自利性和风险回避性理论,普通农户和农业经营大户对未来的预期产生差异,使得他们对农地流转的不确定性和风险抱着不同的态度,由此造成双方在农地流转中目标的不一致性,即利益的冲突,这就构成了农地流转二维主体间的博弈过程。在此博弈中,普通农户和农业经营大户是参与者,博弈原则是各个博弈方在农地流转中选择一系列的策略组合以实现自身的利益,即支付函数 ΔY_s 和 ΔY_d,其为参与者在农地流转中可以量化的利益。

①当 $\Delta Y_s \leqslant 0$ 时,即普通农户在参与农地流转时收益增量为零或不存在,他们将农地流转出去所获得土地租金 y_0 和外出打工或从事非农产业的收入 y_1,不足以弥补从事传统农业生产经营所产生的直接生产性收益和附着在农地上的社会保障和劳动享受等非生产性收益 y_2,以及在农地流转中所支付的交易费用 cc_s,因此普通农户出于对非农产业所提供的就业机会的不稳定性和农地保障功能的考虑,会将土地作为生活的保障和退路而不愿意将农地提供给农业经营大户,这时农地流转缺乏供给方,无法形成市场。

②当 $\Delta Yd \leqslant 0$ 时,农业经营大户作为农地流转的需求方,其流入土地取得的经营收益 Y_d 扣除经营成本 C 以后的净收益不大于流转农地所支付土地租金 y_0,流转交易费用 cc_s 和从事规模农业生产所承受的双重经营风险 M_d,此时农业经营大户在农业生产低效益甚至赔本的情况下,没有承包农地的动力,这时农地流转缺乏需求方,同样也无法形成市场。

③当 $\Delta Ys > 0, \Delta Yd > 0$ 时,在农地流转中的土地供给方和需求方都存在收益增量,双方在利益的驱动下均产生农地流转的动力,此时农地流转市场形成。在农村土地使用权流转的进程中,普通农户和农业经营大户从"理性经济人"的角度来考虑,二者的一切经济活动决策都是为了追求最大的经济利益,由此双方在流转过程中就产生了博弈。当前,我国的农村土地流转市场并不完善,中介体系不配套,信息服务残缺,掌握在博弈双方手中的土地信息不完全、不对称:普通农户在农村的居住一般都较分散,与市场联系存在着空间上的距离,而且其自身

对市场机制的不明确，使得他们很难直接从市场中获得充分的信息，普通农户的利益 ΔY_s 在纯粹的市场机制下无法得到公平的实现。由于农村土地流转市场的中介体系不完善，作为农地需求方的农业经营大户需要支付较高的交易费用以获取土地信息，同时还要承担从事农业规模经营的自然和市场的双重风险，其流转收益增量 ΔY_d 无法实现最大化，由此构成农地流转中二维主体间的完全但不完美信息动态博弈。

在此博弈中，假设普通农户提供的土地有“好地”和“差地”两种类型，土地流出价为 p，土地流出前经营收益为 s，土地给流入方带来的效用为 u，流入土地规模经营的成本为 c，“好地”与“差地”的参数分别为 p_1, s_1, u_1, c_1 和 p_2, s_2, u_2, c_2（$p_1 > p_2, s_1 > s_2, u_1 > u_2, c_1 > c_2$）。在农地流转中，普通农户的收益 $W_1 = p - s$，农业经营大户的收益 $W_2 = u - p - c$，二者在农地流转中的博弈行为如图 4.7 所示。

在农地流转双方这一完全但不完美信息动态博弈中，无论农业经营大户是租种“好地”还是“差地”，都要在农地转入方收益或期望收益大于 0 的前提下，通过利益比较的原则来制定农地流入的策略，以此达到纳什均衡。此外，由于我国农村土地流转市场并不完善，光靠市场机制和流转方自身的力量不足以使利益得到公平实现，因此就需要政府这只“看不见的手”作为农地流转博弈中的裁判，政府的干预能有效修正农地流转市场信息，引导信息的合理流动，同时制定农地流转扶持和补贴政策，建立健全农地市场中介体系和法律法规，促进农地流转的正常运行，从而维持博弈的正常进行，使得双方在博弈过程中能将自身利益最大化。随着农村土地流转步伐的加快，为了提高农地资源配置水平，璧山县政府积极创造有利于农地流转的条件，本着“因地制宜，多元创办，政府扶持，部门指导，市场运作”的思想，以优势资源为资本，优惠政策和良好环境为引力，加大项目资金引进力度，鼓励扶持农业经营大户流入农地发展规模特色农业；大力发展本县二、三产业，扩大普通农户受教育途径，提高其教育水平，为农地流出方创造非农机会。与此同时，璧山县以完善利益连接机制为核心，采取多种措施促进中介服务组织的发展，推广“农业经营大户＋普通农户”模式，结成利益均沾，风险共担的紧密利益联合体，降低农地流转双方的承担风险，进一步推动了农村农地流转市场的发展，实现农地资源的优化配置。

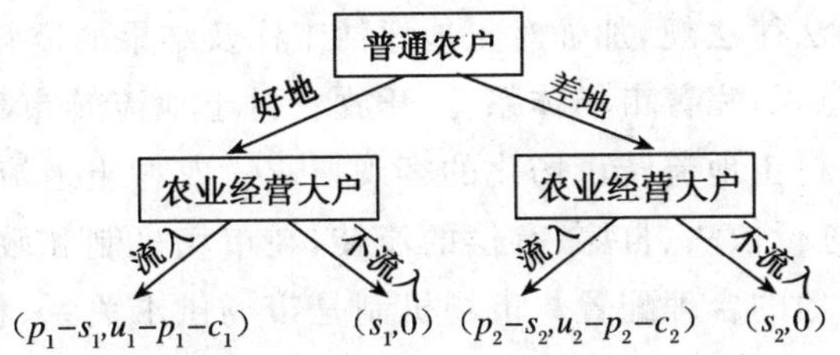

图 4.7　普通农户与农业经营大户农地流转博弈行为图示

3. 对策建议

①加强政府引导，实现博弈共赢。党的十七大报告明确提出，坚持和完善公有制为主体，多种所有制经济共同发展的基本经济制度，毫不动摇地巩固和发展公有制经济，毫不动摇地鼓励、支持、引导非公有制经济发展，坚持平等保护物权，形成各种所有制经济平等竞争、相互促进新格局。政府是农地流转的支持者、管理者和协调者，应为农地流转的发展创造良好的条件，促进土地流转主体博弈共赢。各级地方政府要及时了解，掌握流转动态，在充分尊重流转参与主体的基础上，对其进行引导，以维护流转双方的合法权益和利益。农地流转市场的发展需要配套的中介服务体系，各级地方政府应完善自身职能，组建并培育好土地流转中介服务组织，降低流转双方获取土地信息成本，建立农村土地流转交易信息网络，及时登记汇集可流转土地的数量、区位、价格等信息资料，定期公开对外发布可流转土地资源的信息，接受土地供求双方的咨询，沟通市场供需双方的相互联系，规范农地流转交易行为，增加交易透明度，促进农地流转合理健康运行。

②完善价格机制，维护市场公平。加快形成统一开放竞争有序的现代市场体系，发展各类生产要素市场，完善反映市场供求关系、资源稀缺程度、环境损害成本的生产要素和资源价格形成机制，是促进和规范农地流转的必然要求。农地流转市场不同于一般的商品市场，具有一定的空间地域性和不可移动性，因此合理的地价是实现农村土地流转市场正常运行的必然前提。在充分考虑地价构成因素的基础上，对农村土地进行分等定级，科学评估，确定并定期公布土地的基准价格，为有关政府部门决策提供科学依据，合理确定各类农地的质量，登记，评估其客观，公正的土地使用权市场价格，为农地市场流转双方的公平交易提供合理参考，以减少价格确定的随意性和不合理性。同时建立农用土地价格评估

体系，完善相应的法律法规，加强对土地评估工作及结果的监督管理。

③增强市场意识，完善市场体系 。开放农村土地流转市场，建立农村土地交易所，是推进农村土地流转市场化的客观要求。农村土地流转市场化是指农村土地进入市场进行依法、自愿、有偿的流转，在市场机制和政府调控的共同作用下，实现农村土地的合理配置。市场机制是市场供求关系、价值规律、市场竞争以及边际效用递减等客观规律的综合表现，具有市场激励、市场约束、市场服务等优化资源配置的功能。市场机制要求稀缺资源能够自由地投向最有效的用途，产权的可转让性是实现这一要求的有效保证。只有当产权是可转让的，才能使资源从效率低的利用方向流向效率高的利用方向，从而在市场机制的作用下实现资源的最优配置。不可流转的产权，就不能充分发挥其利用潜能，也就无法体现其全部价值。普通农户和农业经营大户作为农地流转中的供给方和需求方，为充分发挥其在农地流转市场中的作用，要增强其市场意识，以市场机制为导向，在自愿的基础上根据既有约定把土地流转起来，实现转入和转出方的“共赢”。同时在农地流转过程中，要不断提高流转主体的独立自主决策意识和契约意识，遵循“调解为主，仲裁为辅”的原则，积极争取自己的合法土地权益。

六、璧山县农地流转中政府角色定位分析

农地流转是农民按照自愿原则通过市场进行的，政府在其中则充当着支持者、管理者和公共服务者的角色，发挥好政府这只“看得见”的手的作用是引导农村土地流转市场健康有序发展的必要条件。在农地流转中，政府既要克服利用土地所有权属强制农民进行土地流转，从中获取超额利润的“越位”行为，又要克服对违规流转放任自流，缺乏服务规范机制的“缺位”行为。政府要坚决要从农地流转市场上退出来，变强制为引导，变干预为服务，抓好农地流转的宏观调控，加强监督监测，为普通农户和农业经营大户之间的农地流转做好中介服务。

1. 推进农村土地管理制度建设

①稳定农地流转制度，明晰承包经营权。实行农地使用权流转必须坚持家庭联产承包制不动摇，一方面稳定的承包制既是农地流转的基础，也是农地流转的原则，这是农业发展的客观要求，党的十七届三中全会明确了在农村土地承包期 30 年的基础上，赋予农民更加长久而有保障的土地承包经营权，为土地使用权的正常流转奠定基础。另一方面建立土地流转机制，稳定土地承包关系，给予

农民配套完善的农地承包经营的各项权能，使其拥有对土地的占有、使用、收益和部分处置的权利，可以依法从事有偿转让、转包、入股、贷款、抵押等活动，从而扩大农地流转的空间，增强农民投资承包土地的积极性，提高农业的比较收益。

②创新实现规范管理的制度体系。首先，要制定合理的土地利用总体规划，通过土地利用规划等措施加强对土地流转市场的干预和调控，弥补市场机制的不足。同时要进一步提高土地利用总体规划的法律地位，完善《土地管理法》，制定好《土地利用总体规划法》，以保证土地流转市场的有序运转。其次，要建立农地资源监测预警制度，以保证在及时获得农地流转信心的同时，增加信息的加工处理与储存能力，形成统一的农地流转信息平台。第三，加强税收、利率和定价制度在农地流转宏观调控中的主导机制作用，弱化行政调控机制。第四，统一管理主体、规范管理程序、界定管理职责、加强管理力量，改变当前土地流转多头管理的局面。第五，完善地籍登记和监测管理制度，提高土地流转的管理和监测水平，增加土地使用权的流动性，在更大范围内合理配置土地、资金、技术和劳动力。

③完善农地流转的各种法律法规，加大监督农地流转的力度。农村土地使用权流转市场要实现高效有序流转，需要法律法规来规范和约束。针对现行农地流转中不完备的法律法规，一要适应农村市场经济发展的新形势，加快农村土地使用权流转市场的法规建设，及时修改目前不利于土地流转市场形成和互相冲突、矛盾的法律条文。二要考虑制定《农地法》、《农村土地使用权流转法》等法律、法规，使农地流转有法可依、有章可循，同时还可制定出具有一定超前性的法律法规，发挥其导向功能，以保证农地流转市场运作的健康有序。

④加强对管理人员的监督与激励。首先，通过立法明确农地流转决策者和管理者的决策行为与管理行为的法律规范，在规范中制订明确细致的对决策管理失误的责任追究办法。其次，通过更加有效的途径增加对农地流转宏观决策者和管理者的监督。第三，建立将农地流转宏观决策者与管理者的决策管理成效与其个体效用相统一的激励机制。一方面，改革干部考核任用制度，使决策者和管理者的政治激励与其决策成效挂钩，使得政治激励回到正确的轨道来；另一方面，增加决策者与管理者的经济激励，国家在政策上对于决策者和管理者的经济激励应该予以肯定，以消除隐性经济激励的影响；此外，应该高度重视精神激励的作用，将精神激励作为决策者和管理者激励的重要手段。

2. 推进农村土地市场体系建设

①培育市场化的流转机制，建立完善的农地流转市场。建立农地市场化流动制度是农村土地制度变迁的必然趋势。针对目前有些地方土地流转中存在不是农民先有流转要求、有市场，而是由当地政府行政强迫、计划指令推动现象，政府应充分尊重农民作为农地流转市场的主体地位，从有利于农村生产要素的合理流动和资源的优化配置的高度出发，在农户平等协商、依法、自愿、有偿的前提下，健全土地流转的操作性制度，积极引导土地流转，保证土地流转健康有序进行，不能以任何借口剥夺农户的土地流转决策权。

②建立健全中介组织，提供优质服务，促进农地流转。政府要充分发挥作用，完善职能，尽快组建好土地流转中介服务组织，降低农民获取产品信息成本，建立农村土地流转交易信息网络，及时登记汇集可流转土地的数量、区位、价格等信息资料，定期公开对外发布可开发土地资源的信息，接受土地供求双方的咨询，沟通市场供需双方的互相联系，提高土地流转交易的成功率。一方面积极培育以乡镇农经管理部门和农村专业协会为主体的土地流转中介服务组织和服务网络，形成一个由下至上、网络状、多功能的中介服务体系，为供需双方搭建流转桥梁。另一方面，做好信息服务工作。通过多种渠道开辟信息专栏，发布农地流转信息，提供流转地投资方向与市场分析，引导涉农企业、种养大户顺利接包土地。

③鼓励多种形式的农地流转，推动土地规模经营。地方政府部门应提高认识，加强宣传，引导农民解放思想、与时俱进，改变农户经营观念、恋土情节，在充分尊重农民意愿和保护农民利益的前提下，鼓励农户之间进行包括转包、转让、互换、出租和入股在内的多种农地流转形式，增强农民参与农地流转的积极性和主动性。积极引导农民合理调整和优化农业产业结构，发展优质专用粮食品种、经济效益高的经济作物、节粮型畜产品等，提高农业生产比较效益，增加农民收入；帮助农村建立互助合作组织或股份制合作组织，减少农民弃田抛荒量，鼓励农民将土地集中连片发展，消化零散荒田、弃田，推动土地适度规模经营和区域经营，提高农业效益，加快农地流转。

3. 推进农村土地流转配套政策建设

①实施农业劳动者再教育，提高农民整体素质。政府应全面启动和落实农业劳动者再教育工程，教育的主体内容以农业技术知识和市场经济知识为主，重

在引导农户的生产经营技术，培育他们的市场主体意识，造就一批有文化、懂技术、会经营的新型农民；加强农村义务教育的监督管理与投入，加强农业职业技术教育，保证未来农业劳动者的素质，增加其财富创造能力和就业适应能力；同时政府还应建立对农村专业户、重点户等各种种植和养殖能手的帮扶制度，不仅要在政策上扶持，还要在资金和技术上予以扶持，使之不断壮大并真正起到示范作用，从而带动农户的专业化分工并加大农户之间的非对称性。只有农村农民的整体素质提高了，其谋生能力才会变强，就业机会才会增多，农民才不会将土地作为唯一的就业和社会保障手段。

②完善农业基础设施建设。加快农地流转，推动农地规模产业化经营，完善农村农业基础设施建设是首要任务。在进行建设时，各地政府要坚持和贯彻因地制宜的原则，结合地方实际，从群众最关心、最直接、最现实的利益出发，抓好农业基础设施建设工作。加快中低产田的改造，提高耕地质量和农业防灾减灾能力，完善与农业生产相关的农田灌溉、道路等配套设施建设，为农地流转和规模化经营提供便利。

③加强农业技术的科研与推广。一是对农业科技进行科学分类，构建多元主体农业技术推广体系的运行环境，明确政府在农业技术推广中的具体职能；二是完善知识产权保护制度，普及、宣传知识产权的基本知识，保护农业企业进行技术推广时的权利；三是从资金投入、科研开发等方面向农业企业提供帮助和支持。政府要加强对中小农业企业的支持力度，制定一系列有关减税、奖励技术研究、提供人才培训帮助等有利于农业企业进一步发展的政策、法令；四是大力推广粮食及经济作物科学种植技术、畜禽养殖和病虫害防治技术等先进实用技术，帮助流转地经营者解决技术难题，提高流转地经营效益。

④完善农地流转的社会保障机制。首先建立农业政策性保险和基金。在当前实行土地流转制度的环境下，土地经营相对集中，经营者投入资金规模加大，对风险规避的要求增加，政府通过建立农业政策性保险基金给予农业保险以财政保障。其次面对农业投资项目具有成本高、周期长、风险大、收益低的问题，政府要通过减税贴息的办法，激励银行和各种融投资机构简化贷款手续，积极为农村种养大户、农业产业化企业发放贷款，确保租赁经营流转农地所需资金。第三，要保障出让土地农民的权益。将赖以为生的土地流转后，农民成为了失地人员，政府要充分借鉴“以地换保障”的模式，对农民的就业、户籍、最低生活和养老保障、医疗、职业教育、技术培训提供引导和帮助。

⑤拓展剩余劳动力非农就业空间。当前我国农村劳动力整体就业状况不理想，富余劳动力达 1.3 亿，而乡镇企业每年能吸纳的富余劳动力数量仅为 200 万～350 万，远不能满足农村劳动力就业的需要，因此从事土地经营就成为农民最有保障的就业方式。为了将农村剩余劳动力从土地上解放出来，剥离土地承载的过多的社会功能，政府要大力拓展非农就业空间：一要大力发展小城镇，发挥大城市的辐射作用，充分利用大城市的资源，以城市带为中心，以城市的支柱产业和科技教育为依托，建设一批布局合理，设施齐全，各具特色的现代化小城镇，把农村的资金、人才和技术等生产要素聚集起来，解决农村剩余劳动力就业问题。二要大力发展一批具有地方特色的乡镇企业，就近转移农村剩余劳动力，为其提供更多的就业机会。政府要给予乡镇企业实在的优惠政策，对返乡创业农民工给予资金和税收政策上的优惠。

第五章

农村劳动力转移与土地流转研究

【内容提要】 九龙坡区是重庆市统筹城乡综合配套改革试验先行示范区，是全市新农村建设重点示范区，因此研究重庆市九龙坡区农村劳动力转移与农村土地流转互动关系具有重要意义。本章阐述了重庆市九龙坡区农村劳动力转移的基本特点和发生机理，分析了该区农村土地承包经营权流转的基本情况、驱动机理和发展障碍，揭示了农村劳动力转移与土地流转互动关系，提出了推进农村劳动力转移和土地流转协调发展的对策建议。

一、研究概述

1. 研究意义

土地和劳动力是财富创造的两大基本要素，中国农村中可耕地的人均占有量仅为世界平均水平的1/3，而农业劳动力数量却超过了世界上任何一个国家。土地资源短缺和农业劳动力过剩这两大问题的同时存在，使中国农业和农村经济发展面临着十分巨大的压力。农村土地承包制度是我国农村经济制度体系中的一项重要组成内容，农村劳动力转移则是解决我国农村劳动力过剩问题的有效途径，它们在我国农业和农村经济建设中的地位和重要作用显而易见。实践证明，两者之间存在着必然的联系。一方面，农村土地（以下简称“农地”）制度的不断变迁、当前农村土地承包经营权的流转和农地的规模经营推动和影响了农业劳动力的转移；另一方面，农业劳动力转移是社会发展的必然趋势，它反过来又对现有的农地制度提出了更为严格的要求，推动了农村土地承包经营权的流转和农地的规模经营。随着新时期建设社会主义新农村和统筹城乡发展政策的实施，如何正确分析认识两者间的相互作用关系，寻求解决二者之间矛盾问题的激励创新机制和出路，是一个需要思考的课题。当前，重庆市被确定为全国城乡统筹发展的试验区，九龙坡区不仅是重庆市的先行试点区，而且是全市新农村建设重点示范区，因此研究重庆市九龙坡区农村劳动力转移和农村土地流转更具有现实意义。

1)建设社会主义新农村

构建和谐社会、建设社会主义新农村是新时期、新阶段党中央提出的一项重要而紧迫的任务，也是“十一五”乃至今后一段时期内我国解决“三农”问题的重要途径，更是相关学界今后关注的热点和面临的研究任务。2004 年以来，中央连续三年颁发的一号文件，都是坚持以“三农”为主题，强调坚持城乡统筹发展方略，增加农民收入，提高农业综合生产能力。这标志着我国已经进入了一个“以工促农、以城带乡”的发展新阶段。建设社会主义新农村不仅是巩固我国农业基础性地位、解决农民收入增长缓慢、保证农村社会安定、促进农村社会经济可持续发展的重要举措，更是我国全面落实科学发展观和十七大报告要求，促进城乡统筹发展，实现农村全面小康的重要途径。

《中共中央国务院关于推进社会主义新农村建设的若干意见》(2005 年 12 月 31 日)中明确提出要“拓宽农民增收渠道，充分挖掘农业内部增收潜力，按照国内外市场需求，积极发展品质优良、特色明显、附加值高的优势农产品，推进‘一村一品’，实现增值增效。要加快转移农村劳动力，不断增加农民的务工收入。鼓励和支持符合产业政策的乡镇发展，特别是劳动密集型企业和服务业。着力发展县城和在建制的重点镇”。《意见》还提出要“大规模开展农村劳动力技能培训。提高农民整体素质，培养造就有文化、懂技术、会经营的新型农民。扩大农村劳动力转移培训阳光工程实施规模，提高补助标准，增强农民转产转岗就业的能力。”同时，《意见》指出要“稳定和完善以家庭承包经营为基础、统分结合的双层经营体制，健全在依法、自愿、有偿基础上的土地承包经营权流转机制，有条件的地方可发展多种形式的适度规模经营。”可见关于农村劳动力转移和土地流转，《意见》中都有了较为明确的引导方向，为本书的深入研究提供了时代背景和依据。十七大报告中明确指出要统筹城乡发展，推进社会主义新农村建设，要坚持农村基本经营制度，稳定和完善土地承包关系，按照依法、自愿、有偿原则，健全土地承包经营权流转市场，有条件的地方可以发展多种形式的适度规模经营。探索集体经济有效实现形式，发展农民专业合作组织，支持农业产业化经营和龙头企业发展。培育有文化、懂技术、会经营的新型农民，发挥亿万农民建设新农村的主体作用。

2)土地节约集约利用

改革开放20多年来,我国取得了令世界瞩目的发展业绩,经济持续快速增长,但为之付出的代价之一,就是耗用了过量的土地资源尤其是耕地资源。工业化、城市化的快速发展使得建设用地增长过快,耕地总量和人均占有量不断减少,土地利用问题日益严重。以耕地保护为例,2006年全国土地利用变更调查结果显示,我国耕地面积仅为18.27亿亩。由于生态退耕、农业结构调整、自然灾害损毁和非农业建设占用等导致耕地减少的因素将继续存在,加上宜耕后备土地资源匮乏、开发利用的生态经济负面影响日益增大,全国耕地保有量要实现《国民经济和社会发展第十一个五年规划纲要》提出的到2010年保持在18亿亩目标的难度非常大。虽然我国耕地保护和发展用地的矛盾现在已经并将更加尖锐,但土地利用粗放、浪费的现象却十分普遍,并在某些地区或某些方面表现得尤为突出。例如,根据国土资源部公布的全国城镇存量建设用地专项调查结果,截至2006年底,全国共有闲置土地107.93万亩,空闲土地84.24万亩,批而未供的土地203.44万亩,合计395.61万亩。另外,根据有关估算,我国城镇土地至少还有40%的潜力,如果加以有效利用,每年可节约出近60%的耕地占用数量。要缓解土地资源对经济发展的严重制约,控制耕地过快减少势头,必须尽早改变土地资源低效、粗放利用状况,切实转变用地观念,实施土地的节约集约利用举措。

何为土地的节约集约利用?土地的节约利用是指在满足土地使用基本功能的前提下,通过采用一些技术、经济、政策手段,减少社会经济发展对具有自然价值的土地造成不可逆的消耗。节约体现消耗减量化原则,力求用尽量少的土地占用实现土地使用的基本功能。土地集约利用则是指在土地资源既定的情况下,通过增加对土地的有效投入,提高土地的利用效率和经济效益,发挥有限土地资源的更大功能。集约用地体现效益最大化原则,注重挖掘土地资源的利用潜力,实现土地利用的更大功能。节约用地是集约用地的基本要求,集约用地是节约用地的主要手段,二者相辅相成、互相促进。

本书即是在这样一种现实背景下展开研究的。当前我国农村地区的土地利用方式仍然比较粗放,大量农村劳动力外出务工导致土地撂荒、弃耕现象仍然普遍存在,而从事农业生产的多以年老体弱者和妇女为主,农地利用效率低下,这些与当前提倡的土地节约集约利用的要求不相符合。研究如何实现农村土地的节约集约利用已势在必行。农地流转则正是解决当前农村土地利用细碎化、弃耕撂荒及闲置状况的有效途径，对于实现土地规模化经营，优化土地资源配置，提高土地利用效率，促进农业产业结构调整，增加农民收入以及推进农村经济发展均有积极作用。

2. 研究进展综述

到目前为止，国内外关于农村劳动力转移的研究非常丰富，对农地流转的研究也比较多，但把二者结合起来进行专门、系统研究的并不是很多。本书的重点是研究农村劳动力转移与农村土地流转之间的相互响应关系以及二者协同发展机制的创立，因此对农村劳动力转移和土地流转方面已有的详细学术研究不做过多阐述。

1）对农村劳动力转移的研究概况

马克思主义经典作家虽然没有专门论述农村（剩余）劳动力及其转移问题的著作，但是，有关的见解在他们的著作中还是相当丰富的，如社会分工是农业劳动力转移的基础、机器在农业中的使用是形成农业剩余劳动力的直接原因、社会经济发展水平影响农业剩余劳动力转移的方向和方式、农业剩余劳动力的转移是现代工业发展的条件、农村剩余劳动力向城市转移是消灭城乡对立的条件等等。

西方经济理论对农业剩余劳动力转移的研究比较丰富和系统，最突出和最具有应用价值的是几个典型的二元经济结构理论。它们一直致力于描述农业剩余劳动力向城市工业部门转移的经济发展过程及其形成机制，包括农村劳动力转移的动因、条件、决定因素、过程、趋势、结果等。国外有关农村劳动力转移的主要学说有：威廉·配第、李嘉图、李斯特、赫勃拉、米切尔、李—拉文斯坦的转移规律，博格的推力——拉力学说，刘易斯的“二元经济结构”理论，舒尔茨的人口迁移学说，拉尼斯和费景汉的劳动力迁移学说，托达罗的城市预期收入理论等。推力——拉力学说认为，劳动力由农村向城市迁移受到农村和城市的各种推拉力同时作用。刘易斯建立了一个二元结构模型，指出传统的农业部门和现代工业部门的实际收入差别导致农业剩余劳动力从农村和农业部门不断流入城市现代工业部门。舒尔茨等人提出了“成本—效益”模型，认为人口的迁移与否，直接决定于迁移成本（cost）与效益（utility）的比较，即取决于迁移净收益。费景汉和古斯塔夫·拉尼斯等人，对刘易斯模型进行了修改和扩充，将劳动力的转移过程分为三个阶段，建立了包括工、农两部门共同发展的人口流动的推拉模型，他们认为农业劳动生产率的提高、农业剩余的出现和农业部门的发展是工业部门发展和农业剩余劳动力转移的重要条件。托达罗把城市失业率因素考虑进来，把农业人口迁入城市就业的可能性与城乡劳动力供需因素有机地结合起来，建立了新的城乡人口流动的预期收入模型。他认为，人口迁移主要是由迁移的成本和效益，即城乡收入差距两个因素决定的，其动力不是取决于城乡实际收入差距，而是城乡预期收入差距。

国外有关农村劳动力转移的理论，对发展中国家解决农村剩余劳动力问题提供了不少有益的启示。但是，这些经济发展理论是分别根据不同国家经济发展过程的分析研究总结出来的，各自所处的时代背景不同，研究的着眼点不同，加上它们本身有些理论假设是不符合实际的，而我国的经济社会结构和这些理论特定的前提并不完全一致，因而这些理论及其模型在我国要有取舍的应用。

国内对农村劳动力转移的研究开始于20世纪80年代，研究的内容非常广，如农业(农村)剩余劳动力的实质、数量统计和转移的决定因素、模式、影响、方向、趋势、制约因素、存在的问题、转移劳动力的回流、政府的管理及加快转移的对策等等。陈吉元、蔡昉、韩俊、杜鹰、白南生、都阳、曹阳、赵耀辉、李培林、李实、王检贵等人的研究比较突出。对我国农村剩余劳动力转移的研究，肯定了剩余劳动力流动和转移带来的积极影响，同时也分析了这种流动和转移所引致的种种弊端。这些研究成果已经具有一定的理论价值和应用价值，有的研究甚至已被当地政府采纳作为指导和调控农村劳动力转移和流动的依据。另一方面，这些研究成果之间还存在较大的分歧，认识不统一，有的观点不符合农民的实际意愿等问题。这是因为这些研究大都是从一个侧面来研究农村劳动力的转移和流动的情况，还有的在指导思想上与历史发展的必然要求相违背，因而具有一定的局限性。

2)对农村土地流转的研究状况

关于农村土地流转问题，国内外学者都进行了广泛而系统的研究。国内学者主要从经济学、社会学角度研究农地流转；而国外学者更多从经济学理论出发，以市场交易的一般理论为基础来研究土地市场及土地交易。国内学者对中国农地流转的研究涉及各个方面，包括概念、意义、条件和机理、现状与问题、模式选择、利益分配、制度创新、法律规范等。由于我国市场经济的发展及其推动下的土地使用制度改革，使土地流转成为近年来我国土地经济学和土地法学界的热门研究课题之一。国内一些学者认为土地流转既包括土地权利的流转，又包括土地功能的流转(主要是指土地用途的改变)，但在法律上是指土地权利的流转，包括所有权和使用权的流转。如孙佑海对土地流转的内涵和结构进行了划分和整理。田野对农村土地流转现状、问题进行了系统的分析，并提出了相应的决策建议。俞海等人探讨了地权稳定、土地流转、农村劳动力机会成本与农地资源可持续利用的关系。叶剑平等基于对中国17省农村土地流转市场的调查，认为目前的中国农村土地流转市场处于初级阶段，发育缓慢，具有显著的区域差异性。产权和制度因素是制约中国农村土地流转市场发展的主要因素，规范的合同签订与承包经营权证书的发放能够促进农地流转市场的发展。此外，还分析了农村土地流转的显著影响因素。陈曜等分析了中国农村土地流转缓慢的原因。蒋满元分析了农村土地流转的障碍因素并对解决途径进行了探究。由于土地制度的差异，国外很少使用"农地流转"这一概念，更多研究的是土地市场及土地交易，其具体形式有土地的买卖、租赁、抵押等，且他们研究较多的是土地产权理论，这与他们很早就实行市场经济体制有关。

马克思、恩格斯是较早对农地流转进行系统、深入研究的经济学家。他们的经济流转学说、企业学说、产权和地租理论对农地流转、农地使用制度改革都有重要的指导作用。在他们前后的威廉·配第、安·罗·雅·杜尔阁、亚当·斯密、詹姆斯·安特生、李嘉图、屠能的土地地租等理论，在农地流转制度方面也有重大价值。到了现代，随着市场经济的发展和经济理论研究的现代化，许多重要的经济学家如保罗·萨缪尔森、威廉·诺得豪斯、曼昆等是把土地和资本放在一个章节中进行研究的。此外，新制度经济学的交易费用理论、企业和企业契约理论、信息理论等，对土地流转的理论研究和制度建设也有很大意义。

通过对国内外农地流转相关研究的概述，我们认为尽管各国土地制度存在一定的差异，对农地流转的概念也有所不同，但两者的研究还是存在一些共同点：产权是学者关注的热点，产权的清晰界定是农地流转的前提；农地流转应遵循经济理性的原则，注重市场化的因素；农地的自由流转存在一定的市场缺陷，因此只有政府与市场的有效结合，才可以实现土地资源的优化配置；政府的干预应遵循经济规律，要尊重农民的意愿使农地正常流转。

3）对农村劳动力转移和土地流转相互作用机制的研究状况

西方国家实行市场经济体制比较早，大多实行土地私有，土地市场和劳动力市场比较成熟。土地和劳动力作为生产要素，与其他生产要素一样可以自由流动。专门将农地流转和农村劳动力转移结合起来，探讨二者关系的研究很少。现有的研究一般是把土地、劳动力与资本、技术等其他生产要素一起笼统地研究资源配置和利用。马克思的资本有机构成理论、平均利润率理论和社会再生产的实现理论等都包含着资源配置思想，其中就涉及土地和劳动力的配置问题。经济学研究的对象就是资源配置和资源利用，其中典型的如一般均衡理论、帕累托最优理论、边际生产力理论等，在资源配置中提出了计划与市场、市场失灵、政府失灵、看得见的手、看不见的手、守夜人、第三部门配置资源等一系列观点。

在西方，由于有的国家人少地多，有的二、三产业发达，城市化水平高，有的农业生产率高、农村人口素质较高等原因，许多国家都不存在农业剩余劳动力转移问题或转移已经完成，使得国外的农地流转与剩余劳动力转移二者的关系表现不甚紧密、问题不甚严重，因此将二者联系起来进行分析研究缺乏实践基础和社会需要。

在我国，土地和人口相互制约、相互影响，加上特殊的社会历史传统的影响，二者的关系非常密切。我国与其他国家有很多不一样的地方：人多地少，人地关系极度紧张，大量农业剩余劳动力急需转移；实行土地集体所有，农民只拥有承包经营使用权；土地承担着农民生活、就业、收入、社会保障，甚至生存保障等多种功能；城市化严重滞后于工业化，农业生产率低，农业比较效益差；农地市场和劳动力市场不发展、不健全；国家农地制度和劳动力就业制度存在不少缺陷，等等。这些使得在经济发展中，土地和人口相互制约、相互影响，严重阻碍着农村的发展。到了20世纪80年代以后，农村土地流转和劳动力的流动才开始发展起来。由于缺乏经验和规范的引导，二者在很长一段时间里都是各自进行，缺乏有效的联系。同时也由于二者兴起的时间不长以及政府政策的影响，理论界对二者关系的深入研究也还没有广泛展开。个别学者如张杰、詹培民(2005)等虽然对局部地区的土地流转和农村劳动力转移相互关系做了较系统的分析，也为本书的写作提供了一定的经验借鉴，但其研究更侧重于从理论经济学角度对二者关系进行分析，而缺乏相应的实地调研，并且由于其所处时间关系，他们的研究成果没能和新农村建设、城乡统筹发展结合起来，不能不说是一个遗憾。除此之外，在其他一些学者的论文或政府文件中也可以见到“土地流转有利于农村剩余劳动力转移，农村劳动力转移促进了农村土地流转”、“农村劳动力转移需要农地流转，农地流转的顺利进行要求农村劳动力转移”等类似的简单提法，但往往缺乏相应的实证分析和具体论证。

农村土地流转和劳动力转移的关系现状怎样？形成这种状况的原因是什么？农地流转对农村劳动力转移有何影响？农村劳动力转移要求农地如何重新配置和使用？二者互动后效率有什么变化？二者良性互动关系如何构建？如何在新农村建设中推进二者协调发展……这些都是值得研究的问题。本书把与农村发展关系最为密切也最为重要的土地和劳动力结合起来，分析它们的流动特征、影响因素和驱动机制以及相互关系，以探求新农村建设背景下使二者良性互动的方法和途径。

3. 研究的思路、内容和方法

1)研究思路

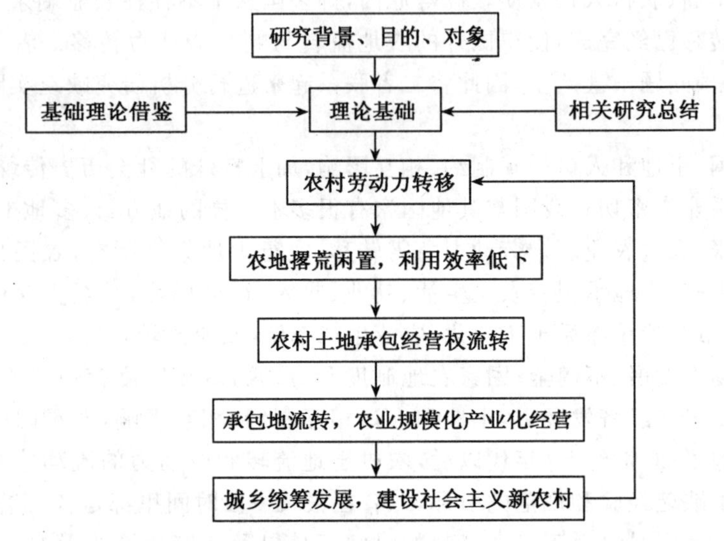

图 5.1　研究思路图示

2)研究内容

①农村劳动力转移的特点、驱动机制及限制因素

②农村土地承包经营权流转的特点、驱动因素及障碍

③农村劳动力转移与土地流转的互动关系

④农村劳动力转移和土地流转协同发展体系设计

3)研究方法

①定性描述与定量分析相结合的方法。本书主要采用定量分析与定性描述相结合的手段，在对历年的统计数据和实地调研获取的资料进行定量分析的基础上，定性定量分析了重庆市九龙坡区新农村建设地区的农村劳动力转移和土地流转的特征、趋势、驱动机制以及存在的问题，并阐释了二者之间的相互响应关系。

②室外调研与室内分析相结合的方法。笔者设计了若干份问卷，在重庆市九龙坡区的白市驿镇等地农村作了 2 个多月的实地调研，深入农户，听取农民的

心声，切实了解农户对外出务工和土地流转的看法，为本书的深入分析提供了第一手资料。然后将室外调研的资料加以整理分析，结合理论，进行深入分析研究。

③统计分析与归纳分析法。针对实地调研的问卷，利用数学统计分析软件（如 excel、spss13.0 等软件）对调研资料进行信息的提取和分析，采用灰关联分析法、相关分析法等方法，分析影响农户劳动力转移和土地流转的影响机制和驱动机制，在定量分析的基础上定性分析求证。

④理论探讨与实证分析相结合的方法。在促进农村劳动力转移和土地流转措施方面，本书采取理论探讨与实证分析相结合的方法，将现状分析的结论和理论结合起来，应用于建议和措施中，然后以九龙坡区新农村建设示范区为实证，进行结论的分析和验证。

二、基本理论问题探讨

1. 人地关系理论

人地关系理论不仅是人文地理学的重要基础理论和中心课题，而且也是整个地理科学的核心理论和中心问题，特别是可持续发展的最重要的理论基础。“人地关系”，就是指人类社会不停地向前发展，人类为了生存的需要，不断地扩大和加深改造与利用地理环境，增强适应地理环境的能力，改变地理环境的面貌，同时，地理环境也更加深刻地影响着人类活动的地域特征和地域差异。

人地关系理论在其形成和发展过程中主要形成了以下代表学说：(1)地理环境决定论；(2)可能论（或称或然论）；(3)生态调节适应论；(4)文化景观论；(5)人地协调论。人地共生论认为人类对自然的开发与利用必须谨慎，以保持自然的和谐与平衡，人类对长时间、大范围和大规模的能流和物流没有能力调节，而只有通过共生来实现人类与自然界的和平共处。人地共生理论作为当今人地关系理论的主流思想，为人类处理与地理环境的关系提供了新的理论指导。

就本书的研究看，人地关系可以狭义地理解为人与土地的关系。土地是社会物质生产的基础，是人类的生存条件和再生产条件。土地可以为人类提供自然供给和经济供给。土地的自然供给是自然所实际供给的各类土地数量，就某一地区而言，是固定不变的，是毫无弹性的。在土地自然供给与某些自然条件许可的范围内，某种用途土地的供给量能够随着土地利用效益的变化而变化，即实现土地的经济供给。土地的经济供给以土地的自然供给为基础，在土地自然供给的范围内变动，它是动态的、有弹性的，但在不同的土地利用上，差异很大。总之，土地与人类的关系主要表现为土地的供求关系。随着人口的增加、科学技术水平及生活水平的提高，人类对土地的需求量也越来越大，对土地的需求程度也相应增大。但土地是自然产物，其自然供给量有限，因此人们只有不断调整土地利用结构，扩大需求量大且利用效益高的土地的供给，同时尽可能开发未利用地或改变粗放的土地利用方式，提高利用的集约度，才能增大土地的经济供给量，这也是当前提倡节约集约利用土地的理论原因之一。

人地关系理论强调从系统的角度出发，实现系统内自然、经济、社会和人口四个子系统的协调发展。其中人是经济社会人口系统的综合理解，土地则是自然生态社会环境系统的重要组成部分，二者是否协调意义重大。对一个区域而言，其土地利用的方式和效果与经济、社会、人口发展之间是否协调，不仅影响本区域内的自然生态环境和社会经济效益，而且也影响到邻近地区甚至整个国家和社会的生态环境和社会经济效益，产生巨大的社会效果。同样在当前广大的农村地区，农地的利用方式、农地制度的变迁也会对农村经济发展产生深远的影响。因此本书研究农村劳动力转移和土地流转相互关系可以说是研究人地关系、地域系统的一个切入点，具有较强的理论和现实意义。

2. 社会主义市场经济理论

党的十四大以来，我国对社会主义市场经济的认识正逐步深入和完善。社会主义市场经济首先是市场经济，是市场在资源配置中发挥基础性作用的现代经济，这是市场经济的根本特点，也是衡量市场发展水平的标志。而生产要素的自由流动是市场优化资源配置的重要前提。土地作为一种有限性(稀缺性)的资源和人类生产、生活以及有偿交换的物质载体，其合理的流动是市场经济的内在要求，而由此形成的土地市场也是社会主义市场经济的重要组成部分。发展规范、运行有序的土地市场将会激励土地的优化配置和合理利用，并促进国民经济的稳定发展。研究表明，经过近 30 年的经济体制改革和对外开放的促进，我国已经初步建立起了城镇土地市场，市场机制在其过程中起到了日益重要的作用。但在我国广大农村地区，农村土地市场发育则较慢。培育和发展农地流转市场已成为社会主义市场经济发展的客观要求。同时，在坚持稳定和完善家庭联产承包责任制的前提下，通过市场机制配置土地资源，重新组合资金、技术、劳动力、信息等生产要素，改变传统的农业经营模式，提高农业生产的经济效益，也是现代农业发展进程中的必然选择。

其次，社会主义市场经济是实现市场配置资源的基础性作用与政府的宏观调控有机结合的经济。市场经济有其自身缺陷性，农地流转市场也不例外。因此必须建立农地流转的宏观调控机制。这是理论和现实的必然选择。首先，从理论角度分析，国民经济发展和农地资源的优化配置是农地流转的双重目标，根据制度经济学的基本原理，在交易成本为零的情况下，通过市场手段即可同时实现这一双重目标。而交易成本不可能为零，如何设计一套农地流转的制度体系，在保证双重目标实现的同时使制度实施的成本最小化，这一过程即为农地流转宏观调控的职能所在。其次，从现实角度分析，农地在我国是一种稀缺的资源，其流转的方向和数量不仅会对区域经济发展产生影响，而且对生态环境、国家粮食安全以及农地的可持续利用等方面会产生深远的影响。而农地流转市场上的行为主体作为理性人（或经济人）尚不可能全面顾及到这些影响，所以必须通过制订相应的法律法规约束市场主体的行为以保护农地资源。同时，受自然环境和社会文化条件差异的影响，不同地区的农地流转的短期目标和长期目标会有不同，因此各地应在不违背统一管理原则的基础上，根据实际，确定与地区适应的农地流转目标和方向，并制定相应政策措施，以保证农地流转短期效益与长期效益、当前利益和长远利益的有机结合。

3. 生产函数理论

生产函数（production function）是现代西方微观经济学的一个主要概念。它将与生产有关的各种生产要素，主要是劳动、资本、土地与企业家才能等的投入量与产出量用一种数学公式表达出来，表示在一定时期内，在技术水平不变的情况下，生产中所使用的各种生产要素的数量与所能生产的最大产量之间的一种函数关系，这种关系普遍存在于各种生产过程之中。

生产函数理论认为，土地作为基本的生产要素，与劳动、资本等其他生产要素共同创造生产价值。结合本书，农地经营过程（或农业生产过程）包含了劳动、土地、资本与经营者技能四项投入要素，符合一定的投入产出生产函数。根据C—D生产函数理论，某一生产过程要达到最大的产量，各种投入要素之间有一定的配置份额，若配置不当会导致规模报酬递减。当前，我国农业生产中一方面普遍存在着农村劳动力剩余的状况，造成了人力资源的浪费和闲置；另一方面，大量的农村劳动力的转移又造成了农地的撂荒弃耕和闲置，大大降低了农地的利用效率。针对这种低效浪费的农业生产方式，实施土地流转一方面可使闲置的土地得以流转利用，提高土地的利用效率；另一方面又能释放部分能够从事非农劳动的外出劳动力，促进农村劳动力的转移，从而实现产出效益最大化。

以上是从微观角度分析，从宏观上看，一个地区经济的发展同样取决于土地、资本和劳动力等要素的投入状态。而各要素之间的投入又并非孤立地发挥作用，它们要通过要素间的耦合、补偿与替代，促进要素对其他要素的吸纳与辐射作用，增强要素的自组织能力，实现资源的优化配置和有效利用（马海霞，2003）。农村劳动力的转移和土地流转正是可以实现补偿与促进的要素流动过程，二者协调推进，必将对农村地区的经济和社会发展产生深远意义。

4. 土地可持续利用理论

土地可持续利用是人们接受了可持续发展观而对过去土地利用方式的反思，是可持续发展理论在土地利用研究中的实际运用。它是指特定时期特定地区条件下通过对区域内土地资源的合理开发、利用、治理、保护和管理，使区域内的土地资源既能满足当代社会经济发展的需要，又不对人类未来的发展造成威胁。其本质在于土地现状功能的持续维持和提高，其内涵包括土地的开发、利用、整治和保护等。土地可持续利用是个动态概念，关注的是在时间延续上土地资源的利用公平问题，其目的在于组织、协调人的关系以及人与资源、环境的关系，使经济效益、社会效益、生态效益达到最佳，保证国民经济和社会和生态的快速、协调、可持续发展。土地可持续利用理论以统筹兼顾、地尽其力、永续利用和实现社会、经济、生态效益统一为原则，它是土地集约利用的指导思想和重要依据。

当前我们大力提倡的科学发展观是可持续发展观的继承和发展。科学的土地资源观认为：要在以人为本、全面协调可持续的科学发展观的统领下，坚持“十分珍惜、合理利用和切实保护耕地”的基本国策，坚持土地资源开发与节约并重，把节约放在首位的方针，紧紧围绕经济增长方式的根本转变，以提高土地利用效率为核心，以保护耕地、节约用地为重点，加快土地利用结构调整和土地利用方式转变，逐步形成节地型的增长方式和消费方式，促进经济社会可持续发展。

目前我国农村地区土地利用存在着较严重的粗放浪费现象，一方面随着农村劳动力的转移，农地撂荒弃耕现象仍普遍存在。据不完全统计，近年来我国出现耕地撂荒现象并有相关调研或报道的地点多达 161 个，涉及 21 个省（区）的 107 个县（市）。另一方面，随着城镇化的推进和农村经济的发展，越来越多的建设项目大量占用农村耕地，批而未建、超建超占的违法现象时有发生，造成了土地的严重浪费。谁来保护耕地，如何实现建立一种机制保护耕地，实现农村土地资源的可持续利用，已经成为摆在我们面前的一项重大课题。

三、研究区农村劳动力转移状况调查

1. 研究区域概况

①自然环境条件　九龙坡区位于重庆市西南部，是重庆市主城区之一。东连渝中区、大渡口区、南岸区，南隔长江与巴南区相望，西与江津市、璧山县接壤，北与沙坪坝毗邻。地跨东经 106°15′00″～106°35′47″，北纬 29°15′～29°35′之间，整体地势成“鸟”形。全区幅员面积 431.86 km^2。该区农村主要分布于中梁山以西的 9 个镇（金凤、含谷、白市驿、走马、石板、陶家、巴福、西彭和铜罐驿镇，简称“西儿镇”），总面积约 357 km^2，占全区面积的 81.5%。地处中梁山—缙云山平行岭谷地带，地貌类型以浅丘、平坝、低山为主；土壤类型有水稻土、紫色土、冲积土、黄壤和石灰岩土，又以灰棕紫泥土为主，该土壤质地肥沃，土层深厚，熟化度高，保肥保水力强，ph 值呈微酸性，且没有明显的空气、土壤和水质污染，适宜多种花卉园林植物的生长。气候方面属亚热带湿润季风气候，年平均气温 16.5 ℃，夏季低于市区 1 ℃～2 ℃。无霜期 278 天，太阳辐射量为 345.41 kJ/cm^2，日照时数 1 279 小时。年降雨量 1 089 mm，地下水丰富，属于长江上游水源涵养区，水质良好无污染，该地区目前已称为重庆市重要的蔬菜、花卉生产基地和生态农业基地。

②社会经济条件　自 1997 年重庆市直辖以来，九龙坡区经济和社会发展取得显著成就，综合经济实力位居重庆市前列。2006 年九龙坡区实现 GDP315.23 亿元，成为全市 GDP 首超 300 亿元的区县，农村居民人均纯收入达到 4 743 元。

九龙坡区中梁山以西九镇 2006 年人口有 26.35 万，其中农业人口 19.53 万，占 74.12%，是全区农村总人口数的 87.78%（中梁山以东的九龙镇和华岩镇的农业人口占全区农村总人口数的 12.22%），2006 年该地区的生产总值达 11 175 万元，占全区生产总值（3 152 317 万元）的 35.5%，目前已建成花卉、蔬菜、水果等基地 8 万余亩，开发几十个生态休闲旅游农业项目，发展 321 个农业产业化经营组织，从业人数达 28 936 人，其中国家、市、区三级 14 家龙头企业，花卉企业 64 家，固定资产投入 10 853 万元，带动农户 18 150 户，农户从事产业化经营增加收入 4 759 万元，农民人均纯收入达到 4 283 元（资料来源：重庆市九龙坡区国土资源局)。

此外,该地区现已全部纳入重庆市主城区规划范围,是重庆市主城"西拓"即西部新城建设的重点区域,地处都市后花园腹地,区位优势良好,白市驿国家级花卉苗木示范区位于核心区,周边已形成交通便捷的综合交通运输网络交通,加上主城实施"退二进三",近年来该地区乡镇企业发达,在全区农村经济中,乡镇企业产值、收入、税收所占比重呈逐年上升趋势,成为镇级财政的重要来源。当然,城市发展是一个渐进的过程,因此,新农村建设仍然是九龙坡区一项长期的重要战略任务。

2. 农村劳动力转移现状分析

1)总量变化特点

表 5.1　九龙坡区农村劳动力转移统计表　　(单位:人,%)

年份	转移人数	其中外出务工人数	占转移人数比重
2000 年	6 795	3 173	46.7
2001 年	7 202	3 587	49.8
2002 年	8 115	4 187	51.6
2003 年	9 020	4 618	51.2
2004 年	10 267	5 513	53.7
2005 年	11 672	6 525	55.9
2006 年	13 302	7 609	57.2

从表 5.1 可知,2000～2006 年九龙坡区西部九镇累计转移农村劳动力 6.6 万人,转移人数总体呈增长趋势,2006 年转移农村劳动力 13 302 人,比 2000 年增加 6 507 人。外出务工人数也由 3 173 人增加到 7 609 人,占转移人数的比重由 46.7%上升到 57.2%,增长了 10.5%。

2)结构变化特点

①年龄结构:根据农村住户的抽样调查,九龙坡区外出务工的农村劳动力以青壮年为主,2006 年平均年龄为 30.7 岁。其中,16～20 岁的占 16.6%;21～25 岁的占 27.4%,26～30 岁的占 16.3%,31～40 岁的占 23.6%,40 岁以上的占 16.1%。图 5.2 显示,近几年外出农村劳动力的平均年龄有所上升,比较明显的是 16～20 岁的人数所占比重由 2001 年的 20.2%下降到 2006 年的 16.6%,30 岁以上的人数所占比重则提高了 2.8 个百分点。

②文化结构:目前九龙坡区转移出去的农村劳动力的文化程度虽略高于该区农村劳动力平均水平,但仍然比较低下。2006年该区西部九镇外出农民工中,初中以下文化程度的农民占27.69%;初中占61.55%;高中占10.34%;大专以上仅占0.42%。外出农村劳动力中,初中及以上文化程度占72.31%,比全区农村劳动力平均水平高7个百分点。此外,多数外出农村劳动力没有接受过任何形式的技能培训,2006年外出农民中,有53.0%的外出农民工从来没有接受过任何形式的技能培训,他们主要靠体力来挣钱。掌握了一定的专业技能、接受过技能培训的农民工只占47.0%。

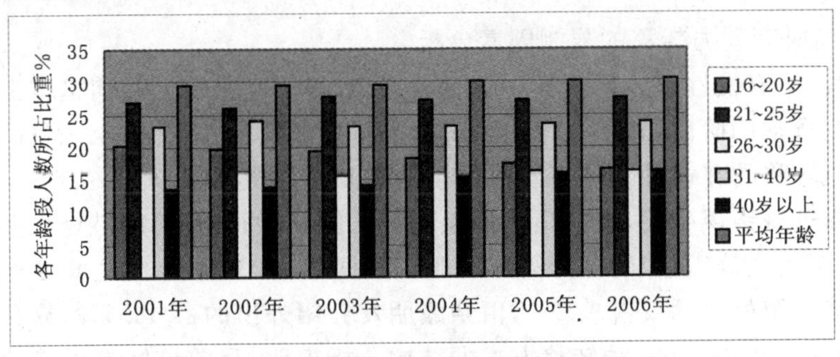

图5.2 九龙坡区外出农村劳动力年龄构成(%)

3)空间及行业迁移特点

目前,九龙坡区西部九镇的农村劳动力转移主要以就地转移和外出务工为主。2006年九龙坡区西部九镇转移的农村劳动力有1.07万,其中在当地乡镇企业及市内二、三产业就业的人数占57%,在市外就业的人数占43%。据调查,中梁山西部九镇,目前各类企业数量已达到了2 000多家,这些个体、私营及外商投资等非国有企业大多属于劳动密集型的传统产业,对劳动力的需求量大,同时对劳动力的素质要求相对较低,它们依托城郊优势,大力发展花卉果蔬种植、养殖、食品加工、生态旅游、机械加工、模具制造、家具生产、建筑装饰材料等行业,成为吸纳农村劳动力就业最多的经济实体。2006年西部九镇有5 100余名农村劳动力顺利实现了就地转移,占全部就业人数的48%。另据调查,该地区外出务工的农民远的主要流向广东、浙江、上海等东部大中城市,以及新疆、西藏、云南等西部省市和东中部的中小城市,有的甚至走出国门。这部分人数占了全部转移总人数的43%。市外就业中以长年外出民工居多,占68.8%,季节性占31.2%。

表 5.2　2006 年九龙坡区西部九镇转移农村劳动力行业分布统计表　单位:%

	花卉苗木种植业	制造业	建筑业	运输仓储邮政业	批发零售业	住宿餐饮业	社会服务业
比重	10.2	29.5	25.8	4.7	7.6	8.7	13.5

3. 农村劳动力转移的驱动机制分析

①经济学驱动研究——基于转移成本的模型

②心理学驱动研究

③社会学驱动研究。(详见第三章第四部分)

4. 农村劳动力转移的限制因素分析

①其一,自发性强。据调查,九龙坡区的农村劳动力流动目前基本上还处于一种自发盲动的阶段,转移过程中表现出大量的自发性特征,这也是目前我国农村劳动力转移的普遍性特征。农村劳动力进城有的是经熟人介绍务工经商,有的独自闯进城镇谋生路,有的集体拉起建筑队伍,有的集资筹款借贷兴办乡镇企业,有的自主经营运输、餐饮等第三产业。根据调查,2006 年九龙坡区外出务工人员中有组织外出的仅占 1.6%,由亲戚朋友介绍外出的占 68.5%,靠自己碰运气外出的占 29.9%。三种转移方式的结构分析表明,目前该区农村劳动力异地转移的组织化程度不高,主要依托传统的血缘地缘人缘关系自发转移。这种自发的流动往往使外出农民缺乏信息指导,不知道去哪里,干什么好,陷入一种盲目流动、就业困难的境地,降低了农村劳动力转移的成功率。

②其二,稳定性差。寻求转移或流动就业的农民,在转移或流动前后并非无忧无虑。这种忧虑主要表现在:一是离土转移的农民怕与土地分离,今后没有退路,恐怕温饱会受到威胁。二是离乡转移的农民怕难以适应异地他乡的生活环境和条件,以及无人照顾家中老幼的生活。三是兼业转移的农民,怕经营不好两头耽误。此种心理促使农民在进城务工的同时,不愿放弃土地,从而导致了转移的不稳定性和不彻底性。许多外出者在决定外出时,考虑更多的是收益,而对外出就业的环境以及劳动的强度,并没有充分的思想准备。当他们真正外出从业时,才发现外出生活的预期与现实之间有巨大反差。由于他们一般生活质量较差,多干脏、累、险、苦的工作,受到当地居民的歧视,难以产生被认同感。同时,他们大大减少了闲暇时间与家人亲友的团聚和情感交流的机会,这样就形成很大的心理障碍,这些心理障碍可能导致农村劳动力回流或固守原地。九龙坡区农村劳动力转移又呈现"离土不离乡"、"离乡不离土"、"进厂不进城"的特点。换言之,尽管转移的劳动力大部分是在非农产业部门就业,但他们却无法摆脱自己

以世袭方式继承下来的农民身份。据统计，九龙坡区西部九镇近年来每年向城镇和市区转移的劳动力有1万人左右，但真正在城镇长期居住下来的只占20%～25%，转移很不彻底，对人口城镇化也没有做出多大贡献。

③其三，保障度低。目前，九龙坡区西部农村劳动力转移市场尚不完善，在保障农民外出务工人员的权益方面还有待加强。具体表现为：第一，劳动力外出务工的盲目性仍较大，70%以上属于自主外出，缺乏规范的劳务中介市场（公司）和针对性强的公共组织、培训机构提供就业保障服务。第二，从调查情况看，农村外出务工人员在医疗保险、工伤保险、养老保险、失业保险等一系列社会保障体系中仍处于弱势，针对外出务工农民的社会保障体系有待进一步完善。第三，农民与用工单位签订劳动合同有待政策强有力的监督。据调查，目前劳动合同中仍存在三种主要不规范形式，一是有的用工单位根本不签合同；二是签订不规范合同；三是虽然签了合同，但合同里存在着欺骗成分。总之，保障机制跟不上，将直接影响农村劳动力转移的长期性和稳定性，也不利于社会的全面进步和稳定和谐。

四、研究区农村土地承包经营权流转状况研究

1. 农村土地承包经营权流转的现状分析

1）流转现状

一般而言，不同地域、不同区位条件、不同经济发展水平的地区，农户对农地的态度、农地流转的认知度、接受度、参与流转的积极性都会有所不同。因此，笔者在九龙坡区抽样调查时分别选取了白市驿镇、金凤镇、含谷镇、巴福镇、铜罐驿镇5个区位、社会经济条件等不尽相同的镇进行调研。调研时间从2007年3月到5月，共发放调研问卷120份，有效收回103份，有效回收率达85.8%，其中发生了农地流转的农户问卷有77份，占有效问卷的75%。

表5.3 2006年九龙坡区农村农户农地流转主要方式及其所占比例

农地流转模式	入股	转包	转让	租赁	其他
所占比例（%）	30.2	27.3	13.6	16.1	12.8

根据调查，2006年5镇共有农地11 240.25 hm^2，其中参与流转（包括流入和流出）的农地面积为1 315.11 hm^2，占11.7%，远低于50%；且以白市驿镇和含谷镇为主，占调查区总流转量的52.4%。可见目前九龙坡区西部九镇的农地

流转率仍比较低,区域差异较大。(资料来源:九龙坡区国土资源与房地产管理局以及白市驿镇国土所)

在农地流转方式上,调研发现该区农村主要采取土地作价入股模式,即按照"自愿组织、规模开发、集约经营、风险共担、利益共享"的原则,让群众保留土地承包权和土地股份合作社的股权,以取得长期的土地流转收益。同时责成农业行政主管部门对集中的集体土地进行发包、租赁和管理,取得出租收入后,对入股人员按股来分红,让他们"持股进城"、"持股从土地中分离",获得稳定的收入和保障,实现土地向资本金(股本)的转变。这种模式明晰了土地集体所有权的范围和农户的份额,解决了农户承包土地高度分散化的问题;同时规范了土地流转收益,鼓励农民退出农业生产领域从事第二、三产业;而且承认了农民的退包权力,一切以农民自愿为准则,保障了农民的利益。除此方式之外,九龙坡区在农地流转中还有转包、转让、租赁、反租、互换、代耕等其他多种方式,主要流转方式所占比例见表 5.3。

表 5.4　九龙坡区农地流转历年情况汇总表(2000～2006 年)

年份	流转面积(hm^2)	耕地比重(%)	流转主要方式	参与流转的主要镇
2000	1 484.92	68.4	②⑧	白市驿
2001	1 668.52	68.7	②④⑧	白市驿
2002	1 870.84	68.9	②④③	白市驿、含谷
2003	2 093.56	68.5	②④③	白市驿、含谷、西彭
2004	2 361.16	69.3	②④③⑦	白市驿、含谷、西彭
2005	2 655.60	70.2	②④③⑦①	白市驿、含谷、西彭、石板
2006	3 008.12	70.5	①②④③⑥⑦⑨	白市驿、含谷、石板、陶家、金凤、西彭

注:①入股、②转包、③租赁、④转让、⑤返包、⑥拍卖、⑦征收、⑧代耕、⑨互换

2)流转特点

根据表 5.4,可看出近年来九龙坡区农地流转呈现以下特点:一是农地流转规模逐年增大,2006 年参与流转的农地面积比 2000 年净增加了 1 523.2 hm^2,年均增幅约 12.5%。二是流转以耕地为主,占流转农地总面积的 70%,且比例有所提高,可见该地区花卉苗木种植业的大力发展加速了耕地的流转。三是农地流转方式逐渐多样,市场化程度逐步提高。随着土地互换、有偿转包、有偿转让、租赁、拍卖、入股等市场化流转形式的逐步出现,土地承包主体流转土地使用权的目的既是腾出劳动力从事非农产业,又是从土地承包权中直接获取收益并追求利益最大化,逐渐形成交易、竞争、价格机制,使农户农地流转逐步形成规模

大、周期长的市场运行机制，促进了农业生产专业化、规模化和土地增值，丰富了农地流转形式。四是农地流转区域间发展不平衡。经济比较发达、交通便利、基础条件好的地区流转规模大，反之流转规模小。在九龙坡区，位于都市近郊的白市驿镇、含谷镇的农地流转率和流转规模明显高于位于远郊的巴福、铜罐驿等镇。

2. 农村土地承包经营权流转的驱动因素分析

对于驱动农村土地承包经营权流转的因素，可以从宏观和微观两方面把握。宏观上主要表现为推力和拉力两种作用：推力主要源于传统农业较低的比较收益和当今农业劳动生产率的提高；拉力则主要表现为非农产业的快速发展、农村剩余劳动力的大量转移和二、三产业较高的劳动报酬。鉴于当前学术界对宏观驱动因素研究相对成熟，本书就不展开详细论述，而着重从微观方面进行分析。

微观上，农村土地承包经营权流转的动因则主要取决于农户（土地供给者）对土地流转的态度。对此目前国内外研究者通常采用统计的方法，如相关分析、回归分析和显著性检验等。这些方法虽然是一些通用的方法，但需要大量数据，并且各种样本值还需要服从某些典型的概率分布。书中的数据主要来自5个镇的农户调研资料，样本数量相对有限，而且数据离散性也很大，因此选择灰色系统理论中灰关联分析的方法，能较好地确定出各种驱动因素的主次关系及其影响程度。

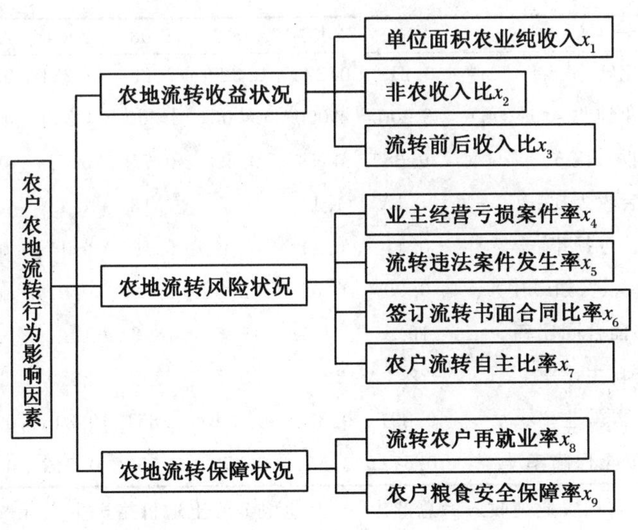

图5.3 九龙坡区农地流转影响因素

1)模型及变量设计

调查发现农户是否参与农地流转,主要决定于 3 方面的因素,如图 5.3 所示,具体又细分为 9 项指标。以反映农地流转规模的指标量为系统的评价对象(参考序列),记为 x_0,$x_0=\{x_0(1),x_0(2),\cdots,x_0(n)\}$,将各种影响因素定义为评价标准(比较序列),记为 $x_i(i=1,2,\cdots,n)$,$x_i=\{x_i(1),x_i(2),\cdots,x_i(n)\}$。文中设 2000～2006 年九龙坡区农地流转率(农用地流转面积/农用地总面积)为评价对象 x_0;将上述 9 项影响因素指标设为评价标准($n=9$)进行分析。

灰关联分析方法就是通过计算系统的特征变量与相关变量之间的关联程度,建立起灰关联矩阵,得出各影响因素中的主次关系。关联系数的计算公式为:

$$\varepsilon_i(k)=\frac{\min_i\min_k|x_0(k)-x_i(k)|+\rho\cdot\max_i\max_k|x_0(k)-x_i(k)|}{|x_0(k)-x_i(k)|+\rho\cdot\max_i\max_k|x_0(k)-x_i(k)|}$$

式中:$\varepsilon_i(k)$为曲线 x_0 与 x_i 在第 k 点时的灰关联系数;ρ 为分辨系数,一般取 0.5。则 x_i 曲线与参考曲线 x_0 的关联度为:

$$r_i=\frac{1}{n}\sum_{k=1}^{n}\varepsilon_i(k)$$

表 5.5　农地流转影响因素指标值

	2000	2001	2002	2003	2004	2005	2006
农地流转率 x_0	0.219	0.223	0.227	0.23	0.231	0.235	0.247
单位面积农业纯收入 x_1(元)	3 900	4 000	4 000	4 200	4 200	4 300	5 000
非农收入比 x_2	0.68	0.68	0.69	0.71	0.71	0.72	0.78
流转前后收入比 x_3	1.12	1.11	1.1	1.13	1.11	1.12	1.12
企业经营亏损率 x_4	0.11	0.11	0.1	0.13	0.11	0.11	0.1
用地违规率 x_5(如转用)	0.09	0.09	0.08	0.08	0.07	0.08	0.08
签订流转书面合同比率 x_6	16.8	17.1	17.6	18.2	19.4	20.4	21.6
农户流转自主比率 x_7	22.1	22.4	22.7	23.2	23.8	24.6	25.9
流转农户再就业率 x_8	0.827	0.834	0.826	0.851	0.846	0.875	0.922
农户粮食安全保障率 x_9	0.571	0.551	0.572	0.559	0.542	0.519	0.532

注:(1)单位面积农业纯收入＝总产出－(土地租金或土地价格＋生产资料价格＋农业劳动力价格＋农业费)

(2)非农收入比＝非农人口收入/家庭总收入

(3)流转前后收入比 x_3＝流转后收入/流转前收入

(4)粮食安全保障率是人均耕地占有量的线性转化形式，国际公认的耕地安全警戒线是人均 0.795 亩；粮食安全保障率＝(人均耕地占有量－0.795 亩)/0.795 亩.

2)灰关联度计算

首先，由于各变量数据单位及其意义不一致，因此需要对样本数据序列进行无量纲化处理，即在 excel 软件中用每组序列的平均值去除每个数，得到一个占平均值百分比为多少的序列。然后利用上述公式计算九龙坡区农地流转影响因素关联度，得出灰关联矩阵(表 5.6)。

3)结果分析

灰关联分析结果表明，上述 9 个影响因素指标对驱动九龙坡区农户农地流转影响程度虽然不同，但总体上都比较高，其灰关联度均在 0.5 以上。各影响因素对农地流转影响程度大小的顺序依次为：非农收入比 x_2＞流转农户再就业率 x_8＞自主流转农户比率 x_7＞流转前后收入比 x_3＞单位面积农业纯收入 x_1＞农户粮食安全保障率 x_9＞签订流转书面合同比率 x_6＞企业经营亏损率 x_4＞用地违规率 x_5。

表 5.6　灰关联度数值

排序	影响因素指标	关联度 R
1	非农收入比 x_2	0.910 957
2	流转农户再就业率 x_8	0.907 143
3	自主流转农户比率 x_7	0.843 514
4	流转前后收入比 x_3	0.803 029
5	单位面积农业纯收入 x_1	0.790 586
6	农户粮食安全保障率 x_9	0.651 329
7	签订流转书面合同比率 x_6	0.648 243
8	企业经营亏损率 x_4	0.632 129
9	用地违规率 x_5(如转用)	0.599 543

以上表明，与农户农地流转相关系数最大的指标是非农收入比 x_2，达到 0.910 957，即该地区农民的非农收入比变化一个单位，农地流转规模就变化 0.910 957个单位，可见它对农户农地流转的影响非常大。非农收入比的提高依靠的是大量农村剩余劳动力的转移和非农人口比例的提高，同时它也是增加地

方财政、加大财政支农力度的基础，它的提高既可以增加农户土地流转的有效供给，又可以刺激农地流转的有效需求，是加快农地流转的内在动力。

其次，农户农地流转的保障之一——流转后农户的再就业率与农地流转也息息相关，其灰关联度达到了 0.907 143，由此可见解决好农户流转土地后的再就业问题十分关键。调查也证实很多农户之所以对农地流转信心不足、积极性不高，很大一部分原因是害怕农地流转出去后自己和家人的就业、生计陷入困难。调查发现九龙坡区大多数镇与流转农户再就业相关的技能培训尚少，为农户提供专门的流转和就业信息的机构也不足，制约了流转农户的再就业。

再次，农户流转自主比率与农地流转的相关系数也比较高。这反映出在农户农地流转中农户的意愿很重要。如果政府在农地流转中为了一时的利益硬下指标、强迫流转、“以租代征”，或者非法改变农地用途，代替农户签合同甚至截留扣缴土地流转收益，势必会伤害农户参与农地流转的自主性和积极性，进而影响农地流转，因此农地流转应该严格遵循依法、自愿、有偿原则。

最后，农户农地流转的收益状况以及种植大户的经营状况与农地流转密切相关。这也是农户参与农地流转的初衷。农地流转的一个重要目的是提高农业生产效率，保护耕地资源，因此对于流转中出现的“以租代征”、农地转用等违规“越界”行为应坚决禁止。

3. 农村土地承包经营权流转的障碍因素分析

根据前面分析，可知经济发展与农村劳动力转移是农村土地使用权流转市场产生的根本性前提条件。农村土地承包经营权流转在统筹城乡发展、建设社会主义新农村中具有积极作用：它有助于实现土地集约化经营，其产生的规模效应可以提高农业生产效益，降低农业生产成本；有助于使稀缺的土地资源得到更优配置，提高土地利用率；有助于推动农村劳动力转移，推动城市化进程和产业结构调整。因此，无论是对愿意多耕种土地和不愿耕种土地的农户，还是对地区国家而言，土地流转都有合理的发展空间。近年来，重庆市尤其是渝西地区和城郊地区农村土地流转发展速度很快。但目前大规模的农村土地流转现象仍然不多，农村承包土地使用权并没有随着农村劳动力逐年向外转移而按预期规模流转起来。究其原因，结合上述分析和实地调研，发现障碍主要表现在以下几个方面：

1)法律法规约束多，制度创新难度大

在调查中，广大农村干部群众、农业大户和龙头企业普遍反映，影响农村土地流转和规模经营的第一制约因素是现行法律法规的约束。《中华人民共和国土地管理法》、《中华人民共和国农村土地承包法》、《国务院关于深化改革严格土地管理的决定》(国发[2004]28 号)《国务院关于加强土地调控有关问题的通知》(国发[2006]31 号)等法律法规，对土地权属管理、土地用途管制、耕地和基本农田保护、建设用地供给等涉及农村土地流转和规模经营的重大问题，都有明确规定和约束。

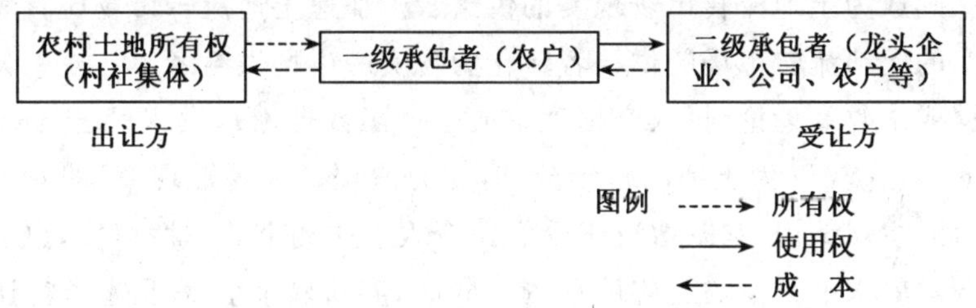

图 5.4 农地流转流程图

《中华人民共和国土地管理法》第四条规定：国家实行土地用途管制制度。国家编制土地利用总体规划，规定土地用途，将土地分为农用地、建设用地和未利用地，控制建设用地总量，对耕地施行特殊保护。第四十三条规定：任何单位和个人进行建设，需要使用土地的，依法申请使用国有土地。第六十三条规定：农民集体所有的土地的使用权不得出让、转让或者出租用于非农业建设；但是，符合土地利用总体规划并依法取得建设用地的企业，因破产、兼并等情形致使土地使用权依法发生转移的除外。

《国务院关于深化改革严格土地管理的决定》(国发[2004]28 号)明确规定：基本农田一经划定，任何单位和个人不得擅自占用，或者擅自改变用途，这是不可逾越的“红线”。禁止占用基本农田挖鱼塘、种树和其他破坏耕作层的活动，禁止以建设“现代农业园区”或者“设施农业”等任何名义，占用基本农田变相从事房地产开发。

据调查，重庆市农村土地流转和规模经营发展过程中，存在着大量与上述法律法规相冲突的行为。该市九龙坡区白市驿镇海龙村地处城郊，区位优越。经村民大会研究决定，以土地租赁方式流转土地 1400 亩，引进工业企业 126 家，当地非农产业快速发展，农民收入大幅提高，集体经济实力明显提高。但是该土地流转模式与上述法律法规相冲突，无论是在理论界还是在实践中都存在争论。

2)市场供求不平衡，流转双方顾虑多

本书以农民个体为研究单位，在农民是经济理性人的假设前提下，农民一切行动的目的在于追求自身利益最大化，其决策的依据就是对各种可供选择的行为方式的成本收益进行分析。土地流转市场中的弃耕农户有两种选择，一是土地抛荒或粗放经营，此时的农民是潜在的土地流转市场供给者。二是土地流转，此时农民则成为土地流转市场现实的供给者。加速土地流转市场应首先研究如何将潜在的土地流转市场的供给者转化为现实的市场供给者。

根据成本收益理论(投入产出理论或生产函数理论)，设 R 为土地需求者给供给者的转包费，I_1 为土地的每年分红，r_1 是农民的主观贴现率，即农民对土地将来价值的主观认识，它既取决于受农民个人素质约束的理性程度，也取决于受当地经济发展水平约束的适应性预测。同时，弃耕转业农民因选择转让土地而带来的成本主要是：C_1+C_2。C_1 是机会成本，即放弃的土地可能带来的收益，对弃耕专业农民而言，主要是基于土地社会保障功能的收益。C_2 是弃耕转业农民付出的交易成本，即土地流转时发生的受土地产权明晰程度约束的一切费用。

当满足条件：$R+\frac{I_1}{1+r_1}>C_1+C_2$ 时，弃耕转业农民将选择转让土地。

当满足条件：$R+\frac{I_1}{1+r_1}<C_1+C_2$ 时，弃耕转业农民将选择抛荒。

当满足条件：$R+\frac{I_1}{1+r_1}=C_1+C_2$ 时，为两种行为选择的临界点。

跨区域、跨地区到农村承包土地的农民、国家机关、事业和城镇职工、国家干部和科技人员等业主，以及龙头企业、合作经济组织等土地接包者构成土地流转市场上的需求方。对于需求方，接包土地的收益 Y 主要来源于土地规模经营的农业收益，$Y=f_1(S)$，其中，S 是接包土地的规模。需求方接包土地的成本主要构成为：$R+\frac{I_1}{1+r_1}+f_2(S)+C_3$。$f_2$ 是需求方的主观贴现率，即需求方对土地将来价值的主观认识，同样取决于受需求方个人素质约束的理性程度，也取决于受当地经济发展水平、基础设施等约束的适应性预期。$X=f_2(S)$ 指的是基于土地规模的投入农业生产经营的费用。C_3 是需求方因土地流转而发生的交易成本。

当$Y>(R+\frac{I_1}{1+r_2}+f_2(S)+C_3)$时，需求方收益大于成本，愿意接包土地；反之则不愿接包。

据此，净收益高的供给方具有较强的市场进入能力，净收益低的供给方的市场进入能力则较弱；同理，不同净收益的需求方也具有不同的需求能力。由于供需双方进入能力的差异，土地流转市场供求状况呈现以下的层次特点，见图5.5。

当前，在九龙坡区农村，集体土地使用权流转市场正逐步趋于市场Ⅰ的特征：①农户的主要收入来源于非农产业，土地对农民的重要性逐渐下降，土地流转市场的供给不断充足。在个别经济基础比较好的镇如九龙、华岩、含谷、白市驿等镇，二、三产业发展较快且稳定，可以容纳较多的农村剩余劳动力，农民弃耕后再就业的预期收益较高。②土地潜在的获利空间和机会为个体大户、工商企业及外商提供了投资农业的机会，土地流转市场的需求旺盛。同时，由于部分镇集体经济雄厚，集体统一流转土地趋势加强，这不仅降低了接包方的生产经营费用，而且提高了接包方的经济效益。

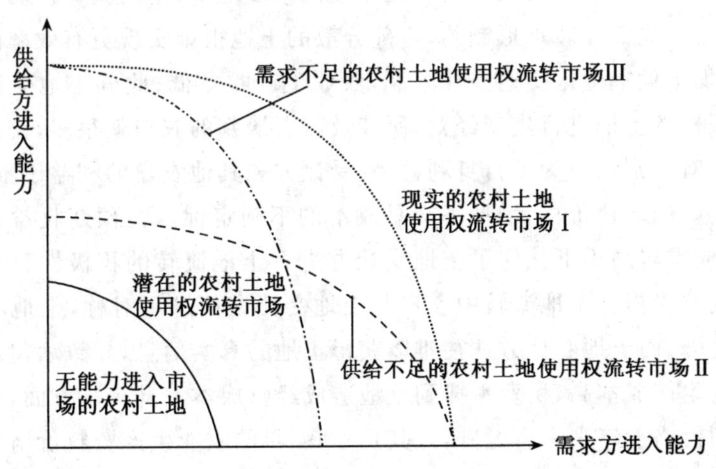

图5.5　农村土地使用权流转市场供求情况

但是，调研中也发现，在九龙坡区经济相对落后的偏远镇，农村土地流转市场则多呈供给不足或需求不足的状况，土地的供给方和需求方各有顾虑。具体如下：

首先，对于供给方，由于以下情况导致其市场进入能力较弱：①农民自身素质较低，再就业的预期收益不稳定，重视土地的社会保障功能和就业功能，r_1 较大。②城镇对农民工的歧视及农村社会保障体系的不健全，一旦土地较长时间流转出去，农民可能丧失最后的生产和生活保障，使得机会成本 C_1 的未来收益很大。③分散的土地不便于统一开发管理，增加了交易成本。不稳定的地权（产权不明晰）造成的不确定性，使处于谈判弱势地位的分散农民在土地流转时的交易成本 C_2 很大。同时出于担心未来政策的多变，直接占用农地成了保护产权最直接的有效方式。④农民对需求方的履约能力、资金实力、经营水平、管理能力等方面往往了解不完全，担心接包业主经营失败，伤害自身利益。因此部分家庭主要劳动力弃耕转业的农户，对农地或者粗放经营，或者空闲抛荒，无偿甚至倒贴交付熟人耕种，视需要随时收回。

其次，从需求方看：①农业的比较利益低，面临自然和市场双重风险，农业生产成本高；所以即便是农民自身愿意出让土地，也未必立即就有许多企业和种植大户前来接着从事农业生产，许多耕地撂荒却无人承包开发的例子比比皆是。②土地细碎化，流转的交易成本高。九龙坡区人多地少，平均到每户后地块就比较零散，加之受局部丘陵地形制约，零碎分散的土地很难实现更有效率的利用和规模经营，加上偏远地区交通条件限制，农业生产收益低；此外土地受让方想要取得适度规模的土地进行生产经营，所涉及需要谈判的农户就很多，交易成本大大增加。更有个别农户为了自身利益，置受让方和其他农户的利益于不顾，私自抬高已协商好的转让价格，增加了交易成本的不确定性。在预期收益未知的情况下，交易成本居高不下挫伤了土地受让方进行土地流转的积极性。③信息不对称使其利益受损。土地流转中农户与土地受让方信息不对称，土地本身有贫瘠与肥沃之分，而土地受让方往往难以获得土地的真实信息，导致承包后利益受损。④农业生产成本高，税费平摊到土地造成经营成本上升。一方面，各种农业生产资料的价格近年来一直上升，尤其是 2004 年的农业生产资料价格总指数达到了 110.6。另一方面，土地受让方在土地流转之后得到的不仅是农地的使用权，同时附着在农地中的各项成本费用也一并转向受让方，使其经营费用上升。这双重压力导致很多想要通过流转获得土地使用权的农户和企业都望而却步。⑤得不到及时的贷款支持。作为土地受让方的种田大户和企业想要发展农业生产，需要强有力的资金支持。在自有资金不足的情况下，为了生产的发展，会向金融机构提出借贷的要求，但银行系统和信用社由于种种原因不能提供信贷或抵押贷款。一方面,我国信用体系尚未完善,在这种情况下农业生产企业或农户想要取得信用贷款是一件遥不可及的事情;另一方面,我国现行的《担保法》没有将耕地、自留地、自留山等集体所有、个人承包的土地使用权列为可以用于抵押的财产,即不能以上述标的物作为向金融机构贷款的担保。无法从金融机构获得及时贷款,良种、化肥、农机等生产资料的购买也因此受到影响,农产品的丰产丰收也就无从谈起。

3)土地产权不明确,流转缺乏稳定性

产权经济学认为,明晰的产权可以提供激励,解决自然资源利用中的外部性问题。在我国,很多村庄都会定期进行土地调整,因此农户所拥有的土地产权是残缺的、不稳定的(迟福林,1999)。因为土地调整使得农户缺乏稳定的地权,结果农地使用权市场的发育受到了阻碍(钱忠好,2002)。具体表现如下:

①土地所有权主体不明确。农村集体土地所有权主体的虚位给不明确的土地承包经营权提供了土壤,我国《土地管理法》第十条规定:"农民集体所有的土地依法属于村农民集体所有的,由村集体经济组织或者村民委员会经营、管理;已经分别属于村内两个以上农村集体经济组织的农民集体所有的,由村内各该农村集体经济组织或者村民小组经营、管理;已经属于乡(镇)农民集体所有的,由乡(镇)农村集体经济组织经营、管理。"也就是说,村内集体经济组织、乡(镇)集体经济组织或者村民委员会对同一块土地都可能拥有土地所有权。而在目前现实状况下,原来的生产大队已经名存实亡;村民委员会致使村民会议的执行机构无法律地位可言;而乡镇集体经济组织的概念难以把握。如此复杂的土地所有权规定必定会导致实际确权操作的困难。

②承包经营权缺乏稳定性。《土地承包法》中"增人不增地,减人不减地"的硬性规定与土地承包经营权是基于"集体成员"的身份而取得的相抵触,这便造成现实中的"小调整"不断,并逐渐积少成多演化成"大调整"。这样的农地承包经营权显然缺乏排他性。另外,虽然土地承包经营权的取得是基于"集体成员"的身份,但实际操作中必须通过签订承包合同由双方约定才可以取得,这又进一步造成了权利一定程度的不确定性。土地调整与农地使用权市场在提高资源配置效率方面具有替代作用,因此土地调整次数的增加意味着农地使用权市场的萎缩。

③承包经营权缺乏安全性。在现行农地产权制度的安排下,农地所有权归

农民集体所有，具有公共物品的特性；农民以其“集体成员”的身份通过签订一定的合同便可以获得承包经营权，而这种承包经营权在很大程度上包含着所有权的性质，具有私人物品的性质。这样，公共物品所带来的非排他性使承包经营权很容易受到侵害。而在这样的情况下，由于农民无法选择自己所属的集体，没有“用脚投票”的权利，于是，承包经营权产权的安全性会受到严重的影响。

④土地“权力束”不完整。农民家庭作为生产经营的基本单位，在完成国家、集体的统筹收入后，可以获取农业剩余。出于保障食物安全等政策目的，国家并没有交给集体一个完全的包含“占有”、“使用”、“收益”、“处分”四大职能的所有权，往往会干预农业产业结构，进行种植计划的安排。在这种情况下，集体也就无法交给农户一个完整的农地承包权。而农地承包经营权人在与政府的博弈中往往处于劣势地位，在国家利益与私人利益不一致时，受到蚕食和侵蚀的往往是私人利益，造成土地承包经营权的行使被打了折扣。

一般而言，地权清晰、稳定，农户对其自身在土地上的投资能有一个更好的经济预期。姚洋等的研究也证明，地权稳定性主要影响农户的土地长期投资，对短期投资的影响不明显。目前，对于长期的土地流转，我国尚没有规范或者法律来对土地流转双方进行约束，很大程度上仅依赖于双方当事人的道德品质和信誉。一般而言，发生在亲戚、朋友、邻居之间的土地流转行为，很多并不具备市场经济意义的，流转的期限较短，半年或一年，多者也只有几年。其实这就是地权的稳定性问题带来对农户土地流转行为(包括转入和转出)的消极影响。数据调查表明，大多数农户对承包地流转期限都期望尽可能长一些(表 5.6)，以有利于对土地进行更多的投资，实现更多的经济利益。

表 5.6　农户对承包地流转的期限期望　(单位：户)

1 年不变	5 年不变	10 年不变	视情况而定
26	46	41	29

4)政府调控不到位，流转管理隐患多

①部分政府干部思想僵化，不敢流转。一些政府干部把土地流转与联产承包责任制联系在一起，认为土地流转就是对承包地的重新调整，是把农民已承包的土地重新承包，将土地承包关系的稳定与土地使用权的合法流转对立起来，造成对国家联产承包责任制稳定性的误解。因而有的地方总是担心突破了政策界限，畏首畏尾，影响了土地合理流转的进程。

②没有建立规范的农地流转交易市场。在农村中，存在着土地出让方和受让方都有流转土地的意愿，却无法及时联系彼此的尴尬现象，可见土地流转的中介者十分缺乏。农地流转市场的建立和完善与政府的行为密切相关，离不开政府的投资和各种组织活动。然而目前九龙坡区，除了白市驿花卉苗木产业示范园区外，其他镇建立起了农地使用权流转市场中介管理机构的还很少。由于没有建立农地使用权流转市场，没有很好的社会中介组织发挥“沟通”作用，因此，不可能给土地分等定级，评定地价，也无人为交易者牵线搭桥，加之在一些农村地区缺乏签订明确书面合同的法律习惯，这些都为因土地流转而引起纠纷埋下了隐患。

③政府权力的“越位”与“失位”。自 2005 年 3 月 1 日起实施的《农村土地承包经营权流转管理办法》中规定：县级以上人民政府农业行政主管（或农村经营管理）部门依照同级人民政府规定的职责负责本行政区域内的农村土地承包经营权流转及合同管理的指导。在现实中，部分地区政府往往对“合理指导”出现理解偏差，并由此产生两种后果：一是有些地方政府无限放大“指导”的职能，将政府的权利推进到农民依法享有的承包权的范围之内，造成政府权力的“越位”；二是政府以不能干涉为借口，对农民土地承包和经营流转不闻不问，完全放弃了政府应有的监管和指导职能，造成政府权力的“失位”。许多地方出现了“以租代征”、“土地用途转用”等违法违规现象，对农地的合理流转产生不良影响。

五、农村劳动力转移与土地流转互动关系研究

1. 农村劳动力转移产生的土地利用响应

2006 年底九龙坡区农村劳动力有 138 631 人，直接从事农业生产占全区农村劳动力总数的 45.24%（62 715 人）。而当年末全区常用耕地面积为 136 658 亩，若按 1 个劳动力可经营 4 亩耕地的传统习惯计算，全区农业生产只需要劳动力 34 165 人，那么就有 104 466 农村劳动力富余，这部分人约占农村劳动力的 75.53%。人多地少的突出矛盾和农村劳动力不断向外转移的现状对该区农村的土地利用产生了广泛而深刻的影响，总体上这些影响又分为有利和不利影响两个方面。

1）有利响应

首先，农村劳动力转移在一定程度上缓和了农村人口和土地的矛盾，促进了

农地的流转和规模经营，提高了农地的产出效益。

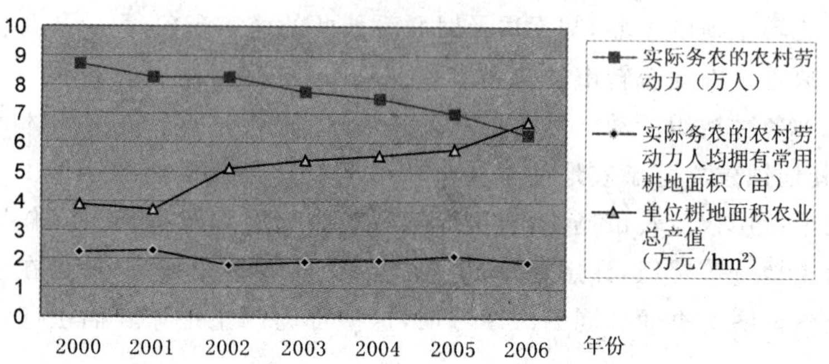

图 5.6　九龙坡区实际务农劳动力数量和耕地利用状况(2000～2006 年)

在九龙坡区中梁山西部农村，越来越多的农村劳动力转移到非农业，与其所承包的土地分离，使该地区人多地少的矛盾有所缓和。根据表 5.7 可知，2000～2006 年，九龙坡区实际务农的农村劳动力数量逐年减少，但其人均占有常用耕地面积则在 0.136 hm^2(2.04 亩)上下波动，相对稳定。可见农村劳动力的转移使实际务农的农民人均拥有相对稳定的耕地量，农村人多地少的矛盾有了一定程度的缓和。此外调研发现，许多外出农民将其承包土地以转包、入股等方式转给种植大户或龙头企业(部分龙头企业再雇用当地农民进行劳作)，有利于实现农业的机械化和产业化经营，提高农地的产出效率。由图 5.6 可知，2006 年九龙坡区单位耕地面积农业产值比 2000 年增加了 2.92 万元/hm^2。同时仍然在农村务农且不愿放弃土地的农民可以耕种更多的土地，扩大耕作规模，为地区粮食和食品安全提供一定保障。

其次，农村劳动力转移为农业和农村发展提供了大量的资金及先进技术和管理知识，有利于农村土地利用和管理水平的总体提高。

根据前面分析，九龙坡区农村劳动力转移规模近年来呈逐渐扩大趋势，大量农村劳动力进厂进城从事非农生产，不仅增加了农民自身家庭收入，也给地方财政创收提供了一项重要来源。2000 年九龙坡区农村居民人均纯收入为 2 938 元，其中非农收入占 68.1%；到 2006 年，农民人均纯收入达到了 4 743 元，其中非农收入占到了 72.3%。伴随着九龙坡区新农村建设的全面实施和农民及地方财政收入的增加，农业基础设施的投入力度不断加大，“田水路林村”的村庄整治和土地整理工作也有序开展，这些都为农业的科技化、专业化发展和农地的总体利用水平的提高提供了基础保障。除此之外，农村劳动力在外出务工中还学到了一定的先进技术和管理知识，商品意识也不断提高，许多农民利用都市近郊的区位优势，外出学成技术后回农村大力发展蔬菜、花卉种植业和生态观光农业，吸引城里人到农村休闲度假。这些都在客观上提高了农村土地的单位面积产出效益。

再次，农村劳动力转移逐渐弱化了一部分农民对土地的眷恋和依赖心理，使其逐渐愿意将土地使用权让出，从而促进了农村土地的流转。在九龙坡区的调查显示有84%的外出务工农民表示如果可能，则不愿回到农村，而希望能在城镇安居乐业，这其中有一定知识和技能的劳动者占了87%，而且其年龄多在40岁以下。对于这一部分人，常年在城镇从事相对稳定的非农行业的生活状态使得他们对土地的依赖性逐渐减弱，最终愿意让出农村承包土地参与流转。

表5.7 九龙坡区农民人均纯收入和外出务工收入状况

年份	2000	2001	2002	2003	2004	2005	2006
农民人均纯收入(元)	2 938	3 018	3 164	3 356	3 144	4 283	4 743
其中外出务工收入所占比重(%)	68.1	68.5	69.2	71.2	71.6	72	72.3

2)不利响应

首先，农村劳动力转移导致了部分农村承包土地出现撂荒和闲置。九龙坡区农村劳动力转移的主体多是具有一定知识和技能的青壮年劳动力，剩下的留守农村的则多是老人、妇女和儿童，他们无能力从事大面积的全部耕种，很多只种一些口粮地，而将位置偏远、肥力不高的土地抛荒。加上很多家庭又是全户外出务工，一部分土地在无法就近转包的情况下，只好抛荒。而据笔者2007年7月对九龙坡区外出务工的民工调查显示，有66%的民工表示不愿意回家务农，他们视回家种地为最后退路。显然，多数民工将土地视为安身立命的最后保障，宁愿撂荒也不愿有风险地流转。

其次，农村劳动力转移缩减了人力对土地的投入时间和精力，影响了农村土地的总体产出效益。由于农业比较利益低下，许多农民认为种地不挣钱，不愿或者无暇进行农业的精耕细作，他们往往只在农忙时节短暂回乡务农，更多的时间是在外打工，其对农地往往疏于投入和管理，客观上降低了一部分应得的土地产出效益。

再次，农村劳动力转移造成了农村集体建设用地的闲置浪费。调查发现，九龙坡区农村许多常年在外打工的富裕农民在拥有农村住宅的同时，不少也在周边城镇购买了商品房，过起了"两栖"生活。这种一户多宅、农村宅基地长期闲置的现象普遍存在，造成了农村集体建设用地的闲置浪费；一些镇还出现了"空心村"现象。另外，一部分农民由于受社会风气和落后意识影响，在外出务工富裕后往往回到农村扩屋建房，之后又常年外出务工，农村宅基地超建超占现象普遍存在，不仅侵占了耕地，而且造成房屋闲置浪费。

总之，农村劳动力转移对农村土地利用产生的影响具有双重性，既有有利的一面，又有不利的一面。这种矛盾恰恰反映出随着农村劳动力的转移，农村承包土地不得不面临流转、再配置的问题。从本质上看这是由于土地的自然属性——位置固定性决定的；但从理论和现实的角度则可看出在农村劳动力转移过程中进行农村承包地的流转，从而实现农地资源的优化配置已势在必行。

2. 农村劳动力转移产生的土地流转响应

1）农村劳动力转移和土地流转的相关关系分析

为了反映九龙坡区新农村示范地区农村劳动力转移和农地流转与其他几项关系的密切程度，笔者首先对农村劳动力转移人数与农地流转面积作相关分析，所得结果见表 5.8，然后对劳动力转移就业人数与农地流转面积作相关分析检验。

需要指出的是：由于数据组数偏少（只有 7 年的），因此相关系数的绝对值偏大，需要通过相关系数检验。查相关系数检验表可知，$r=0.998$，大于 $a=1\%$时的值 0.874，因此，它们之间有十分显著的线性相关关系。

将农村劳动力转移人数记作 x（人），农地流转面积记作 y（hm^2），做出 2000～2006 年的样本数据（x_i,y_i），$i=1,2,3,\cdots,7$ 的相关图（图 5.7），可知，样本数据点（x_i,y_i）大致落在一条直线附近，这说明变量 x 与 y 之间具有明显的线性相关关系，且高度正相关。二者相关系数 R 达到 0.998，线性相关关系十分显著。

表 5.8　九龙坡区新农村示范区农地流转面积与农村劳动力转移数量状况（2000～2006 年）

年份	农地流转面积		农村劳动力转移数量	
	绝对数（hm^2）	占农地总面积比重（%）	绝对数（人）	占农村劳动力总数比重（%）
2000	1 484.92	11.51	6 795	4.52
2001	1 668.52	13.15	7 202	4.97
2002	1 870.84	17.73	8 115	5.64
2003	2 093.56	20.96	9 020	6.35
2004	2 361.16	23.64	10 267	7.75
2005	2 655.60	26.57	11 672	8.4
2006	3 008.12	37.3	13 302	9.6

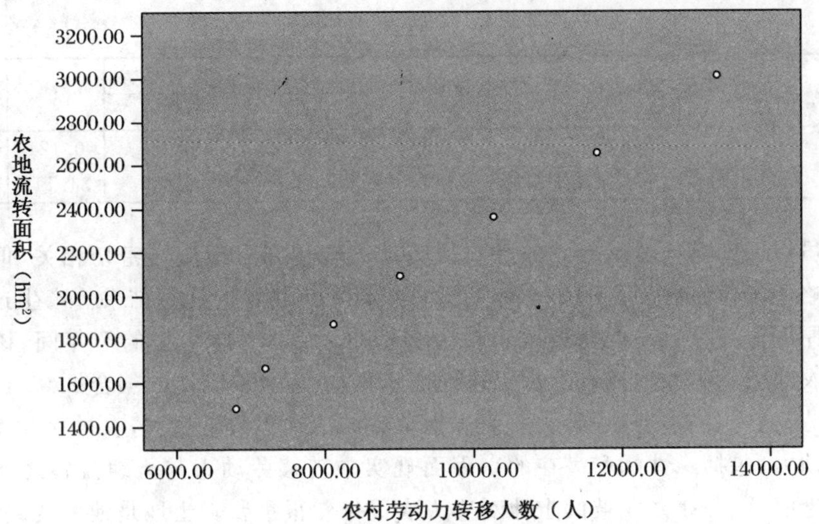

图 5.7　九龙坡区农村劳动力转移人数和农地流转面积的相关关系图

2)农村劳动力转移和农地流转回归方程的建立

为了进一步研究和说明九龙坡区新农村示范区农村劳动力转移和农地流转之间的关系，通过普通最小二乘法(OLS)用流转农地(y)对农村转移劳动力(x)作一元回归分析，得到 $R_2=0.996$　$R=0.995$　$F=1\ 163.897$。

回归方程如下：

农地流转面积(hm^2)＝7.869＋0.227×农村转移劳动力(人)

查表可知，上述方程通过了相应的回归总体线性的显著检验(F 检验)，参数显著性检验(t 检验)。方程拟合优度判定系数 R_2 校正值为 0.995，拟合优度很好。结果见表 5.9：

上述结果表明：(1)九龙坡区新农村建设地区农地流转和农村劳动力转移之间高度正相关，相关系数 R 达到 0.998；(2)在不考虑其他因素的条件下，农村转移劳动力每增加 1 人，流转农地将增加 3.405 亩(0.227 hm^2)，说明农村劳动力转移对农地流转有重要影响；(3)在不考虑其他因素的条件下，农地流转每增加 10 hm^2，农村转移劳动力将增加 44 人(即每流转 1 hm^2 地，增加转移农村劳动力 4.4 人)，显示了农地流转对农村劳动力转移的巨大影响。

表 5.9 回归分析结果

模型		未标准化系数		标准化系数	t	p
		系数 b	标准误差	系数 β		
1	常数	7.869	64.887		0.121	0.908
	农村劳动力转移人数(人)	0.227	0.007	0.998	34.116	0.000

虽然回归分析显示九龙坡区农村劳动力转移和农地流转密切相关，但分析结果略小于传统习惯上的1个劳动力可经营4亩耕地的计算结果。产生这种偏差的原因主要是:(1)九龙坡区农村人多地少，2000～2007年的7年间，该区实际务农的劳动力人均拥有的常用耕地面积平均仅为0.136 hm^2(合2.05亩)，即单位劳动负担的土地面积太少，而土地负载的劳动力数量过大，农村存在大量富余劳动力(包括隐性的和潜在的)，因而现实中转移劳动力与土地流转之比会大于理论值。(2)在九龙坡区土地对广大农民依然很重要。土地是他们的生活、就业保障，而且还承担着重要的社会保障功能，很多农民把土地作为最后的保障。因此他们即使向非农行业转移了，也不愿意将土地流转，而由家人亲友代耕甚至撂荒。(3)当前农地流转市场不完善，流转信息和收益不确定，农民对未来土地流转预期不明朗，多持观望等待态度。这些都制约了农地流转的进行;而非农行业较之农业的高收入又使得农民纷纷转移到城镇非农行业，这样就出现了农地流转和农村劳动力转移在理论和现实之间的不对称、不平衡的局面。

3. 土地流转产生的农村劳动力转移响应

加速土地流转，实现农地的适度规模经营，既能满足一部分农民对土地的依恋心理，实现农地在粮食安全等方面的保障功能，又能让一部分有条件从事非农经营的农民无后顾之忧地脱离土地，形成促使农业人口不断转移和流动的动力机制。据调查，农村土地流转对农村劳动力转移的积极作用主要表现在以下几个方面:

1)土地流转通过提高农业劳动生产率促进农村劳动力的转移

家庭联产承包责任制虽然曾经在一定时期内对农业的发展起到积极作用，但是随着经济的发展，这种小规模传统农业经营方式在一些地势相对平坦、农业发达地区的弊端日益显现出来。有学者研究，每个劳动力占有的耕地面积与农业劳动生产率有紧密的联系，二者之间的相关程度达到了0.920。要想提高每个劳动力占有的耕地面积，就要进行必要的土地的合理流转以实现土地的规模化经营，进而提高农业劳动生产率。拉尼斯一费景汉的农业劳动力转移模型中就把农村劳动力的转移与农业的发展联系起来,强调了农业劳动生产率的提高对农村劳动力的转移的重要意义。

农业劳动生产率低下直接影响农村劳动力转移。范爱军教授认为我国农业的劳动生产率较低的根本原因在于土地耕作规模过小,小规模传统式的农业生产方式导致农户融资能力差,进而导致机械化程度低和农业科学技术应用率低,使我国的主要农产品缺乏国际竞争力,他指出为从根本上改变这种状况,就必须在农村推行耕地适度规模经营。李燕琼认为土地的规模化经营是一国农业专业化、现代化的客观需要和必然趋势,也是农民增加收入的重要条件,即使存在人多地少、土地资源紧缺的国家也不应该放弃推进农业规模经营的政策努力。由于目前我国土地经营规模很小,所以还有很大的扩展空间。

由此可见,在稳定家庭联产承包责任制的前提下,在九龙坡区新农村建设示范区加快土地流转是相当重要的。通过扩大经营规模,提高农业生产的科技水平和机械化程度,提高农业劳动生产率,把土地向种田能手集中,把有条件转移的农民从土地的束缚中解放出来,从而促进农村劳动力转移。

2)土地流转通过弱化土地的保障功能促进农村劳动力的转移

受历史传统影响,农民对土地普遍有着强烈的依赖和眷恋感。在对九龙坡区农村留守农户访谈发现土地对于他们许多人来说既是就业保障又是养老保障,一部分人把土地视为安身之本、立命之所。合理的土地流转既可以满足这部分农民对土地的特殊的眷恋之情,又可以实现土地的保障功能,解决农村劳动力的后顾之忧。

通过土地流转,使那些不愿外出的农户可以拥有更多土地的使用权,这样既可以避免土地被闲置荒废,又可以实现土地的规模经营,使耕种不仅仅成为谋生的手段和生活的保障,而是通过提高劳动生产率实现规模效益。而那些想进入非农产业的劳动力可以把土地使用权转让给有能力又愿意耕作的农户,并通过转让的收入到城市就业或进行再投资。但当前由于城乡二元经济结构的限制,覆盖城乡的社会保障体系尚未建立,农村人口被排斥在社会保障体系之外,使得他们不得不依靠土地保障为基础的家庭保障。为了解决转移人口的社会保障问题,重庆市九龙坡区目前在积极探索,提出了“以土地换保障”等方式,即以出让土地的收益弥补历史形成的保费空缺,健全进城农民的社会保障体系。

通过土地流转提高了劳动力转移的积极性,使农村人口大胆地、安心地、有序地实现转移,不会因为突发性的大规模农村人口外流而导致农业生产和农村经济受到损害。因此,土地流转是促进农村人口渐进而有序流动的较好的方式。

3)土地流转通过降低转移成本促进农村劳动力的转移

舒尔茨的人力资本理论指出,劳动力迁移是人力投资的一种形式,由于人力投资要支付成本,因此,只有劳动力转移的预期收益大于迁移成本时,其在产业间或地区间的转移才会发生。这里的成本包括货币成本和非货币成本。在土地不能合理流转以前,转移劳动力增加的额外货币成本包括因承包的土地无法流转但又无力经营,不得已请他人代为经营而支付的费用,还有农忙季节不得不回家务农而支付的差旅费用,以及由此而贻误的非农经营的收入。非货币成本包括迁移后由于土地撂荒而减少的收入以及"心挂两头"的心理负担。土地流转消除了转移劳动力的货币成本和非货币成本,降低了转移者支付的转移成本,使转移的预期收益大于迁移成本,促进农村人口向城镇转移。

4)土地流转外部环境的完善吸引农村人口向城镇转移

通过土地流转配套措施的建立和外部环境的完善,可以提高农民进行土地流转的积极性,使他们乐意从农业中解脱出来,从事非农职业,吸引更多的农村劳动力向城镇转移。在"二元经济"条件下,城镇并没有完全敞开胸怀吸纳农民工,农村劳动力在转移的过程中还需要办理许多名目繁杂的证件和手续,还有的因为证件不齐而被收容、遣送,降低了农村劳动力转移的积极性。城镇的经济发展也对劳动力转移起到有力的拉动作用,增强农村劳动力转移的积极性。随着九龙坡区新农村建设的全面推进,农村土地流转市场的环境逐渐完善,客观上推动了农村人口向城镇转移。

六、农村劳动力转移和土地流转协同发展体系设计

1. 驱动系统设计:市场驱动与政府调控

根据前面分析,为了促进城乡统筹和农村劳动力转移与农地流转的协同发展,可以构建这样一个体系如图 5.8,该体系将农村劳动力转移和农地流转结合起来,将农村劳动力转移、农地流转、以农村居民点用地整理为主的土地开发整理与统筹城乡发展、发展现代农业、建设社会主义新农村有机结合在一起,实现统筹推进,确保了农村城镇化率和土地利用效率的提高,是一个可持续发展的良性循环体系。针对农村土地承包经营权流转,具体有以下举措:

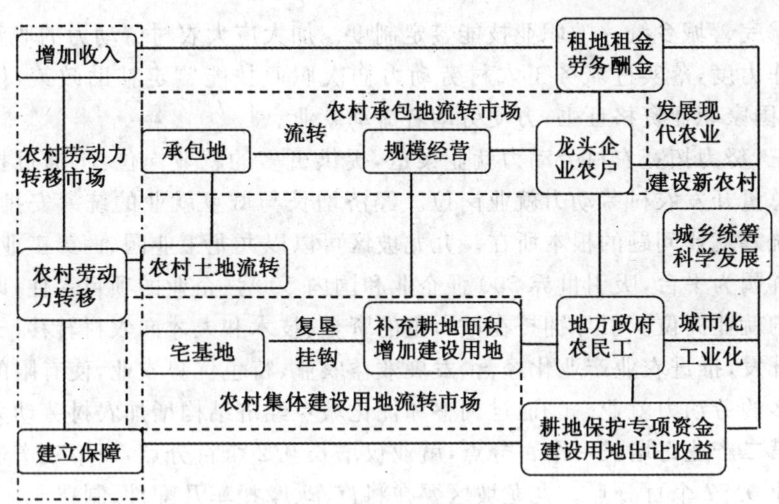

图 5.8　农村劳动力转移和土地流转协同发展体系的构建

1)发挥政府的组织调控作用,健全农村劳动力就业市场

政府必须充分认识到农业劳动力向非农产业转移的合理性和必要性,积极主动地做好组织引导农业劳动力转移的工作。根据乡镇企业和城市对民工的需求,开展农民再就业培训,取得相应的任职资格证书,使他们成为有一技之长的职业劳动者,让知识改变命运,劳动改变生活。地方劳动部门应建立起经常性的互通就业信息的联系机制,进一步规范劳动力市场,这样,农村劳动力可以通过政策、市场信息导向及时了解到各地城镇企业单位的用工需求信息,找到适合自己的工作,引导其合理有序流动,消除其盲目性。具体地可以从以下方面入手:

其一,创新和完善各项制度,消除城乡就业二元结构。建立统筹全区城乡就业的组织领导体系,完善就业服务管理制度;筹措统筹城乡就业资金,提供强有力的财力保障;强化政府职责,建立城乡一体的就业扶持政策;拓展绿色通道,制定覆盖城乡的小额贷款政策。

其二,探索职业培训的新途径,建立以农村为重点的城乡一体的培训机制:①创新就业培训机制。逐步把培训重点下移到镇村,为农村劳动力提供方便及时的免费培训服务,建立和完善政府购买培训成果的工作机制。②建立多层次、多领域、多渠道的职业培训网络。从基础教育、职业教育和成人教育三个环节同时入手,强化职业技术培训。③积极开展创业培训。一个创业成功者,至少可拉动 3 个人就业,应大力组织有创业愿望和具备相应条件的城乡劳动者进行创业

培训。④完善城乡统一的职业技能鉴定制度。加大广大农村劳动力的职业技能鉴定工作力度，落实进城务工农村劳动力初次职业技能鉴定补助政策，依法确定、核发国家职业资格证书，方便劳动者流动就业。

其三，努力拓宽农村劳动力就业渠道，提供更多的就业岗位：①通过扩张城乡经济总量开发农村劳动力就业岗位。经济增长与城乡就业的统筹安排，是促进城乡统筹就业问题的根本所在。九龙坡区可以以九龙工业园、西彭工业园、白市驿花卉园为平台，吸引世界500强企业和国内500强企业的项目入住，以开发出更多的就业岗位。引导拥挤在城市里的资金、技术和人才向农村转移；支持农业综合开发，推进农业产业化经营，发展效益农业、特色优势农业，使有限的土地容纳更多的劳动力就业。②通过调整和优化城乡经济结构增加农村劳动力就业岗位。第二产业每增长一个百分点，就业仅增长0.2个百分点，而第三产业则要拉动就业0.87个百分点。九龙坡区要在将汽车、摩托车及配件、制造业、建筑建材业、印刷包装业做大做强的同时，引导各种社会力量加大投入，加速发展服务业尤其是优先发展零售业、餐饮业和生活服务业等发展空间和就业容量较大、文化技术水平要求不高的劳动密集型产业。③通过小城镇建设创造就业岗位。政府要抓住新农村建设的契机，利用实施整村推进和生态文明小康村建设试点等一系列行之有效的政策措施，积极进行体制创新，引导农村人口和各种要素向小城镇集中，扩充市场容量，发挥积聚效应。

其四，发展劳务经济，培育中介组织。大力发展各种类型，多种所有制性质的职业中介机构和劳务经纪人队伍，充分发挥和培育劳务中介在提供用工信息和就业服务方面的作用，提高农村劳动力转移就业的组织化程度，要逐步建立经济发达地区的劳务基地，在外出务工人员相对集中的地方设立办事机构，为劳务输出提供全方位的优质服务。努力打造特色劳务品牌，增强劳务竞争力。

2)发挥市场配置资源作用，培育农村土地流转市场

首先，建立农地使用权流转市场的运行机制。重点是农地使用权的价格机制、农地使用权交易中介机制、农地收益的分配机制。就农地使用权价格机制而言，要实行公平地价制度，运用科学的方法确定与国有土地使用权价格相协调的农地使用权流转市场的基准地价，由土地行政主管部门定期公布；就农地流转的中介机制而言，农地流转市场的发展需要配套的市场中介服务体系，建立包括咨询、评估、代理、仲裁等机构及相关制度；就农地流转的收益分配制度而言，应当使农地流转的收益在交易当事人之间合理分配，保护各方的合法权利和利益。

其次，要建立农地流转的政府宏观调控机制。由于当前农村土地市场发育

尚不完善，单纯依靠市场手段不能达到资源优化配置目标，也不能兼顾效率与公平，且土地数量有限和农业生产成本高的特点也决定了农村土地市场不能单靠市场调节，因此政府有必要对土地流转市场化进行宏观调控。针对当前九龙坡区农地流转的现状，从完善宏观调控机制的角度出发，建议可采取以下措施：①设立专门的土地流转宏观决策咨询机构。该机构由土地政策研究专家、相关部门领导共同组成，负责提供农地流转宏观决策建议，审议各行政区域农地流转政策法规，并对重大农地流转行为实施监督和指导，从而保证决策的科学性与可操作性，降低决策执行的难度和实施的成本。②成立附属于土地管理部门的农地流转管理机构——土地流转中心和流转监督仲裁机构，加强农地流转的规范化管理和专业性服务，防范土地流转风险。在充分尊重农民意愿，维护农民合法权益的基础上，通过了解、掌握土地流转动态，指导并规范土地流转行为，包括：协助办理农地流转手续，监督土地流转合同的签订，并实施公证；建立土地流转的档案和资料的管理，即办理合同的变更、解除、续签和签订；妥善调处土地流转的纠纷；加强对转入方财务等的监管，防范土地流转风险。③加强农地流转的立法、执法监督。要加强对农村土地流转工作的指导、服务和管理，正确履行职责，防止缺位、越位和错位现象发生。建议九龙坡区按照《重庆市实施〈中华人民共和国农村土地承包法〉办法》的有关规定，尽快成立农村土地承包和流转仲裁机构，配合司法部门协调处理和仲裁农村承包土地经营权流转过程中出现的各种矛盾和纠纷，规范流转双方的行为，保护流转双方的合法权益。

最后，农地流转实现与土地持续利用兼顾。农地流转的宏观调控机制发挥着决策、引导、保障和监督的多项功能，应是一个服务型为主、管理型为辅的管理机构，而目前政府的宏观调控则偏向管理为主、服务为辅，因此今后应该明确政府定位，转换政府角色，逐步实现由管理型政府向服务型政府的过渡。同时土地资源的稀缺性和不可再生性决定了它的利用与保护不仅涉及使用者的经济利益，而且涉及对社会必需农产品的提供；不仅涉及本代人的需求及满足状况，而且涉及子孙后代；不仅涉及经济利益，而且涉及社会效益和生态效益。因此，在农地流转的过程中，宏观调控的目标就是通过宏观政策干预，一方面保证市场环境中农地流转的实现，另一方面尽可能缩小由此产生的负外部性，实现土地资源的可持续利用。

2. 服务系统设计：市场服务与政府责任

目前农村劳动力转移和农地流转在市场上都存在着供求不平衡的现象，这也是劳动力、土地两项生产要素在城市和农村之间自发流动的根本动力。在此过程中，政府如何发挥服务职能尤为重要。对于农村劳动力转移，政府的服务主要体现在：一是提供多种渠道的就业信息，做好中介服务。二是加强对农民的职业教育和技术培训，提高他们的文化素质，提高劳务价值。三是尽快改革造成城乡分割的户籍制度、劳动就业、教育等政策中有关歧视农民的规定。四是增加非农就业出路，大力发展乡镇企业，积极引进和培育劳动密集型、技术含量低的中小民营企业，争取部分农村剩余劳动力“就地消化”。对于农地流转，政府要从以下几方面服务：①要提高认识，破除土地流转的思想障碍。认真学习并广泛宣传《农村土地承包法》、《农村土地承包经营权流转管理办法》，使广大基层政府工作人员和农民群众对其基本内容、主要精神有较为全面的了解，解放思想，为农村土地承包及流转的有序开展奠定良好的基础。同时，要树立“小政府，大社会”、“小机关，大服务”的思想意识，注意运用政策引导、法规引导、信息引导、典型引导的方法，逐步把土地使用权流转推向市场。②要积极探索适合当地的农地流转模式。目前在九龙坡区西部试点农村，“土地作价入股”的模式正积极展开。除此之外，成都等其他许多大城市郊区也在积极探索符合当地情况的农地流转方式。③政府要调整权力，明确职责。一方面，促进政府权力理性退出，政府不得随意调整承包地，限制土地承包经营权的合法流转，应本着“谁用地谁交易”的原则，让市场规则去调整交易双方的权利义务关系。另一方面，政府权力也应合理回归，对农地流转不能采取“放任主义”。农业行政主管部门要做好土地流转的指导和经营工作，及时掌握动态，并在农业信息网站开辟土地流转专栏，定期发布土地供求信息和指导价格。土地管理部门主要在地价评估、耕地保护、执法检查等方面提高服务水平，加强对土地征、占、用的管理，防止以土地流转为名擅自改变土地用途 。

3. 保障系统设计：社会保障与公共服务

由于目前九龙坡区尚未实现覆盖城乡的一体化的社会保障制度，而土地作为一种特殊形态的就业保障与最低生活保障，它对于广大农村居民的生活稳定及心理稳定具有不可替代的作用。农民经济决策的基础是生存伦理(Scott，1976)。因此，建立包括由农村养老保险、农村失业保险和农村合作医疗制度组成的多层次的社会保障体系，弱化土地的福利和社会保障功能，降低农民对土地的依恋程度，是突破劳动力转移和农地流转障碍的一项重要举措。

加强农村社会保障体系的配套建设，一要建立多层次的相互联系的农村保险基金，发展农村保险事业，形成覆盖整个农村的灾害补偿体系，保障农民具有再生产经营的能力；二要逐步建立以集体和农户自我保障为基础，政府给予一定扶持的社会保障机制，并大力发展多种形式的社会保障基金会、村社合作医疗和经济互助会等保障组织，促进农民医疗、养老、互助等农村社会保险体系的发展；三要对那些已经从事非农产业的农户尽快建立失业保险制度和养老保险制度，用以消除其脱离承包的后顾之忧，也不至因老年生活没有保障而又流回农业；四是针对残疾人、老年人、贫困户等特殊群众，应进行多层次的扶持，创造条件为他们提供基本的生活保障，解决他们将土地使用权转让之后的后顾之忧。

总之，农村劳动力转移与土地流转问题，实际上是解决农民的社会保障和劳动力资源、农村土地资源的效率问题，不仅需要保障先行，而且需要把实现农民的保障转型作为一项国家和社会发展战略，土地产权制度改革和对效率的追求，均须以保障状况为准，在农村尚未建立现代保障体系的条件下，给予农户生存之本以制度保护是健康和美好社会的一个基本条件。只有处理好它们之间的相互关系，才能把握农业劳动力就业、农村社会保障、上地制度改革的方向和重心。让农村各项改革从自发到自觉，减少一些矛盾和冲突，降低政策风险和顺利实现土地制度转型，必须统筹城乡经济的发展，消除城市农村这个天然屏障，改变城乡二元经济结构。

第六章

农村宅基地使用权流转研究

【内容提要】 本章首先在相关理论综述和理论研究的基础上，阐明了加快农村宅基地使用权流转的积极意义。其次，以重庆市璧山县为例进行实证分析，对璧山县农村宅基地使用权流转现状进行调查分析，揭示了农村宅基地使用权流转的基本特点和驱动机理。然后重点分析了当前制约我国农村宅基地使用权流转的障碍因素，有针对性地提出了完善农村宅基地使用权流转管理制度，明晰农村宅基地权属关系，推进农村宅基地使用权流转市场化的对策建议。

一、研究概述

1. 目的和意义

农业、农村、农民问题始终关系党和国家事业发展的全局，中共三代中央领导集体都始终高度重视解决“三农”问题。不真正破解“三农”问题、消除城乡差距、实现城市和农村二元社会的并轨，我国实现现代化、建设社会主义和谐社会的发展目标只能是水月镜花。“三农”问题的核心是农民问题。从法学角度来看，农民应该享有的权利得不到法律的充分确认以及合法权益遭受侵害而得不到有效救济是农民问题的症结所在。土地是一切生产和一切存在的源泉。在人类社会发展到私有制的历史阶段以后，土地就一直是财产的核心，从“古代起到工业革命时代，土地(一种不动产)被认为是最重要的一种财产，所以制定了详细的规定来保障有关土地的占有、使用和收益的权利”。土地上的权利是农民最基本的权利，关系到农民的生存问题。农村宅基地是农村土地的重要组成部分，是农民建造住宅的物质保障，是农民的安身立命之所。农村宅基地与农业用地对于农民的生产、生活有着同等重要的意义。宅基地使用权不仅是我国物权制度中的一种特殊形式，也是农民的一项最基本的财产权利。从经济学角度来看，在市场经济条件下，农村宅基地不仅具有生活保障功能，而且具有财富增长功能，表现为一种具有交换价值的资本，那么占有它就可以取得相应的利润，转让它就可以要求获得等价的补偿。确立农民为农村宅基地的所有者，赋予农民拥有完全的宅基地产权，那么在这种土地产权制度下，宅基地作为生产要素和农户财产，可以更好地发挥宅基地的基本功能，为农民提供生存发展保障和财富增长保障。

随着我国社会主义市场经济体制的建立和发展，城市化和工业化的进程不断向前推进，我国的市场经济体系也在不断发展和完善。土地作为市场中的一种特殊资产，其进入市场流通，受市场机制调节也成为一种必然。1990 年《城镇国有土地使用权出让和转让暂行条例》的出台，标志着我国土地使用制度的全面铺开，从此，国有土地使用权可以堂而皇之地入市流转。2002 年《中华人民共和国农村土地承包法》的颁布，使农用地使用权的流转也有了法律依据。与此相对照的是，我国农村集体建设用地使用制度的改革至今未能取得突破性的进展，宅基地使用权流转也始终被限制甚至禁止。农村集体建设用地（包括宅基地）不能上市流转，不利于土地的高效集约利用，造成土地资源的浪费；农民的土地财产权利也无法得到有力的保障，给社会的长治久安带来了隐患。事实上，随着城镇国有土地使用制度改革的深入和城市化、工业化进程的加速推进，农村宅基地自发进入土地市场隐形流转已成为一种普遍现象。虽然农村宅基地隐形入市，引发了土地市场秩序混乱和土地管理困难等问题，但客观上有利于农村吸引资金、盘活土地资源和发展经济，这一现象还反映了农村和农民利用土地进入市场以发展经济和改善生活的合理要求。

党的十七大报告明确提出，要深化对社会主义市场经济规律的认识，从制度上更好发挥市场在资源配置中的基础性作用，形成有利于科学发展的宏观调控体系。禁止农村宅基地流转，没有农村宅基地流转市场，就排斥了市场在资源配置中的基础性作用，农村宅基地的利用和流转就失去了市场驱动、市场约束和市场服务，就不可能实现农村宅基地节约集约利用的目标。实践的发展迫切要求解决宅基地使用权能否流转以及如何流转的问题，对宅基地使用权流转采取简单否定和断然封杀的做法已不符合时宜。赋予农民完整的土地财产权，亦即农村集体土地使用权（包括宅基地使用权）可以自由流转，不仅有利于土地资源的优化配置，而且可以缓解国有土地和农村集体土地两种不同所有权法律地位悬殊的问题；而且更重要的是，只有当农民拥有了完整的土地财产权，才有可能获得政府的产权保护。允许宅基地使用权流转，实现城乡建设用地接轨，是进一步深化土地市场化改革、规范土地市场秩序的必然选择。旧的法律制度框架已经无法适应经济发展对农村宅基地的需求,宅基地使用权流转制度的改革已成为广泛关注的热点和难点。

本书试图通过对宅基地使用权流转问题的研究,达到以下两个目的:一是通过分析璧山县农村宅基地流转存在的问题以及流转的障碍试图探索流转需要解决的几个问题:即必须尽快完善农村宅基地流转的政策和法律依据,建立健全农村宅基地使用权合理、规范的流转途径。二是探索璧山县规范农村宅基地使用权流转应采取的对策和管理措施,通过从政策上引导、管理上加强,健全调控机制和手段,使璧山县农村宅基地使用权流转走上规范有序、健康发展的道路。

本项研究的意义在于:第一,针对我国城乡二元经济结构的特点,揭示在其流转过程中与农村劳动力转移的互动关系,丰富城乡协调和生产要素合理配置理论。第二,是为国家有关部门制订有关法律法规提供政策建议,促进有关宅基地流转的法律制度早日出台,解决当前宅基地使用权流转无章无序的现实问题。第三,通过对璧山县农村宅基地流转的主要影响因素分析,揭示其存在的问题、障碍性因素等,并有针对性地提出激励措施,为该地区"三农"问题和人地矛盾的缓解、城乡差距的缩小和统筹发展提供依据。

2. 国内外研究综述

1)对农村宅基地产权结构的研究状况

从物理学的角度而言,任何房屋都是建立在特定的土地之上的,它不可能独立于土地之上而成为空中楼阁。从各国的立法来看,房地产的产权结构主要有以下几种:其一是以德国、瑞士民法为代表,认为房屋与土地不可分,房屋应为土地的一部分,不能成为独立的不动产。如《德国民法典》第 94 条第 1 款规定:"附着于土地上的物,特别是建筑物,以及与土地尚未分离的生产物,属于土地的主要组成部分。"《瑞士民法典》第 667 条第(2)项规定:"除法律保留的限制外,土地所有权及于全部建筑物、植物及泉水。"这是一种将房屋与土地视为一物,其中土地被视为主物,房屋被视为从物的制度。其二是以日本民法为代表,认为土地和定着物都为独立的不动产,定着物可以独立于土地而存在,并不是附着于土地的财产。我国台湾民法也认为"在他人土地所有建筑物或其他定着物,为独立的不动产"。

我国没有明确规定土地与房屋是主从物关系还是独立的两个物,但从《宪法》、《民法通则》、《土地管理法》等法律规定看,可以确定:我国的土地所有权或归国家所有,或归农民集体所有,房屋则可以成为公民的私有财产。如我国宪法

第 10 条规定:"城市的土地属于国家所有。农村和城市郊区的土地,除由法律规定属于国家所有的以外,属于集体所有;宅基地和自留地、自留山,也属于集体所有。"第 13 条规定:"国家保护公民的合法的收入、储蓄、房屋和其他合法财产的所有权。"故根据上述宪法规定,土地的国家所有、集体所有与房屋的公民个人所有之间可以并存,即我国法律承认建筑物所有权与土地所有权可以分离的原则。由于在我国,任何单位或个人均无权处分土地所有权(集体土地经征用转为国有土地的除外)。土地所有权制度,体现得更多的是一种象征意义。故就房屋的处分而言,主要涉及了房屋项下的土地使用权的处置,在城市,涉及了国有土地使用权的处置,在农村则涉及了农村宅基地使用权的处置。根据我国现行立法的规定,可以确认我国农村房屋的标的物产权结构为:房屋所有权+农村宅基地使用权。因此,探讨农村房屋产权的流转涉及了农民对自身拥有的房屋所有权及农村宅基地使用权的处分权能问题。

2) 对农村宅基地流转的研究状况

在国外土地经济学和土地法学的研究中,很少使用土地流转这个词汇。这与他们很早就实行市场经济体制有关,在市场经济条件下,只要产权关系清晰,对土地可以自由买卖、租赁、抵押等。因此,在土地流转的领域,研究较多的是土地的买卖、租赁、抵押等方面。英国重商主义学派经济学家威廉·配第的地租理论、李嘉图创立的差额地租学说、德国农业经济学家屠能创立的区位农产品价格变异和地租学说等理论和学说,在土地流转方面有重大价值。较早对土地流转进行系统、深入研究的经济学家有马克思和恩格斯。

马克思认为,经济流转是市场经济的必然结果,所流转的是经济价值。生产资料的分配和生活资料的分配,是经济流转中最主要和最重要的领域。土地本身虽然不能移动,但土地的权利可以转移。因此土地权利流转是整个经济流转中极为重要的组成部分。土地产权本质上是一种法权关系,而土地所有权在经济上的实现形式就是地租,从而建立了马克思的地租理论。马克思的这些企业、产权和地租理论至今仍放射着灿烂的光辉,对我国的土地流转、土地使用制度改革发挥着极为重要的指导作用。到了现代,随着市场经济的发展和经济理论研究的现代化,许多重要的经济学家如保罗·萨谬尔森、曼昆、威廉·诺得豪斯等是把土地和资本放在一个章节中进行研究的。此外,新制度经济学的交易费用理论、企业和企业契约理论、信息理论等,对于促进我国土地流转的理论研究和制度建设,也有一定的借鉴意义。

我国对宅基地使用权流转问题的理论研究,主要开始于 20 世纪 90 年代中后期,研究的重心主要体现在对两个问题的回答上:一是农村宅基地是否应该进入市场,即宅基地使用权入市是否具有合理性和必然性。二是农村宅基地应该怎样进入市场,即宅基地使用权有序流转的制度设计问题。

综合国内学术界的研究情况及各地实践,在对第一个问题的回答上,主要有两种相互对立的观点:一种观点认为,农村宅基地不得流转或要严格限制流转条件。主要理由有:一是允许宅基地使用权市场化流转可能会引起一系列不容忽视的严峻问题,禁止宅基地使用权自由流转是为了使农民"居者有其屋";二是为了保证农民不会成为进入城市的无业游民,造成两极分化,影响社会稳定;三是宅基地使用权建立在农村集体土地所有权之上,个人无权把宅基地使用权转出集体之外;四是允许宅基地使用权自由流转,可能会诱使农民集体或个人将大量的耕地转为非农建设用地,从而对耕地保护带来影响;五是城镇居民在农村购买宅基地一般不是满足基本居住要求,将导致农村土地的浪费,而且城市居民"入侵"农村会造成"乡土社会"的解体,造成中国社会基础失衡。而另一种观点则认为,应允许宅基地使用权自由流转或放宽对宅基地使用权流转的限制。主要理由有:平等为民法的基本原则,对物权同样应当实行"同地同权",不能人为造成同样用于居住目的的城镇建设用地使用权和宅基地使用权的不平等,此种不平等实质上是在剥夺农民的财产;二是消除城乡二元社会是一个长期的任务,允许宅基地使用权流转有利于农村劳动力进入城市和城市人口反向流到农村,有利于城乡协调发展;三是禁止宅基地使用权流转是建立在人口不流动的自然经济假设基础上的,带有浓厚的计划经济色彩,会阻碍市场经济体制的最终确立;四是农民发展生产需要资金,唯一可以取得融资的只有房屋和宅基地,如果再对这唯一可资利用的财产做禁止或限定,就会阻塞农民融通资金的基本渠道。

在采取何种方式流转以及如何加强对流转的规范管理问题上,即关于宅基地使用权流转的制度设计问题上,目前的研究还存在比较大的欠缺,主要是一些赞成宅基地使用权流转的青年学者,就宅基地使用权的流转模式、流转行为的规范以及相关配套措施,作了一些初步的探讨。

总体来说,国内外对宅基地使用权流转问题的研究远远落后于实践的需要。上述研究多是从实践中总结出的看法,理论成分尤显欠缺。并且,近几年来随着农村宅基地流转范围在全国的进一步扩大,存在的问题并没有得到很好的解决。在农村宅基地流转范围的确定、流转收益的分配以及相关制度的衔接方面,缺少系统的理论支持,因而需要我们在考察新形势的基础上,对宅基地使用权流转问题做更深入的探讨。

3. 研究思路和方法

1）研究思路

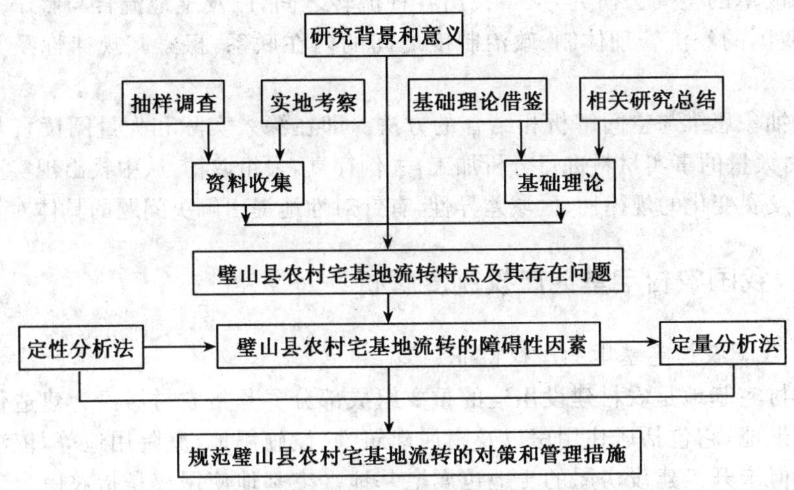

图 6.1 技术路线图

2)研究内容

农村宅基地使用权流转的成因研究；

农村宅基地使用权流转的含义和形式研究；

农村宅基地使用权流转过程中出现的问题、障碍研究；

完善璧山县农村宅基地使用权流转的对策和管理措施。

3)研究方法

①定性分析与定量分析相结合的方法。任何一个流转问题都是质和量两个方面，土地流转问题也不例外。如研究某一个方面的土地流转问题，必须要对土地流转所涉及的经济和社会关系的基本性质与特点作出基本判断，与此同时，也要对其量的表现和变化规律进行具体分析，并把两者密切结合起来，进而找出解决问题的正确途径。

②理论研究与实证分析相结合的方法。在工作实践中发现土地流转方面存在的诸多问题，然后找出解决这些问题的方法和措施。同时，在加强调查研究的同时，广泛学习中外有关学者的著述，奠定了比较厚实的理论基础。实践证明，仅仅有实践经验不行，仅仅有书本知识也不够全面，只有把理论和实践有机地结合起来，才能使科学研究取得成效。

③系统分析与专题研究相结合的方法。在研究土地流转问题时,不能孤立地进行,必须将各类土地流转综合起来进行研究,将其纳入整个土地制度乃至经济体制改革的全局去研究,从中找出各种流转之间,以及土地流转与整个土地制度、与我国的经济管理体制、政治制度之间的内在联系,探索其规律性及其运行机制。

④抽象思维与空间解析相结合的方法。即在深入实际和大量阅读资料的基础上,对大量的事实材料进行分析加工,去伪存真,去粗取精,从中找出现实土地流转问题发展变化的规律性、区域差异性,有针对性地提出解决问题的具体对策。

二、我国农村宅基地产权制度解析

1. 我国农村宅基地的产权特征

农村宅基地是农村建设用地的重要组成部分。是指农村居民为建造住宅而占用的土地,它包括居住用房以及附属建筑物、设施用地、庭院用地等,依法取得使用权但未开工建设房屋的土地也属宅基地。宅基地使用权是指农民为建设住宅而依法取得的对本集体所有的一定范围内的土地占有、使用和收益的权利。从我国现行的法律规定来看,宅基地权属性质具有以下特点:

1)集体所有,村民使用

农村宅基地是指在村庄范围内,农村村民住房、辅助用房(主要指杂物间、厕所、畜舍等)、院落以及村民日常生活、风俗习惯活动等涉及的用地。根据《中华人民共和国宪法》、《中华人民共和国土地管理法》、《中华人民共和国土地管理法实施条例》等法律法规,以及国土资源部《关于加强农村宅基地管理的意见》(国土资发[2004]234号)等政府规章规定,我国现行的农村宅基地产权制度的一个基本特征就是集体所有,村民使用。《中华人民共和国土地管理法》规定:"中华人民共和国实行土地的社会主义公有制,即全民所有制和劳动群众集体所有制。""城市市区的土地属于国家所有。农村和城市郊区的土地,除由法律规定属于国家所有的以外,属于集体所有,宅基地和自留地、自留山,属于农民集体所有。"国有土地和农民集体所有的土地,可以依法确定给单位或个人使用。使用土地的单位和个人,有保护、管理和合理利用土地的义务。农村宅基地是农民安居的用地保障,具有明显的社会福利性质。依据我国法律规定,农民能够无偿地获得宅基地使用权,获得基本的安居用地保障,这也是农村居民与城市居民相区别而享有的一种特殊保障。农民的宅基地在使用期限上没有限制,理论上是无偿占有,长期使用。由于房屋可以继承,所以宅基地实质上也可以继承。

2)依法拥有,集约利用

农村居民获得宅基地的使用权,必须履行法定的报批手续,经有关部门批准后才能取得。《土地管理法》规定了获取宅基地使用权的合法程序。具体的申请程序是,村民向所在的村民委员会提出申请审核,经村民会议或者农村集体经济组织全体成员讨论同意,经乡镇人民政府审核,由县级人民政府批准。十分珍惜、合理利用土地和切实保护耕地是我国的基本国策。由于我国土地资源有限,不可能给每个农户提供更多的宅基地,一户只能拥有一处宅基地,以保证基本的安居需要。因此《土地管理法》规定,“农村村民一户只能拥有一处宅基地,其宅基地的面积不得超过省、自治区、直辖市规定的标准。”为了集约节约利用土地,农村村民住宅建设应当按照村庄和集镇规划,合理布局,综合开发,配套建设。为依法实行土地用途管制制度,农村村民建住宅,应当符合乡镇土地利用总体规划,并尽量使用原有的宅基地和村内空闲地。

3)保障安居,限制流转

农村宅基地的功能是保障农民安居,而不是农民的家庭财产,因此法律规定宅基地仅限于本集体经济组织的成员享有使用权。农村村民申请宅基地只可向本集体经济组织提出,村民取得宅基地后只能建自住房,不可转让。《土地管理法》第 62 条第 4 款规定:“农村村民出卖、出租住房后,再申请宅基地的,不予批准。”《担保法》还规定了耕地,宅基地、自留地等为不得抵押的财产。由于宅基地主要是作为生活资料提供的,所以权利人不能将宅基地作为生产资料使用。宅基地使用权依房屋的合法存在而存在,并随房屋所有权的转移而转移。在买卖房屋时,宅基地使用权须经过申请批准后方可随房屋转移。村民房屋一经建成,宅基地使用权即由地面附着的房屋所有权来确定。房屋因继承、赠与、买卖等方式转让时,其适用范围内的宅基地使用权也随之转移。但是,如果国家建设需要征用土地的,或者村镇规划需要改变土地用途的,可以经过法定程序进行调剂或重新安排。据调查,由于受到法律法规的约束,我国农村宅基地流转难、规模较小。以重庆市璧山县为例,由于农村劳动力大量转移和城市化快速发展,目前该县农村待流转宅基地数量庞大,整户闲置的农房就有 8 526 户、宅基地面积为 7 913亩,其中通过转让、出租等方式实现农房流转的农户仅有 462 户、宅基地面积为 358 亩,其比例分别为 5.42%和 4.52%。

2. 现行农村宅基地产权制度的局限性

1)与促进农民财产性收入增长的意愿相冲突

考察中国历史,可以清楚地看到,数千年来,我国农民一直都有一个梦想,希望有一块土地属于自己，希望拥有一笔土地财富。1947 年 7 月 17 日，中共中央在河北省平山县西柏坡村召开了全国土地会议，会议的中心议题是“彻底进行土地改革”，会议通过了《中国土地法大纲》。该大纲明确规定，“废除封建性及半封建性剥削的土地制度，实行耕者有其田的土地制度。”“彻底平分土地的基本原则是：乡村中一切地主的土地及公地由乡村农会接收，连同乡村中其他一切土地，按乡村全部人口，不分男女老幼，统一平均分配，使全乡村人民均获得同等的土地，并归各人所有”。“分配给人民的土地，由政府发给土地所有证，并承认其自由经营、买卖及在特定条件下出租的权利”。《中国土地法大纲》的全面推行，掀起了土改运动的高潮，从根本上摧毁了封建制度的根基，广大农民翻身做了主人。在中国共产党的领导下，农民实现了自己的千年梦想，拥有了自己的土地财富。

土地本身承载了多种功能，在不同时期不同利益主体的视野里，其承载的功能是不同的。在社会主义初级阶段，对于农民来说，土地的基本功能应该是双重的，即为农民提供生存发展保障和财富增长保障。农民的财富在哪里？农民的财富增长源头又在哪里？“劳动是财富之父，土地是财富之母”，这是政治经济学的一个基本论断。农民的财产类别主要指土地、房屋、资金以及其他生活资料和生产资料等。农民的财产性收入，指农民对自己所拥有的财产，通过行使对财产的占有权、使用权、受益权、处置权等物权，而获得的相应收益，即农民对所拥有的财产通过出租、转让、入股分红和投资等方式所取得的资产增值收益。农民的财产额度，在一定程度上直接影响着财产性收入的多少。据调查，受农村经济社会发展水平和传统观念的影响，现阶段我国农户的财产主要集结在其拥有的住宅上。以重庆市璧山县为例，该县农户的房屋价值占其家庭财产价值总量的 62.6%，该地区农民的财产性收入比重严重偏低，平均不到其总收入的 1%（见表 6.1）。一般而言，一个地区越富裕，其居民的财产性收入就越多，占全部收入的比重就越大，居民财产性收入的多少，成为衡量一个地区是否富裕的重要标志，也是衡量一个政府是否关注民生的试金石。城镇建设规模的扩大和户籍制度的改革扩大了城乡互动交流，农民和城市居民对住宅流转的需要越来越强烈，统筹城乡发展客观上要求农民住房和宅基地能够实现商品化流转，农民也希望能够通过此行增加财富，降低入城定居的门槛。目前，我国农民的住宅财产化和财产性收入增长面临着农村土地产权制度、土地用途管制等方面的约束。我国农村宅基地属于集体所有，农民的房屋不是空中楼阁，只能附着在集体所有的土地上，所有权是一种绝对物权，土地使用权仅仅是源于土地所有权的一种权能。农村宅基地“集体所有，农户使用”，制约了我国农民的住宅财产化和财产性收入增长，这种产权制度剥夺了农民本可从其物权中得到的收益，这在一定程度上影响了农民财产性收入的提高。近年来，我国城乡居民收入差距持续扩大，与广大农民财产少、财产性收入严重偏低有很大的关系。毫无疑问，在我国社会保障未能覆盖农村之前，土地是农民最基本的生活保障。现行的农村宅基地产权制度仅仅强调了土地的社会保障功能，忽视了土地的财富增长功能，土地权益回归农民是实现农民社会保障和财富增长互动关系的必然要求，也是社会主义初级阶段我国广大农民的根本利益诉求。

2)与完善社会主义初级阶段基本经济制度的取向相冲突

我国现行的农村宅基地产权制度源于20世纪50年代，带有那个时代的烙印。1956年6月30日第一届全国人民代表大会第三次会议通过的《高级农业生产合作社示范章程》要求："入社的农民必须把私有的土地和牲畜、大型农具等主要生产资料转为合作社集体所有。社员的土地转为合作社集体所有，取消土地报酬。"1958年9月4日《人民日报》全文刊发了经毛泽东亲自修改的《嵖岈山卫星人民公社试行简章(草案)》规定，"各个农业社合并为公社，根据共产主义大协作的精神，应将包括土地在内的一切公有财产交给公社。在已经基本上实现了生产资料公有化的基础上，社员转入公社，应该交出自留地，并且将私有的房基、牲畜、林木等生产资料转为全社公有。"配发的《人民日报》社论指出，人民公社有别于以前的农业社，在所有制方向上必须进一步向"公有"发展。全部自留地、私有的房基、牲畜、林木等必须转为全社公有，其目的是要消灭生产资料的私有制残余。这个时期，我国农村土地政策进行了重大调整，全面实现了农村土地的集体所有制。其目的，一是要全面推进党在社会主义改造过渡时期的总路线，逐步实现国家的社会主义工业化，逐步实现国家对农业，对手工业和对资本主义工商业的社会主义改造。二是要消灭生产资料的私有制残余，抑制"农民个体私有，家庭自主经营"的农地政策引发的农村中农民贫富分化的现象，指导农民加速社会主义建设，提前建成社会主义并逐步过渡到共产主义。三是满足城市和工业对粮食和农产品原料的不断增长的需要，为推进工业化和城镇化提供大量的资金积累。上述表明，新中国早期的社会主义基本经济制度就是要实现完全的生产资料公有制、完全的按劳分配以及完全的计划经济。那个时期的农村土地制度反映了当时社会主义基本经济制度的价值取向。

时过境迁，改革开放30年，开辟了中国特色社会主义道路，形成了中国特色社会主义理论体系，我国取得了举世瞩目的发展成就，从生产力到生产关系，从经济基础到上层建筑都发生了意义深远的重大变化。我国基本经济制度改革取得了重大突破，建立了中国特色社会主义基本经济制度，改革开放30年的实践证明，中国特色社会主义基本经济制度符合社会主义初级阶段基本国情，符合新时期生产力发展要求。党的十七大报告明确提出，坚持和完善公有制为主体，多种所有制经济共同发展的基本经济制度，毫不动摇地巩固和发展公有制经济，毫不动摇地鼓励、支持、引导非公有制经济发展，坚持平等保护物权，形成各种所有制经济平等竞争、相互促进新格局。我国仍处于并将长期处于社会主义初级阶段的基本国情没有变，人民日益增长的物质文化需要同落后的社会生产之间的矛盾这一社会主要矛盾没有变。强调认清社会主义初级阶段基本国情，就是要坚持把它作为推进改革、谋划发展的根本依据，深刻把握我国发展面临的新课题新矛盾，更加自觉地走科学发展道路。从现行的农村宅基地产权制度来看，我国实行的是完全的公有制，这与坚持和完善我国基本经济制度的取向相冲突。

3）与集约节约利用土地资源相冲突

“保障安居，限制流转”是我国农村宅基地管理制度的重要内容，对于农村宅基地的转让，我国现行立法持严格限制的态度，目前农民的宅基地使用权只能在住房发生转让时，才可以随之一并转让，其他情形下的转让都是违反法律规定的。如此严格的禁止性规定与当前农村的实际情况极不相符。随着社会经济的发展，我国农村宅基地大量闲置，浪费严重的问题日益凸显出来。一方面，在城市化背景下，农村人口发生转移，大量剩余劳动力涌入城市；另一方面，受现行农村宅基地管理制度的约束，这些人原有的宅基地不允许流转，导致许多人的宅基地实际上处于闲置状态，甚至在许多地方还出现了所谓的“空心村”。在这种情况下，如果仍然坚持禁止宅基地的流转，那么一方面已经转移的人口还继续占有闲置的宅基地，另一方面新增的人口又只能通过重新划分的方式获得宅基地，这样不仅导致土地的实际利用效率大大降低，而且也不利于有效控制新增建设用地，从而减少农村土地尤其是耕地的流失。据调查，重庆市直辖十年，乡村人口由2 042.56万人减少到1 496.71万人，农村居民点用地由36.37万 hm^2 减少到36.02万 hm^2，即每减少一个乡村人口，仅减少农村居民点用地6.41 m^2。又据调查2006年重庆市每个乡村人口占用农村居民点用地240 m^2。可见，开展农村居民点用地的流转和整理是必要的。该市璧山县2003～2006年，农村人口减少了2.68万人，该县2006农村人均居民点占地面积为234.11 m^2，按此计算应该减少627.41万 m^2，但此期间农村居民点仅减少了26.68万 m^2。截至2006年底，璧山县有8 526户农户在城镇有了固定的收入，其农村的宅基地面积达到7 913亩（527.5 hm^2），农村宅基地闲置严重（见表6.1）。因此，从节约集约利用土地资源，提高土地利用率的角度出发，我们就不应当继续对农村宅基地的流转予以禁止。党的十七大报告明确提出，要深化对社会主义市场经济规律的认识，从制度上更好发挥市场在资源配置中的基础性作用，形成有利于科学发展的宏观调控体系。禁止农村宅基地流转，没有农村宅基地流转市场，就排斥了市场在资源配置中的基础性作用，农村宅基地的利用和流转就失去了市场驱动、市场约束和市场服务，就不可能实现农村宅基地节约集约利用的目标。

3. 推进农村宅基地使用权流转的积极意义

1)农村宅基地使用权流转有利于土地资源合理配置

相对于土地市场或交易，土地流转是一个模糊的概念。交易意味着市场主体的财产权利界定基本清晰，各方在交易中的地位平等，交易时等价有偿。而流转是在许多法定的财产权利模糊不清情况下的一种模糊定义。土地流转，即土地的转让和流通。按照其作用和性质的不同，土地流转可划分为土地功能的流转(土地用途的改变)和土地权利的流转两部分，但在法律上是指土地权利的流转。因此，从法律的视角来看，土地流转是指土地产权在不同权利主体之间的流动和转让，即土地所有权或土地使用权在不同主体之间的流转和转让。由于我国实行土地公有制，土地所有权的转换只限于国家对集体土地的征收，土地所有权不能自由流转，因此我国现阶段土地权利的流转，实际上是指土地使用权的转让和流通。

表 6.1　璧山县农村宅基地闲置情况统计表　　单位：亩

街道、镇、乡	户口属农村，在城里有固定产业、固定收入的				户口在农村，但在城镇购买有房屋的			
	户数	人口数	宅基地面积	承包地面积	户数	人口数	宅基地面积	承包地面积
璧城街道	5.93	18.4	1.9	5.52	33.13	102.73	6.64	30.81
青杠街道	25.93	70	4.14	28.01	43.2	116.67	6.79	46.65
丁家镇	0.4	1.2	0.6	0.81	0.4	1.13	0.6	0.81
三合镇	0.67	2	0.1	1.6	5.07	15.2	0.9	12.16
广普镇	8.07	23.4	1.79	18.71	14.93	43.33	4.04	34.65
正兴镇	21.4	62.07	4.08	55.85	25.33	73.47	4.41	66.12
大兴镇	16.4	47.53	10.49	38.05	22.8	66.13	13.8	52.89
福禄镇	6.8	19.73	4.69	17.75	27.53	79.87	5.01	71.86
河边镇	6.73	18.2	0.63	10.91	13.07	35.27	2.42	21.17
大路镇	26.07	73	5.04	43.79	29.93	83.8	5.07	50.29
七塘镇	22.27	64.6	3.18	45.2	25.13	72.87	3.85	51.02
八塘镇	1.07	3	0.14	2.39	10.6	29.67	1.74	23.75
健龙乡	11.87	33.2	5.58	23.26	17.13	48	4.87	33.58
合计	173.6	503.47	42.36	302.07	268.27	778	60.14	466.79

注：数据来源于璧山县国土资源和房屋管理局

土地使用权的流转，从本质上来说，是土地使用权的拥有者将土地使用权作为一种商品来让渡。按照权利源泉的不同，即以权利转出是否是所有人为标准，土地使用权的流转可划分为土地使用权的初次流转和土地使用权的再次流转，即我们通常所说的土地“一级市场”和“二级市场”。农村宅基地使用权流转的确切含义在目前的法律法规中没有明确的表述，理论界也没有一个比较统一的提法。根据土地使用权流转的相关理论，结合《农村土地承包法》中“农民的土地承包经营权可以采取转包、出租、互换、转让或者其他方式流转”的规定，可以将“农村宅基地使用权的流转”界定为：所谓宅基地使用权的流转，是指法定主体依法取得宅基地使用权后将该使用权以一定的方式处分，使其主体发生变化。这里的流转主要在“土地二级市场”进行，其实质是宅基地使用权主体的变动。农村宅基地是农村土地的重要组成部分，宅基地使用权是农民的一项最基本的财产权利，其开发利用也成为社会各界关心、关注和研究的重要课题，尤其是当前建设社会主义新农村，解决“三农”问题，许多学者都认识到：统筹城乡经济发展，走以城带乡、以乡促城、优势互补的城乡一体化发展之路，是从根本上解决“三农”问题的科学之举。要实现城乡一体化，就必须依靠和运用政府和市场的两只手，打破城乡二元分治的格局，激活各种经济发展要素，站在全局的高度创新和发展农村经济，在搞活农村资源利用上下工夫，实现城乡经济的共同发展。

土地是一种不可再生的稀缺资源。“劳动是财富的父亲，土地是财富的母亲。”土地的归属和利用直接影响到生活在土地上的人生的生存状态。从经济学的两个最基本的命题——稀缺性和合理性来考虑，稀缺性反映了人类愿望的无限性，意味着人们所欲求的总是远远多于实际所能供给的。稀缺性的存在就要求我们必须做出选择。合理性则是由于稀缺性要求我们作出选择，我们就以某种被我们信任为在有限的资源内给我们带来的最理想的结果方式行事。

据有关资料表明，目前全国2.4亿亩村庄建设用地中，“空心村”老宅基地闲置面积占10%～15%。全国大约有1 200万份宅基地和地上房产处于可转让但不能转让的闲置状态。而且，据我国城市化进程的分析资料估计：今后20年全国每年有1 200多万农村人口要转移到城镇地区。而以目前我国农村居民点人均用地153 m^2计算，今后20年，每年将有18.36亿m^2农村宅基地可能闲置不用，这是数量巨大的社会资源。以璧山县为例，随着工业化、城市化的发展，许多农民弃农经商、进城务工，并且有一些已经转为城市居民。2003～2006年，农村人口减少了2.68万人，据调查可知璧山县2006年农村人均居民点占地面积为234.11 m^2，按此计算应该减少627.41万m^2，但此期间农村居民点仅减少了26.68万m^2。我们的调查数据也显示璧山县农村宅基地和住房空置现象很严重。

从我国目前的土地利用状况来看，加强土地资源有效配置，提高土地利用效率显得尤为迫切。为了实现对土地利用的最大化，建立合适的流通体制是必然的选择。因此，允许宅基地使用权流转，是实现土地集约利用和资源优化配置的必要途径。

2)农村宅基地流转使用权流转有利于城乡统筹发展

我国作为一个正处在加速城市化进程中的发展中国家，城乡发展差距急剧扩大，统筹城乡关系成为经济理论与实践不可回避的问题，党的十六届三中全会明确地把“统筹城乡发展”作为“五个统筹”的第一位加以提出，使统筹城乡发展的理论创新和制度创新成为迫切的时代要求。近几年中央连续下发了5个涉农问题的“一号文件”，让人们看到了决策层解决“三农”问题的坚定决心。但我们应该认识到，农民生活水平的提高，一方面靠工业反哺农业、城市支持农村；另一方面更要靠农民、农村、农业本身向现代化、市场化方向迈进。前一方面主要依靠宏观层面上国家运用包括财政转移支付、税收减免在内的各种措施来完成，后一方面则依靠微观层面上各类权利主体地位的确立、取得、交易规则的完善并通过主体间的公平交易来完成。经过调查研究，笔者认为，农民增收难的原因是多方面的，但在对农民收入构成进行进一步分析之后，发现农民增收难的突出原因是收入渠道单一，收入结构不合理。农民收入主要由生产性收入(包括工资性收入、家庭经营收入)和非生产性收入(包括财产性收入、转移性收入)两大类共4种收入构成。从国家统计局提供的数据来看，家庭经营收入和工资性收入仍然是农民收入的主要构成部分，二者相加在农民收入中的比重1993年为95%，2000年为94%。转移性收入和家庭财产性收入两项合在一起仅占农民收入的比例一直维持在5%左右。

宅基地使用权流转恰恰是缩小城乡差距、建立和谐社会的重大举措。宅基地使用权作为农民的一项重要财产权利，法律赋予其充分的流通性，可以使农民获得参与市场积极活动的主体资格和行为能力，有利于农民改善居住环境和提高生活水平；有利于逐步消除城乡二元结构，促进资源在城乡之间合理配置。正如有学者所说，“农村宅基地流转的主要目的就是赋予土地商品属性，允许农村宅基地使用权进入土地交易市场，就可以通过公开、公平、公正的市场行为，使土地资源的价值得到真正体现，最大限度地增加农民收入，提高他们进城的经济承受能力，加快我国城市化进程的步伐。”推进宅基地使用权流转，是较“免赋”更大的农业政策调整，是联通城市资本、金融资本与农民资产的核心纽带，是市场化的结构灌输，是实现社会公平与正义的必由之路。

以璧泉村为例，抽样调查了10户存在房屋和宅基地流转现象的农户，图6.2

是他们的年人均总收入情况，从图中可以看出，他们的年平均收入接近 6 000 元，同期该地区农村家庭人均收入为 4 800 元，高出平均水平 1 200 元；另外其房屋和宅基地流转收益在其总收入中占较高的比重，约为 13.2%（该地区农民的财产性收入比重严重偏低，平均不到其总收入的 1%）。这充分说明了农村宅基地使用权流转可以最大限度地增加农民的财产性收入。

2005 年 12 月 31 日，中共中央、国务院下发《关于推进社会主义新农村建设的若干意见》。文件认为"三农"问题已经成为当前中国经济和社会和谐发展的主要矛盾之一，提出建设社会主义新农村是解决这一矛盾的主要方法，党的十六届五中全会提出建设社会主义新农村的美景——"生产发展、生活宽裕、乡风文明、村容整洁、管理民主"。"新农村建设"的提出，表明了决策层要根本解决我国"三农"问题的决心。近几年，中央连续下发几个"一号文件"，已经让人们看到政府在解决"三农"问题上的实际努力，农民得到了部分实惠。但是，光在"少取"上下工夫，不足以彻底解决"三农"问题。农民这几年的日子是好过了些，但是城乡差距依然很大。因此，如果继续关闭农村要素市场，限制农村宅基地和房屋产权的流转，维持城乡二元的房地产管理体制和运行模式，要实现这样一幅令人神往的"新农村美景"，无异于痴人说梦。因为，早在 300 多年前，英国著名经济学家威廉·配第就曾把土地称作"财富之母"。家庭联产承包责任制的实施和国有土地使用制度的改革充分印证了这一点。宅基地使用权流转是缩小城乡差距、建立和谐社会的重大举措，将具有身份依附性的福利性的集体土地使用权变成可以自由流转的资产，让农村住宅自由上市交易，使农民彻底挣脱土地的束缚，是解决"三农"问题的治本之策，也是建设社会主义新农村的必由之路。

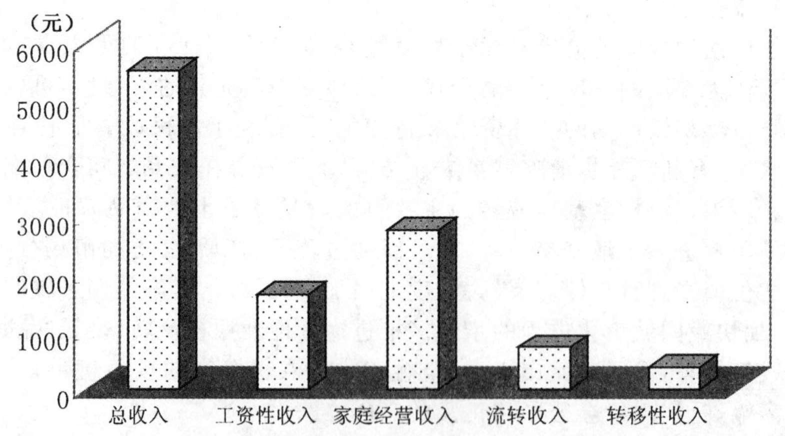

图 6.2　农村居民家庭人均年收入情况

3)农村宅基地流转是我国经济体制变革的必然要求

改革开放 30 年,开辟了中国特色社会主义道路,形成了中国特色社会主义理论体系,我国取得了举世瞩目的发展成就,从生产力到生产关系,从经济基础到上层建筑都发生了意义深远的重大变化。我国基本经济制度改革取得了重大突破,建立了中国特色社会主义基本经济制度,改革开放 30 年的实践证明,中国特色社会主义基本经济制度符合社会主义初级阶段基本国情,符合新时期生产力发展要求。党的十七大报告明确提出,坚持和完善公有制为主体,多种所有制经济共同发展的基本经济制度,毫不动摇地巩固和发展公有制经济,毫不动摇地鼓励、支持、引导非公有制经济发展,坚持平等保护物权,形成各种所有制经济平等竞争、相互促进新格局。我国仍处于并将长期处于社会主义初级阶段的基本国情没有变,人民日益增长的物质文化需要同落后的社会生产之间的矛盾这一社会主要矛盾没有变。强调认清社会主义初级阶段基本国情,就是要坚持把它作为推进改革、谋划发展的根本依据,深刻把握我国发展面临的新课题新矛盾,更加自觉地走科学发展道路。从现行的农村宅基地产权制度来看,我国实行的是完全的公有制,这与坚持和完善我国基本经济制度的取向相冲突。

经济体制的变革要求由市场配置资源,要求资源主体自主支配其财产,形成可流转的物权或财产权体系。农村村民的财产除承包地(农地使用权)外,唯有对宅基地的使用权。财产的匮乏使农民创造财富的机会减少,如果再对唯一的可资利用的财产做出禁止或限定,就使农民丧失了融通资金的基本手段。国家对耕地由承包到户到承包期限 30 年不变,再到现在物权化的趋势,无不体现对农民财产的尊重以及经济价值的体现。同样,宅基地使用权也不例外。现在农民以“市场经济人”的理念对宅基地使用权进行管理、使用,符合经济体制要求的资源利用形式。因此,过去宅基地使用权作为安身立命之需,而现在却作为财产,在农民手中充分实现其市场价值。党的十七大报告明确提出,要深化对社会主义市场经济规律的认识,从制度上更好发挥市场在资源配置中的基础性作用,形成有利于科学发展的宏观调控体系。因此,开禁农村宅基地流转,有助于发挥市场在资源配置中的基础性作用,提高资源利用效率,符合我国社会经济体制发展的要求。

所有的法律规范、法律制度和法律活动,归根结底都是以有效地利用资源,最大限度地增加财富为目的,也就是通过法律手段促进资源的优化配置。因此,现代物权法更强调对物的经济效益的价值追求,由过去单纯的强调归属转向对利用价值的追求。宅基地使用权作为一种用益物权,如果仅仅是确定其归属,则其财产的价值未能充分发挥。只有允许宅基地使用权流转,才能将资源流向有效的利用主体,实现资源的最优配置。因此,要实现对宅基地使用权的充分利用,除有明确的归属外,流转是实现价值的有效途径。

三、璧山县农村宅基地使用权流转现状分析

1. 璧山县农村宅基地使用权流转特点

1)总体规模小

璧山县农村宅基地流转还不成规模,与其闲置情况相比,流转规模较小。由于人口流动和城市化发展,目前全县农村的待流转宅基地数量惊人,仅整户闲置的房子就有 8 526 户,其宅基地面积为 1 913 亩;另外,现在农村人均占有房屋 2.5 间,而实际上人均占有 1.5 间已足以满足其生产生活需要,照此计算,璧山全县约有 33.73 万间房屋等待流转。我们选取了发达、一般和不发达三类乡镇,发达的乡镇有璧城街道、青杠街道;一般的有正兴镇、河边镇;欠发达的有三合镇。这三类乡镇都存在着严重的宅基地闲置情况,但是流转规模与等待流转的数量相比还是很小。调查结果显示,总计只有 20%的村庄实际存在着房屋出租情况,出租户数在 10 户以上的村庄仅占 11%,出现住宅买卖情况的村庄更少。

表 6.2 璧山县农村宅基地与农民住房流转情况

镇、街道	村庄	总户数	非常住户数	买卖户数	出租户数	交易比例(%)	潜在交易比例(%)
璧城街道	璧泉村	1549	100	3	500	32.5	50.0
青杠街道	来凤村	900	150	5	45	5.6	16.7
正兴镇	曙光村	980	196	14	33	4.8	20
河边镇	浸口村	1223	300	13	54	5.5	24.5
三合镇	新场村	1080	120	16	21	3.4	11.1

说明:该地区宅基地与农民住房流转的主要形式为买卖和出租住房,因此定义交易比例=(买卖户+出租户数)/总户数;潜在交易比例按交易形式不同也有不同的定义:以出租为主的定义流动人口占总人口的比重,买卖为主的则定义为非常住户非常住户数占总户数的比重。

据调查,京郊大部分村镇的宅基地流转案例占宅基地总数的 10%左右,有的甚至高达 40%以上。山东省经济学院不动产法研究中心在 2006 年假期曾组织学生对全省农村宅基地使用和流转情况进行了抽样调查,调查涉及全省 17 地(市)的 42 个县、42 个村庄。调查结果显示,总计 51.3%的村庄实际存在着房屋出租情况,出租户数在 10 户以上的村庄占 30%;总计 68.9%的村庄实际发生过住宅出卖情况;实际出卖住宅 10 户以上的村庄占 26.5%;其中,75%城乡结合部地带的村庄实际发生过住宅出卖情况,实际出卖住宅户数在 10 户以上的占

43%。但是即使在壁山近郊的壁城街道，村庄实际发生过住宅出卖情况的也仅仅占50%，实际出卖住宅10户以上的村庄比例更小，不足20%。由此可见璧山县的流转规模与此相比明显较小。

2）流转形式多

买卖房屋：随着社会经济的发展和城市化进程的推进，不少务工经商的农民逐步向城镇集聚，取得一定的经济收入后在城市购买商品房，而将原农村住宅连同宅基地出售给他人居住或用作经营场所。据调查，买卖后房屋所有权证发生转移，通常还由买方出资修葺房屋甚至改造房屋结构，部分房屋的用途转变为商业用房。从交易主体看，这种情况主要是成员之间的买卖。有的农村居民农转非后，留下房屋无人居住；有的农户因婚丧嫁娶一户有多处宅基地和房屋，长期无人居住，于是出售给那些急需建房又无处安排的本村居民居住。如三合镇新场村的一栋房子，修建于1986年，建筑面积为240 m^2，在2000年时售出，售价为15 000元。

出租房屋：调研发现，农宅出租是最为普遍的流转形式，即村民在依法取得的宅基地上建成房屋后，将房屋整体或部分出租，个人获得利益，承租人将其作为住宅、办公、休闲、仓库或其他经营服务场所，在出租房屋的同时也出租了宅基地的使用权。据调查，出租房屋以居住用途为主，在流转前后一般不改变房屋的用途，房屋所有权仍归出租人所有。由于租金水平随着房源紧缺和农村经济发展不断提高，出租期限较短，一般为1～2年，甚至更短的几个月，租赁到期后按照最新租金水平再续约。以璧山县璧城街道璧泉村为例，璧泉村共有1 549户，总人口为3 621人，村常住人口约占总人口的30%，所以有大量的房屋空闲。另外该村交通位置优越，紧靠城区，城市的快速发展膨胀，引致大量流动人口的涌进，由于我国廉租屋等配套人口流动的制度缺陷，导致郊区城乡结合部地带的农民房成为流入城市的低收入人群的栖息地。据了解，该村有500多户的房屋出租，其租金高低不等。老房子一般为每间每月50元，新房子稍高些，为80～100元/月。

国家征收宅基地：因开发区或者基础设施建设需要征占农民宅基地而将农村部分居民搬迁，原宅基地改作他用。如璧山县廉租住房建设工程建设中，需要占用部分的农民必须搬迁。

政府的新居工程：传统的农村住房供求模式是当住户有住房需求时，向村民小组或村民委员会提出建房申请，申请建房用地，经上级主管部门批准后无偿提供宅基地，农民自筹资金建造新房，基本上是“自给自足”的供求模式。而进入由政府统一规划、统一建造的居住点后，宅基地或被收回，或置换为耕地。如璧城街道团堡村，统一规划修建了一座“五保家园”，占地 1 500m^2，有 10 户五保老人居住，村集体将其原有的宅基地收回。

3）区域差异大

我们的调查分别选取了发达、一般和不发达三类乡镇，发达的乡镇有璧城街道、青杠街道；一般的有正兴镇、河边镇；欠发达的有三合镇。

农民房屋出租活动在璧山近郊较远郊更为活跃，由表 6.2 可以看出璧泉村的房屋出租比率为 30%左右，而最远的三合镇出租房屋的比例较低，并且仅仅在城镇范围内才有。从距离县城的远近看，流转活跃程度（以交易比例衡量）从璧城街道、青杠街道、正兴镇、河边镇到三合镇依次递减，说明区位因素是农村宅基地流转的主要动力之一，离城市距离越近流转活动越活跃。

宅基地和农民住房的短期租赁行为主要集中在近郊，长期租赁和买卖房屋的行为主要发生在远郊且风光秀丽区域。近郊也有少量的农民住宅买卖行为，多数是农民农转非后到城市购买商品房，出售原有的农村住宅；例如在璧城街道出租行为很多，买卖的却很少见；而在较远的三合镇，买卖比例稍微偏高。其主要原因是，这些工业相对不发达，外来人口不多，短期租赁行为较少；另外，对农民而言，新建房屋是一笔很大的开销，因此，有相当一部分人会购买本集体内空闲出的房屋居住，从而节约费用。调查中也发现由于承包地的流转，一些农业大户为了方便生产管理需要到承包地流转较为明显的地区长期居住。

农宅买卖价和租金，随流转活跃程度而变，区位影响更为明显。据调查，目前一间房的年租金，在璧城街道为 600～1 200 元，在正兴镇每栋房子的年租金只有 1 000 元左右。

2. 璧山县农村宅基地使用权流转的原因

1）工业化、城镇化是宅基地使用权流转的外在推力

工业的持续、快速、稳定发展，城市化的加速推进，促进了全国范围大规模的人口流动：大量农村剩余劳动力纷纷由西部地区流向东部地区，由农村流向城市。这样，一方面导致农村大量宅基地和房屋长期闲置不用，从而成为潜在的市场供给；另一方面，又促使城镇规模不断扩大，城镇人口不断扩张，从而使城镇居民对农村宅基地和住房的需求与日俱增。农村人口的流动、城市化快速推进形成的空闲宅基地，为宅基地流转市场的形成提供资源储备。从某种意义上说，流转的标的物已经形成，只是市场尚未建立。而我国现有法律对农村宅基地使用权流转的限制已远远落后于现实的需要，从而刺激了大量的宅基地私下流转现象的发生，而正是这种非法的宅基地私下流转现象，将会进一步推动我国宅基地

使用权流转制度的改革和完善。

近年来，璧山县劳务输出发展强劲，规模迅速扩大。到2006年底累积转移农村劳动力17.2万人，占农村劳动力（29.79万人）的57.7%，占农村总人口（33.73万人）的51%。其中离乡不能在家居住的占农村劳动力的52%，占农村总人口的46%。随着农村劳动力的转移，农村闲置宅基地日益增多，这为其流转提供了前提条件。

2）农民对财产权利的追求是宅基地使用权流转的内在动力

市场经济体制下，任何经营行为首先考虑的是经济利益问题。农民作为市场经济的主体之一，当然也追求自身财产价值的最大化。目前，农民对财产的权利一直处于相对弱势。农民的财产除承包地（土地承包经营权）外，最有价值的是对宅基地的使用权及其对房屋的所有权。如前所述，大规模的人口流动乃至迁移，农村人口加速城镇化，是我国经济社会发展的必然趋势。一些农民因到城市务工和居住而需要出转让其承包地和宅基地，以便置换成进城创业、定居的“资本”，这是他们实现自身财产权利的合理诉求。然而，宅基地使用权流转却受到国家法律和政策的严格限制。禁止宅基地使用权流转或严格流转条件不利于农民宅基地的保值增值。“换句话说，即使在农民宅基地附近高楼林立，土地价格一涨再涨，由于法律规定农民宅基地不得转让，所以农民很难从宅基地获得任何收益。”相比之下，城镇上的国有土地使用权能够自由流转，国有土地价格节节攀升，真正实现了它的保值增值，而农村宅基地使用权由于禁止流转或严格流转条件而变成“死产”，这实际上严重损害了农民的财产利益。因而从某种意义上来说，宅基地使用权的自发流转，是农民对现行不合理的宅基地流转制度的无言抗争。

据调查，受农村经济社会发展水平和传统观念的影响，现阶段我国农户的财产主要集结在其拥有的住宅上。以重庆市璧山县为例，该县农户的房屋价值占其家庭财产价值总量的62.6%，该地区农民的财产性收入比重严重偏低，平均不到其总收入的1%。

3）低廉的价格促进了农村宅基地使用权的流转

宅基地使用权的原始取得（使用）均是无偿的，则其流转的成本必然与昂贵的国有土地使用权形成巨大反差。城市土地市场经过几年的运作与完善，已经形成较为合理的配置，留给投资者的利润空间已经很小。况且，现在的城市土地市场已经形成较为饱和的局面。因此，投资者正逐步由城市转向城市郊区，进而是广大的农村低廉的土地。对于需求者而言，在都能满足自己工作需要的情况下，当然会选择花费较低的居住方式。由图6.3可知，在近郊居住的花费大大低于在县城居住，因此，需求者也愿意在近郊选择房屋来居住。

表 6.3　璧山县农村居民收入结构统计表　（单位：元）

年份	总收入	工资性收入		家庭经营收入		财产性收入		转移性收入	
		金额	比重%	金额	比重%	金额	比重%	金额	比重%
2001	3 268	807	24.69	2 140	65.48	39	1.19	282	8.63
2002	3 638	925	25.43	2 373	65.23	23	0.63	317	8.71
2003	3 804	1 043	27.42	2 443	64.22	28	0.74	290	7.62
2004	4 311	1 230	28.53	2 693	62.47	38	0.88	350	8.12
2005	4 765	1 488	31.23	2 884	60.52	41	0.86	351	7.37
2006	4 799	1 636	34.09	2 746	57.22	27	0.56	390	8.13

注：数据来自璧山县统计局

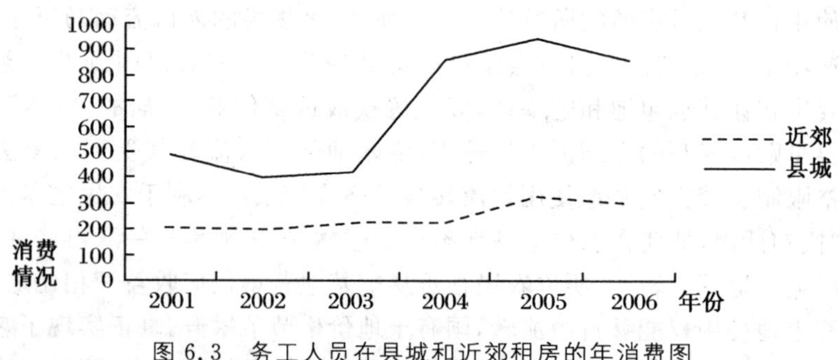

图 6.3　务工人员在县城和近郊租房的年消费图

3. 璧山县农村宅基地使用权流转存在的问题

1）暗箱操作多，流转不规范

随着市场经济的发展和经济体制改革的深入，客观存在的土地市场供求关系使宅基地的流转无法制止，但现行法律法规对其有严格的限制，导致当前农村宅基地的转让多为私下进行。这种“暗箱操作”、随意定价的转让行为使本来属于村集体所有的土地收益在隐形交易中大量流入买卖双方手中，造成了集体土地资产收益的大量流失。

宅基地的隐形流转不利于集体资产和农民利益的保护。农村宅基地和住房的流转是既定事实，但现实中，宅基地流转多为隐形流转、随意定价。一方面，宅基地的价值不能体现。现实中，农房的出租或者转让，仅是房屋的收益，宅基地近乎无偿使用。这也是农村住宅价格低廉的主要原因。另一方面，集体经济组织所有权不能得以体现。宅基地所有权归集体经济组织，农民只有宅基地的使用权，因此宅基地和农房流转的收益理应在集体和农民之间分配。但现实中，出租或出售住宅的所有收益都归个人所有。即使集体想要分配增殖收益,在现行条件下,也是合情不合理的。

我们在乡镇国土所以及村办公室了解到,现在的宅基地交易一般没有经过村集体的同意,直接在私下进行。宅基地所有权归集体所有,其上的房屋属私人财产,因此,村集体也应当从中获取一定收益。以璧城街道璧泉村为例,该村大约有 500 多户的房屋出租,年租金约 90 万元,这些收益由于隐形交易都归个人占有,这既造成了集体资产的严重流失,同时也增加了宅基地管理的难度,引发了诸多宅基地交易的矛盾和纠纷。

2)交易纠纷多,法律冲突大

在调查中,广大农村干部群众、农业大户和龙头企业普遍反映,影响该县农村土地流转和规模经营的第一制约因素是现行法律法规的约束。《中华人民共和国土地管理法》、《中华人民共和国农村土地承包法》、《国务院关于深化改革严格土地管理的决定》(国发[2004]28 号)、《国务院关于加强土地调控有关问题的通知》(国发[2006]31 号)等法律法规,对土地权属管理、土地用途管制、耕地和基本农田保护、建设用地供给等涉及农村土地流转和规模经营的重大问题,都有明确规定和要求。

农村宅基地流转从流转条件、范围、方式、期限、收益分配及流转后土地产权关系的调整等方面,均缺乏明确的法律法规及政策的规定和指导,这就增加了管理的难度。而且大量宅基地流转私下进行,扰乱了市场的正常秩序。自发流转行为和结果受法律保护,当转让、出租行为发生后,无法律的约束和保障,双方一旦发生矛盾和纠纷,各执一词,往往酿成重大社会案件,影响农村社会稳定。

3) 劳力转移多,流转比例低

据调查,1996～2006 年璧山县农村劳动力转移指数从 16.26 增加到 50.99,其增长速度较快,而同期宅基地流转指数的增长速度却较为缓慢,仅从 2.55 增加到 5.98(见图 6.4)。也就是说,虽然农村劳动力转移了出去,但是其农村宅基地并没有随其相应转移而进入市场流转,农村宅基地流转明显滞后于农村劳动力转移,二者发展不协调,从而加剧了农村宅基地的粗放利用。就全国范围来看,随着城市化进程的迅速发展,自 20 世纪 90 年代以来,我国每年大约有 1 500 万农村人口成为城市居民。由于大批农村人口进城,在很多乡村地区出现了“空心村”现象。资料显示,我国东部发达地区农村中大约有 5%～10%的农村家庭已经在省城、县城和众多的建制镇定居并购买了商品房。但他们在定居城镇的同时仍然保留和闲置着原有农村宅基地和地上房产,目前大约有 1 200 万宗宅基地和地上房产处于可转让但不能转让的闲置状态,这对社会来讲是一种巨大的浪费。从璧山县来看，1996～2006 年，农村人口减少了 11.3 万人，据调查该县 2006 年农村人均居民点占地面积为 234.11 m^2，按此计算应该减少 2 645.4 万 m^2，但此期间农村居民点反而增加了 126.7 万 m^2。由此可以看出无论是全国还是璧山县都存在这种不协调发展状况，农村宅基地流转的滞后发展造成了土地资源的闲置和粗放利用。

4)产权意识乱，市场体系弱

目前我国农村宅基地无偿使用，无疑增加了农村宅基地的需求。而城市土地有偿使用，必然造成城市土地使用者向农村蔓延，扰乱了城市土地市场并加强了对城市周围土地的占用。再加上区域土地价值差异，造成城市周围尤其是大城市周围人口过分密集，加重了大城市负担，又不利于小城镇发展。而且，几十年土地无偿使用的心理积淀使人们对土地产权的观念极其淡薄。调查中发现，农民对于土地权属问题认识不够，混淆了土地所有权和使用权，潜意识里认为地上物属于谁，土地就归谁使用，土地产权就归谁，谁就有权处理土地，因而发生流转时也无需办理什么合法的用地手续；现实的原因与利益驱动紧密相关，当人们认识到土地的资产价值，认识到通过流转可以获得巨额收益时，交易的积极性被极大的调动起来，于是“隐形”土地市场“规模急剧扩大”，又极其普遍地存在，“土地隐形市场禁而不死，打而不死”是土地市场中存在的首要问题。

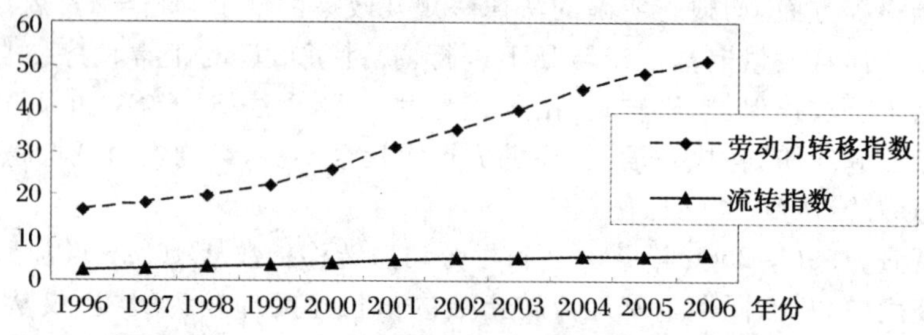

图 6.4 农村劳动力转移与宅基地流转的变化趋势图

四、璧山县农村宅基地流转的障碍性因素分析

1. 模型及变量设计

我们利用璧山县农户调查资料对农村家庭放弃宅基地使用权的决策进行了估计。农村宅基地的流转牵涉到的是整个家庭，因此，家庭特征因素对其有一定的影响力。表 6.5 列出了模型中变量的定义。用于解释愿意放弃宅基地使用权决策的变量分为 3 个类型：收入变量、家庭特征变量以及土地制度变量。收入变

量主要反映绝对收入和相对经济地位变化对迁移决策的影响，家庭特征则反映了家庭结构、家庭现有财产以及家庭预期收入等对决策的影响，土地制度变量则主要反映承包地经营权和宅基地使用权对决策的影响。Probit 模型在估计时通常假设各观察值之间是相互独立的，然而这一假设往往不合理。为此，我们在估计时使用稳健标准差(Robust Standard Error，RSE)。所以，点估计虽然没有什么差别，但是置信区间与假定家庭决策相互独立的情况有所差异。表的最后一列反映的是 X 的变化对家庭决策的影响概率。

表 6.4　农民家庭基本情况调查表

调查户数	平均家庭规模(人)	户均劳动力(人)	平均受教育年限(年)	年外出劳动时间(月)	平均月工资(元)	平均月消费支出(元)	人均承包地面积(hm^2)	人均生产性固定资产值(元)	人均使用房屋间数	人均使用房屋价值
200	2.98	1.94	8.44	10.5	889	358	0.053	790	2.5	3 950

注：数据来自璧山县农村抽样调查

表 6.5　模型中使用变量的解释

变量类型	变量名	变量解释
决策变量	是否迁移	是否放弃农村宅基地使用权搬进城镇居住
收入变量	绝对收入	家庭没有迁移时的绝对人均年收入(元)
收入变量	绝对收入的平方	绝对收入的平方项
收入变量	相对经济地位下降	在村里的相对经济地位收入(元)
收入变量	相对经济地位下降的平方	相对经济地位下降收入的平方项
家庭特征变量	供养系数	(0～14 岁＋65 岁以上人口)/15～64 岁劳动人口
家庭特征变量	劳动力平均年龄	家庭中 16 岁以上、65 岁以下的人口数的平均年龄
家庭特征变量	劳动力平均受教育年限	接受正规教育的年限(年)
家庭特征变量	劳动力平均非农工作经验	从事非农工作的年数(年)
家庭特征变量	受高等教育人数	接受正规教育＞15 年的人数
家庭特征变量	帮助人	家庭中主要的帮助人数(人)
土地制度变量	耕地	家庭的耕地面积(亩)
土地制度变量	房屋和宅基地	家庭现有房屋的价值(元)

2. 结果分析

1)农户收入变量影响

从表 6.6 可以看出，在控制了绝对收入以及其他影响决策的因素以后，反映相对经济地位下降的变量均处于显著水平，相对经济地位下降的系数显著为正，表明当某农户在居住地感受到的相对经济地位下降程度越强，他愿意放弃宅基地使用权搬进城镇居住的动机就越强。同时，系数值达到0.41也说明相对经济地位下降对于其决策起到了重要的作用。相对经济地位下降的平方项为负，也与该地区的特征有关。我们知道，相对经济地位反映的是某家庭的收入在村中的相对水平，收入水平越低，相对经济地位下降的程度也越高。因此，当相对经济地位下降达到一定程度时，将失去迁移的能力。

绝对收入的系数为0.87，且处于显著水平之上，这说明绝对收入对决策也是必要的条件。一定的收入，不仅使他们有能力支付搬迁的成本，而且也有利于提高抵御决策风险的能力。而收入平方项为负表明当绝对收入增加到一定水平的时候，人们倾向于留在原居住地。

2）家庭特征因素影响

供养系数、受高等教育人数的系数分别为−0.63和0.75，都处于显著水平，这说明供养系数对决策的影响作用较为明显。供养系数越低，搬迁后家庭的预期收入越高，搬迁的可能性就越高，反之亦然。而家庭成员受高等教育情况则在一定程度上保障其搬迁后的收益，调查发现，有受过高等教育的家庭的搬迁动力比没有受过高等教育的家庭的要强。另外，劳动力的非农就业经验以及受教育年限对其也有一定的影响，一般来说非农就业经验丰富、学历高者能比较容易找到好工作，他们搬迁到城镇以后生活的保障力度较强。

表6.6　模型中使用变量的标准差表

<table>
<tr><th colspan="2">变量及参数类型</th><th>系数</th><th>RSE</th><th>P>|Z|</th><th>DF/DX</th></tr>
<tr><td rowspan="4">收入变量</td><td>绝对收入</td><td>0.87</td><td>0.096</td><td>0.00</td><td>0.045</td></tr>
<tr><td>绝对收入平方</td><td>−0.19</td><td>0.024</td><td>0.00</td><td>−0.01</td></tr>
<tr><td>相对经济地位下降</td><td>0.41</td><td>0.091</td><td>0.00</td><td>0.021</td></tr>
<tr><td>相对经济地位下降平方</td><td>−0.51</td><td>0.0092</td><td>0.00</td><td>−0.0027</td></tr>
<tr><td rowspan="6">家庭特征变量</td><td>供养系数</td><td>−0.63</td><td>−0.087</td><td>0.00</td><td>0.00</td></tr>
<tr><td>劳动力平均年龄</td><td>0.1</td><td>0.058</td><td>0.081</td><td>0.00553</td></tr>
<tr><td>劳动力平均受教育年限</td><td>0.069</td><td>0.02</td><td>0.001</td><td>0.0036</td></tr>
<tr><td>劳动力平均非农工作经验</td><td>0.23</td><td>0.051</td><td>0.00</td><td>0.01.</td></tr>
<tr><td>受高等教育人数</td><td>0.75</td><td>0.089</td><td>0.00</td><td>0.00</td></tr>
<tr><td>帮助人</td><td>−0.0021</td><td>0.048</td><td>0.94</td><td>−0.00011</td></tr>
<tr><td rowspan="2">土地制度变量</td><td>房屋和宅基地</td><td>−0.62</td><td>0.049</td><td>0.00</td><td></td></tr>
<tr><td>耕地</td><td>−0.59</td><td>0.051</td><td>0.00</td><td>−0.031</td></tr>
<tr><td colspan="2">调整判定系数</td><td colspan="4">0.64</td></tr>
<tr><td colspan="2">样本数</td><td colspan="4">314</td></tr>
</table>

3)土地制度因素影响

①承包地经营权障碍　多数农村现行的办法是，凡户口迁移后，承包地就要收回，每个农民均有的一份集体财产更不能变现支付。从眼前利益来看，随着国家农业保护政策的实施，农业生产的利益逐渐提高。据调查，2006 年璧山县农民家庭农业经营收入为人均 2 746 元，占其总收入的 62.15%，同期承包地的平均租金约为 12 000 元/ hm^2，所以放弃承包地经营权就等于白白减少一笔收入。从长远来看，虽然“准市民”已经在城镇工作和生活，但是由于没有被纳入城镇社会保障体系，所以他们能够依靠的也只有承包地的社会保障功能，因此，按照现行的办法其实有的家庭已搬迁进城镇，他们也不愿意退出土地承包经营权。

②宅基地产权制度障碍　从现有法律、政策的规定来看，宅基地使用权的流转是受到严格限制的。《土地管理法》第四十三条规定：“任何单位和个人进行建设，需要使用土地的，必须依法申请使用国有土地。但是，兴办乡镇企业和村民建设住宅的，或者乡(镇)村公共设施和公益事业建设依法批准使用农民集体所有的土地除外。”第六十二条规定：“农村村民出卖、出租住房后，再申请宅基地的，不予批准。”第六十三条规定：“农民集体所有的土地使用权不得出让、转让或者出租用于非农建设。”《担保法》第三十七条也规定：“耕地、宅基地、自留山、自留地等集体所有的土地使用权不得抵押。”此外，我国法律虽未禁止农村房屋的转让，但农村住宅的流转却受到了国家政策的严格限制。《国务院办公厅关于加强土地管理严禁炒卖土地的通知》(国办发[1999]39 号)规定：“农民住宅不得向城市居民出售，也不得批准城市居民占有农民集体土地建住宅，有关部门不得为违法建造的住宅发放土地使用证和房产证。”2004 年 10 月 21 日国务院发布的《关于深化改革严格土地管理的决定》第二条第十款规定：“禁止城镇居民在农村购置宅基地。”由此可见宅基地使用权的单独流转为国家法律所禁止，就是农民拥有所有权的房屋的转移也遭遇法律、政策障碍。

物权法草案第一百六十二条曾规定：“宅基地使用权人经本集体同意，可以将建造的住房转让给本集体内符合宅基地使用权分配条件的农户；住房转让时，宅基地使用权一并转让。禁止城镇居民在农村购置宅基地。农户依照前款规定转让宅基地使用权的，不得再申请宅基地。”该草案是严格限制宅基地使用权的流转的，即宅基地使用权的流转必须同时具备下列条件：(1)只能与住房一起转让；(2)必须经过本集体同意；(3)转让的对象只限于本集体内符合宅基地使用权分配条件的农户，不能转让给城镇居民；(4)转让宅基地使用权的不得再分配宅基地。相对于《土地管理法》，物权法草案对宅基地使用权的流转的限制更为严格，它回避了现实改革的需要，导致农村宅基地的财产性在民事基本法上得不到完整体现，从而不能合法地通过市场流转是稀缺的宅基地资源得到优化配置和充分利用。物权法草案关于宅基地使用权流转的规定显然不能满足改革和发展的客观需求，更不符合物权法保护财产归属和鼓励财产利用的立法宗旨。其次，于 2007 年 10 月 1 日施行的《中华人民共和国物权法》虽然删除了物权法草案禁止宅基地使用权流转的相关规定，但也并未开禁宅基地使用权的流转，而只是规定“宅基地使用权的取得、行使和转让，使用土地管理法等法律和国家有关规定”。这也就是说农民进入小城镇，要花钱购买新宅基地，并放弃原来不花钱取得的宅基地。由于农宅尚不能上市，在原宅基地固化的大量投资无法带走，所以很多农民认为不划算。结合农民家庭基本情况，按现行价格计算，平均每家的生产性固定资产投资为 2 370 元，使用房屋的价值为 11 850 元，如果农民进入城镇，按照现行的管理办法，就意味着他们要放弃 14 220 元的家庭财产。从农民进城的迁移成本看，璧山县域城镇商品房价格每平方米 1 000～1 200 元，以一个家庭 60 m^2 住房计算，需要 6.0 万～7.2 万元，再加上其他费用，一个农户到县域城市的迁移成本大约是 9.8 万～11.2 万元。这样就大大限制了农村家庭放弃宅基地使用权向城镇搬迁的积极性。

4)城乡户籍制度阻碍

张忠法等诸多学者针对农民是否追求转为市民，突出了农民市民化的决定性因素——期望净收益。决定农民在农民、准市民、市民这 3 种身份之间选择的核心问题，是按照其能力能够获得生活质量之间的比较。张忠法等学者使用“期望净收益”作为衡量生活质量的标准，并将期望净收益(ENI)定义为期望收益(NI)和最低生活成本(IW)之间的差额，用公式表示为：

$$ENI=NI-IW,$$

其中：$NI=f(Xi)$，式中：$i=1,2,3,\cdots$；Xi 代表影响期望收益的各种因素；

$IW=f(Xj)$，式中：$j=1,2,3,\cdots$；Xj 代表影响最低生存成本的各种因素。

用 EMIp、EMIsc、EMIc 分别代表作为农民、准市民和市民时的期望净收益；NIp、NIsc、NIc 分别代表作为农民、准市民和市民时具有相同生活质量的最低生存成本。决定农民在农民、准市民、市民这 3 种身份之间如何选择，取决于对三者“期望净收益”的比较：①当 EMIsc＜EMIp＞EMIc 时，农民不会选择向城市转移；②当 EMIsc＞EMIp＜EMIc 时，农民将会选择向城市转移，成为准市民或市民；③当农民已经成为准市民，EMIsc＜EMIp 时，出现农民外出劳动力回流现象；④当农民已经成为准市民，EMIsc＜EMIc 时，实现农民市民化。所以，要实现农民市民化，加快农村劳动力转移，必须使市民和农民之间的期望净收益差额 EMIsc－EMIp＞0，或者市民和准市民之间的期望净收益差额 EMIc－EMIsc＞0。

表 6.7　璧山县城镇居民收入情况调查表　　单位：元

年份	可支配收入	职工工资	非工资性收入	个体经营收入	离退休金	其他劳动收入	财产收入	赡养赠送收入	其他
2001	6 670	2 812	598	1 184	510	481	102	451	
2002	7 227	2 587	657	890	1 325	671	82	243	920
2003	7 836	2 885	757	979	1 477	435	194	267	943
2004	8 544	2 843	681	1 252	1 782	469	189	466	944
2005	9 870	3 257	805	1 431	2 043	558	225	532	1 077

注：数据来源于璧山县统计局

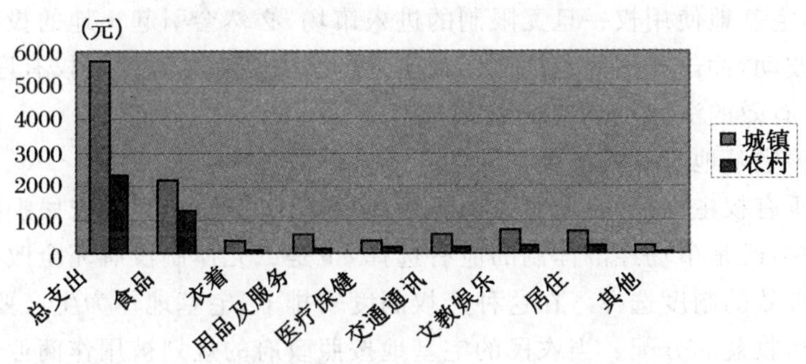

图 6.5　璧山县城乡居民生活支出对比图

由于农村宅基地的流转要按户进行，因此以下的调查数据和计算结果都是以家庭为单位。按照现在的制度和城乡发展水平，准市民或者进城务工人员的家庭收入为：

NI＝(平均工资×劳动力数)/家庭总人口＝1.94×10.5×889/2.98＝6 077(元)

在对进城务工人员生活情况调查时发现，他们的主要消费是居住、食品和医疗，平均年消费为 358×12＝4 296(元)，因此他们的期望净收益为：

农民期望净收益 EMIp＝人均总收入－人均总支出＝1 766(元)

准市民期望净收益 EMIsc＝NI－IW＝6 077－4 296＝1 781(元)

市民的期望净收益 EMIc＝NI－IW＝9 870－5 712＝4 158(元)

根据期望净收益理论，这对“农民”转“准市民”、“准市民”转“市民”是有一定的驱动作用的。但是农民工在子女教育、就业保障、医疗保险、社会保障等方面，其公民应有的权利得不到和城市居民同样的保障，受到的是有如二等公民般的待遇。因此，对于农民工来讲他们向市民转化的路就很困难，他们宁愿保留自己的承包地经营权和宅基地使用权，从土地那里获取一定的地租收益和社会保障。

五、完善和创新农村宅基地流转机制的思路

1. 推进农村宅基地管理制度创新，加强政策驱动力

如前所述，随着经济发展和农村土地市场的日益活跃，原有法律制度下对农村宅基地的静态管理模式已日显僵化。在符合土地利用总体规划和土地用途管制要求的前提下，允许宅基地使用权在最大范围内流转，是土地制度改革的方向。然而，宅基地使用权一旦无限制的进入市场，必然会引起土地的投机和房地产经营的波动，冲击我国的土地市场秩序，因此，实现宅基地使用权有序、适度流转，离不开有效的法律规范和制度安排。

1)完善宅基地所有权制度

重构所有权主体，确立农民作为土地产权主体的地位，赋予农民拥有有效的宅基地产权，既是市场经济体制的应有选择，也是二元体制没有完全改变的条件下的一种有效的制度选择。在这种产权制度安排下，宅基地作为生产要素，可以参与投资和收益的分配。当农民的宅基地按照政府的规划被用作商业开发和非农用途时，农民作为宅基地的产权主体应当是投资者之一，按照其土地作价可以从土地商业开发和商业用途中获得收益，避免农民一旦失地便失去生活来源的困境。这样，在农村保障制度暂时难以完全建立的情况下，能够保证土地保障功能的延续，同时也能保障农民作为土地产权主体应得的利益，使农民能分享经济发展和社会进步所带来的利益。而且，还可以避免土地征用和开发中的各种矛盾和摩擦，有利于构建社会主义和谐社会。

2)明晰宅基地使用权流转的条件

与农用地相比，宅基地存在较大的比较效益，如果不对其流转的条件加以必

要的限制，无疑会导致宅基地规模人为的扩张和农用地的减少。因此，纳入流转的宅基地必须具备以下条件：第一必须符合土地利用总体规划和城市、村镇建设规划；第二必须为已经依法批准为建设用地或者已经依法批准转为建设用地。农用地未经依法批准转为建设用地的，不得流转用于非农建设。第三要权属合法。纳入流转的宅基地，应依法确权，界址清楚，权属无争议，且依法办理了土地登记，另有土地权属证书。第四要符合用途管制要求，不得擅自改变宅基地原有用途搞商业性房地产。第五宅基地使用权流转不改变"一户一宅"原则，农民出卖、出租住宅后，再申请的，不予批准。

3）确定宅基地使用权流转的范围

当前我国学者对宅基地使用权流转范围的认识并不统一，归纳起来有两种意见：一是主张宅基地使用权应当与国有建设用地使用权一样可以自由流转，包括向农村集体组织以外的主体流转。如皋抚平认为："不允许农民利用宅基地使用权抵押、出资和进行商业化利用，将严重限制农村经济发展和农村城市化进程，也不符合市场经济的基本原则，因此，必须向农民开放其宅基地商业化利用途径和规则。"陈小君领导的农村土地法律制度研究小组认为："依法确定农村建设用地使用权流转制度具有重要意义；应当肯定农村建设用地使用权流转的合法性，赋予其法律效力，明确转让、抵押、出租、入股等都是流转方式。"这里的农村建设用地使用权包含了宅基地使用权。二是主张宅基地使用权只能在限定的范围流转，这个范围就是农村集体内部。如王卫国认为："宅基地使用权可以本着调剂余缺的原则，在本集体内部成员之间协议转让，但必须经乡（镇）政府批准，而且出让方不得牟利。"中国政法大学物权法课题组认为："因紧急发展、人口流动等原因，原宅基地使用权人不再使用宅基地的，法律对转让或出租房屋使用权的行为不予限制。基于宅基地的特殊性，法律应严格限定受让主体，即宅基地使用权只能在本集体经济组织内部自由转让。"孟勤国在其设计的物权法草案第一百六十八条里提出："集体经济组织成员的宅基地及其房屋不得移转给非集体以外的自然人或法人。"

笔者赞同第一种观点。主要理由是：首先，"本集体"具体所指不够明确。按照现行土地管理法规定，农村土地归"村农民集体"、"乡镇农民集体"、"村民小组农民集体"三个类别的农民集体所有，因此"本集体"外延不一致，使宅基地使用权流转的范围不一致，必然不利于公平保护农民利益。其次，农村土地承包经营权可以流转而且也没有要求受让方一定是本集体成员，为什么宅基地使用权流转的对象只能是本集体的成员呢？农用地相对于宅基地来说，其对农民生存的重要程度显然更大。重要的已经放开流转,次要的为什么反而不行?有些立法者认为宅基地使用权不得单独转让,不得单独抵押,是因为担心农民失去最后生活保障。按此观点,法律要禁止宅基地使用权转让,连房屋也不能转让,转让给本集体的成员也不行,否则,转让必然导致原宅基地使用者失去宅基地使用权和房屋,变得无家可归。第三,我国法律限制宅基地使用权流转,其目的主要是保护耕地总量,防止耕地不断减少而影响粮食安全和国计民生。实际上,如果法律对宅基地使用权流转进行规范,完善相应的土地登记制度和土地用途管制制度,就可以有效避免这一后果的发生。第四,宅基地使用权流转是农村城镇化的需要,我国作为发展中国家,从农业国家逐渐走上小城市化、现代化道路是我国社会发展的必然趋势,为走城镇化道路,小城镇开发是我国必将长期坚持并不断发展的一项重要国策。在城乡结合部地区,土地流转的需求正在逐步增强,土地流转区域活跃,在不占用到耕地的情况下,具备条件的,农民自愿将宅基地使用权连同房屋流转,也没有什么不妥,还对小城镇发展扩大起很大的作用,有利于加强城乡经济交流。如果将宅基地使用权限制在本集体内流转,显然非但不适应我国目前城镇化进程,还成为城镇化进程的障碍。

4)明确宅基地使用权流转的具体形式

宅基地使用权流转的方式可以采用转让、租赁、作价出资(入股)和抵押等方式,同时为了推进农村土地整理和农民向小城镇集中,还可以采用土地置换的方式。宅基地使用权既可以单独流转,也可以随着房屋所有权的转让或租赁而流转。对于宅基地使用权的抵押,我国《担保法》是严格禁止的。根据在于"基于农村政策的考虑"和保护农村土地资源的需要。所谓农村政策,不过是宅基地使用权承载一定的社会保障功能。笔者认为,农民在取得宅基地使用权后,宅基地使用权制度的社会保障功能即已得到实现,而通过土地利用规划制度和土地用途管制制度完全可以保护好农村的土地资源,所以不应该禁止宅基地使用权作为抵押物。宅基地使用权不能抵押,意味着农民丧失了一条重要的融资渠道,实质上是对宅基地使用权价值的否定和浪费,不利于宅基地资源的充分利用。所以,笔者认为,应该允许宅基地使用权成为抵押权的标的。

2. 完善农村建设用地流转市场,发挥市场驱动力

农村宅基地流转市场化是指,农村宅基地进入市场进行依法、自愿、有偿的流转,在市场机制和政府调控的共同作用下,实现农村宅基地的合理配置。市场机制是市场供求关系、价值规律、市场竞争等客观规律的综合表现,具有市场激励、市场约束、市场服务等优化资源配置的功能。市场机制要求稀缺资源能够自

由地投向最有效的用途，产权的可转让性是实现这一要求的有效保证。只有当产权是可转让的，才能使资源从效率低的利用方向流向效率高的利用方向，从而在市场机制的作用下实现资源的最优配置。不可流转的产权，就不能充分发挥其利用潜能，也就无法体现其全部价值。一旦农民真正拥有了自己的宅基地，而且其原本静态的土地产权具有流动性，土地才能在不同的市场主体之间能进行交易，最终实现土地资源的优化配置，提高土地的利用效率。

社会主义市场经济体制的建立，极大地促进了我国社会经济的发展，实现了生产要素的配置主要由市场机制来完成。农村宅基地作为生产要素完全归集体所有，国家征收农民的宅基地时实行行政定价补偿，行政手段使土地的流转价格低于市场的均衡价格，这是对市场经济的扭曲，势必阻碍生产资料的合理配置。取消原有限制农村宅基地流转的相关规定，明确农民合法拥有的宅基地可上市流转和拥有收益权，才能保证农民的土地权利在经济上得到有效实现，保证农民共享土地流转的增值收益。

党的十七大报告指出，“要深化对社会主义市场经济规律的认识，从制度上更好发挥市场在资源配置中的基础性作用，形成有利于科学发展的宏观控制体系”。结合农村集体建设用地流转市场建设的实际情况，还存在着与科学发展不相适应的状况。在推进农村宅基地流转市场化，开放农村集体建设用地流转市场方面，广大农村干部和农民普遍反映制度障碍大，农村集体建设用地流转难。据调查，农村集体建设用地存量大、闲置多、流转难、利用粗放、价值低估。建议先行先试，开放农村集体建设用地流转市场，开展农村集体建设用地储备整治，推进农村集体建设用地集中布局、集约利用、提升价值。取消原有限制农村宅基地流转的相关规定，明确农民合法的宅基地可上市流转和拥有收益权，保证农民土地权利在经济上得到有效实现，保证农民共享土地流转的增值收益，促进农民财富增长、农村集体经济有效实现。

完善农村宅基地制度，严格宅基地管理，依法保障农户宅基地用益物权。农村宅基地和村庄整理所节约的土地，首先要复垦为耕地，调剂为建设用地的必须符合土地利用规划、纳入年度建设用地计划，并优先满足集体建设用地。逐步建立城乡统一的建设用地市场，对依法取得的农村集体经营性建设用地，必须通过统一有形的土地市场、以公开规范的方式转让土地使用权，在符合规划的前提下与国有土地享有平等权益。抓紧完善相关法律法规和配套政策，规范推进农村土地管理制度改革。

3. 鼓励土地换社保，提高经济驱动力

农民和城市居民都是国家的主人，国家应保障其生存权。但我国长期以来的城乡二元结构将农民排斥在社会保障体系之外，就居住条件而言，新中国成立以来，城市居民享有各种形式的公房、福利房、廉租房、经济适用房等待遇，推行房改后，在货币化分房政策下又得到了价值不菲的住房补贴。据有关学者的保守估计，仅 1994 年城镇居民得到的用于住房、医疗福利、财政价格补贴、单位内部等方面的隐形收入为 1 110.5 元/人。而农民的住房保障只有集体无偿提供的一处宅基地，从某种意义上说，农民的宅基地使用权是农民长期受到城乡差别对待的一项补偿。农村宅基地虽为农民提供了一个遮风避雨的所在，却是以牺牲农民迁徙自由为代价的。在过去以实物形式提供居住保障的职责要求下，宅基地使用权不得不泯灭其作为财产可以流通的“天性”。在本书前面的论述中，笔者已经指出靠限制宅基地使用权流转的方式来确保农民“居者有其屋”，已不适用现代经济社会的发展变化，理论界一直呼吁尽快建立社会保障体系，希望通过普遍的居住保障福利的提供，将农村宅基地的居住保障职责置换出来，同时认为没有覆盖到占全国 80%以上人口的农民的社会保障体系不是真正的社会保障体系。当然一个完整的，与城市水平完全接轨的农村社会保障体系要想一蹴而就确实花费甚巨，但若积极谋划，广开财路，化整为零，逐步解决农民在各个方面的保障问题，却是现实可行的。一方面，某些地区已经开展给予农民工居住保障的试点，如深圳已出台有关文件，规定进城务工达到一定年限的农民工，可在住房、医疗、子女升学等方面享有和城里人一样的待遇，能从单位取得以货币发放的住房补贴；长沙市为进城一年以上的农民工提供廉租房。另一方面，在为农村宅基地所承担的农民居住保障的职责松绑后，宅基地使用权的自由流转少去了后顾之忧，农民可以从对宅基地的处分中获得利益，将自己在农村中的住宅转换成货币，投入自己新居所居住条件的改善，从而在人身自由方面取得更大空间，这实质上是将农民的实物分房形式转化为与城市居民相同的货币分房形式。再则，在宅基地使用权入市流转的过程中，集体土地所有权从经济上得到体现，这笔收入可以作为构建农村社会保障体系，尤其是农民住宅保障的一笔重要资金投入。

重庆市九龙坡区开展了土地换社保的政策，九龙坡区城乡统筹的相关办法规定，要想由农民变为市民，要有稳定的非农收入来源，农民工须自愿退出农村宅基地使用权和土地承包经营权。可是农民工想留在城市成为市民，首先需要解决的问题是在城市要有房住。农民工收入不高，又没有足够的信用办理住房贷款，传统购房思路行不通，只有另辟蹊径：以其在农村最为值钱的宅基地来换城市房屋。九龙坡区探索试行的正是“以城市社会保障换农村承包地、以城市住房换农村宅基地”的办法。用农村宅基地来换城市住房在实践中也得到了基层政府和群众的认可。按照“城市建设用地增加与农村建设用地减少相挂钩”的试点要求，拿出原农村宅基地的20%左右，集中兴建新型农村社区，可以腾出80%左右的农村宅基地指标置换为城市建设用地，用得的土地出让金等收益来补贴农民购房。照此政策，农民工进城后的预期收益将增加三个来源，一是退出承包地的补贴，退出承包地经营权的则按照现在承包地租金的平均价格12 000元/ hm^2，给予一定的补贴。按照该地区人均承包地面积计算，人均补贴为480元/年；二是退出宅基地换取住房保障；建议实行“拆一还二”优惠政策，对退出宅基地的农民，可在康居村内按人均25 m^2、350元/m^2 的价格购买住房一套；三是在此基础上，每户还可按镇政府公布的建筑安装成本价，按人均25 m^2的面积，再购买住房一套，其出租收入可成为一个保障。这样一来准农民工的预期收益将大大提高，经济驱动力度将大大增强，农民变市民的积极性大大提高。

第七章

完善农村土地流转管理制度建议

【内容提要】 统筹城乡综合配套改革试验区的实践证明，以制度创新推进农村土地流转是十分必要的。完善农村土地流转制度的重点领域是：其一，推进农村土地流转科学发展；其二，完善农村土地产权管理制度；其三，规范农村土地流转用途管制；其四，探索农村土地流转机制创新；其五，健全农村土地流转保障体系。

2008 年 5 月 7 日，全国政协视察团在重庆市涪陵区召开土地流转座谈会，会上，涪陵区人民政府反映，"完善农村土地流转的体制机制"可以通过六个方面来进行，即"一是建立土地银行，或土地信托中心，或土地流转协会，完善土地流转服务体系。二是建立农地流转价格评估机制。三是建立农地流转风险防控机制。四是允许农村宅基地置换。五是允许土地承包经营权换社会保障。六是建立土地承包经营权退出机制。"重庆市恒河果业有限公司也认为通过以下工作完善农村土地流转机制是必需的："一是制度创新。试行由政府向农民赎买土地承包经营权，将农地国有化，之后再将国有农地的使用权向农业企业出让或出租，农业企业获得国有农地使用权之后，也能进行产权资本运作。二是延长土地承包经营权年限。依据有关法律的规定，第二轮土地承包经营期限为 2023 年，这也是土地流转的期限，但是果树的商品生产年龄长达 30～50 年，届时果树正处于盛产期，如果投资者必须将土地和果园返还农民，就会挫伤投资者的积极性。三是加大对发展现代农业的基础设施投入。完善的基础设施是吸引农业投资的必然要求，农业投资者应该和工业投资者一样，获得良好的土地利用环境，因此政府应当加大对农村基础设施建设的投入，或对农业开发所必需的基础设施建设给予补贴。"大足县荷花山庄反映，"荷花山庄以弘扬中华荷文化为主题，发展观光农业,规模经营土地 1 520 亩,涉及农户 630 户。扩大规模面临的困难和建议:一是融资出现瓶颈,导致扩大经营规模和基础设施建设无法顺利实施,建议政府给予支持。二是缺乏有效的激励政策,建议对长期从事农地规模经营的投资者给予税收优惠政策。三是建议将农业管理用房和农产品加工用房的占地,纳入集体建设用地管理。"

一、推进农村土地流转科学发展

1. 以科学发展观统领农村改革发展

科学发展观是对党的三代中央领导集体关于发展的重要思想的继承和发展,是马克思主义关于发展的世界观和方法论的集中体现,是同马克思列宁主义、毛泽东思想、邓小平理论和"三个代表"重要思想既一脉相承又与时俱进的科学理论,是我国经济社会发展的重要指导方针,是发展中国特色社会主义必须坚持和贯彻的重大战略思想。科学发展观,第一要义是发展,核心是以人为本,基本要求是全面协调可持续,根本方法是统筹兼顾。

新形势下推进农村改革发展,要全面贯彻党的十七大精神,高举中国特色社会主义伟大旗帜,以邓小平理论和"三个代表"重要思想为指导,深入贯彻落实科学发展观,把建设社会主义新农村作为战略任务,把走中国特色农业现代化道路作为基本方向,把加快形成城乡经济社会发展一体化新格局作为根本要求,坚持工业反哺农业、城市支持农村和多予少取放活方针,创新体制机制,加强农业基础,增加农民收入,保障农民权益,促进农村和谐,充分调动广大农民的积极性、主动性、创造性,推动农村经济社会又好又快发展。

为此,要以科学发展观强化领导干部对农村土地流转工作的认识,把农村土地流转统一到农村家庭联产承包制的发展和完善,改造传统农业,构建现代农业,调整农业结构,推进产业化经营,提高土地利用效率,增加农民收入的高度上来,摆上农村工作的重要日程,加强对农村土地流转工作的引导和服务。政府既要克服利用土地所有权属强制农民进行土地流转,从中获取超额利润的"越位"行为,又要克服对违规流转放任自流,缺乏服务规范机制的"缺位"行为,变强制为引导,变干预为服务,切实抓好农村土地流转的宏观调控工作。

2. 以城乡发展一体化推进农地流转

推进农村土地流转反映了广大人民群众的强烈愿望,是加快社会主义新农村建设,发展现代农业,发展劳务经济,实现农民增收,改善农村人居环境的有效途径。加快农村土地流转,一方面有利于促进农业规模经营,加快农业结构调整步伐,推动产业发展,减少农村土地撂荒,促进土地资源和其他农业生产要素优化配置以及农村土地的持续高效利用,降低农业生产的成本,增强农业抵抗自然风险和市场风险能力,提高单位土地的产出效益和农业生产的比较收益,实现流转双方的互利双赢。另一方面有利于促进"双进双出",即通过拓展农村土地流转经营主体范围,引导多元资本参与农村土地流转,推动农业产业招商引资,促进"资本进村",缓解长期困扰农村发展的资本短缺问题;通过农村土地流转引进业主和企业,推动农业新品种、新技术、新装备、新模式和新机制的推广和应用,促进农业科技进步和农产品市场化步伐;通过农村土地流转,切实解除外出务工农民的后顾之忧,推动劳务经济发展,促进"劳动力出村",向城镇和非农产业转移;通过农村土地流转,实现适度规模经营,推动农业产业发展,促进"农产品出村",提高农产品的商品率,实现农业增效。据调查,忠县通过土地流转有效地解决了耕地撂荒问题,全县复垦撂荒土地 55 602 亩。土地流转后,规模经营效益明显,亩均产值大幅提高。2006 年 9 月开始重庆博富文柑橘有限公司在忠县的石宝、黄金、忠州、拔山等 7 个柑橘基地乡镇租赁果园 4 万亩,租期 30 年。租金按每年每亩田 440 元、土 360 元给付,若是较好地块、租金上浮 3%。合同签订后,每满 5 年调整一次租金。农户果园流转直接收益为 1 850 万元,部分农民在企业就地就近务工收入 820 万元,两项合计 2 670 万元,户均 2 185 元,比农户原经营收入增长了 3.5 倍。2006 年在遭受特大旱灾的情况下,企业仍获利 206 万元,实现了企业增效、农户增收。该公司目前已计划投资 3 000 万美元,继续租赁柑橘园,并组建果品加工厂,年加工能力达到 20 万吨,有力地推动了当地柑橘产业的发展。

建立促进城乡经济社会发展一体化制度,是推进农村土地流转科学发展必然要求。尽快在城乡规划、产业布局、基础设施建设、公共服务一体化等方面取得突破,促进公共资源在城乡之间均衡配置、生产要素在城乡之间自由流动,推动城乡经济社会发展融合。统筹土地利用和城乡规划,合理安排市县域城镇建设、农田保护、产业聚集、村落分布、生态涵养等空间布局。统筹城乡产业发展,优化农村产业结构,发展农村服务业和乡镇企业,引导城市资金、技术、人才、管理等生产要素向农村流动。统筹城乡基础设施建设和公共服务,全面提高财政保障农村公共事业水平,逐步建立城乡统一的公共服务制度。统筹城乡劳动就业，加快建立城乡统一的人力资源市场，引导农民有序外出就业，鼓励农民就近转移就业，扶持农民工返乡创业。加强农民工权益保护，逐步实现农民工劳动报酬、子女就学、公共卫生、住房租购等与城镇居民享有同等待遇，改善农民工劳动条件，保障生产安全，扩大农民工工伤、医疗、养老保险覆盖面，尽快制定和实施农民工养老保险关系转移接续办法。统筹城乡社会管理，推进户籍制度改革，放宽中小城市落户条件，使在城镇稳定就业和居住的农民有序转变为城镇居民。推动流动人口服务和管理体制创新。

二、完善农村土地产权管理制度

1. 完善农村土地产权制度背景

健全现行土地产权管理制度，是推进农村土地流转和规模经营的必然要求，如果没有政策和法律支持是难以有效保护农民的土地权利，难以开拓土地流转的新局面。实践证明土地市场的人为分割乃是城乡分割的制度基础，因此要实现统筹城乡综合配套改革试验目标，就必须废除现有的阻碍土地、劳力、资本等生产要素，在城乡之间双向流动的门槛。农民绕开法律、政策，改变土地用途，集体土地进入土地市场，追求自身土地收益的最大化，虽然这种行为还有待法律规范，但它却是统筹城乡发展的内在动力。在计划经济时代，在“牺牲农村，发展城市”的特殊历史条件下形成的二元土地制度，构成了不利于实现和保障广大农民群众最根本利益的发展环境。今天我国经济社会已经发展到一个新的历史时期，“工业反哺农业，城市带动农村”，共建共享和谐社会是新时期的鲜明特征。因此，高度关注、有效保护农民的土地权利，乃是解决“三农问题”，统筹城乡发展的关键问题。2004 年宪法修改、2007 年出台物权法，这些重大的法制举措为我们重新审视我国农村土地产权管理制度和农民土地权利保护机制提供了启示。当前农民土地权益安全隐患十分突出，健全现行土地产权管理制度是广大农民的意愿。

新华网 2008 年 9 月 2 日报道 记者近日在安徽省凤台县部分乡镇采访时发现，一些乡村干部假借新农村建设之名，以每亩不足 2 万元的超低价强迫农民出卖耕地，变相用于商品房开发和其他建设，一些失地农民得不到应有的生活保障。

耕地保护形同虚设，新农村建设变了味。记者在凤台县钱庙乡钱庙村看到，这里道路两旁成片的良田上，一幢幢上下两层的房屋拔地而起，工地上机器轰鸣,呈现繁忙的建设景象。据公示牌介绍,这是一个凤台县批准的新农村建设的试点项目,总占地面积 300 多亩。村民告诉记者,这些建设用地都未经审批。2006 年以来,村党支部书记刘利等人打着新农村建设旗号,从群众手中按照每亩 19 800 元强行征地,进行房地产开发,谁不卖地就要挨打。新建房屋以每间房 6 万元的价格卖给农民,但不出具任何手续。村民刘彪说,"我家 4.1 亩地被村干部强行占用,我不同意征地,村干部就将砖瓦堆在田上,让我家无法种地。"

县政府查而不处,村干部阳奉阴违。2007 年 5 月,凤台县朱马店镇徐桥村村委会主任徐国远、村党支部书记谢玉奎,以每亩 2 万元的价格强征农民耕地,进行房地产开发,不准农民在自家宅基地建房,必须购买商品房。记者对此进行报道后,引起上级领导高度重视,要求严肃查处。当时凤台县成立的调查组认定,村干部占地 8.51 亩,农户非法占地 30 多亩,并责令限期拆除正在建设的房屋,恢复土地原状,没收新建楼房,处以罚款。记者近日再访徐桥村发现,当时违法建设的房屋不仅没有被拆除,反而全部建成,并有所扩建;建好的房屋已经售出,非法占地也没有恢复原状。

村民屡遭报复,黑恶势力膨胀。不少村民反映,近年来,乡村干部强迫农民卖地现象时有发生,而农民上访告状,地方政府就动用警力,关押上访村民。一些上访村民被不明身份人员打伤,案件长期得不到处理。2007 年 7 月,徐桥村村民刘瑞认为凤台县调查组对村干部徐国远、谢玉奎违法占地的查处结果与实际情况差距过大,他与一些村民向县委、县政府要求进一步查处。但不到几日,家人就遭凶手砍杀。有个歹徒高叫:"砍死他们!如果你再告,叫你一家都不得好死。"此案至今没有告破。

记者陆续接到蚌埠市龙子湖区马村回族自治村、砀山县城关镇于楼联村等地村民的上访信,反映当地乡村干部强买耕地进行房地产开发牟利等情况。眼下,打着新农村建设旗号的违法圈地有蔓延之势,一旦农村私自买卖耕地成风,失地农民得不到应有的生活保障,将会进一步激化农村矛盾,酿成严重的社会问题。

新华网 2008 年 11 月 4 日报道 记者最近在安徽省砀山县采访了解到,这个县近年来采取少批多征、批非征耕、未批先征等手段,违法占用农民耕地千余亩,引发冲突,造成政府和群众的关系极度紧张。记者对此事的调查引起了安徽省领导和当地政府高度重视,目前此案正在深入调查中。2007 年 9 月,砀山县政府公告,依据安徽省人民政府皖政地[2007]168 号文件批准,征收位于砀城镇于楼村、屈楼村、西城社区、杨楼村、冯园村的集体土地 16.563 9 hm^2,其中耕地

7.498 0 hm^2。土地补偿和安置费包干4万元/亩，不再给予地上附着物和青苗补偿。于楼村花园组村民告诉记者，根据批复，征收该组农田为34亩，但政府实际征收耕地95亩，超征61亩。屈楼村信庄组村民也反映，根据批复，征收该村民组耕地65.55亩，而实际征收82.99亩。更令村民气愤的是，在村民不同意征地的情况下，县政府居然以每亩52.6万的价格将这82.99亩土地，出让给了一家房地产企业。信庄组村民告诉记者，由于县政府少批多占土地，群众不愿卖地。为了防止政府强占土地，从今年9月1日起，村民组成了“护地队”，轮流值班，日夜看守。10月9日，县领导带领防暴警察和城管执法队员约300人，出动多辆警车和推土机，对该村耕地实施强占。村民与城管、警察发生激烈冲突。砀城镇农民反映，违法征地现象在这里十分普遍。安徽省人民政府皖政地[2005]449号文批复征收砀城镇屈楼村耕地76.76亩，村民们反映政府实际征地180多亩。于楼村李楼组村民反映，文件批复这个组征地135亩，而实际被征245亩。批复的征地用途是建设县二中新校区，而实际被用于房地产开发。皖政地[2007]625号文批复征用砀城镇建设用地400亩，县里将之用于汇源集团建设。而砀城镇毛油坊村委会一名姓常的村干部告诉记者：“汇源集团在我们村实际征地660多亩，每亩价格才31 000元。”

土地制度是农村的基础制度，党的十七届三中全会明确提出健全严格规范的农村土地管理制度。按照产权明晰、用途管制、节约集约、严格管理的原则，进一步完善农村土地管理制度。坚持最严格的耕地保护制度，层层落实责任，坚决守住18亿亩耕地红线。划定永久基本农田，建立保护补偿机制，确保基本农田总量不减少、用途不改变、质量有提高。继续推进土地整理复垦开发，耕地实行先补后占，不得跨省区市进行占补平衡。搞好农村土地确权、登记、颁证工作。完善土地承包经营权权能，依法保障农民对承包土地的占有、使用、收益等权利。加强土地承包经营权流转管理和服务，建立健全土地承包经营权流转市场，按照依法自愿有偿原则，允许农民以转包、出租、互换、转让、股份合作等形式流转土地承包经营权，发展多种形式的适度规模经营。有条件的地方可以发展专业大户、家庭农场、农民专业合作社等规模经营主体。土地承包经营权流转，不得改变土地集体所有性质，不得改变土地用途，不得损害农民土地承包权益。实行最严格的节约用地制度，从严控制城乡建设用地总规模。完善农村宅基地制度，严格宅基地管理，依法保障农户宅基地用益物权。农村宅基地和村庄整理所节约的土地，首先要复垦为耕地，调剂为建设用地的必须符合土地利用规划、纳入年度建设用地计划，并优先满足集体建设用地。逐步建立城乡统一的建设用地市场，对依法取得的农村集体经营性建设用地，必须通过统一有形的土地市场、以公开规范的方式转让土地使用权，在符合规划的前提下与国有土地享有平等权益。抓紧完善相关法律法规和配套政策，规范推进农村土地管理制度改革。

2. 完善农村土地产权制度讨论

健全农村土地产权制度，是推进农村土地流转和规模经营的必然要求，如果没有政策和法规支持是难以开拓土地流转新局面的。在我国学术界，关于农村土地产权制度建设的取向，存在四种观点：一是坚持现行农村土地产权制度，实行土地的社会主义公有制，即全民所有制和劳动群众集体所有制；二是倡导农村土地所有权私有化；三是倡导农村土地所有权国有化；四是倡导农村土地所有权分类确权，即坚持农村生产用地集体所有，农民宅基地私有化。中国人民大学教授温铁军在《“三农”问题与农村土地所有制形式》（中国国土资源报，2009.2.6）一文中写道，“一旦允许土地私有化和自由买卖，那么，一方面经营农业本来就无利可图的小农，就会在地方权力与资本结盟的强势介入下大批失去土地，尽管表面是自愿交易，其实质还是被强势集团所迫。另一方面，丧失了在农村生存的根基之后，农民又无法在城市完全立足，最终结果可能是城市贫民窟化与农村社会冲突的同步加剧，大规模社会动荡将不可避免。”北京大学教授厉以宁认为，“统筹城乡试验区要大胆改革试验，开辟一条新路。农村土地产权制度改革势在必行，尤其是宅基地管理制度。宅基地是农民的重要财产，应当鼓励支持各地探索宅基地流转和抵押的方法，保护和实现农民对宅基地的应有权益。赋予农民对宅基地的永久性用益物权，这对保障农民土地权益，搞活农村金融，具有特殊重要意义。”中国社科院研究员党国英认为，“目前导致农村社会不稳定的第一因素，还是土地问题。解决土地问题：首先通过改革，国家可以给出一个更强烈的保护农民土地权益的信号，承包经营权可以转让、抵押和继承；其次土地关系的调节、处置，实现社会化、法制化；再次要理顺在土地方面国家和农民的关系。”一些专家提出，土地改革的总思路应当是“放开产权，管住规划”。可以考虑实行多元化的土地所有制。例如，农业用地实行“永包制”，宅基地实行私有制。还可以设法使“所有权”名义化，让“使用权”资产化。许多国家实行土地私有制，但法律对私有权有很多限制，私有权不能被滥用，有约束的私有权没有那么可怕。胡穗先生在《中国共产党农村土地政策的演进》一书中提出：“在农地集体所有权明晰的基础上，农地承包经营权的物权化是农村土地政策创新的基础，应该稳步推进。农地使用权流转的市场化是农村土地政策创新的取向，应该逐步实现。农地经营的适度规模化是农村土地政策创新的关键，应该鼓励推广。”

3. 完善农村土地产权制度建议

人民当家作主是社会主义民主政治的本质和核心。在推进农村土地流转工作中，要健全民主制度，丰富民主形式，拓宽民主渠道，依法实行民主决策、民主管理、民主监督，保障农民的知情权、参与权、表达权、监督权。必须切实保障农民权益，始终把实现好、维护好、发展好广大农民根本利益作为农村一切工作的出发点和落脚点。坚持以人为本，尊重农民意愿，着力解决农民最关心、最直接、最现实的利益问题，保障农民政治、经济、文化、社会权益，提高农民综合素质，促进农民全面发展，充分发挥农民主体作用和首创精神，紧紧依靠亿万农民建设社会主义新农村。

针对当前农村土地流转实际情况，健全农村土地产权制度应突出以下重点：首先要尊重法律赋予农民的土地权利，尊重农民的意愿，发挥广大农民的主体作用。据调查，我市一些地方违背农民意愿，损害农民权益，强制推进土地流转，引发农民不满。《中华人民共和国农村土地承包法》既赋予农民 30 年承包土地的权利，也赋予农民在这 30 年内依法、自愿、有偿流转土地承包经营权的权利。其次要保证农民土地权利在经济上得到有效实现，创造条件让广大农民拥有更多的财产性收入。要坚持和完善按劳分配为主体，多种分配方式并存的分配制度，健全劳动、资本、技术、管理等生产要素按贡献参与分配的制度，积极推进地方立法，适当延长农村土地承包经营年限，允许农民以土地承包经营权作为财产抵押。取消原有限制农村宅基地流转的相关规定。农民的农村土地承包经营权是国家法律赋予农民的权利，属于用益物权性质，农民依法享有占有、使用、流转和收益等权利，任何组织和个人不得剥夺和非法限制。农民依法自主决定其承包土地是否流转、流转的形式和对象，任何单位和个人不得强迫或阻碍农民依法流转其承包土地。保护农民承包土地流转收益权，除支付必要的流转中介费外，农村土地承包经营权流转收益全部归农民所有，任何组织和个人不得侵占、截流和扣缴。第三要搞好农村土地确权、登记、颁证工作，为农民维护土地权益提供法律文凭。回顾改革开放 30 年来我国农村土地产权管理制度建设进展，还存在着与发展中国特色社会主义市场经济不相适应的状况。第一次全国土地大调查明确规定农村土地确权到村；第二次全国土地大调查明确规定农村土地确权到社。土地大调查为搞好农村土地确权、登记、颁证工作奠定了技术基础，但是还需要夯实法律基础。谁都知道农村土地属于集体所有，但是谁也说不清集体是谁，现行法律并未明晰农村土地产权主体。完善农村土地产权管理制度是搞好农村土地确权、登记、颁证工作的法律基础，必须以法律形式明确农村土地产权主体，赋予农民更大土地物权，完善农村土地使用权权能，完善土地承包经营权权能，完善农户宅基地产权权能。只有以完善农村土地产权管理制度为前提，才能推进农村土地规范流转，才能对手续齐备、建造合法的农村宅基地及其地上房屋颁发《集体土地使用证》和《房屋产权证》等证书，明确农民合法的宅基地可上市流转和拥有收益权。

三、规范农村土地流转用途管制

1. 落实耕地保护共同责任

我国人口众多，粮食安全保障责任重大。2007 年 12 月，胡锦涛总书记作出重要批示："在全国农村工作会议上要强调一下粮食安全问题。这关系到防止明显通胀目标的实现，关系到经济全局，关系到人民群众的切实利益。大意不得，疏忽不得，放松不得。"保障我国粮食安全必须立足国内粮食生产，必须立足全国耕地保护，这是我国的基本国情。据调查，在推进农村土地流转过程中，存在着大量农地用途改变，粮田不种粮的现象，引起了社会各界高度关注。究其原因，一是保田种粮经济效益比较低，二是耕地保护共同责任落实难。因此，加强农村土地流转用途管制必须给予高度重视，强化管制措施，必须落实共同责任，强化利益驱动，统筹落实共同责任与利益驱动，坚持两手抓，两手都要硬。为保障我国粮食安全，人不分城乡，地不分远近，人人都有保田种粮的义务。

创新耕地保护机制是保护耕地基本国策落到实处的重要保证。耕地保护机制包括规划机制、行政机制和市场机制等。现行的土地用途管制、基本农田保护、耕地占补平衡、耕地总量动态平衡等制度对于保护我国耕地数量和质量都起到了非常重要的作用，但在耕地保护上还存在着机制缺陷、效率不高的问题。

在计划经济条件下，土地使用采用无偿划拨，造成了大量耕地被低价占用，大量土地被粗放利用，大量土地资产的流失。党的十七大报告指出，"要深化对社会主义市场经济规律的认识，从制度上更好地发挥市场在资源配置中的基础性作用，形成有利于科学发展的宏观控制体系"。因此创新耕地保护机制，必须高度重视发挥市场机制的基础性作用。随着耕地保护机制的日益完善，市场的基础作用必将更加突显。结合农村土地市场建设的实际情况，还存在着与耕地保护要求不相适应的状况，与城市发达的土地市场体系相比，农村土地市场体系几乎是一片空白。创新耕地保护机制必须坚持和完善公有制为主体，多种所有制经济共同发展的基本经济制度。加快形成统一、开放、竞争、有序的现代市场体系，发展各类生产要素市场。完善反映市场供求关系、资源稀缺程度、环境损害成因的生产要素和资源价格形成机制。实行有利于科学发展的财税制度，建立健全资源有偿使用制度和生态环境补偿机制。因此培育农村土地市场，为耕地保护提供市场驱动和市场服务，有利于促进土地的集约节约利用，有利于减轻经济发展对耕地的需求压力。

谁是保护耕地生产粮食的主体？耕地不仅是最重要的农业生产资料，而且是最基本的农民生活保障，因此农民与耕地结成生死情节，农民对保护耕地具有天生责任。毫无疑问，保护耕地生产粮食的主体是农民 。我国法律规定，保护耕地、保障粮食安全是各级政府的责任。广大农民承担了保田种粮的社会义务，就应当得到各级政府的经济补偿，这也是建立“以城带乡，以工促农”科学发展新机制的必然要求。据调查，在统筹城乡综合配套改革试验区，广大干部群众积极探索耕地保护共同责任，强化经济利益政策驱动，取得明显成效。“种粮有奖励，保田换养老”的政策受到广大干部群众的拥护。

成都市建立了耕地保护基金，全市每年筹资 26 亿元，每个农户的每亩基本农田每年可获得 400 元政府补贴。这项耕地保护基金为承担耕地保护责任的农户提供了养老保险补贴，完善了耕地保护补偿模式，创新了耕地保护驱动机制。

重庆市在全市土地利用总体规划修编方案中，提出基本农田保护与经济补偿挂钩的新举措，实行基本农田有偿调整，激励了区县保护耕地的积极性，遏制了区县占用耕地的盲目性。

2. 实证分析：重庆市基本农田有偿保护模式设计

1)建模原理

- 基本农田有偿保护模式
  - 共同责任机制
    - 全民责任目标
    - 规划责任目标
  - 市场配置机制
    - 经济补偿标的
    - 经济补偿标准

2)应用模型

$R = R_1 + R_2$

$$R = b_1 t_4 + b_2 t_4$$

$$R = (b_1 + b_2) t_4$$

$$R = (b_1 + b_2)(t_1 - t_3)$$

3)实证分析:重庆市基本农田有偿保护建议方案

项目	代码	单位	全市	一圈	两翼
基期常住人口	p_1	万人	2 798	1 661	1 137
规划常住人口	p_2	万人	3 100	2200	900
规划保护目标	t_1	万亩	2 750	1 300	1 450
人均责任目标	t_2	亩·人$^{-1}$	0.887 1	0.887 1	0.887 1
全民责任目标	t_3	万亩	2 750	1 952	798
有偿责任目标	t_4	万亩	0	−652	652
市府补偿标准	b_1	元·亩$^{-1}$·年$^{-1}$		400	
区县补偿标准	b_2	元·亩$^{-1}$·年$^{-1}$		400	400
市府补偿金额	R_1	亿元·年$^{-1}$	−26.08		26.08
区县补偿金额	R_2	亿元·年$^{-1}$		−26.08	26.08
补偿金额总计	R	亿元·年$^{-1}$	−26.08	−26.08	52.16

3. 适度放宽农业用途管制

建议在不损害土地耕作条件和基本农田保护的情况下,应将农作物种植(包括果树、多年生经济作物、苗木、大棚和设施农业等)、禽畜养殖、水产养殖、农业科学试验等用途均应视为农业用途。对于因生产经营需要建造的简易仓库、临时性养殖场等非永久性设施,在足额缴纳土地复垦费的条件下也可视为农业用途。允许农村土地流转经营主体依托其流入土地和经营主业,开展诸如农产品加工、物流配送、农业技术咨询服务和农业观光旅游等经营活动,并给予相应的政策支持和服务。鼓励农村土地流转经营主体在其获得经营权的土地上投资兴建农田水利等基础设施,所占土地不占其临时建设用地指标,并免收各种手续费。建议切实解决生产管理用房占地问题。对于以租赁或入股方式获得一定期限农村土地经营权的经营主体,农村土地规模经营所必需生产管理用房的建设用地指标,既可以通过承租农村宅基地来解决,也可以申请临时建设用地的方式来解决。对于通过承租农村宅基地获得农村宅基地使用权的经营主体,可以通过土地整理或缴纳土地复垦费等方式将其置换为生产管理用房的用地指标,政府可以核发农村建设用地使用证,所建房屋发放农村房屋产权证,可以转让、出租、抵押和担保贷款,但其期限不得超过土地流转期限。鼓励农村土地流转经营主体参与农村废弃建设用地的复垦工作，通过废弃建设用地复垦获得的农村建设用地指标，既可享有承租农村宅基同等地权利，还可以有偿、合理流转和转让。对于通过政府审批和集体经济组织大部分农民同意获得的那部分临时建房的用地指标，不发放农村建设用地使用证和农村房屋产权证，不得进行转让、出租、抵押和担保贷款。临时建设用地的比例各区县可以根据条件自行规定，原则上不得超过8%，且必须按规定收取土地复垦保证金。

4. 统筹城乡土地利用规划

建议深化农村土地利用规划管理。在统筹城乡发展和新农村建设的大背景下，推进基层土地利用规划编制工作是必要的。重庆试验主要表现为：第一，开展村级土地利用规划。2007年9月18日，重庆市国土资源和房屋管理局发布了《关于在新农村建设中开展村级土地利用规划试点工作的通知》（渝国土房管发[2007]559号），明确提出了在全市新农村建设中开展村级土地利用规划编制试点工作，并就村级土地利用规划提出的背景、指导思想和基本原则、试点范围、主要任务、审批以及相关要求等方面作出具体规定。重庆市首先在江北区双溪村进行村级土地利用规划试点，目前江北区、九龙坡区和北碚区等地的11个村完成了村级土地利用规划，九龙坡、沙坪坝、梁平和开县等区县的7个村正在开展此项工作。同时，村级土地利用的专项规划也得到了细化。如江北区鱼嘴镇双溪村开展了土地整理规划、基本农田保护建设规划、农村居民点规划、道路建设规划及生态建设规划等专项规划，从用地的规模、用途到空间布局进行了系统详细的规划，真正做到了规划落地，具有很强的可操作性。第二，编制镇乡国土整治（土地综合整理）规划。按照“四个结合”即把土地开发整理与增加耕地综合生产能力相结合、与农业产业结构调整相结合、与加强农村基础建设相结合、与新农村建设相结合的要求，编制镇乡国土整治规划。重庆市已在江北区五宝镇、璧山县大路镇、南岸区南山街道开展了国土整治规划工作，应当及时总结经验，逐步推广。

建议统筹城乡建设用地规划管理，开辟城镇建设用地供给第二来源，提高农村建设用地节约集约利用水平。城市化快速发展要求提供更多的建设用地，也吸引了大量的农民进城，这就为实现农村集体建设用地减少与城镇建设用地增加挂钩，提高土地的合理利用提供了可能。据调查重庆直辖十年，乡村人口由2 042.56万人减少到1 496.71万人，农村居民点用地由36.37万 hm^2 减少到36.02万 hm^2，即每减少一个乡村人口，仅减少农村居民点用地6.41m^2。又据调查2006年重庆市每个乡村人口占用农村居民点用地240m^2。可见，开展农村居民点用地的整理和流转是必要的。建议试验区积极探索统筹城乡建设用地规划管理,突出重点打造亮点:一是实行最严格的节约用地制度,从严控制城乡建设用地总规模;二是积极推进城镇建设用地增加与农村建设用地减少挂钩试验,推进城乡建设用地结构调整、布局优化、效益提升;三是探索建立城乡统一的建设用地市场,为农村建设用地规范转化为城镇建设用地构建新通道。建议按照国土资源部《加强农村宅基地管理的意见》(国土资发[2004]234 号)的要求,采取有效措施,引导农村村民住宅建设按规划,有计划地逐步向小城镇和中心村集中。要因地制宜地组织开展"空心村"和闲置宅基地、空置住宅的调查清理工作,制定消化利用的规划、计划和政策措施。科学实施村庄改造,归并村庄整治计划,积极推进农村建设用地整理,提高土地节约集约利用水平。建议拓宽农村土地承包经营权和农民宅基地流转的资金激励渠道,鼓励农民依法、自愿、有偿流转土地承包经营权和农民宅基地,农民自愿退出闲置宅基地和承包地进入城镇安居的,可从土地开发整理资金中给予适当补助,鼓励复垦农村闲置的建设用地。农村建设用地整理可依照"城乡统筹、政府组织、国土牵头、部门合作、公众参与"的运作模式,以"社会主义新农村建设"为契机,按照"建设新农村、培养新农民、发展现代农业"的要求,运用经济手段促进农村居民点用地的整理,做到"整理好、流转好、利用好"。建议允许农村宅基地的有序流转,鼓励全家进城落户的农民自愿放弃其农村宅基地及其所建房屋的所有权,由其所在集体经济组织收回,并给予原所有人一定数量的货币补贴或奖励。鼓励农民以农村宅基地及其所建房屋所有权来置换城镇社区廉租房和商品房价格补贴。允许长期在外务工经商的农户将其农村宅基地及其所建房屋使用权以分期或一次性付款方式出租给本集体经济组织及其本集体经济组织内部其他农户。鼓励农村土地流转经营主体通过集体经济组织以租赁形式获得一定期限的农村宅基地及其房屋的使用权。允许农村集体经济组织、农户和其他经营主体在其依法取得的宅基地上改扩建房屋,进行农家乐等生产经营活动。贯彻落实农村"一户一宅"制度,对转让或出租农村宅基地未到期的农户,行政主管部门不得以任何理由再次批准农村宅基地指标。

5. 统筹土地开发整理规划

将土地开发整理与推进农村土地流转、发展现代农业、建设社会主义新农村有机结合在一起,实现"四位一体,统筹推进"。这不仅有利于推进农村土地流转,而且也有利于提高土地开发整理专项资金的利用效益。土地开发整理专项资金主要用于保障耕地占补平衡和基本农田建设,以增加有效耕地面积,提高耕地质量，改善农业生产条件和生态环境，建设现代农业，促进农村经济发展。土地开发整理专项资金主要来自三个方面，一是耕地开垦费，二是新增建设用地有偿使用费，三是土地出让金用于农业土地开发部分资金。重庆市每年新增建设用地约 15 万亩，其中占用耕地约 8 万亩，全市市级和区县土地开发整理专项资金近 20 亿元。过去重庆市土地开发整理工作注重增加有效耕地面积和保障耕地占补平衡，忽视了将土地开发整理与推进农村土地流转、发展现代农业、建设社会主义新农村有机结合，以至于出现了新增耕地利用效益不高，甚至撂荒的现象。实践证明，将土地开发整理与推进农村土地流转、发展现代农业、建设社会主义新农村有机结合在一起，这不仅有利于推进农村土地流转，而且也有利于提高土地开发整理专项资金的利用效益。在忠县，通过组织实施市级土地开发整理工程，投入土地开发整理专项资金 1 500 万元，增加了有效耕地面积，提高了耕地质量，改善了农业生产条件和生态环境，从而为引进施格兰公司，建立柑橘生产基地，创造了条件。

6. 严格耕地保护领导问责

《中华人民共和国土地管理法》明确规定，“十分珍惜、合理利用土地和切实保护耕地”是我国的基本国策。国家保护耕地，各级人民政府应当采取措施，全面规划，严格管理、保护、开发土地资源。地方政府是耕地保护的第一责任人，但在现实中往往成为导致耕地违法占用的推手。地方政府作为相对独立的利益主体，是本地区经济发展的组织者，主要考虑的是本地经济的快速发展，为推进招商引资、为实施政绩工程，支持默许土地违法的现象大量存在。此外，土地是财富之母，当土地资产的巨大价值日益显现，土地价格上涨的利益诱惑十分强烈，当“以地生财”可以有效缓解地方发展财力不足时，地方政府就会充分运用法律赋予的土地审批权，大量征地、出让土地，却难以履行保护耕地的职责和义务。据国土资源部通报，2006 年全国发生土地违法案件 13 万余件，其中 80%的案件都涉及地方政府违法批地。国家监察部提供的资料显示，广东省开平市两届市委领导班子决定，以“化整为零”的方式违法审批近 3 万亩土地，有组织地对抗中央关于加强土地管理的决定。当前，切实贯彻耕地保护领导责任制和问责制，发挥制度约束作用，遏制地方政府冲动，是非常必要的。《国务院关于加强土地调控有关问题的通知》（国发[2006]31 号）规定，“地方各级人民政府主要负责人应对本行政区域内耕地保有量和基本农田保护面积、土地利用总体规划和年度计划执行情况负总责”。严格实行问责制，就是要对本行政区域内发生土地违法违规案件造成严重后果的，对土地违法违规行为不制止、不组织查处的，对土地违法违规问题隐瞒不报、压案不查的，应当追究有关地方人民政府负责人的领导责任。地方政府在解决发展空间和保护耕地的关系问题上，必须坚持科学发展观、遏制发展冲动，必须坚决贯彻落实最严格的耕地保护制度。

四、探索农村土地流转机制创新

必须不断解放和发展农村社会生产力，始终把改革创新作为农村发展的根本动力。坚持不懈推进农村改革和制度创新，提高改革决策的科学性，增强改革措施的协调性，充分发挥市场在资源配置中的基础性作用，加强和改善国家对农业农村发展的调控和引导，健全符合社会主义市场经济要求的农村经济体制，调整不适应农村社会生产力发展要求的生产关系和上层建筑，使农村经济社会发展充满活力。

1. 推进农地流转市场化

推进农地流转市场化是指农地进入市场进行依法、自愿、有偿的流转，在市场机制和政府调控的共同作用下，实现农地资源合理配置。市场机制是市场供求关系、价值规律、市场竞争以及边际效用递减等客观规律的综合表现，具有市场激励、市场约束、市场服务等优化资源配置的功能。我国的土地市场同经济的发展呈正态相关关系，土地市场化的演进轨迹就是市场配置土地的范围扩大和市场行为规范的过程。党的十七大报告指出，“要深化对社会主义市场经济规律的认识，从制度上更好发挥市场在资源配置中的基础性作用，形成有利于科学发展的宏观控制体系。”

农民流出土地经营权，将土地作为资本予以输出，流转行为由被动变为主动，农民对土地流转的积极性有所提高，更多地是为了增加收入。而土地经营者流入土地经营权是把农业作为一个投资领域，其目的是为了发展农业商品生产，以获取更加稳定和更高的收入。市场是价值实现的场所，完善农村土地市场是农村土地流转主体实现流转意愿的必然选择。农村土地流转属于市场经济行为，其根本目的在于提高土地利用率和产出效益，必须按市场规律办，建立统一规范的农村土地流转市场。结合重庆市农村土地市场建设的实际情况，还存在着与统筹城乡发展不相适应的状况。一是在健全土地承包经营权流转市场方面，全市各区县都在积极推进土地承包经营权流转，但都未建立土地承包经营权流转市场，土地承包经营权流转大多处于自发、盲目、服务薄弱的状况。建议依托区县建立土地承包经营权流转市场，为土地承包经营权流转提供市场驱动、市场服务和市场约束。二是在开放农村集体建设用地流转市场方面，广大农村干部和农民普遍反映制度障碍大，农村集体建设用地流转难。据调查，重庆市农村集体建设用地存量大、闲置多、流转难、利用粗放、价值低估。建议先行先试，开放农村集体建设用地流转市场，开展农村集体建设用地储备整治，推进农村集体建设用地集中布局、集约利用、提升价值、促进农民财富增长、农村集体经济有效实现。

农村土地交易所是实现农村土地流转市场化的高端平台，是实现农村土地流转规范化的有效管制，是逐步建立城乡统一的建设用地市场的必然要求。2008 年 12 月 4 日，全国首家农村土地交易所在重庆挂牌成立。国土资源部副部长鹿心社表示，作为统筹城乡综合配套改革试验区，重庆在全国首家挂牌成立农村土地交易所，意义重大。希望重庆能够在规范的基础上不断创新，把重庆农村土地交易所建设成立足西南、面向西部、辐射全国的农村土地交易大市场。

重庆农村土地交易所第一单建设用地指标拍卖，一锤定音，300 亩建设用地指标卖得 2 560 万元。据调查，这些建设用地指标来自江津区农村宅基地复垦，2008 年江津区农村宅基地复垦补充耕地 4 000 余亩。这一锤也敲出了困惑和思索：卖方提出，每亩建设用地指标的价格只有 8 万多元，是否划算？是否存在各级政府投资的土地开发整理复垦项目产生的耕地补充指标和农村建设用地减少指标流入农村土地交易所？如何控制交易隐患和风险？买方提出，到交易所买建设用地指标还要花钱，如果申请国家下达的建设用地指标就不花这笔冤枉钱了，谁吃免费正餐？谁吃自费小吃？谁说了算？是否会产生新的自由裁量权？当然人们也会提出这 300 亩建设用地指标的取得成本究竟是多少？成本构成是怎样的？土地交易的增值收益究竟有多少？农民能共享土地交易的增值收益吗？

建议健全农村土地交易所工作制度和监管制度。据调查，重庆农村土地交易所在建立和完善农村土地交易管理制度方面任重道远，还须努力探索创新。一是关于交易产品，向市场提供的交易产品必须是合格的交易产品，不论是土地产权或是用地指标，它们在法律上必须是安全的，在效用上必须是可以实现的；二是关于交易主体，参与交易的主体必须是合格的市场主体，不论是产品买方或是产品卖方，它们在法律上必须是获得认可的，在经营上必须是具备相应资质的；三是关于交易价格，市场是商品价格实现的场所，价格是市场的灵魂，土地价格有其特殊性，它是土地未来收益现值总和，如何评估农地流转价格，这是确保土地交易公平的关键问题；四是关于交易收益分配，交易收益分配涉及土地交易各方利益，必须维护农民土地权益，坚持共享土地流转收益，必须精心设计交易收益分配政策和方案；五是关于交易风险控制，市场险恶风险多多，特别是土地市场有其特殊性，更是风险集结地，既有金融风险、经营风险，还有廉政建设风险。因此，加强风险评估和控制制度建设是十分必要的，也是非常紧迫的。

2. 推进农地流转多元化

在保证农民的农村土地承包经营权和收益权的前提下，可因地制宜，采取多种形式进行农村土地流转。允许农民既可以采取转包、出租、互换、转让、股份合作等多种形式进行农村土地流转，也可以根据流转双方的实际需要采取现行法律法规没有明确禁止的形式进行农村土地流转试验。鼓励农户以土地承包经营权入股的方式，成立股份制有限农业企业和农民专业合作社；鼓励农村集体经济组织以多种形式参与农村土地流转和农业企业的经营；鼓励农业产业化龙头企业参与农村土地流转，通过租赁和入股等多种形式建立自己的生产基地。

据调查，引导农村土地流转服务监管方式多元化发展是可行的。农村土地流转的方式、期限和具体条件，由流转双方平等协商确定，不搞“一刀切”。农村土地流转意向达成后，应按照全市统一的流转合同规范文本签订土地流转合同，并报所在乡镇农村土地流转管理部门登记备案，根据土地地类和流转规模实行分级分类档案管理。农村土地承包农户既可以自己直接进行土地流转，也可以委托所在集体经济组织、中介组织和其他第三方进行流转。对于委托流转的，承包方必须出具书面委托书，并明确委托的事项、期限和权限等。农村土地流转价格由流转双方协商确定，要充分考虑市场因素，原则上以实物形式确定流转价格，以货币形式结算，也可委托土地估价中介机构进行价格评估，报区县行政主管部门审定，合理确定流转价格。从事农村土地流转服务的中介组织在办理工商税务登记的同时，还应在区县农业、土地行政主管部门备案并接受其监督和指导，依照法律和有关规定提供流转中介服务。在集中连片流转过程中，对于个别不愿流转的农户，应由集体经济组织出面，在不影响农户经营收益的条件下通过调整、互换等多种形式来解决矛盾。区县和乡镇农村土地流转管理部门在流转登记过程中，发现流转双方有违犯法律法规的约定和行为，要及时予以纠正。要加强对农村土地流转工作的指导、服务和管理，正确履行职责，防止缺位、越位和错位现象发生；农村土地流转发生争议或纠纷，流转双方可以自行依法协商解决，也可以请求乡镇和村级土地流转服务中心调解。不愿协商和调解或协商调解不成的，当事人可以申请当地农村土地流转仲裁机构进行调解和仲裁，也可以直接向人民法院起诉。

当前，农村土地流转速度慢、规模小的一个重要原因在于一般农户没有能力接受大规模的流转土地，因此有必要进一步拓展农村土地流转经营主体范围。农村土地流转经营主体既可以是承包农户，也可以是其他按有关法律及有关规定允许从事农业生产经营的组织和个人。同时，农村土地流转经营主体应当具有农业生产经营能力，不得撂荒其流转所得土地。建议鼓励各种金融资本、城市资本、工商资本和民间资本等依法参与农村土地流转，成为农村土地流转经营主体，单独兴办或与农民联合兴办农业企业，除享受已规定的优惠政策外，给予一定期限和一定额度的增值税、营业税和所得税等减免政策。

《中共中央关于推进农村改革发展若干重大问题的决定》明确指出，推进农业经营体制机制创新，加快农业经营方式转变。统一经营要向发展农户联合与合作，形成多元化、多层次、多形式的经营服务体系的方向转变，发展集体经济，增强集体组织服务功能，培育农民新型合作组织，发展各种农业社会化服务组织，鼓励龙头企业与农民建立紧密型利益联结机制，着力提高组织化程度。

关于土地规模经营组织形式问题，理论界争论较多。胡穗博士在《中国共产党农村土地政策的演进》一书中提出：建立农民土地股份合作制。就是在家庭联产承包责任制的基本框架下，将农户已经取得的承包土地使用权进行评估，按照公平合理的价格折算成股份，并在集体经济组织范围内将股份量化到该组织的每一个成员，一般采取将土地集中起来由股份合作经济组织统一规划和经营，农户既可按股分红，也可以在合作经济组织中劳动，并取得劳动报酬的土地规模经营形态。

针对重庆试验"麒麟模式"，部分学者认为：重庆推进城乡统筹综合配套改革要在实践中大胆闯、大胆试，已经起步的"麒麟模式"等可继续推进，但要及时总结经验教训，要研究改革创新与现行法律制度的关系。发展现代农业需要提高农民的组织化程度，是搞土地经营权入股好，还是专业合作社好，还值得深入研究。相比而言，以土地经营权入股的法律风险更大（实际已突破土地承包法和物权法等法律底线），而合作社则是法律政策允许的。

笔者在接受《中国经济导报》记者冯洁采访时提出以下看法：从股权结构看，无论是农民土地股份合作社，还是农村专业合作社都是以农户为主体的集体经济组织，它排斥了城市工商资本参与入股，它是一个封闭系统，市场化程度低，运行风险小。而重庆试验"麒麟模式"是农村土地资本入股与城市工商资本入股结合形成的农业股份公司，它是一个开放系统，市场化程度高，它的优势是有利于生产要素向农村集结，它的风险是与现行法律冲突。我们必须作出选择，或者完善法律，或者放弃试验。我们更企盼找到一个新的平衡，建议开展"股田公司股权分治"试验，根据股权结构的多样性和股权性质的差异性，对土地股本和工商股本分类治理，分类设置流通管制和保护措施，探索完善中国特色社会主义农地经营体制。

五、健全农村土地流转保障体系

必须统筹城乡经济社会发展，始终把着力构建新型工农、城乡关系作为加快推进现代化的重大战略。统筹工业化、城镇化、农业现代化建设，加快建立健全以工促农、以城带乡长效机制，调整国民收入分配格局，巩固和完善强农惠农政策，把国家基础设施建设和社会事业发展重点放在农村，推进城乡基本公共服务均等化，实现城乡、区域协调发展，使广大农民平等参与现代化进程、共享改革发展成果。针对当前农村土地流转保障体系薄弱环节，提出以下建议：

1. 建立现代农村金融体系

农村金融是现代农村经济的核心。创新农村金融体制，放宽农村金融准入政策，加快建立商业性金融、合作性金融、政策性金融相结合，资本充足、功能健全、服务完善、运行安全的农村金融体系。加大对农村金融政策支持力度，拓宽融资渠道，综合运用财税杠杆和货币政策工具，定向实行税收减免和费用补贴，引导更多信贷资金和社会资金投向农村。各类金融机构都要积极支持农村改革发展。坚持农业银行为农服务的方向，强化职能、落实责任，稳定和发展农村服务网络。拓展农业发展银行支农领域，加大政策性金融对农业开发和农村基础设施建设中长期信贷支持。扩大邮政储蓄银行涉农业务范围。县域内银行业金融机构新吸收的存款，主要用于当地发放贷款。改善农村信用社法人治理结构，保持县(市)社法人地位稳定，发挥为农民服务主力军作用。规范发展多种形式的新型农村金融机构和以服务农村为主的地区性中小银行。加强监管，大力发展小额信贷，鼓励发展适合农村特点和需要的各种微型金融服务。允许农村小型金融组织从金融机构融入资金。允许有条件的农民专业合作社开展信用合作。规范和引导民间借贷健康发展。加快农村信用体系建设。建立政府扶持、多方参与、市场运作的农村信贷担保机制。扩大农村有效担保物范围。发展农村保险事业，健全政策性农业保险制度，加快建立农业再保险和巨灾风险分散机制。加强农产品期货市场建设。

设立专项资金，加大对农村土地流转的财政支持力度。各级财政要进一步调整财政支农结构，在支农资金中安排农村土地流转专项资金，鼓励通过农村土地流转促进农业规模经营和产业发展，实行农业规模经营补贴政策，对于达到一定规模的农村土地流转经营主体给予适当的经营补贴，推动公共财政向优势区域和优势产业倾斜。重点用于农村交通、水利、电力、通讯等的投入，实现通路、通水、通电、通讯，为农村土地经营主体提供良好的发展硬环境。

强化金融信贷支持，鼓励农村土地经营主体做大做强。由于农业投资项目具有成本高、周期长、风险大、收益低的特点，银行和投资者对涉农项目望而却步。建议政府通过贴息的办法，激励银行和各种融资机构简化贷款手续，在保证信贷安全的基础上，加强对农业适度规模经营和产业发展的金融支持，确保经营流转农地所需资金。农村信用社每年要安排一定额度的农业信贷资金用于解决农村土地流转经营主体的资金需求，对经济实力强、资信好的农村土地流转经营主体给予一定的信贷授信额度，允许各经营主体以联保等形式办理贷款手续。各区县的融资担保平台应把农村土地规模经营主体纳入服务范围，允许其用依法取得的农村“四荒地”使用权、农村土地承包经营权、农村集体建设用地使用权和经营土地附着物等进行抵押和担保贷款。允许具备条件的农村土地流转经营主体利用法律法规未禁止的方式进行直接融资。

作为高风险的弱势产业，农业生产不仅面临着自然灾害的风险，而且还面临着技术风险和市场风险。逐步建立和完善农业风险防范体系，有利于减少风险发生的可能性，降低或转移分散农业风险给农业经营主体造成的意外损失程度。为此，一是要构建农业保险体系，建立以政策性保险为主的农业保险体系；二是政府对商业性保险公司提供的农业保险业务给予政策优惠，通过商业性保险公司来开展农险业务；三是发展农产品期货市场，在农产品流通过程中，现货交易具有直接、便利等优点的同时，也具有价格波动大、市场风险排解难等缺点，而农产品期货市场能够有效地化解这个问题，降低农村土地经营主体的市场风险。

2. 完善农村社会保障体系

据 2006 年 9 月 7 日发布的《中国的社会保障状况和政策》白皮书显示，2005 年底，我国有 1 870 个县（市、区）不同程度地开展了农村社会养老保险工作，5 428万人参保，积累基金 259 亿元，198 万农民领取养老金。全国享受最低生活保障和特困户生活救助的农村特困人数为 1 257 万人。2004 年，我国政府开始对农村部分计划生育家庭实行奖励扶助制度的试点：农村只有一个子女或两个女孩的计划生育夫妇，每人从年满 60 周岁起享受年均不低于 600 元的奖励扶助金，直到亡故为止。

为保障农民的基本医疗需求，减轻农民因病带来的经济负担，缓解因病致贫、因病返贫问题，我国政府于 2002 年开始建立以大病统筹为主的新型农村合作医疗制度，由政府组织、引导、支持，农民自愿参加，政府、集体、个人多方筹资，目前正在 30 个省、自治区、直辖市的 310 个县（市）进行试点。截至 2005 年 6 月，覆盖 9 504 万农业人口，实际参加人数 6 899 万人，共筹集资金 30.2 亿元，其中地方各级财政补助 11.1 亿元、中央财政对中西部地区补助 3.9 亿元。

实行农村社会救助。20 世纪 50 年代，我国开始建立五保供养制度，1994 年国务院颁发《农村五保供养工作条例》，对农村村民中符合下列条件的老年人、残疾人和未成年人实行保吃、保穿、保住、保医、保葬(未成年人保义务教育)的“五保”供养：无法定扶养义务人，或者虽有法定扶养义务人，但是扶养义务人无扶养能力的；无劳动能力的；无生活来源的。2003 年底，全国实际五保供养人数为 254.5 万人。

另外，我国政府针对各地区经济发展不平衡和地区间财政经济状况差异大的实际，鼓励有条件的地区探索建立农村最低生活保障制度。其他地区则坚持“政府救助、社会互助、子女赡养、稳定土地政策”的原则，建立特困户基本生活救助制度。同时，对患病的农村困难群体实行医疗救助。截至 2003 年底，全国享受最低生活保障和特困户生活救助的农村特困人数为 1 257 万人。

据调查，当前广大农民对完善农村社保体系有六盼：一盼，优先解决被征地农民的养老保障问题。对新增的被征地人员做到即征即保。加大政府扶持的力度，增加政府投入，根据参保人员年龄档次分别予以资金补助。二盼，将进城农民工纳入城镇社保体系。通过分阶段覆盖和发展，重点督促农民工参加工伤保险。根据企业经营状况和缴费能力，分步实施医疗保险和生育保险。三盼，改革完善现行农村养老保险制度。实行个人、集体、政府三方筹资，建立个人账户储蓄积累与养老保险待遇调整机制相结合的模式。四盼，进一步完善新型农村合作医疗制度。适当提高参保人员缴费水平。在诊疗项目上设定限制，控制支出。建立健全对医疗机构的协议管理制度，规范定点医疗机构行为。五盼，完善基层社保服务平台建设。建立完善农村社会保障服务网络，在机构、人员、经费、场地、制度和工作方面实现六到位。六盼，拓宽农村社会保障筹资渠道。政府加大对社会保障尤其是农村社会保障的投入力度，多渠道筹资大力实施农村社会保障。

贯彻广覆盖、保基本、多层次、可持续原则，加快健全农村社会保障体系。按照个人缴费、集体补助、政府补贴相结合的要求，建立新型农村社会养老保险制度。创造条件探索城乡养老保险制度有效衔接办法。做好被征地农民社会保障，做到先保后征，使被征地农民基本生活长期有保障。完善农村最低生活保障制度，加大中央和省级财政补助力度，做到应保尽保，不断提高保障标准和补助水平。全面落实农村五保供养政策，确保供养水平达到当地村民平均生活水平。完善农村受灾群众救助制度。落实好军烈属和伤残病退伍军人等优抚政策。发展以扶老、助残、救孤、济困、赈灾为重点的社会福利和慈善事业。发展农村老龄服务。加强农村残疾预防和残疾人康复工作，促进农村残疾人事业发展。

当前，农村社会保障仍以家庭保障为主，农民家庭既是农业生产经营单位，又是生产消费单位，还是养老和失业保障单位。在这种条件下，作为农民最重要的生产资料和生活资料的农村土地担负着生存发展和社会保障双重功能，在农村社会保障体系没有普遍建立之前，农村土地仍然是农民养老和应付病残的最后保障。要解决农村土地流转之后农民的后顾之忧，使广大农民从土地中彻底解放出来，就必须建立健全符合农村实际和农民需要的农村社会保障制度，将农民纳入社会保障的范围之内，扩大农村社会保障的覆盖面，弱化农村土地的社会保障功能。当前的重点是要进一步建立健全包括农村最低生活保障制度、农村社会救济制度、农村社会养老保险制度和新型农村合作医疗制度等在内的农村社会保障体系。

3. 发展农地流转服务体系

发展农村社会化服务体系。建立新型农业社会化服务体系。建设覆盖全程、综合配套、便捷高效的社会化服务体系，是发展现代农业的必然要求。加快构建以公共服务机构为依托、合作经济组织为基础、龙头企业为骨干、其他社会力量为补充，公益性服务和经营性服务相结合、专项服务和综合服务相协调的新型农业社会化服务体系。加强农业公共服务能力建设，创新管理体制，提高人员素质，力争三年内在全国普遍健全乡镇或区域性农业技术推广、动植物疫病防控、农产品质量监管等公共服务机构，逐步建立村级服务站点。支持供销合作社、农民专业合作社、专业服务公司、专业技术协会、农民经纪人、龙头企业等提供多种形式的生产经营服务。开拓农村市场，推进农村流通现代化。健全农产品市场体系，完善农业信息收集和发布制度，发展农产品现代流通方式，减免运销环节收费，长期实行绿色通道政策，加快形成流通成本低、运行效率高的农产品营销网络。保障农用生产资料供应，整顿和规范农村市场秩序，严厉惩治坑农害农行为。

发展农村土地流转社会化服务体系是十分必要的，建议依托区县建立农村土地承包经营权流转市场，逐步推进并普及强制性农村土地流转登记制度，成立农村土地承包和流转仲裁机构，允许农村土地经营主体以其土地附着物进行有条件的抵押和担保贷款。

建议加强农村土地流转登记制度建设，农村土地流转的方式、期限和具体条件，由流转双方平等协商确定，农村土地流转意向达成后，应按照全市统一的流转合同规范文本签订土地流转合同，并报所在乡镇农村土地流转管理部门登记备案，实行统一档案管理。凡没有登记的流转土地及其附着物不得进行担保抵押和融资，不得再流转给第三方。有条件的地方可以探索建立农村土地流转保证金制度和土地复垦保证金制度。对流转面积超过500亩或涉及农户超过200户的农村土地流转，区县和乡镇农村土地流转管理要提前介入，审查流转经营主体的财务和资信状况，并要求流转经营主体提供切实可行的经营方案和风险防范机制，报有关部门审批后方可进行流转。区县和乡镇农村土地流转管理部门在流转登记过程中，发现流转双方有违反法律法规的约定和行为，要及时予以纠正。要加强对农村土地流转工作的指导、服务和管理，正确履行职责，防止缺位、越位和错位现象发生。

建议成立农村土地承包和流转仲裁机构，配合司法部门协调处理和仲裁农村承包土地经营权流转过程中出现的各种矛盾和纠纷，规范流转双方的行为，保护流转双方的合法权益。农村土地流转发生争议或纠纷，流转双方可以自行依法协商解决，也可以请求乡镇和村两级土地流转服务中心调解。不愿协商和调解或协商调解不成的，当事人可以申请当地农村土地流转仲裁机构进行调解和仲裁，也可以直接向人民法院起诉。

建议允许农村土地经营主体以其土地附着物进行有条件的抵押和担保贷款，以便缓解土地流转和规模经营中存在的融资困难。允许农村土地经营主体将其在其通过受让或承租农村宅基地所获得的土地上所建的建筑用于抵押和担保贷款，抵押和担保贷款不得超过受让或承租期限。允许农村土地经营主体以其经营土地上的果树和多年生其他农作物等进行抵押和担保贷款，抵押和贷款期限不得超过土地流转期限。允许农村土地经营主体以其经营土地上的一年生农作物进行抵押和担保贷款，抵押和贷款期限一般不超过一个作物生长季节。从事养殖业的经营主体在进行抵押和担保贷款时可以参照执行。所有涉及农村流转土地及其附着物、农村宅基地的抵押和担保贷款，此前必须由专业机构出据资产评估报告，同时向当地区县政府缴纳不低于评估值10%的风险抵押金。

当前，建立农村土地流转社会化服务体系是降低农村土地流转成本，扩大流转规模，拓展流转范围，实现流转目的的必然选择。主要包括建立农村土地流转信息网络体系建设，为土地流转双方搭建流转平台，降低流转成本，提高流转效率；培育农村土地流转中介组织，为土地流转双方提供市场化服务；提供建立农村土地流转纠纷仲裁机构，为土地流转提供全方位的政策和法律服务等，保证流转双方的权益；强化农业新技术、新品种、新装备、新模式和新机制的推广和应用，帮助土地流转经营主体解决技术难题，提高农村流转土地经营效益，促进资源持续高效利用。

2008年11月20日，中共重庆市委召开座谈会，听取各民主党派、工商联和无党派人士对《中共重庆市委关于加快农村改革发展的决定(征求意见稿)》的意见和建议。受九三学社重庆市委的委派，笔者出席会议并提出建言：党的十七届三中全会明确提出，按照"产权明晰、用途管制、节约集约、严格管理"的原则，进一步完善农村土地管理制度。我市自去年开展统筹城乡综合配套改革试验以来，在中共重庆市委的坚强领导下，广大农村干部和群众在党的十七大精神指引下，按照学习实践科学发展观的新要求，攻坚克难，先行先试，健全严格规范的农村土地管理制度，取得了重大进展。集中反映在以下五个方面：一是改革农村征地制度，保护农民土地权益；二是推进土地规模经营，加快发展现代农业；三是开放农地流转市场，节约农村建设用地；四是完善耕保补偿机制，坚持耕地保护红线；五是创新国土整理模式，助推农村全面发展。我市统筹城乡，先行先试农村土地管理制度改革，取得了重大进展，推进了我市农村改革发展，受到广泛关注，为全国健全严格规范的农村土地管理制度提供了经验和借鉴。建议充分尊重广大农村干部和群众的首创精神，认真总结吸纳广大农村干部和群众创造的新鲜经验，进一步完善《中共重庆市委关于加快农村改革发展的决定》。使《决定》更准确地反映学习实践科学发展观的新要求，更全面地展示我市统筹城乡综合配套改革试验的新成果，更科学地指导我市进一步完善农村土地管理制度，不负中央对重庆的重托，不负广大农村干部和群众的期盼。《国务院关于推进重庆市统筹城乡改革和发展的若干意见》(国发[2009]3号)明确指出，"要站在全局和战略的高度，充分认识加快重庆市改革开放和经济社会发展的重大意义，努力把重庆市改革发展推向新阶段。加快重庆市统筹城乡改革和发展，是深入实施西部大开发的需要，是为全国统筹城乡改革提供示范的需要，是形成沿海与内陆联动开发开放新格局的需要，是保障长江流域生态环境安全的需要。"重庆市统筹城乡综合配套改革试验已上升为新时期我国改革发展的国家战略。有道是，"党中央已发话，城乡发展一体化。谋改革求发展，体制机制障碍大。众乡亲决心大，美好家园亲手画。好领导不用怕，逆水行舟向前划"。

参考文献

[1]姚洋.土地、制度和农业发展[M].北京:北京大学出版社,2004:69～89.

[2]杜文星,黄贤金.区域农户农地流转意愿差异及其驱动力研究——以上海市、南京市、泰州市、扬州市农户调查为例[J].资源科学,2005,27(6):90～94.

[3]张文秀,李冬梅,邢殊媛等.农户土地流转行为的影响因素分析[J].重庆大学学报,2005,11(1):14～17.

[4]丁关良.土地承包经营权的特征与物权、债权性质差异——以《农村土地承包法》为分析依据[J].改革,2004(4):65～70.

[5]孙佑海.土地流转制度研究[M].北京:中国大地出版社,2001.

[6]田野,王波.论完善农村集体土地流转法律制度的原则[J].商场现代化,2007(3):282～283.

[7]张照新.中国农村土地流转市场发展及其方式[J].中国农村经济,2002(2):19～32.

[8]何静.农地使用权流转与相关的法律问题探讨[J].经济问题,2001(7):44～47.

[9]叶剑平,蒋妍,丰雷.中国农村土地流转市场的调查研究——基于2005年17省调查的分析和建议[J].中国农村观察,2006(4):48～55.

[10]蒋满元.农村土地流转的障碍因素及其解决途径探析[J].农村经济,2007(3):25～28.

[11]吴建,曹家和.农村土地制度的新制度经济学分析[J].商业研究,2003(21):180～183.

[12]Jean Olson Lanjouw. Information and the operation of markets: tests based on a general equilibrium model of land leasing in India [J]. Journal of Development Economics, Vol. 6, 1999:497～527.

[13]Douglas C. Macmillan. An economic case for land reform [J]. Land Use Policy, Vol. 17, 2000:49～57.

[14]Thone－KF. F－Becher. Land . expropriation and soil managementaools to development ruralarena[J]. Agrarrecht, 1999, 29:1～16.

[15]William, W. Liberating the land: the case for private land－use planning[J]. Land Use-Policy, 2002, 19(4):333～337.

[16]宋洪远.农村改革对农户经济行为影响的实证分析[J].经济理论与经济管理,1995(1):13～17.

[17]韩耀.中国农户生产行为研究[J].经济纵横,1995(5):29～33.

[18]史清华.农户经济活动及行为研究[M].北京:中国农业出版社,2001.

[19]车裕斌.中国农地流转机制研究[M].北京:中国农业出版社,2004:33～120.

[20]谭淑豪,曲福田,黄贤金.市场经济环境下不同类型农户土地利用行为差异性及土地保护政策分析[J].南京农业大学学报,2001,24(2):110～114.

[21]张文彤.Spss 统计分析高级教程[M].北京:高等教育出版社,2004:175～180.

[22]James Kai sing Kung. Common property rights and land reallocations in Rural China : Evidence from a village survey [J]. World Development,2000,28(4): 701～719.

[23] Tesfaye Teklu ,Adugna Lemi. Factors affecting entry and intensity in informal rental land markets in Southern Ethiopian highlands [J]. Agricultural Economics , 2004(30): 117～128.

[24]陈家骥,杨国玉,武小惠.论农业经营大户[J].中国农村经济,2007(4):12～17.

[25]曹建华,王红英,黄小梅.农村土地流转的供求意愿及其流转效率的评价研究[J].中国土地科学,2007,21(5):54～60.

[26] Li,Guo,Scott Rozelle,and Loren Brandt. Tenure,L and Rights,and Farmer Investment Incentives in China. Agricultural Economics[J]. 1998(19):63～81.

[27] Besley, Timothy. Propery rights and Investment Incentives :theory and Evidence from China. The Journal of Political Economy[J],1995,103(5):903～937.

[28]王德成,王志琴.生产力经济学[M].北京:中国农业大学出版社,2005:82～98.

[29]徐守勤,李彬.农业产业化中龙头企业的经营风险及风险控制[J].经济纵横,2007,1:64～66.

[30]魏薇,邱道持.新农村试点地区土地利用程度变化分析[J].西南师范大学学报,2007,32(5):175～179.

[31]谢识予.经济博弈论[M].上海:复旦大学出版社,2002:276～283.

[32]钱忠好.关于中国农村土地市场问题的研究[J].中国农村经济,1999,(1):9～14.

[33]Scott,J. The Moral Economy of the Peasant [M]. Yale University Press,1976.

[34]邱道持.城市地价评估[M]. 北京:科技文献出版社,2005:7～15.

[35]钱忠好.中国农村土地制度变迁和创新研究[M].北京:社会科学文献出版社,2005.

[36]Xi bao Guo. The Reform of China's Rural Land System[J]. China & World Economy, 2004,12(6):62～73.

[37]廉高波.农地股份制:我国农村土地流转制度的优化选择[J].西北大学学报,2005,35(3):84～88.

[38]戴中亮.农村土地使用权流转原因的新制度经济学分析[J].农村经济,2004(1):27～29.

[39]Qian Wen rong, Huang shi qi, David kelly. Exploring the Role of the Government in Market Mediated Changes in the Usufruct of Cultivated Land——an Empirical Study of the Behavior of Rural Households in Haining and Fenghua cities in Zhejiang Province[J]. Social Science in China,2004,25(2):189～190.

[40]钱文荣.农地市场化流转中的政府功能探析——基于浙江省海宁、奉化两市农户行为的实证研究[J].浙江大学学报,2003,33(5):154～160.

[41]邱道持.重庆市农村土地流转和规模经营探讨[J].西南师范大学学报(自然科学版),2008,5.

[42]彭晶,石卫东.克服农村土地流转障碍政府行为之思考[J].甘肃农业,2005(11):49.

[43]吴小立.农村土地使用权流转市场供求关系的经济学分析[J].和谐社会与农村发展,2005:688～692.

[44]胡同泽,任涵.农村土地流转中的主体障碍因素分析及其对策[J].价格月刊,2007(7):53～55.

[45]Scott. J. The Moral Economy of the Peasants[M]. Yale University Press,1976.

[46]毕宝德主编.土地经济学(第三版)[M].北京:中国人民大学出版社,1998.

[47]钱铭.21世纪中国土地可持续利用展望[J].中国土地科学,2001,15(1):5～7.

[48]张建仁.节约集约用地促进可持续发展[M].北京:中国大地出版社,2005.

[49]卡尔·马克思.资本论(第1,2,3卷)[M].北京:人民出版社,1975.

[50]舒尔茨(Theodore W. Schultz,1964).改造传统农业[M].北京:商务印书馆,1999:29～54.

[51]费景汉,拉尼斯(John C. H. Fei,Gustav Ranis,1964).劳力剩余经济的发展[M].华夏出版社,1989.

[52]托达罗,迈克尔.欠发达国家劳动力迁移与城市失业模型(1961)[A].发展经济学经典论著选[M].中国经济出版社,1998.

[53]赵耀辉,周铁昆.农村劳动力转移、企业集群与二元结构模型[J].经济体制改革(CSSCI),2007,4:80～83.

[54]李培林.农民工——中国进城农民工的经济社会分析[M].北京:社会科学文献出版社,2003.

[55]李实.中国农村劳动力流动与收入增长与分配[J].中国社会科学,2001,2:16～33.

[56]孙佑海.土地流转制度研究[M].北京:中国大地出版社,2001.

[57]叶剑平,蒋妍,丰雷.中国农村土地流转市场的调查研究——基于2005年17省调查的分析和建议[J].中国农村观察,2006(4):48～55.

[58]蒋满元.农村土地流转的障碍因素及其解决途径探析[J].农村经济,2007(3):25～28.

[59]保罗·萨缪尔森,威廉·诺德豪斯.经济学(第16版)[M].北京:华夏出版社,1999.

[60]N·格里高利·曼昆(美).经济学原理(中文第4版)(宏观、微观)[M].北京:北京大学出版社,2006.

[61]张红宇,陈良彪.中国农村土地制度建设[M].北京:人民出版社,1995.

[62]唐旭君.我国农地发展模式创新回顾及其利弊分析[J].农村经济,2002(5):34～35.

[63]陆红生.土地管理学总论[M].北京:中国农业出版社,2002.

[64]杨干忠,缪代文.社会主义市场经济概论[M].北京:中国人民大学出版社,2004:81～122.

[65]杨庆媛.中国城镇土地市场研究[M].重庆:西南师范大学出版社,2002.
[66]高鸿业.西方经济学第三版[M].北京:中国人民大学出版社,2004.
[67]重庆市统计局.重庆统计年鉴(2001－2007)[M].北京:中国统计出版社,2001～2006.
[68]钟正和,王力,陈霄.重庆市农村劳动力转移及其对农村土地利用的影响[J].西南农业大学学报(社会科学版),2006,4(1):92～95.
[69]Todaro,M. P. A model of labor migration and urban unemployment in less developed countries′, American Economic Review, 1969, 58(1):138～148.
[70]李友根,蒋晓川.影响西部农村劳动力转移因素的实证分析[J].南方经济,2006,4:102～09.
[71]张勇.农村劳动力转移转移就业现状、问题及对策[J].当代经济,2006,7:70～73.
[72]Tesfaye Teklu, Adugna Lemi. Factors affecting entry and intensity of land rental markets in southern Ethiopian highlands [J]. Agricultural Economics, 2004,30:117～128.
[73]重庆市发展和改革委员会课题组.重庆市农村土地流转问题及对策建议[J].重庆经济,2006(1):31-34.
[74]吴小立.农村土地使用权流转市场供求关系的经济学分析[J].和谐社会与农村发展,2005:688～692.
[75]戴中亮.农村土地使用权流转原因的新制度经济学分析[J].农村经济,2004(1):27～29.
[76]靳相木.中国乡村地权变迁的法经济学研究[M].北京:中国社会科学出版社,2005.
[77]张红宇.中国农地调整与使用权流转:几点评论[J].管理世界,2002(5):76～87.
[78]钟正和,王力,陈霄.重庆市农村劳动力转移及其对农村土地利用的影响[J].西南农业大学学报(社会科学版),2006,4(1):92～95.
[79]何晓群,刘文卿.应用回归分析[M].北京:中国人民大学出版社,2001.
[80]钟涨宝,汪萍.农地流转过程中的农户行为分析[J].中国农村观察,2003(6):55～64.
[81]XibaoGuo. The Reform of China′s Rural Land System[J], China & World Economy, 2004,12(6):62～73.
[82]ZhigangXu, RanTao. Urbanization, Rural Land System and Social Security in China[J]. China & World Economy,2004,12(6):11～23.
[83]李燕琼.日本政府推进农业规模化经营的效果及对我国的启示[J].农业技术经济,2004(5):71～75.
[84]吴明发,陈美球,谢建春.农用地使用权流转问题的探讨[J].改革与理论,2003(9):8～10.
[85]范怀超.论丘陵地区农地流转与农业产业化的发展[J].求索,2005(1):1～2.
[86]周天勇.土地制度的供求冲突与其改革的框架性安排[J].管理世界,2003(10):40～49.
[87]Scott J. The Moral Economy of the Peasants [M]. Yale University Press,1976.
[88]刘庆,张军连.经济发达地区集体非农建设用地流转初探[J].农村经济,2004(2):33～34.
[89]史尚宽.民法总论[M].北京:中国政法大学出版社,2000.
[90]保罗·萨谬尔森,威廉·诺得豪斯.经济学(第16版)[M].北京:华夏出版社,1999.

[91]刘庆,张军连.经济发达地区集体非农建设用地流转初探[J].农村经济,2004(2):33～34.
[92]马九杰,孟凡友.农民工迁移非持久性的影响因素分析——基于深圳市的实证研究[J].农村改革,2003,(4):4～49.
[93][德]马克思,恩格斯.马克思恩格斯全集[M].北京:人民出版社,1975.
[94]埃瑞克·菲吕博腾等.新制度经济学[M].上海:上海财经大学出版社,1998.
[95]Peter WG Newman and Jeffrey R Kenworthy. The land use— transport connection: An overview [J]. Land Use Policy, Vol. 13. 1996:1～22.
[96]Urban poverty in the transitional economy: a case of Nanjing, China [J]. Habitat International, Vol. 30. 2006:1～26.
[97]Yu Zhu. China's floating population and their settlement intention in the cities: Beyond the Hukou reform. Habitat International[J]. Vol. 31. 2007:65～76.
[98]Minghong Tan, Xiubin Li, Hui Xie and Changhe Lu. Urban land expansion and arable land loss in China——a case study of Beijing－Tianjin－Hebei region[J]. Land Use Police, Vol. 22. 2005(1):7～19.
[99]张朝鹏,欧阳安蛟.城镇化进程中两栖人口的生活保障问题[J].经济论坛,2006,(3):66～72.
[100]黄贤金.农村土地市场研究[M].中国大地出版社,2003:89～121.
[101]刘维新.中国城镇发展与土地利用[M].北京:商务印书馆,2003.
[102]张忠法.我国走出二元结构之路[J].经济研究参考,2006,(9):2～26.
[103]乐君杰.中国农村劳动力市场的经济学分析[M].浙江:浙江大学出版社,16.
[104]胡蓉.区域农用地转用的特征及驱动力分析[J].西南师范大学学报,2006,(06):178～182.
[105]章波.经济发达地区农村宅基地流转问题研究[J].中国土地科学,2006(1):34～38.
[106]蔡昉.迁移的双重动因及其政策含义[J].中国人口科学,2002(4):1～7.
[107]姚丽.北京市郊区宅基地流转问题研究[J].中国土地,2007(2):36～39.
[108]朱靖.对农村集体建设用地流转必然性的思考[J].农村经济,2002(4):17～18.
[109]邱道持.土地利用文集[D].重庆:西南师范大学出版社,2006:263～266.
[110]张亿钧.农村劳动力转移与城镇化发展的协调问题及其对策[J].经济问题探索,2006(11):71～74.
[111]魏雅华.《物权法》中的农民宅基地物权[J].国土资源导刊,2006,3(6):59～61.
[112]王鹏翔.对城郊农民宅基地管理的政策建议[J].中国土地,2006(9):16～17.
[113]王利明.物权法研究[M].北京:中国人民大学出版社,2002.
[114][加]彼得·本森,易继明译.合同法理论[M].北京:北京大学出版社,2004:247.
[115][美]理查德·A·波斯纳.法律的经济分析(上册)[M].北京:中国大百科全书出版社,1997.
[116][美]凯斯·R·孙斯坦.自由市场与社会正义[M].北京:中国政法大学出版社,2002.

附录　学术论文

重庆市农村土地流转和规模经营探讨

邱道持　冯玲玲

（西南大学地理科学学院　重庆北碚　400715）

【摘　要】 重庆市作为全国统筹城乡综合配套改革试验区，在推进农村土地流转和规模经营方面具有特别重要的意义。本文阐述了重庆市农村土地流转和规模经营的基本情况，深入分析了存在的突出问题和制约因素，并在此基础上提出了适当放宽农村土地的农业用途管制，开放农村集体建设用地流转市场，规范农村土地承包经营权流转等建议。

【关键词】 农村土地流转；特点；制约因素；重庆市

中国分类号：F301　文献标识码：A

随着重庆市被确定为“全国统筹城乡综合配套改革试验区”，推进农村土地流转和规模经营成为建设统筹城乡综合配套改革试验区的重要抓手。因此，全面了解重庆市农村土地流转和规模经营的现实状况，分析研究当前存在的突出问题和制约因素，并在此基础上提出加快农村土地流转，促进规模经营的对策建议具有十分重要的意义。

1. 重庆市农村土地流转和规模经营的基本情况

1.1　总体规模偏小，流转进程加快

重庆市幅员面积 8.24 万 km^2，全市户籍人口 3 198 万人，其中，农村人口2 431

万人，农户 718 万户。2006 年末，重庆市农用地 694.17 万 hm^2(10 410 万亩)，占全市土地总面积的 84.24%，其中，耕地为 224.2 万 hm^2(3 363 万亩)，林地为 329.15 万 hm^2(4 937.25 万亩)，其他农用地为 92.7 万 hm^2(1 390.5 万亩)，分别占土地总面积的 27.2%、40%和 11.2%，体现了大农村、大农业的特色。

截至 2006 年底，重庆市农村土地承包经营权流转总面积为 14.49 万 hm^2(217.39 万亩)，占全市农村承包耕地总面积 133 万 hm^2(1 995 万亩)的 10.90%，涉及 39 个区县(注:不包括渝中区)农户 86.35 万户，占承包农户总数 693 万户的 12.46%。根据农业部 2006 年统计数据显示，全市农村土地流转绝对面积占全国流转总面积的 2.4%，排全国第 14 位；流转比例高于全国平均水平，在全国排第 10 位。总体上，重庆市农村土地流转无论是数量上，还是流转比例上均在全国处于中上水平，在西部处于相对领先水平。重庆市第三次党代会明确提出，到“十一五”末全市土地流转规模，在“一圈”达到 30%，在“两翼”达到 20%，照此要求，目前重庆市土地流转总体规模偏小。

近年来，重庆市农村土地流转和规模经营的进程加快，呈逐年扩大的趋势。据调查，全市农村土地流转起步于 20 世纪 80 年代中后期，最初形式多为外出务工农民无偿请人代耕自己的土地，属于自发的零星流转；进入 21 世纪后，农村土地流转的组织程度明显增强，流转规模趋于扩大，流转进程趋于加快。据统计，重庆市农村土地流转面积数量从 2003 年的 6.94 万 hm^2(104.16 万亩)，上升到 2004 年的 8.43 万 hm^2(126.380 万亩)，2005 年的 9.23 万 hm^2(138.52 万亩)，2006 年达到了 14.49 万 hm^2(217.39 万亩)。尤其是 2006 年，土地流转面积比 2005 年增长了 56.75%，当年新增农村土地承包经营权流转面积为 5.26 万 hm^2(78.87 万亩)，新增农户 22.65 万户。可以预见的是，随着农村经济的发展，为适应农业产业化发展的需要，农村土地流转将有进一步加快的趋势。

1.2 流向集中化，驱动市场化

随着农村土地流转进程的不断加快，农村土地流转已不仅仅局限于农户之间分散存在，大量的工商企业、产业化龙头企业、合作经济组织也参与了农村土地流转，并逐渐成为农村土地流转的参与主体，农村土地向大户集中的趋势凸显。特别是在重庆市都市圈内的农村土地，大约有 50%流向农业产业化龙头企业，30%～40%流向了农业种养专业大户和农民合作经济组织。例如，北碚区农村土地流转总量为 2 220.4 hm^2(33 306 亩)，占承包耕地面积的 12.21%。其中流转给种植大户 560.4 hm^2(8 406 亩)、养殖大户 133.8 hm^2(2 007 亩)、龙头企业 624.2 hm^2(9 363 亩)和农村合作经济组织 316.3 hm^2(4 745 亩),共计 1 634.7 hm^2(24 521 亩),占整个流转面积的 73.6%,形成了花卉、苗木、蔬菜、水果、养殖等 5 大优势产业。

农村土地流转驱动力调查研究表明,随着大量的工商企业和合作经济组织等不断参与,以及农民的市场意识不断增强,按市场规律流转土地的要求越来越强烈,农村土地流转的驱动力主要来自市场驱动。20 世纪八九十年代,农村土地转入方大多是为了增加粮食产量和帮助外出打工的亲戚朋友,其主要动机是为了完成税费征收和上缴任务。土地转出方也没有考虑土地的市场价值和土地的预期升值等因素,流转手续不健全,大多靠民间的诚信来维系流转关系的存在。进入 21 世纪,特别是取消农业税以后,农民流出土地经营权更多地是为了增加收入,并将土地作为商品生产的生产资料予以输出,流转行为由被动变为主动,农民对土地流转的积极性有所提高。而土地经营者流入土地经营权是把农业作为一个投资领域,其目的是为了发展农业商品生产,以获取更加稳定和更高的收入。

1.3　实现互利共赢,流转效益凸显

农村土地流转有利于促进农业规模经营,促进土地、资金、科技、经营管理等生产要素优化配置、集聚农业,以及农村土地的集约经营、高效利用,增强农业抵抗自然风险和市场风险的能力,提高单位土地的产出效益和农业生产的比较收益,实现流转双方的互利共赢,促进“两进一出”。即通过农村土地流转引导多元资本参与农村建设,推动农业招商引资,促进“资本进村”,缓解长期困扰农村发展的资本短缺问题。通过农村土地流转引进业主和企业,推动农业新品种、新技术、新装备、新模式和新机制的引进和推广,促进“科技和信息进村”,促进农业科技进步和农产品市场化步伐,发挥市场导向作用和科技的第一生产力作用。通过农村土地流转,切实解除外出务工农民的后顾之忧,有利于推动劳务经济发展,促进“劳动力出村”,向城镇和非农产业转移。如梁平县梁山镇八角村,该村位于城郊,有农民 648 户 2 128 人,土地 135.5 hm^2(2 032 亩),土地流转 76.1 hm^2(1142 亩),占 56.2%,其中种植业 61.3 hm^2(920 亩)、养殖业 8.1 hm^2(121 亩),引进各类业主 32 户,投资 1 400 多万元,有力地促进了该村的农业结构调整和产业发展。现有的恒瑞养殖公司带动了 20 多户养鸭大户,还发展了花卉苗木基地,建立了平川茶厂,促进了该农民增收。2006 年该村实现农民人均纯收入 4 000多元,成为远近闻名的富裕村和新农村建设示范村。

2. 影响农村土地流转和规模经营的突出问题和制约因素

2.1 法律法规约束多

在调查中，广大农村干部群众、农业大户和龙头企业普遍反映，影响农村土地流转和规模经营的第一制约因素是现行法律法规的约束。《中华人民共和国土地管理法》、《中华人民共和国农村土地承包法》、《国务院关于深化改革严格土地管理的决定》(国发[2004]28 号)、《国务院关于加强土地调控有关问题的通知》(国发[2006]31 号)等法律法规，对土地权属管理、土地用途管制、耕地和基本农田保护、建设用地供给等涉及农村土地流转和规模经营的重大问题，都有明确规定和约束。

《中华人民共和国土地管理法》规定：国家实行土地用途管制制度。国家编制土地利用总体规划，规定土地用途，将土地分为农用地、建设用地和未利用地，控制建设用地总量，对耕地施行特殊保护(第四条)。任何单位和个人进行建设，需要使用土地的，依法申请使用国有土地(第四十三条）。农民集体所有的土地的使用权不得出让、转让或者出租用于非农业建设；但是，符合土地利用总体规划并依法取得建设用地的企业，因破产、兼并等情形致使土地使用权依法发生转移的除外(第六十三条)。

《国务院关于深化改革严格土地管理的决定》(国发[2004]28 号)明确规定：基本农田一经划定，任何单位和个人不得擅自占用，或者擅自改变用途，这是不可逾越的“红线”。禁止占用基本农田挖鱼塘、种树和其他破坏耕作层的活动，禁止以建设“现代农业园区”或者“设施农业”等任何名义，占用基本农田变相从事房地产开发。

据调查，重庆市农村土地流转和规模经营发展过程中，存在着大量与上述法律法规相冲突的行为。重庆市九龙坡区白市驿镇海龙村地处城郊，区位优越。经村民大会研究决定，以土地租赁方式流转土地 93.3 hm^2(1400 亩)，引进工业企业 126 家，当地非农产业快速发展，农民收入大幅提高，集体经济实力明显提高。但是该土地流转模式与上述法律法规相冲突，无论是在理论界还是在实践中都存在争论。

2.2 市场风险威胁大

在调查中，广大农村干部群众、农业大户和龙头企业还反映，市场风险对农村土地流转和规模经营的威胁很大，这种风险主要来自市场供求关系变化、土地流转行为规范以及政府干预。

农村土地承包经营权流转的目的是合理配置土地资源，追求经济效益最大化，市场经济条件下利益驱动是农村土地流转的源泉和动力，市场需求不足是当前农村土地流转的利益驱动障碍。农业尤其是种植业比较收益不高，以2005年为例，国家发改委的资料显示当年重庆三大粮食作物稻谷、小麦和玉米，其每亩净利润(注：将人工纳入成本来核算)分别为157元、－104元和58元。过低的农业比较收益和农业本身固有报酬递减规律，农业投资存在自然和市场的“双重风险”，使得各种资本缺乏对经营农村土地的利益驱动，并因此造成农村土地承包经营权的市场需求不足。当然，种植柑橘或者发展高效设施农业，单位土地的净收益要高一些，但却需要相对较高投入。这不仅受农村土地及其附着物不能担保和抵押贷款等政策限制，以及农村金融的缺失又限制了农民和业主发展类似的高投入产业，而且还受到土地管理法律法规的限制。因此业主普遍存在“两怕”意识，“一怕”农村土地政策不稳，租赁期限相对较短，一般为20年左右，不敢大胆投入；“二怕”农产品市场前景变化，租赁农村土地进行规模经营效益不高，不敢大规模搞开发。

当前，农村土地流转行为不规范，存在土地流转安全隐患。主要表现在：其一没有土地流转合同或流转合同不规范，据调查目前重庆市还有相当一部分农村土地流转没有书面协议，全市在农业承包合同管理机关登记、备案或鉴证的农村流转土地不超过40％。由于重庆市尚没有制定统一的农村土地流转合同范本，部分农村土地流转合同存在着形式不规范，合同内容过于简单，条款不完整，对于流转双方的权利义务及违约责任、承包土地上附着物处置、有关赔偿条款等缺乏明确的规定，对土地流转双方维权不利。其二在实际操作过程中，存在政府服务缺位、干预越位的现象。主要表现为：一方面部分区县和乡镇尚没有建立完善的农村土地流转管理机构，缺乏对农村土地流转的有效管理、引导和服务，对农村土地流转不支持、不引导，任其自然发展。另一方面个别乡镇也存在过多地用行政手段干预土地自由流转，有的甚至直接充当土地流转的主体，随意改变土地承包关系，搞强制性的土地流转现象。政府在农村土地流转过程中定位不当、引导不力、服务不到位，农民的土地承包权和流转收益权受侵害的事情屡见不鲜，直接影响到土地流转和规模经营的顺利推进。据调查，2005年广州市温氏集团在重庆市璧山县某镇经与当地镇、村协商一致，租地建厂发展家禽养殖业，但是当该厂建成后，村民要求提高土地租金，否则将上告业主占用基本农田，从而引发土地流转纠纷。

2.3 服务体系保障差

农村土地流转属于市场经济行为，其根本目的在于提高土地利用率和产出效益，必须按市场规律办，建立统一规范的农村土地流转市场，建立保障有力的服务体系。据调查，农村土地流转服务体系不健全主要表现在：中介服务缺失以及社会保障薄弱等方面。

当前，重庆市许多区县和乡镇尚未建立农村土地流转市场和市场中介组织，农村土地流转基本上是在一种双边信息短缺的状态中运行。即土地的转让方找不到土地的受让方，土地的受让方找不到土地的转让方，形成了“有买找不到卖，有卖找不到买”的尴尬局面。因此导致农村土地承包经营权流转局限于小范围、小规模、短期行为之中，限制了农村土地承包经营权的大范围、大规模、跨社区的长期流转，进而影响农村土地流转的速度、规模和效益。部分区县的个别村社甚至因此而出现土地撂荒现象。

我国现行土地政策赋予了农村土地具有社会保障和经济收益等两大功能。一方面农村土地承包经营权是当前农民在土地公有制条件下获得的最基本的社会保险，农民失去了承包经营权，就失去了这份生存和发展的保障，因此流动障碍多。另一方面，土地作为最基本的生产资料和农业生产要素，经济效益最大化是其终极目标，在市场经济条件下，必然要求农村土地像其他生产要素一样，在流动中实现优化配置。重庆市市农办专题调研报告显示，由于农村社会保障体系较为薄弱，在农村普遍存在“两不”意识。指的是2006年国家全面取消农业税以后，农民在获得土地承包经营权的同时，不再上缴农业税，也许还可以获得一定数量的农业补贴，“不占白不占，占了也白占”的心理普遍存在，“不愿”交出其土地承包经营权。同时在当前城市尚不能为进城务工经商的农民工解决好住房、就业、医疗、子女教育和社保等各方面保障的情况下，农民工把其在农村的承包土地作为其今后生活保障的最后一道防线，“不敢”交出土地承包的经营权和宅基地。因此造成“有人无田种”与“有田无人种”并存的现象。

3. 关于推进农村土地流转和规模经营的建议

完善现行土地管理制度，是推进农村土地流转和规模经营的必然要求，如果没有政策和法规支持是难以开拓土地流转新局面的。实践证明土地市场的人为分割乃是城乡分割的制度基础,因此要实现统筹城乡综合配套改革试验目标,就必须废除现有的阻碍土地、劳力、资本等生产要素,在城乡之间双向流动的门槛。农民绕开法律、政策,改变土地用途,集体土地进入土地市场,追求自身土地收益的最大化,虽然这种行为还有待法律规范,但它却是统筹城乡发展的内在动力。在计划经济时代,在"牺牲农村,发展城市"的特殊历史条件下形成的二元土地制度,构成了不利于实现和保障广大农民群众最根本利益的发展环境。今天我国经济社会已经发展到一个新的历史时期,"工业反哺农业,城市带动农村",共建共享和谐社会是新时期的鲜明特征。因此,高度关注、有效保护农民的土地权利,乃是解决"三农问题",统筹城乡发展的关键问题。2004 年宪法修改,2007 年出台物权法,这些重大的法制举措为我们重新审视我国农村土地制度和农民土地权利保护机制提供了启示。针对当前农村土地流转和规模经营的实际情况,建议对放宽农用地用途管制、统筹规划城乡建设用地以及开放农村土地流转市场等突出问题开展先行先试。

3.1 建议完善现行土地管理制度,发挥农民主体作用,让广大农民拥有更多的财产性收入

人民当家作主是社会主义民主政治的本质和核心,推进农村土地流转事关广大农民根本利益,必须保障广大农民的知情权、参与权、表达权、监督权。完善现行农村土地管理制度,要扩大农民有序政治参与,要充分反映广大农民的意愿和诉求,创造条件让广大农民参与农村土地管理制度改革、创新、评议和检讨。针对当前重庆市农村土地流转实际情况,首先要尊重法律赋予农民依法、自愿、有偿流转土地承包经营权的权利,发挥广大农民的主体作用。其次要健全劳动、资本、技术、管理等生产要素按贡献参与分配的制度,创造条件让广大农民拥有更多的财产性收入。取消原有限制农村宅基地流转的相关规定,明确农民合法的宅基地可上市流转和拥有收益权,保证农民土地权利在经济上得到有效实现,保证农民共享土地流转的增值收益。

3.2 建议完善农村土地市场,发挥市场在资源配置中的基础性作用

十七大报告指出,"要深化对社会主义市场经济规律的认识,从制度上更好发挥市场在资源配置中的基础性作用,形成有利于科学发展的宏观控制体系。"结合重庆市农村土地市场建设的实际情况,还存在着与统筹城乡发展不相适应的状况。一是在健全土地承包经营权流转市场方面,全市各区县都在积极推进

土地承包经营权流转，但都未建立土地承包经营权流转市场，土地承包经营权流转大多处于自发、盲目、服务薄弱的状况。建议依托区县建立土地承包经营权流转市场，为土地承包经营权流转提供市场驱动和市场服务。二是在开放农村集体建设用地流转市场方面，广大农村干部和农民普遍反映制度障碍大，农村集体建设用地流转难。据调查，重庆市农村集体建设用地存量大、闲置多、流转难、利用粗放、价值低估。建议先行先试，开放农村集体建设用地流转市场，开展农村集体建设用地储备整治，推进农村集体建设用地集中布局、集约利用、提升价值、促进农民财富增长、农村集体经济有效实现。

3.3 建议适当放宽农村土地的农业用途管制，提高农地利用的比较效益

在不损害土地耕作条件和基本农田保护的情况下，应将农作物种植（包括果树、多年生经济作物、苗木、大棚和设施农业等）、禽畜养殖、水产养殖、农业科学试验等用途均应视为农业用途。对于因生产经营需要建造的简易仓库、临时性养殖场和农田水利等非永久性设施，在足额缴纳土地复垦费的条件下也可视为农业用途。允许农村土地流转经营主体依托其流入土地和经营主业，开展诸如农产品加工、物流配送、农业技术咨询服务和农业观光旅游等经营活动，并给予相应的政策支持和服务。切实解决生产管理用房占地问题。对于以租赁或入股方式获得一定期限农村土地经营权的经营主体，农村土地规模经营所必需的生产管理用房建设用地，既可以通过承租农村宅基地来解决，也可以申请临时建设用地的方式来解决。

3.4 建议统筹城乡建设用地规划，开放农村集体建设用地流转市场，开辟建设用地供给第二来源，提高节约集约利用农村建设用地水平，保证农民土地权利在经济上得到实现。

城市化快速发展要求提供更多的建设用地，也吸引了大量的农民进城，这就为实现农村集体建设用地减少与城镇建设用地增加挂钩，提高土地的合理利用提供了可能。据调查重庆直辖十年，乡村人口由2 042.56万人减少到1 496.71万人，农村居民点用地由36.37万hm^2减少到36.02万hm^2，减少0.35万hm^2（5.25万亩），即每减少一个乡村人口，仅减少农村居民点用地0.00064 hm^2（0.009 6亩）。又据调查2006年重庆市每个乡村人口占用农村居民点用地0.024 hm^2（0.36亩）。可见，开展农村居民点用地的整理和流转是必要的。建议按照国土资源部《加强农村宅基地管理的意见》（国土资发[2004]234）的要求，

采取有效措施，引导农村村民住宅建设按规划，有计划地逐步向小城镇和中心村集中。要因地制宜地组织开展“空心村”和闲置宅基地、空置住宅的调查清理工作，科学实施村庄改造，归并村庄整治计划，积极推进农村建设用地整理，提高土地节约集约利用水平。农村建设用地整理可按照“建设新农村、发展现代农业、农民增收”的要求，运用经济手段促进农村居民点用地的整理，做到“整理好、流转好、利用好”。建议允许农村宅基地的有限制流转，鼓励农民工以农村宅基地及其所建房屋所有权来置换城镇社区廉租房或商品房价格补贴。允许长期在外务工经商的农户将其农村宅基地及其所建房屋使用权出租给本集体经济组织及其他农户。

重庆市农用地转用特征及驱动力分析

胡　蓉　邱道持

（西南大学地理科学学院，重庆 400715）

【摘　要】 农地转用作为土地利用/覆被变化研究的重要议题之一，过度化将引起粮食安全隐患，土地生态环境退化等一系列问题。本文选取重庆市为研究对象，利用 1997～2004 年农用地数量和社会经济数据，分析了直辖以来重庆市农地转用的数量特征和空间差异，并进一步运用主成分分析方法探讨了农地转用的三大驱动因子：经济发展驱动力；农业科技进步驱动力；人口增加和城市化进程驱动力。针对分析结果，提出了区域农用地资源保护与管理的建议。

【关键词】 农地转用；时空特征；驱动机理；主成分分析

中图分类号：F301　文献标识码：A

从 20 世纪 80 年代中后期以来，面向解决全球环境变化和可持续发展领域的若干重大问题．土地利用/覆盖变化（LUCC）研究受到国际社会的重视。农地转用，即农用地转为建设用地的过程，作为一个全球性的现象，是当前 LUCC 研究的重要议题之一。农用地作为土地资源的精华，相对于其他资源而言，供给相对无弹性。农地过度转用必将引起粮食安全隐患和土地生态环境退化等一系列问题。本文以我国面积最大，农业人口最多，直辖时间最短的西部城市重庆市为例，在对其农地转用时空特征认识的基础上，揭示了农地转用的驱动机理，提出了合理利用农地资源，缓解农地转用压力的有效途径。

1. 数据来源和研究方法

1.1　数据来源

历年农用地数量数据采用重庆市土地详查统计资料与耕地变更调查资料、《中国国土资源报告》等；社会经济数据取自 1997～2005 年《重庆统计年鉴》《重庆经济年鉴》等政府统计资料。

1.2 研究方法

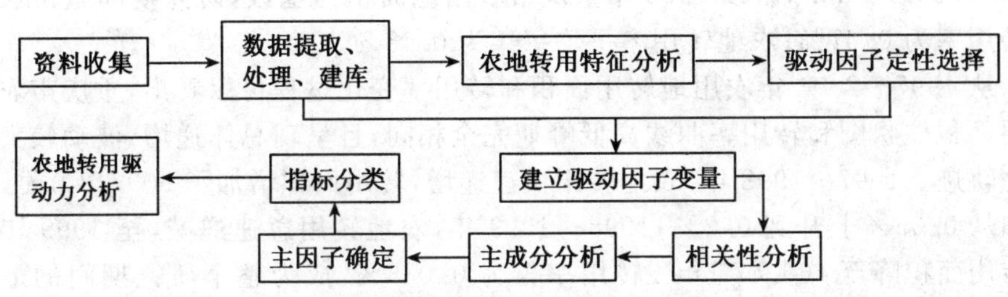

图1 农地转用研究技术路线图

本研究以GIS技术为支撑，以区(县)为统计单元，全面分析了重庆直辖以来农用地转用的时空变化规律，应用多元统计方法研究了农用地转用的驱动因子，并依据研究结论提出了农用地资源保护和管理的建议。具体方法为：(1)在对农用地转用面积时间序列特征分析的基础上，定义农用地转用率 $Ai=Bi/Cx\times100\%$(Ai：第 i 年的农用地转用率，Bi：第 i 年的农用地转用面积，Cx：第 $i-1$ 年或研究基期年的农用地面积)阐述重庆市农用地转用的数量特征；(2)计算重庆市各区县的农地转用率并根据实地调查结果解释其空间变化特点；(3)应用主成分分析法探讨农地转用的驱动机理。

2. 重庆市农用地转用特点分析

2.1 农地转用的数量特点

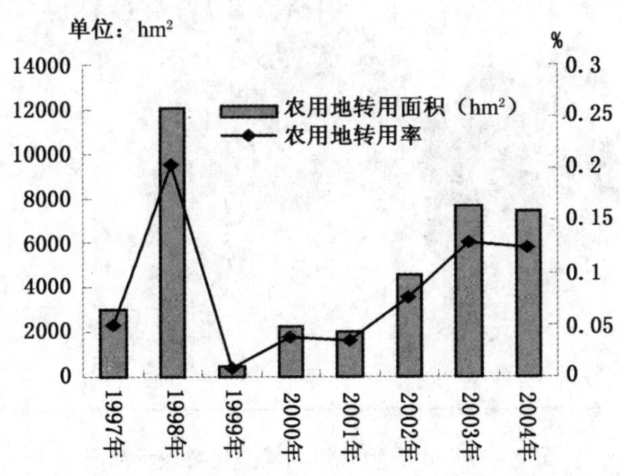

图2 1997～2004年重庆市农地转用面积、转用率变化图

1997～2004 年间，重庆市农地转用面积共计 39 478 hm^2，平均每年转用农用地 4 934.75 hm^2，若以 1996 年重庆市农用地面积为基数，研究期间全市农用地转用率为 0.67%；农地转用率平均每年为 0.08%。

从 1997～2004 年农用地转用面积和转用率变化过程可以看出，重庆市农地转用面积柱状图和转用率曲线高低峰期完全相同，且呈现总体递增、波动较大的变化轨迹。1997～1998 年，农地转用快速递增，转用面积增加了 9097.3 hm^2，转用率从 0.05% 上升到 0.2%；1998～1999 年，农地转用急速递减，至 1999 年农地转用面积降至 469.47 hm^2，转用率仅为 0.038%，成为整个研究期间的最低值。2000 年起农地转用逐步加剧，虽在 2001 年和 2004 年有小幅回落，但增长的趋势仍很明显。其中，1998 年、2000 年、2003 年农地转用面积分别为 12 088.34 hm^2，2 267.45hm^2，7 664.37 hm^2 成为三个波峰占到整个研究期间的农地转用总面积的 55.78%，特别是 1998 年农地转用率高达 0.2%，成为农地转用面积最多的年份。

2.2　农地转用的空间差异

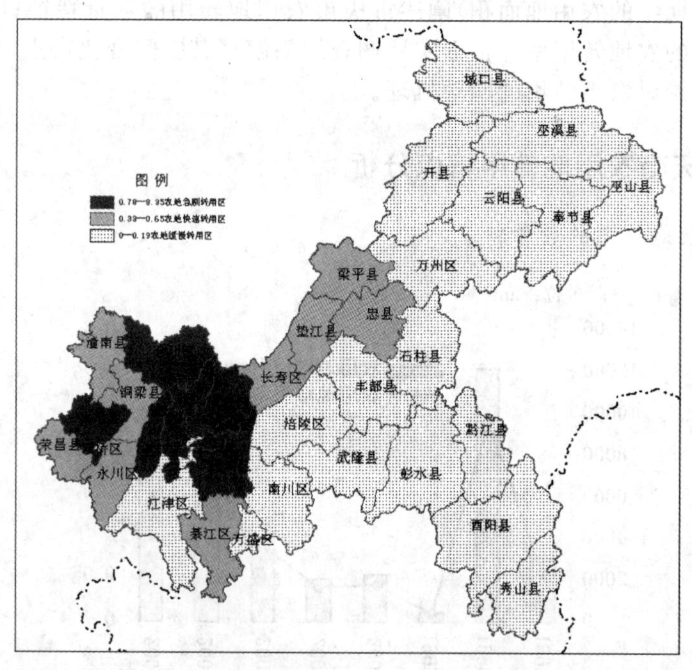

图 3　重庆市农地转用地域变化类型示意图

不同地区，农地转用的数量、频率、方向等存在差异。就转用的绝对数量而言，1997～2004 年间，经济水平相对较高、幅员面积较广的渝北、万州、合川、涪陵等区县的农地转用面积远远高于经济较为落后的城口县和幅员较小的万盛区。渝中区因研究基期年已无农地，八年间农地转用面积为 0，成为重庆市最为特殊的一个区县。

从农地转用率分析，以县级区域为评价单元，农地转用率为评价因素生成的重庆市农地转用的地域变化类型示意图直观地显示出重庆市农地转用的三类地区。农地急剧转用区集中在重庆市经济最为发达的都市发达经济圈(除渝中区)及邻近的双桥区、合川市、璧山县和大足县，计有 12 个区县，占全市县级行政区总数的 30%，农地转用率在 0.76%～8.35%，均高于同期重庆市整体的农地转用率 0.67%。农地快速转用区成连续斑块状分布于急剧转用区周围，有潼南、荣昌、铜梁等 9 个区县，占区县总数的 23%，农地转用率在 0.33%～0.64%。农地缓慢转用区范围较广，分布于重庆地势高、地貌结构复杂的东部地区，共 19 个区县，占区县总数的 47%。

2.3 农地转用流向、流量及动态

农用地流向包括流失与流入，农用地转用是其流量与流向动态变化失衡的结果，主要表现为农用地的流失。重庆市农地转用的主要流向是水利工程用地、交通用地、农村居民点及城镇建设用地。

其中，1997～2004 年间重庆市农用地转为水利工程用地的比例为 41.92%，仅 2003 年三峡工程的农地占用量就达 28 496.76 hm^2，突出反映了国家的政策导向和重庆市工业化进程中基础设施用地比重大。其次，农村居民点成为重庆市农地转用的第二大流向，占到农地转用量的 19.5%，远远高于同期东部和中部地区农民个人建房占用农地 8%～10%的比重。另外，转为城镇建设用地的比重为 14.03%，转为交通用地的比重为 15.43%，转为其他用地的比重为 8.32%，转为独立工矿的比重为 0.8%。

3 重庆市农地转用的驱动机制分析

驱动机制着重分析区域农用地转用的主要自然和社会经济驱动力及其驱动机理。许多研究结果都已表明，土地覆被结构主要是气候、水文和地貌等自然因

素决定的，而在人类历史上土地覆被变化主要是人类的土地利用活动造成的。因此，一定时期一定区域的农用地转用的驱动力主要是社会经济政策因素，而自然驱动力具有相对稳定性。按照主成分分析法的思路和要求，依据已有资料和调查情况，结合专家意见，选定了以下 9 个主要社会驱动力因子：Y——耕地面积；X_1——总人口；X_2——GDP；X_3——全社会固定资产投资；X_4——粮食单产；X_5——城市化水平；X_6——农民人均纯收入；X_7——粮食总产；X_8——农林牧渔总产值；X_9——第一产业就业人数等指标作为原始数据，应用统计分析软件 SPSS 13.0 对样本进行分析计算、指标综合，得出相关系数矩阵、特征值、主成分贡献率与累积贡献率(表 1、表 2、表 3)。

表 1　重庆市农用地转用驱动因子变量相关系数矩阵

	X_1	X_2	X_3	X_4	X_5	X_6	X_7	X_8	X_9
X_1	1.000								
X_2	0.945	1.000							
X_3	0.957	0.999	1.000						
X_4	0.670	0.813	0.800	1.000					
X_5	0.887	0.973	0.980	0.722	1.000				
X_6	0.947	0.995	0.996	0.777	0.971	1.000			
X_7	−0.550	−0.308	−0.336	0.156	−0.493	−0.309	1.000		
X_8	0.723	0.903	0.884	0.819	0.785	0.898	0.056	1.000	
X_9	−0.503	−0.331	−0.379	0.011	−0.449	−0.399	0.545	−0.051	1.000

农地转用的驱动因子之间存在着不同程度的相关性(表 1)，其中 X_1 与 X_5，X_2 与 X_6，X_3 与 X_6 之间具有较大的相关性，相关系数分别为 0.993，0.995，0.996。且矩阵中大部分相关系数都大于 0.3，并通过了巴特利特球度检验，因此研究所选变量是适合作主成分分析的。

主成分分析结果表明(表 2)，第一、二、三主成分特征值分别为 6.557，1.749，0.447，主成分贡献率累计达 97.583%，信息损失量仅为 2.417%，完全符合分析要求，由此进一步得出主成分载荷矩阵(表 3)。从第一主成分可以看出，X_1，X_2，X_3，X_6 与其相关性最大且正相关，X_7，X_9 与第二主成分，X_5 与第三主成分具有较大的正相关。因此，重庆市农地转用的驱动力可以归纳为经济发展驱动、农业科技进步驱动、人口增加和城市化进程驱动。

表 2 主成分分析结果

主成分	特征值	贡献率/%	累计贡献率/%
1	6.557	72.851	72.851
2	1.749	19.430	92.281
3	0.477	5.302	97.583
4	0.193	2.146	99.728
5	2.338×10^{-2}	0.260	99.988
6	1.003×10^{-3}	1.115×10^{-2}	99.999
7	7.120×10^{-5}	7.912×10^{-4}	100.000
8	3.364×10^{-16}	3.738×10^{-15}	100.000
9	3.487×10^{-18}	3.874×10^{-17}	100.000

表 3 主成分载荷矩阵

变量	第一主成分	第二主成分	第三主成分
X_1	0.968	−0.207	0.840
X_2	0.996	7.936×10^{-2}	3.166×10^{-2}
X_3	0.999	3.545×10^{-2}	6.000×10^{-3}
X_4	0.790	0.839	-6.470×10^{-2}
X_5	0.887	−0.124	0.762
X_6	0.994	3.852×10^{-2}	-4.110×10^{-2}
X_7	−0.363	0.512	−0.398
X_8	0.863	0.427	-2.040×10^{-2}
X_9	0.408	0.730	6.670×10^{-1}

3.1 经济发展驱动

土地作为生产要素，第二、三产业的发展必然引起土地需求量的增加和需求结构的变化。经济发展驱动力成分包含了72.85%的贡献率，是主控因子。从构成来说，三个主因子：GDP、全社会固定资产投资、农民人均纯收入与农地转用之间存在着正相关。随着GDP值的增加和固定资产投资规模的扩大，农用地面积减少，转用面积增加，而且随着经济社会的快速发展，农地转用的速率加快。图4反映了区域经济发展过程中强大的需求动力和内在的经济力对农地转用的驱动作用。除1998年因实施新土地管理法前夕突击批地导致农地转用强力反弹，农地转用率曲线出现异常外，其余各年三条曲线均呈现相似的走向。1997～2004年间，农地转用面积共计39 478.00 hm^2，其间对应的GDP增加了1 315.29亿元，年均增加12.18%，全社会固定资产投资增长了1 250.97亿元，年均增长了42.15%。而第一主成分中的另外一个主因子农民人均纯收入，也从1997年的1 692.36元上升至2004年的2 510.41元，充分说明了随着经济发展水平的提高，逐渐富裕的农民对居住地等需求的增大，这势必加剧农地转用。

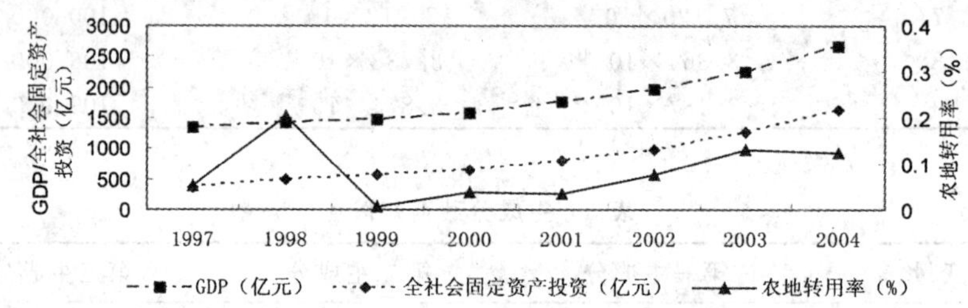

图4　1997～2004年重庆市农地转用率与GDP、全社会固定资产投资的关系

3.2　农业科技进步驱动

第二主成分包含19.43%的变化率，其中粮食单产（X_4）和第一产业就业人数（X_9）占主要地位，反映出农业科技进步对农地转用的驱动。农业生产率的提高，可以更好地实现农用地的节约和集约利用，从而促进第一产业剩余劳动力向第二、三产业转移，为农用地向建设用地类型转化创造了条件。

1997年，重庆市粮食播种面积为2 881 902 hm^2，2004年末下降至2 516 507 hm^2，与粮食播种面积下降相对的是同期全市粮食单产从4 110.584 kg/hm^2上升至4 548.249 kg/hm^2。粮食单产增加的根本动力源于科技进步，如物种良化、农业化学化等。近年来，重庆市注重农业的科技投入，农业机械化水平不断提高，八年间农业机械总动力提高了274.24万千瓦，农村用电量增加了157 325万千瓦时。农药、化肥、农膜使用量逐年上升，1997年化肥施用量为69.94万吨，2004年末达77.02万吨。同期，农药使用量从1.68万吨升至1.95万吨，农膜使用量从1.59万吨升至2.68万吨。

第二主成分的另一主因子第一产业就业人数从另一侧面反映了农业科技进步对农地转用的驱动。农业科技的发展，产业结构的升级换代，土地利用的比较利益，使得第一产业比重下降，从业人员向第二、三产业转移，必然引起土地资源在产业间的调整，突出表现为农地比重下降，二、三产业建设用地比重的增加。

3.3 人口增加和城市化进程驱动

第三主成分是人口增加和城市化进程驱动力。人作为生产者和消费者，既要占用一定面积的居住地，又要消耗土地系统的产品，因此人口增长必然会有大量的农用地转化为住宅用地、基础设施等各种建设用地。而城市化进程中城市用地增加、功能调整也需要土地利用结构的变化。1997～2004年研究期间，重庆市人口增长了90.81万，平均每年增长1.26%，城市化率提高了21.67%，于2004年达43.5%，这标志着重庆正处于城市化的快速发展阶段。借助SPSS13.0对重庆市1997～2004年（剔除突变点1998年）农地转用面积与人口数、城市化率进行定量的相关分析，均呈显著相关，相关系数分别为0.776和0.828。上述分析表明，人口增加，非农业人口向城镇的转移进一步地推动了农地的转用。

4 农用地资源保护与管理的建议

1997年重庆直辖以来，重庆市农用地面积持续减少，转用面积在波动中逐步递增。空间上呈现出经济水平较高，幅员面积较大的区县农地转用面积、转用率显著高于其他区县的特点。多元统计分析表明，经济发展，农业科技水平的提高，人口增加和城市化加快等因素促进了重庆市农地的转用。基于上述分析，提出下列措施和对策：

4.1 发挥土地利用规划作用，严格控制农地转用

《土地管理法》第四十四条规定，农地转用审批权限集中在国务院和省级人民政府，是否服从审批条件应以土地利用总体规划为依据。由此可见，必须以科学发展观为指导，编制符合区域经济、社会协调发展的土地利用总体规划，发挥规划的龙头作用，实现对土地资源优化配置和可持续利用的指导。严格土地用途管制，将农地转用过程纳入土地利用总体规划中，对于不符合规划的建设占用农用地项目一律不予批准，同时规范农地转用的审查报批工作，强化农地转用后的监督管理，从源头上控制农地转用。

4.2 建立农地转用的景观生态补偿机制，提高农地转用成本

土地利用效益差异对农地转用的影响很大。从经济效益来衡量，农地的经济效益远远低于建设用地。在市场经济规律的作用下，巨大的效益差距增大了农地转用的冲动性。但从土地资源的总价值理论来看，农地不仅具有经济生产

价值,还具有社会保障和景观生态价值。农地转用的背后是其各项价值的损毁。因此,全面认识农地的价值功能,尽快建立农用地的景观生态补偿机制,完善农地转用的价格评估体系,实现农地非使用价值的货币化,提高农地转用的成本,将在一定程度上遏制农地的过度转用,促进农地资源的合理利用。

4.3 严格控制建设用地,促进土地节约集约利用

农地转用是经济发展过程中的一个必然现象,经济增长必然要以一定数量农用地的占用为代价。因此,慎重推进农地非农化,严格控制农用地转用的同时,必须注重对现有建设用地的内涵挖掘,走节约、集约的用地之路。尽力提高城市的建筑密度和建筑容积率,尽可能地少占或不占农地,加大对城市周围或开发区内部的闲置荒地、废耕地的开发整理力度,合并小规模的各类园区与村庄用地,实现建设用地的改造再利用。

新农村建设示范村土地利用变化分析

——以重庆市九龙坡区白市驿镇高峰寺村为例

魏 薇 邱道持

（西南大学地理科学学院，重庆北碚，400715）

【摘 要】 以新农村建设示范村高峰寺村2001年和2006年两期土地利用变更调查数据为样本，通过对比示范村和所属区的土地利用变化差异，揭示示范村独特的土地利用结构变化、土地利用流动方向和土地利用变化速率的特点。采用偏最小二乘回归分析方法，定性和定量地研究新农村建设政策的驱动作用，得出农业结构调整、土地经营方式转变、农村基础设施和农民新居建设等四个因素是影响区域土地利用变化的主要驱动因子。

【关键词】 土地利用变化特点，新农村建设示范村，驱动力，偏最小二乘回归

中图分类号：F301 文献标识码：A

土地利用/覆被变化是全球环境变化研究中的重要部分和突破口。土地利用变化不但具有社会经济属性，还是短期内土地覆被变化的主要原因。新农村建设试点地区的土地利用变化具有一定的特殊性，有关研究成为我国区域土地利用研究中的又一重要内容。

高峰寺村位于重庆市西部的九龙坡区白市驿镇最南端，东接中梁山，属亚热带湿润季风气候，区内地势平坦，土壤肥沃，地表和地下水丰富，适宜多种园林花卉植物和农作物的生长；幅员面积3.6 km^2，辖14个社519户1952人，现有劳动力1533人，占人口总数的79%。南北向的铁路西铜便线将研究区域一分为二，铁路以西地势相对较平坦，产业布局以苗木花卉生产经营为主，居民点多为院落布局；铁路以东地形为浅丘山区，产业布局为传统农业结合经济林木为主，

生产布局分散，居民点散点分布。高峰寺村位于白市驿镇花卉苗木产业区内，是重庆市三个国家级新农村示范村之一，也是该市唯一入选农业部35个新农村建设示范村的行政村。

1 新农村建设示范村土地利用变化特点

以高峰寺村2001年和2006年两期土地利用变更调查数据为样本，结合研究区域的实际情况，整合和忽略部分二、三级地类，选择最有代表性的7种地类，即耕地(11)、园地(12)、林地(13)、农村居民点(203)、独立工矿(204)、交通用地(27)和未利用地(3)。通过对比高峰寺村与九龙坡全区11镇农村地区的土地利用变化情况，揭示出新农村建设示范村的土地利用变化规律。

1.1 土地利用结构变化特点

表1 土地利用结构对比情况 (单位：hm^2，%)

地类	高峰寺村					九龙坡区				
	2001		2006		结构增减	2001		2006		结构增减
	面积	结构	面积	结构		面积	结构	面积	结构	
耕地	185.68	57.00	114	35.00	−22.00	18248.29	42.26	13929.72	32.26	−10.00
园地	10.31	3.16	39.22	12.04	8.87	2481.29	5.75	4227.97	9.79	4.04
林地	31.65	9.72	44.53	13.67	3.95	3995.45	9.25	2472.09	5.72	−3.53
居民点	38.75	11.90	28.28	8.68	−3.21	3437.15	7.96	3340.28	7.73	−0.22
独立工矿	32.14	9.87	39.09	12.00	2.13	1587.42	3.68	2288.33	5.30	1.62
交通用地	6.87	2.11	15.21	4.67	2.56	572.49	1.33	991.91	2.30	0.97
未利用地	10.40	3.19	1.24	0.38	−2.81	1261.64	2.92	386.49	0.89	−2.03

高峰寺村2001～2006年土地利用结构变化总体上呈现耕地、农村居民点、未利用地减少和园地、林地、独立工矿、交通用地面积增加的趋势，同全区平均水平相比，示范村的7种土地利用类型的结构变化量都偏大(见表1)。具体来讲情况如下：(1)示范村耕地、园地的结构和数量变化都是最大，二者合计占区域土地变化面积的63.34%。(2)示范村农耕地(耕地、园地和林地)比例降低9.18%，略低于9.48%的全区平均水平。(3)示范村林地结构变化比较特殊，苗木产业的发展带动其上升3.95%，全区的情况是下降3.53%。(4)非农建设用地方面示范村居民点、独立工矿和交通用地结构变化为全区平均水平的1.5～14倍。示范村发展的基础是农业，因而种植业内部的产业结构调整值得关注。就各类农作物种植面积来看(见表2)，小麦、稻谷、玉米等粮食作物呈减少趋势，

其中2002年花卉苗木示范园区成立致使该年减少量最大，达73.03 hm^2；油料、甘蔗、烟叶等经济作物逐年递减；蔬菜种植面积在2003年以前增长较快，后略有波动小幅下降；果园面积数量较小，比较稳定变化不大；花卉苗木种植面积持续增长且速度快，特别是2005年"新农村建设"的提出后增量最大，达32.4 hm^2。在新农村政策的指引下，该村选择具有区际意义的花卉苗木产业作为农业发展的主导，有效控制一般经济作物的发展，避免农业低品质重复建设，走出一条有别于其他农村的都市农业道路。借用比较集中系数公式，计算高峰寺村各类作物在全区农业中的集中程度(见表3)，结果表明花卉苗木产业集中度增强，其他作物(包括原本具有主导地位的蔬菜水果)集中度减弱的趋势。产业集中程度结论和农作物土地利用变化过程基本一致。综上分析可见，高峰寺村2001～2006土地利用结构变化如图1。通过横向对比示范村和示范村所在行政区农村地区的土地利用变化指标，概括示范村土地利用有以下独有特点：第一，在地类结构变化量上，示范村耕地、园地、居民点和交通用地结构变化大大高于地区平均水平，且可能出现个别地类结构变化增减与全区相反的情况(如高峰寺村的林地)。第二，在耕地农作物的种植面积上，粮食作物和一般经济作物播种面积减少，具有区域比较优势的都市农业播种面积增长很快。

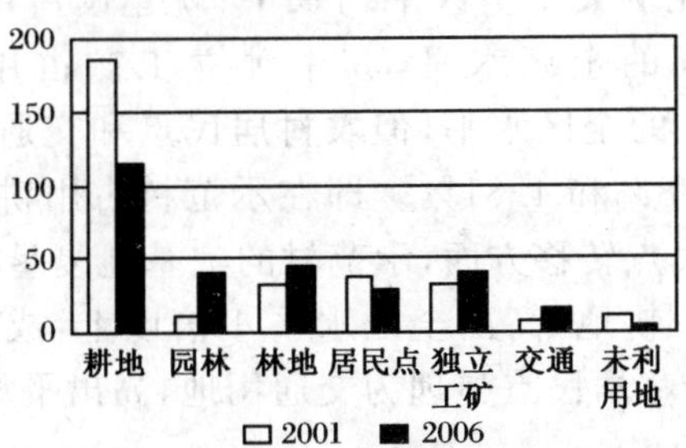

图1 高峰寺村土地利用结构

表2 高峰寺村农作物播种面积 (单位：hm^2)

年份	粮食作物	经济作物	花卉苗木	蔬菜种植	果园
2001	300.11	110.89	2.14	39.14	3.12
2002	253.26	92.16	2.98	62.56	5.33
2003	180.23	67.08	5.87	155.23	9.14
2004	162.27	42.13	9.27	166.67	13.11
2005	71.20	5	41.67	56.67	25.76
2006	79.33	3	49.13	102.00	20.04

表 3　高峰寺村比较集中系数

比较集中系数	2001	2006
粮食作物	0.9750	0.5250
经济作物	0.9127	0.4760
蔬菜水果	1.2963	0.6742
花卉苗木	1.0315	2.5112

1.2　土地利用流动方向

提取土地利用转移矩阵分析耕地的转移情况，可见到 2006 年初高峰寺村耕地原保有量 80.96 hm^2，向园地转移 21.46 hm^2，向林地转移 11.21 hm^2，向建设用地转移 37.68 hm^2(其中分别向居民点、独立工矿和交通用地转移 12.33 hm^2、16.27 hm^2 和 9.08 hm^2)，没有向未利用地转移的情况；在耕地补充方面，有园地 1.38 hm^2，林地 1.04 hm^2、居民点 5.82 hm^2、独立工矿 9.71 hm^2 和未利用地 0.96 hm^2转移为耕地。计算耕地和居民点两种地类转移概率，对比示范村与全区水平的差异，有助于认识示范村土地利用流动的特点。在耕地转移方面，示范村有 31.20％的转移耕地发生在农耕地内部，高出 14.83％的全区平均水平，尤其是耕地流向园地的比例大于全区平均水平；就建设占用耕地而言，示范村为 35.98％，低于 40.01％的全区水平，其中独立工矿占用耕地概率示范村为 15.54％，低于 30.76％的全区水平，但农村居民点和交通用地占用耕地概率则分别高出全区水平 6.38％和 4.81％。即在示范村占用耕地最多的是园地而非建设用地。在农村居民点转移方面，示范村的宅基地复垦工作较好，有 81.12％的转移居民点复垦为农耕地，高出全区水平 1 倍以上，成为新增耕地的主要来源；另外有 3.25％的转移居民点整理为交通用地，高出平均水平 1.12％。

1.3　土地利用变化速度

土地利用变化不仅有数量结构的变化还体现在变化速度上，土地利用动态度正是反映土地利用变化速度的指标。计算公式为

$$K_i=\frac{Q_{t+1}-Q_t}{Q_t}\times\frac{1}{T}\times 100\%$$

式中，K_i 代表第 i 类土地利用类型在某一时段的动态度，Q_t、Q_{t+1}是第 t 和$t+1$ 时刻区域某种土地利用类型的面积，T 代表研究时段的长度。

根据公式计算出高峰寺村 2001～2006 年 7 种主要土地类型的动态度，并和同时段九龙坡区平均水平作对比研究(见表 4)。可见除独立工矿用地外耕地等 6 种地类的土地利用变化速度绝对值都呈现示范村大于全区水平的情况，耕地、园地、

林地、居民点、交通用地和未利用地分别是平均水平的1.63,3.98,1.07,9.59,1.66和1.27倍。从各地类变化速度大小排序来看,示范村和全区水平差异较大,但按照速度相对差异都可分为两个类型,即园地、交通用地和未利用地属于变化较快一类,耕地、林地、居民点和独立工矿属于变化较慢一类。在第一类别中,新农村政策农业结构调整的力度强,花卉苗木蔬菜产业欣欣发展,因此在示范村区域内园地代替全区的交通用地成为变化最快的地类。在第二类别中,示范村区域内的独立工矿用地增长速度最慢,而全区情况恰好相反独立工矿用地增长速度最快。这是因为示范村定位于农村,控制建设尤其是独立工矿占用耕地,而重点进行农耕地内部结构调整和居民点复垦工作,使得林地和居民点变化速度大于独立工矿。

表4　土地利用动态度

区域 / 地类	高峰寺村	九龙坡区
耕地	−7.72	−4.73
园地	56.08	14.08
林地	8.14	−7.63
居民点	−5.40	−0.56
独立工矿	4.32	8.83
交通用地	24.28	14.65
未利用地	−17.62	−13.87

2　新农村建设示范村土地利用变化的驱动力分析

宏观的土地利用变化,土地利用结构的变动是其主要表现之一。因此可以从土地利用结构及其变化入手,结合具体的社会因子,建立回归模型定性与定量相结合地探讨土地利用变化的主要政策驱动力。

2.1　驱动力研究方法

目前,国内外对土地利用结构及其影响因子的研究方法主要有多元统计中的典型相关分析、最小二乘准则下的多对多回归分析以及提取自变量成分的主成分分析等。但是,由于土地利用及其驱动因子之间是一种多变量对多变量的映射关系,各因变量和自变量内部也存在多重相关性,并且样本的数量也受到现实因素影响而较少,所以在建立分析模型时受到限制很大。偏最小二乘回归(Partial Least−Squares Regression)是一种新型的多元统计数据分析方法,和其他传统方法相比它在建立地理分析模型时有对样本容量无特殊要求,能消除多变量间的相关性等优势。本文即采用最小二乘回归模型,对土地利用结构及其影响因子的相关关系进行定量诊断。

2.2 指标选取

新农村建设着重从现代农业发展和农村人居环境改善两大内容入手，再结合示范村资料搜集情况，选取影响土地利用的指标如图 2。土地利用指标选择 Y_1 耕地结构（%）、Y_2 园地结构（%）、Y_3 林地结构（%）、Y_4 居民点结构（%）、Y_5 独立工矿结构（%）、Y_6 交通用地结构（%）、Y_7 未利用地结构（%）。采用 2001～2006 年九龙坡区白市驿镇高峰寺村数据为两个观测值构建原始数据表，以 X_1～X_{15} 为自变量，以 Y_1～Y_7 为因变量，使用 Simca－p＋10.0 系统软件为分析工具，运用偏最小二乘回归分析方法计算出各地类结构指标与社会经济指标的多元回归模型。

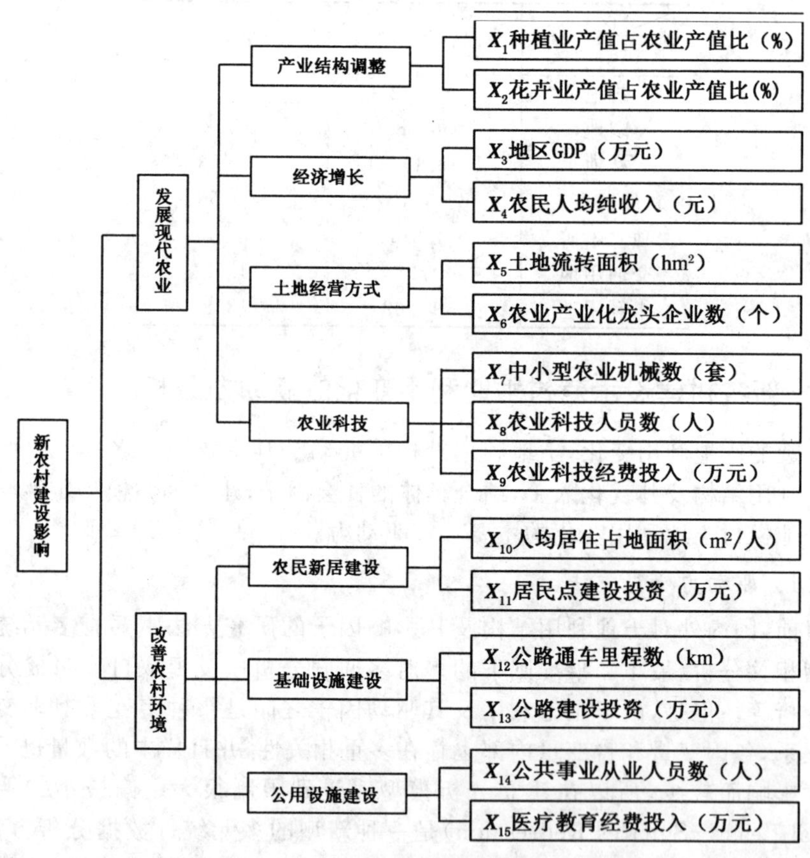

图 2 驱动因子选择

3.3 驱动力分析

通过对因变量矩阵的交叉有效性分析确定当提取成分 h=2 时，Q_h 大于临界值 0.0975，说明提取两个主成分能够携带较多的自变量和因变量矩阵信息且相关程度能够达到最大，此时回归方程拟合程度较好。在此基础上的变量投影重要性分析(见表 5)中有 $X_2>X_5>X_{12}>X_{11}>1$，表明花卉业产值占农业总产值比、土地流转面积、公路通车里程数和居民点建设投资是影响该地区土地利用结构变化的最主要因素。

表 5 变量投影重要性分析

Tab 5. Analysis of variable importance in project

	X_2	X_5	X_{12}	X_{11}
VIP	1.15	1.07	1.05	1.01

X_{10}	X_6	X_3	X_4	X_{14}
0.99	0.98	0.98	0.98	0.98

X_1	X_{13}	X_9	X_7	X_8
0.96	0.96	0.96	0.96	0.96

农业结构调整是区域土地利用结构变化的第一驱动力。传统农业以种植粮食作物为主，不但具有生产周期长、自然风险与经济风险相互交织，更存在同工业相比效益低等竞争劣势。在新农村政策的引导下，示范村结合区域特色进行农业产业结构调整方向，着重于种植业内部结构调整，走出一条有别于其他农村地区以减少种植用地为代价来发展林、牧、渔和副业的新路。在保证地区粮食安全的前提下，示范村粮食作物产值从 251.26 万元到 230.34 万元略有下降，但这种小幅度的下降是由于粮食单产增加抵消粮食种植面积减少产生的，具有积极意义；花卉苗木产业的产值由 438.85 万元增至 2212.43 万元，年均涨幅高达 354.72 万元，单位面积平均产值由 10.46 万元/ hm^2 增至 43.50 万元/ hm^2 翻了四番，从而保证种植业产值在农业产值中的比重有减无增。在此驱动下研究区域耕地比例下降 22%，园地和林地比例分别上升 8.87%和 3.95%，但新增的园地和林地有很大一部分属于可调整地类，未破坏耕作层，可直接转变回耕地，粮食安全弹性大。

同农业产业结构调整相配合的土地经营方式转变是区域土地利用结构变化的第二驱动力。通过土地流转，将各家各户独自耕种的责任田和自留地租赁给种植大户，统一规划农地二级地类，经过集中管理，土地单位面积收益得以提高，农业集约和规模生产得以起步。2000 年以前研究区域的农业产业化龙头企业仅“皇田”一家，截至 2006 年初以“皇田”、“天子”、“贝迪”、“德馨”为代表的龙头企业达到 11 家之多，土地经营者的性质改变以后，有更多的资金投入到农地中，通过土地整理、机械化等手段农业科技水平有很大提高，直接带动产值的增加。同时也减少了农民个人投资的风险，而其生活保障也提高到两部分组成，一是地租收益，二是以打工的方式从事农业劳动的收益。在此驱动下主要引起农用地内部的结构调整，种植用地、设施用地、其他农用地发生数量和空间的变化。

以公路建设为主的农村基础设施建设是影响区域土地利用结构变化的第三大驱动力。加快农村公路建设是建设社会主义新农村战略任务的重要组成部分，已纳入“十一五”期间交通部“六件大事”。农村交通条件的改善一方面可以缩小城乡差距，一方面可以保证农产品输出渠道的通畅性。在新农村政策的引导下，农村地区公路网不断完善，公路通车里程数从 7.86 km 到 16.42 km，其 108.91％的增加量直接影响交通用地结构，使交通用地结构比从 2.11％增长到 4.67％，翻了一番，成为区域土地利用结构变化的主要内容之一。

以居民点建设投资为代表的农民新居建设因素成为影响土地利用结构变化的第四大动力。农村自然村分散，基础设施建设和生活环境差，交通条件落后是我国的一大现实问题，农村交通条件改善后，农民新村工程将散落的居民点规划后重新建设，集中分布在交通主干道两侧，形成新的农村聚落，共享学校、卫生所、图书馆、公用绿地等公共设施和景观设施，增加农村居民点集聚度，减少人均宅基地占地面积，提高农村人居环境。同时对废弃和闲置农村居民点进行整理，成为耕地被建设占用后的补充和城市建设用地补充的主要来源。在此驱动下的农村居民点结构变化和空间的转移，以及宅基地的复垦等称为区域土地利用变化的主要内容之一。

3　新农村建设示范村优化土地利用建议

3.1　加快农业结构调整

示范村的农业产业结构调整实施面广，力度大，在发展具有区际意义的农业产业的同时，应做好产业内部的协调和规划工作。以高峰寺村的花卉苗木产业为例，虽然收益很大，但如若农民投资决策失误，其损失也不可估量，这样不但不能做好新农村的示范工作，还会影响农民生产的积极性。因而政府相关部门尤其是特色园区管委会应该做好导向和协调工作，充分结合市场需求，优化农业生产布局，运用现代农业技术，大力推进特色农业产业化。

3.2 科学规划农民新村

新农村就是在城镇化发展新形势下，国家通过“工业反哺农业，城市支持农村”，实现公共财政投入到广大农村地区，建设一个公共服务设施完善和适于生活的农村社区。公共财政有限，决定了这个社区要以实用为原则，充分发挥新建的基础设施和公共设施的功能性，最大限度地提高农村居民的人居环境，避免一些即耗费土地又耗费财力的大马路、大广场等形象工程。

3.3 节约用地保护耕地

我国是世界上人口最多且耕地资源相对缺乏的国家，农村要发展也只能走节约和集约利用土地的路子，发展特色农业要保护耕地，发展第二产业更应保护耕地。伴随城镇化的加速，郊区农村（包括示范村地区）出现越来越多的工业企业，此时更应该节约和集约用地，用增加单位面积工业投资额和利用废弃闲置宅基地等方法减少建设占用耕地数量。

耕地流转用途变化分析

——以重庆市忠县为例

钱昱如　邱道持

(西南大学地理科学学院　重庆　400715)

【摘　要】 耕地流转将会引起耕地的用途发生变化。本文在对研究区的实际调研基础上,利用"RS"和"GIS"技术,结合一元线性回归模型分析了流转耕地的用途变化的数量特点、空间差异以及耕地流转率对耕地用途变化率的关系,从理论上阐述了农地流转中耕地用途发生变化的响应机理。研究表明:耕地流转在一定程度上推动了耕地用途的变化,流转耕地用途变化趋势主要是耕地变为建设用地、耕地变为园地等其他农地、种粮田变为非种粮田,土地利用比较效益是推动流转耕地用途变化的重要因素。

【关键词】 耕地流转　用途变化　回归分析　忠县

中图分类号:F321.1　文献标识码:A

1　引言

土地用途管制是我国土地管理制度的核心,严格保护耕地是我国的基本国策。近年来,农村土地流转引起了农地用途变化响应,受到各方高度关注。因此有必要从宏观和微观角度,对农地流转中的土地用途变化进行研究。在市场经济条件下,农地流转日益成为农地利用变化的主要驱动因素,张丽君、黄贤金等从农户农地流转的行为和土地流转市场的角度,研究了区域农地流转对农村土地利用变化的影响及差异性,得出农地流转在一定程度推动了农村土地利用发生变化。本文针对当前耕地流转导致耕地用途变化的态势,采用实地踏勘、农户问卷调查和区域遥感影像判读等方法，对 2002～2007 年重庆市忠县的流转耕地用途变化的总体概况和空间差异进行了初步研究，以探究耕地流转与其用途变化存在的互动关系。

2 数据来源与诊断技术体系

2.1 数据来源

农地流转中发生耕地用途变化是一个比较普遍的现象。本研究选取忠县 2002 年和 2007 年两个时段 Land sat TM 遥感影像、土地利用现状分布图以及各年土地利用变更调查数据为基础数据，结合忠县历年的耕地流转数据、社会经济统计数据进行流转耕地用途变化的分析。历年农用地变化数据采用忠县土地详查资料和变更调查资料；土地流转数据来源于忠具年度十地承包经营情况统计表整理；社会经济统计数据取自 2002～2007 年《忠县统计年鉴》、《重庆统计年鉴》等统计资料。根据上述资料的分析，考虑到研究区域土地流转形式、农业经营状况、经济发展水平、农地用途变化的差异，实证研究选取了忠州镇、新立镇、拔山镇、马灌镇为样本区域，随机抽取了农户 480 户进行问卷调查，调查的内容主要包括农户家庭收入状况、农地经营情况、耕地流转情况、流转耕地用途变化情况及其动因、农民担心的风险问题等。

2.2 诊断技术体系设计

流转耕地用途变化主要涉及流转耕地的用途结构和规模的变化分析、流转耕地的地理分布与动态监测。因此本研究应用 RS、GIS 技术整合，对忠县农地流转的数据、土地利用现状数据进行绑定研究，通过建立属性数据和空间数据的连接，分析出流转耕地的用途变化情况和空间差异。技术路线见图 1。首先通过 ERDAS IMAGE 遥感影像处理系统对忠县 2002 年、2007 年两个时段的遥感影像进行裁剪、几何矫正、配准、重采样等预处理和图像增强处理；然后按照现行土地分类系统对遥感图像进行监督分类和目视判读，将分类得到的土地利用类型图导入 ARCGIS 软件；同时将农地流转的数据连接入库，通过 GIS 空间叠加功能和地类统计功能，对叠加的矢量图层进行农地的用途变化提取，得出忠县农地用途变化的转移矩阵，在此基础上对流转耕地用途变化的总体概况和空间差异进行分析。

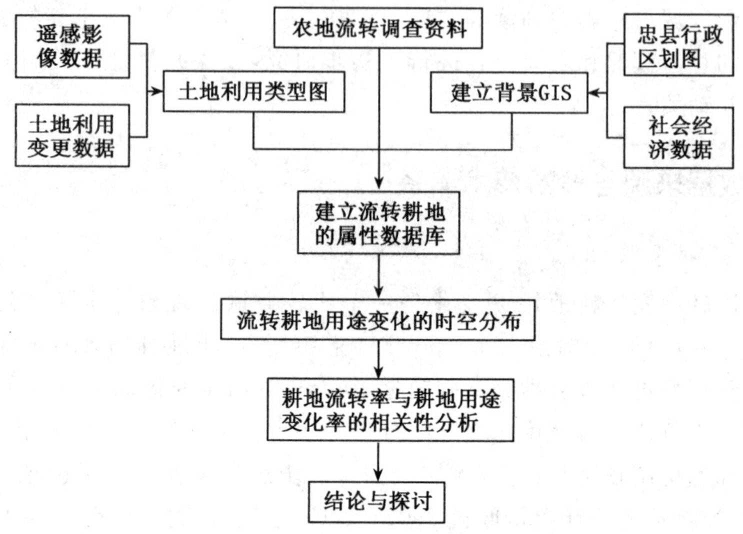

图1　流转耕地用途变化诊断体系图

3　实证分析——以重庆市忠县为例

3.1　研究区概况

忠县位于重庆市三峡生态经济区的腹心地带，地处东经107°32′～108°14′，北纬30°03′～30°53′之间。东邻万州，南接石柱，西连丰都、垫江，北靠梁平。忠县是三峡移民搬迁的重点县，全县幅员面积2 187.08 km²，境内呈“三山两槽”地貌，海拔117 m至1 680 m，约70％的地区海拔高度在300～600 m之间。该区域属亚热带东南季风区山地气候，温热湿润，四季分明，雨量充沛，日照充足。据多年气象资料统计，年均温18.2 ℃，日照率29％，年降雨量1 200 mm，相对湿度80％。雨热同期、热量丰富的气候条件，为忠县发展生态农业和优质农副产品提供了有利条件。

忠县的农村土地流转始于20世纪80年代中期，2003年以来忠县的土地流转规模迅速加大。截至2007年底，全县农村耕地流转总面积为24 520.59 hm²，占全县农村耕地82 755.72 hm² 的29.63％。承包地流转呈现流转规模加大，速度加快的特点。同时流转的形式也出现了多样化趋势，以转包、出租为主，入股和互换为辅，多种形式并存。农村土地流转，促进了土地资源持续高效利用，为农业规模经营和产业化创造了有利条件。

3.2 流转耕地用途变化结构分析

根据研究区域的实际调查情况，见表 1 和图 2。截至 2007 年底，忠县流转耕地累计 24 520.59 hm²，其中耕地用途发生变化 16 951.09 hm²，占耕地流转总量的 69.13%。其中耕地变为建设用地 1 787.55 hm²，变为园地、林地等其他农用地 12 228.42 hm²，耕地由种粮田变为非种粮田 2 935.11hm²，分别占流转耕地总量 7.29%，49.87%，11.97%。

表 1 2002～2007 年忠县流转耕地用途变化表 单位：hm²

年份	耕地面积	流转面积	耕地变为建设用地	耕地变为园地等其他农地	种粮田变为非种粮田	未发生变化的流转耕地
2002	92 016.13	1 708.17	17.76	160.23	89.68	1 440.50
2003	84 346.56	5 577.88	110.44	777.56	344.71	4 345.17
2004	82 982.16	8 578.21	214.46	1 676.18	628.78	6 058.79
2005	82 531.27	12 719.25	555.83	4 119.77	1 074.78	6 968.88
2006	80 629.09	17 936.38	1 069.01	7 581.71	1 849.24	7 436.42
2007	82 755.72	24 520.59	1 787.55	12 228.42	2 935.11	7 569.50

注：各项指标均为当年的累计数。

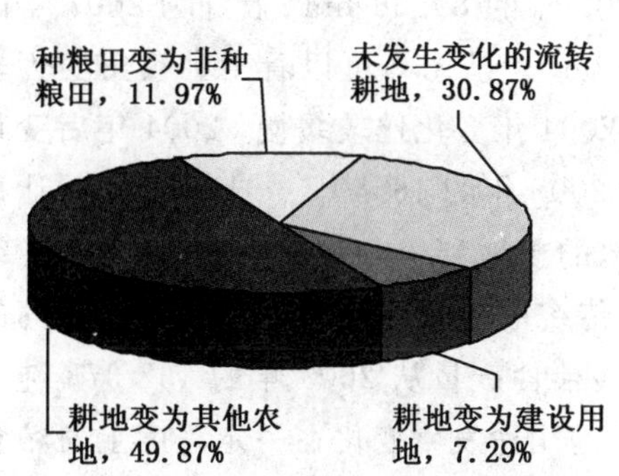

图 2 2007 年底流转耕地用途变化构成图

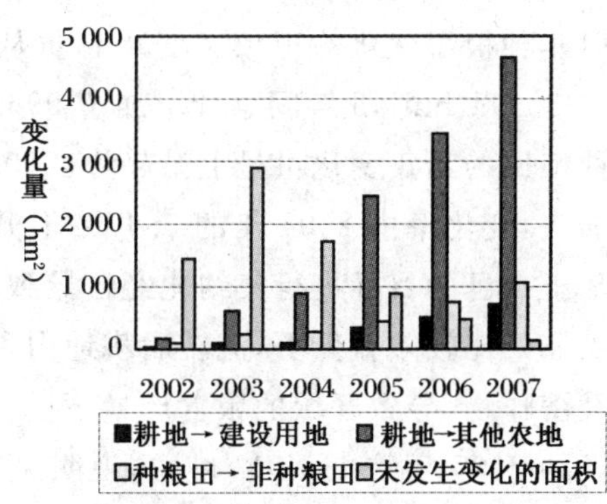

图 3 2002～2007 当年流转耕地用途变化图

耕地变为建设用地 2002 年以来，忠县流转耕地变为建设用地的总量呈上升趋势。变化总量从 2002 年的 17.76 hm² 增加到了 2007 年的 1 787.55 hm²，5 年间累计增加 1 769.79 hm²，年均增加 353.96 hm²。从图 3 可以看出，流转耕地变为建设用地的当年变化量呈上升趋势，从 2002 年的 17.76 hm² 上升到 2007 年的 718.54 hm²，仅 2006 年就比上年增加变化了 205.36 hm²。从变化率来说，2002～2005 年间变化比较缓，2005 年、2006 年两年间这种变化加剧，2006 年当年变化率达到 10.91%。流转耕地变为建设用地主要表现为政府引导下的农地流转，多数是由于龙头企业建设生产管理用房而造成的，另外，还有部分地方在农地流转时未签订流转合同，一些业主随意改变耕地的农业用途，导致耕地非农化。

耕地变为园地等其他农地 从表 1 可以看出，流转耕地变为园地等其他农地的总量从 2002 的 160.23 hm² 上升到 2007 年的 12 228.42 hm²，5 年间共增加 12 068.19 hm²，年均增加 2 413.64 hm²。从图 3 可以看出耕地变为其他农地的当年变化量呈上升趋势，从 2002 年的 160.23 hm² 增加到 2007 年的 4 646.71 hm²，同时变化率从 2002 年的9.38%上升到 2007 年的 70.57%。随着耕地的流转这种变化有增强的趋势，且耕地多变为园地中的果园、桑园等，还有少部分变为林地、中草药园。这主要是由于近年来，忠县推行“1+5”模式的土地流转，引导农村土地向柑橘园区、农业产业化项目集中，龙头企业通过租赁形式承包农村集体土地，建立了大面积的柑橘基地、红豆杉苗圃、原料林基地。

种粮田变为非种粮田 在研究区调查发现，由于青壮年劳动力的大量外出，导致耕地撂荒现象突出。在土地利用比较效益推动下，流转耕地出现了种粮田向非种粮田变化的现象。变化总量从 2002 年的 89.68 hm² 上升为 2007 年的 2 935.11 hm²，5 年间累计增加了 996.19 hm²。从图 3 可以看出种粮田变为非种粮田的当年变化量呈上升趋势，2002～2004 年变化比较缓慢，2004 年后变化加快，变化率由 2004 年的 9.47%上升到 2007 年的 16.49%。土地流转受让户基于自己的目标进行集约化经营导致耕地的土地利用方式发生变化，由于传统农业的比较效益低下，流转后耕地由种植传统的粮食作物转为种植效益更高的经济作物，导致区域的粮食产量下降，全县粮食产量从 2005 年的 432 373 吨下降到 2007 年的 415 011 吨，这说明流转耕地用途发生变化在一定程度上对粮食安全构成了威胁。

3.3 耕地流转用途变化的空间差异

在研究区不同乡镇，2002～2007 年流转耕地的用途变化的数量、频率、方向等都存在差异，主要以县城为中心、沿长江沿岸和高速路呈带状分布。以乡镇为评价单元，耕地用途变化绝对数量和用途变化率为评价因素分别生成的忠县流转耕地用途变化强度分布图，直观地显示出流转耕地用途变化的三类地区，见图3、图4。可以看出，流转耕地用途变化总量和变化率基本成一致分布。耕地用途急剧转用区集中在忠县农业产业化发展较好的新立、拔山、黄金、石宝等柑橘产业大镇，多为耕地转为园地，以及位于县城经济条件好的忠州镇，耕地多以种植蔬菜为主，变化率在73.29%～89.66%，均高于同期忠县整体的耕地用途变化率69.13%。耕地用途快速变化区成连续斑块状分布于急剧变化区周围的乌杨镇、任家镇、新生镇、复兴镇等镇，用途变化率在40.74%～73.29%。而缓慢变化区分布于忠县地势高、地貌结构复杂的北部和离城区较远的石子乡、兴峰乡、汝溪镇、野鹤镇等乡镇。

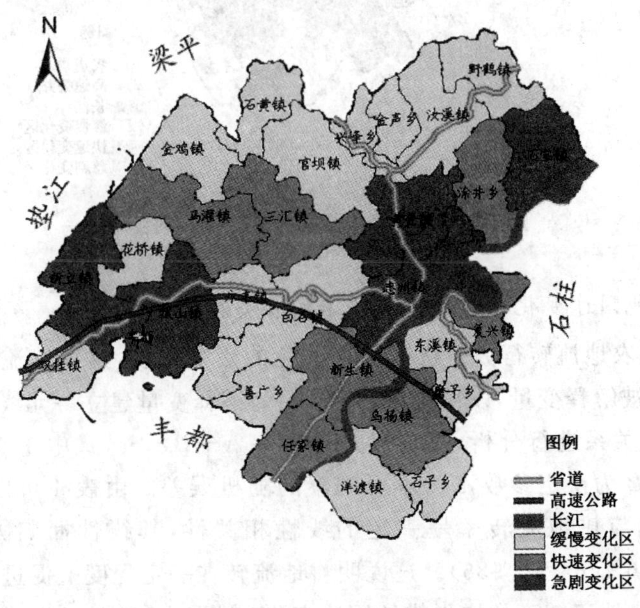

图3 流转耕地用途变化总量空间分布图

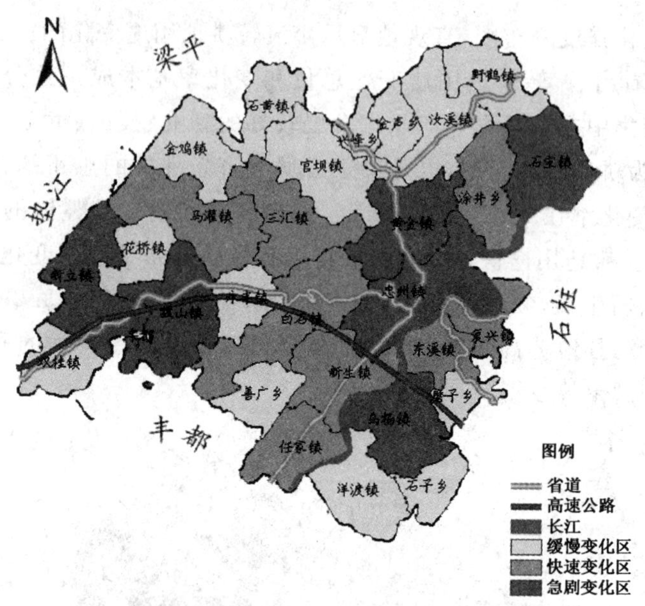

图 4 流转耕地用途变化率空间分布图

3.4 耕地用途变化率与耕地流转率的相关性分析

为了量化农地流转行为对耕地用途变化的影响程度，这里以流转耕地用途变化率(Y)为被解释变量，以耕地流转率(X)为解释变量建立一元线性回归模型对两者的相互关系进行分析，模型形式为：$Y=A+Bx+\varepsilon$，式中 Y 为因变量，X 为自变量，A、B 为待定参数，ε 为不可观察的随机误差。由表 4 可以看出，流转耕地用途变化与耕地流转率呈一定的线性相关性，其线性回归方程为：$Y=10.648+2.046X(R^2=0.986)$。这说明耕地流转在一定程度上促进了耕地用途的变化，随着耕地流转率的增加耕地用途变化率也增加。

表 2 耕地流转率与耕地用途变化率的响应模型

Model	Unstandardized Coefficients		Standardized Coefficients	R^2	F	Sig
	B	Std. Error	Beta			
(Constant)	10.648	2.079				0.007
耕地流转率	2.046	0.121	0.993	0.986	284.82	0.000

4 结论与探讨

本文利用忠县2002年、2007年两个时段的遥感影像、历年土地利用变更调查数据、耕地流转数据，利用“RS”和“GIS”技术整合，结合农地用途转移矩阵、一元线性回归模型对忠县2002～2007年流转耕地的用途变化进行了分析。得到了以下结论：(1)农用地流转后，耕地的用途发生剧烈变化，主要表现为耕地→建设用地、耕地→园地等其他农地、种粮田→非种粮田，总的变化率达69.13%，且流转耕地用途变化有增强的趋势。(2)流转耕地的用途变化导致耕地安全受到威胁，粮食产量下降，进而影响到区域的粮食安全。(3)初步了解，流转耕地用途发生变化主要是由于种植粮食作物的比较效益低下。根据以上分析可以得出，耕地流转在一定程度上促进了耕地用途的变化，因此在实际的土地流转工作中，有必要采取和加强以下措施：

(1)严格流转耕地用途管制，保障粮食安全。根据Costanza的研究，农用地具有气体调节、水源涵养、土壤保护、食物生产等9类服务功能，而耕地的保障功能、收入功能、就业功能、景观生态功能等对社会来说更为重要。流转耕地用途发生变化将会给经济社会发展带来一定的外部性影响，如区域的生态安全、国家的粮食安全等问题，因此在推进土地流转工作中一定要坚持最严格的耕地保护制度，坚决守住18亿亩耕地红线，通过健全严格规范的流转制度、严格土地用途管制、遵循土地利用总体规划，规范政府、集体以及农民个体的经营土地行为，禁止以建设“现代农业园区”或“设施农业”等任何名义，擅自改变耕地用途，做到严格保护耕地，避免流转耕地发生用途变化的风险。把粮食生产放在发展现代农业的首位，完善粮食风险基金，充分调动农民种粮、地方抓粮的积极性，以确保国家粮食安全。适当提高粮食价格水平，刺激农户农地流转行为和种粮的积极性。

(2)发挥市场机制引导流转，扶持耕地保护。十七届三中全会关于《中共中央关于推进农村改革发展若干重大问题的决定》中指出，“建立健全土地承包经营权流转市场，按照依法自愿有偿原则，允许农民以转包、出租、互换、转让、股份合作等形式流转土地承包经营权，发展多种形式的适度规模经营。”要发挥市场机制引导耕地流转，实施优惠导向政策，引导土地流转主体自觉服从土地用途管制，自觉履行耕地保护义务，建立耕地保护共同责任机制。健全农业投入保障制度、农业补贴制度、农产品价格保护制度、农业生态环境补偿制度，加大对耕地保护的扶持。通过建立耕地保护基金，多渠道、多方位筹集资金用于激励保护耕地和生产粮食。对流转耕地的管理，还应规范政府行为，一定要健全严格规范农村土地承包经营制度和流转制度，依法保障农民的知情权、参与权、表达权、监督权，赋予农民更加充分而有保障的土地承包经营权，尊重农民的意愿，允许农民以多种形式流转土地承包经营权，发展适度规模经营。

农村土地流转市场化测评

——以重庆市忠县为例

王玲燕 邱道持

(西南大学地理科学学院 重庆北碚 400715)

【摘 要】 在建设社会主义新农村和发展现代农业的背景下,农村土地流转问题一直受到社会各界的关注。本文在分析了当前农村土地流转现状的基础上,阐述了农地流转市场化的必然性。提出运用多标志综合评价方法分析农村土地流转的市场化程度,开展了沿海与内地、城市与农村土地流转市场化程度的比较研究。提出建立农地流转市场、明晰农地产权关系、完善农村社会保障,是推进农村土地流转市场化的必然选择。

【关键词】 测评;市场化;农村土地流转;忠县

中图分类号:F301 文献标识码:A

党的十七届三中全会研究了新形势下推进农村改革发展的若干重大问题,并指出要健全严格规范的农村土地制度,为今后农村土地制度改革指明了方向。中共十七大报告也曾指出:"实现未来经济发展目标,关键要在加快转变经济发展方式、完善社会主义市场经济体制方面取得重大进展。"当前随着我国经济的快速增长和市场配置资源的不断深化,耕地利用的细碎化被认为是提高耕地利用效率的束缚。另一方面,农村土地流转存在严重的信息不对称性,"有田没人种"和"有人没田种"的现象并存,市场在资源配置中的基础性作用远远没有发挥,实际发生流转的土地规模低于预计水平。因此,对农村土地流转市场化进行评估,推动农村土地流转市场化具有十分重要的意义。

1 研究区域土地流转概况

忠县位于重庆市东北部,三峡库区腹心地带,是一个典型的农业大县,三峡移民搬迁重点县。2007年,忠县实现地区生产总值61.58亿元,三次产业结构比重为26.30∶38.40∶35.30。现有农业人口82.60万人,农村劳动力49.77万人,农村外出务工人员达30.62万人,占农村劳动力的61.50%;耕地面积79.60万亩,人均耕地仅有0.96亩。自然地理条件适合柑橘生长,被誉为“中国柑橘城”。近年来,由于农村劳动力的大量转移,撂荒现象十分严重,加之“细碎化”的土地经营模式严重制约了农业产业化的发展,忠县积极采取措施引导农村土地流转,取得明显进展。

表1　重庆市忠县农村土地流转总体情况

年份	家庭承包地面积(万亩)	家庭承包地流转面积(万亩)	流转率(%)	变化率(%)
2002	79.30	0.68	0.86	——
2003	60.32	3.91	6.48	+5.62
2004	83.07	3.99	4.80	−1.68
2005	61.70	3.39	5.49	+0.69
2006	68.52	3.89	5.68	+0.19
2007	79.60	23.26	29.35	+23.67

据调查统计,截至2007年12月,忠县共流转承包耕地面积23.36万亩,占承包耕地总面积的29.35%,涉及农户77 264户,列重庆市第一。由表1可以看出,2002～2007年忠县承包地流转量从0.68万亩增加到23.26万亩,流转率从0.86%上升到29.35%,流转规模呈明显加大趋势。

按流转模式分,转包13.05万亩,转让0.12万亩,出租6.90万亩,入股2.94万亩,互换0.32万亩,其他方式0.03万亩,如表2所示。按照流转经营主体分,种养大户1.43万亩,专业合作组织2.18万亩,农业企业6.37万亩,一般农户13.28万亩,其他0.10万亩,如表3所示。按照流转经营用途分,实行适度规模经营面积13.20万亩,其中种植柑橘8.62万亩,粮油2.53万亩,蔬菜0.65万亩,如表4所示。

表2　忠县农村土地流转模式分类统计

流转模式	转包	转让	出租	入股	互换	其他
面积(万亩)	13.05	0.12	6.90	2.94	0.32	0.03
比例(%)	55.87	0.52	29.54	12.59	1.37	0.13

表 3　忠县农村土地流转经营主体分类统计

经营主体	种养加大户	专业合作组织	农业企业	一般农户	其他
面积(万亩)	1.43	2.18	6.37	13.28	0.10
比例(%)	6.12	9.33	27.27	56.85	0.43

表 4　忠县农村土地流转经营用途分类统计

经营用途	规模经营	粮食	蔬菜	柑橘	其他
面积(万亩)	13.20	2.53	0.65	8.62	1.40
比例(%)	56.51	19.17	4.92	65.30	10.61

2　农村土地流转市场化评估技术路线图

农地流转市场化是指,农地进入市场进行依法、自愿、有偿的流转,在市场机制和政府调控的共同作用下,实现农地的合理配置。市场机制是市场供求关系、价值规律、市场竞争以及边际效用递减等客观规律的综合表现,具有市场激励、市场约束、市场服务等优化资源配置的功能。我国的土地市场同经济的发展呈正态相关关系,土地市场化的演进轨迹就是市场配置土地的范围扩大和市场行为规范的过程。本文以重庆市忠县农村实地调研为基础,运用定量与定性分析相结合的方法,依据调研及相关社会统计数据,对经济发展水平不同地区及城乡土地流转市场化水平进行评估,技术路线见图 1。

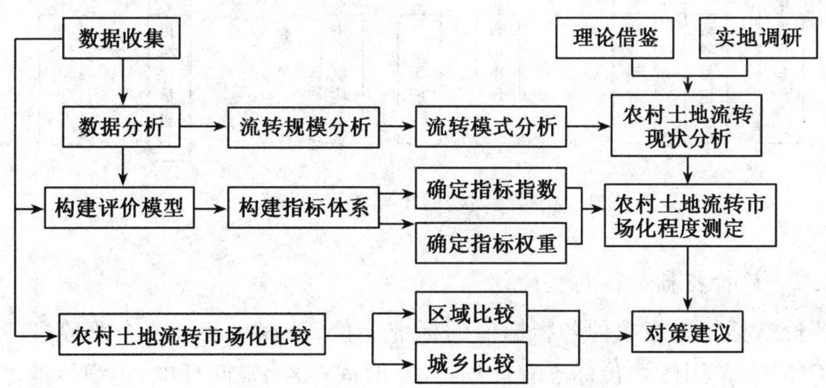

图 1　农村土地流转市场化评估技术路线图

3 农村土地流转市场化评估数理模型

3.1 评价指标体系的建设

综合指数法是将一组反映评价标的物的特征指标值通过统计学处理转化为综合指数值，以便于对不同类别、不同结构以及不同计量单位的指标进行综合比较。综合评价指标体系要根据评价目的和需要，依据一定的理论原则，从众多的社会经济指标中选择出有内在联系的、有代表性的重要指标，按照特定的结构有机地组合成指标群或指标集合。在农村土地流转的市场化指数评价中，我们借鉴邱道持等学者在土地定级中运用的层次结构定级标志体系，结合综合指数法，选取对农村土地流转市场化程度影响较为显著的因素，建立评价指标体系，见图2。农村土地流转市场化指数计算公式为：

$$A=\sum_{j=1}^{8}W_jC_{ij}\quad(j=1,2,\cdots,8);$$

其中，A 为农村土地流转市场化指数；i 为评价对象个数；j 为指标个数。Wj 为第 j 项评价指标在综合评价中的权重值；Cij 为第 j 项评价指标的特征分值。农村土地流转市场化指数越大，评价对象的市场化程度越高。

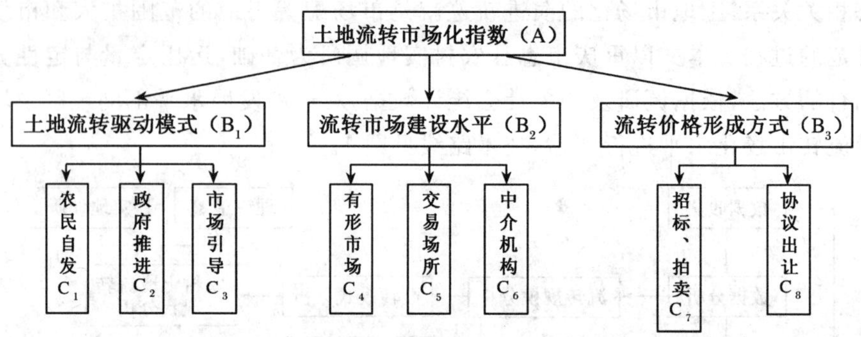

图2 农村土地流转市场化指数指标体系

3.2 评价指标个体指数的计算

评价指标个体指数即各指标值的标准化值，计算步骤分两个阶段进行。在实际工作中，常用的评价标准有计划标准、时间标准、空间标准、主观标准等。结合市场化指数评估的实际，我们选用各指标正负均值作为评价标准，其中正指标取正值，逆指标取负值。计算公式如下：

$$\overline{X}_j=\frac{1}{n_j}\sum_{x_{ij}\geqslant 0}X_{ij}(X_{ij}\geqslant 0)；或者\ \overline{X}_j=\frac{1}{n_j}\sum_{x_{ij}\leqslant 0}X_{ij}(X_{ij}\leqslant 0)\quad (j=1,2,3,\cdots p)$$

其中，n 为评价对象个数，p 为指标个数，X_{ij} 为第 i 个对象第 j 项指标值，n_j 为第 j 项指标取正(负)值的对象个数，分别求 X_{ij} 的正负均值。按下式计算各指标个体指数：

$$C_{ij}=\frac{X_{ij}}{X_j}(X_{ij}\geqslant 0)；或者\ C_{ij}=\frac{X_{ij}}{|X_j|}(X_{ij}\leqslant 0)。$$

3.3　权重的确定

确定权重的常用方法有：特尔菲法、因素成对比较法、层次分析法等。层次分析法的优点是定性与定量相结合，具有高度的逻辑性、系统性、简洁性和实用性，是针对大系统中多层次、多目标规划决策问题的有效分析方法。运用 AHP 层次分析法，可依次确定各参评因素的权重值，见表 5。由于判断矩阵的确定具有主观性，为保证判断矩阵中两两比较的取值严谨性，需进行一致性检验。经测定，全部通过。

表 5　重庆市忠县农村土地流转市场化程度影响因素 A－C 层次总排序

因素因子	流转模式			流转市场建设			流转价格决定机制	
	C_1	C_2	C_3	C_4	C_5	C_6	C_7	C_8
因素权重		0.558			0.320		0.122	
因子权重	0.042	0.102	0.414	0.173	0.095	0.052	0.102	0.020
位次	7	3	1	2	5	6	3	8

4　农村土地流转市场化水平比较研究

4.1　区域比较研究

选取重庆市忠县和浙江省温岭县作比较，分别测定两地土地流转的市场化程度指数。浙江省温岭县为全国百强县之一，东部沿海地区农村土地流转的示范县。2005 年土地流转中心成立以来，土地流转工作步入正轨，流转总量不断增加，流转主体渐趋集中，专业大户、合作社和工商企业已成为土地流入的经营主体。截至 2007 年底，温岭县承包耕地流转面积 15.02 万亩，占承包耕地总面积的 30.31%，涉及农户 9.10 万户。其中，通过中介机构流转承包耕地面积 6.47万亩，涉及流出户 3.55 万户，占全县总流出户的 56.35%，涉及流入户 1.20 万户，属于东部沿海地区农村土地流转的典型代表。两地土地流转市场化评价参数见表6。

表6　农村土地流转市场化评价参数

指标	权重(%)	指标值(X_{ij})		个体指数(C_{ij})	
		忠县	温岭	忠县	温岭
C_1	0.042	13.28	9.32	0.85	1.21
C_2	0.102	8.55	3.17	0.69	1.85
C_3	0.414	1.43	2.52	0.72	1.27
C_4	0.173	0.00	0.00	0.00	0.00
C_5	0.095	0.00	1.00	0.00	2.00
C_6	0.052	0.00	30.00	0.00	2.00
C_7	0.102	1.15	3.81	0.46	1.54
C_8	0.020	22.21	11.21	0.75	1.49

通过整理相关数据，并引入农村土地流转市场化程度测算模型，得到了重庆市忠县与浙江省温岭县农村土地流转市场化程度测算结果，见表7。从表7中可以清楚地看出，浙江省温岭县农村土地流转的市场化程度远高于重庆市忠县。重庆市忠县农村土地流转还停留在政府引导和农民自发流转的阶段；土地流转市场化硬件设施不足，没有建立有形的交易市场和交易所，流转价格多为农户之间协商甚至无偿流转，市场化程度较低。

表7　农村土地流转市场化指数

	B_1	B_2	B_3	A	位次
忠县	0.40	0.00	0.06	0.46	2
温岭	0.77	0.29	0.19	1.25	1

4.2　城乡比较研究

选取重庆市忠县2006年度国有土地供应情况和农村土地流转情况作比较，分别计算重庆市忠县城乡土地流转市场化指数。2006年重庆市忠县供应国有土地92宗，合计0.38万亩，其中有偿供应量0.34万亩，占89.76%，计为市场机制配置；划拨土地供应量0.04万亩，占10.24%，计为非市场机制配置。有偿供应中，经营性用地0.08万亩，占有偿供应量的24.02%，计为市场引导的土地流转模式，非经营性用地0.26万亩，占有偿供应量的75.97%，计为政府推进的土地流转模式。忠县城乡土地流转市场化评价参数见表8。

表 8 城乡土地流转市场化评价参数

指标	权重(%)	指标值(X_{ij})		个体指数(C_{ij})	
		农村	城市	农村	城市
C_1	0.042	2.42	0	0.50	0.00
C_2	0.102	1.02	0.26	0.63	2.46
C_3	0.414	0.45	0.08	0.60	3.38
C_4	0.173	0.00	1.00	0.00	2.00
C_5	0.095	0.00	1.00	0.00	2.00
C_6	0.052	1.00	5.00	0.33	1.67
C_7	0.102	0	0.34	0.00	2.00
C_8	0.020	3.89	0.04	0.51	4.92

计算重庆市忠县城乡土地流转市场化指数，结果见表 9。城市土地流转市场化指数为 2.58，农村仅为 0.36，农村土地流转市场化水平低于城市。在城乡比较中，同样存在农村土地流转市场建设、流转土地价格决定机制、土地流转模式等因素的差距较大。

表 9 城乡土地流转市场化指数

	B_1	B_2	B_3	A	位次
农村	0.33	0.02	0.01	0.36	2
城市	1.65	0.62	0.30	2.58	1

5 对策与建议

5.1 建立农地流转市场，完善农地流转价格形成机制

党的十七大报告指出："要深化对社会主义市场经济规律的认识，从制度上更好发挥市场在资源配置中的基础性作用，形成有利于科学发展的宏观控制体系。"当前农村土地定级估价工作还未全面展开，农地流转价格的确定带有很大的主观随意性。土地流转市场基础设施落后，市场信息无稳定的传递渠道，缺乏相应的市场规则、市场约束，交易缺乏透明度和公正性，结果造成交易价格失真，而且使交易大多数只能局限在本村、本小组的狭小范围内，无法在更大的范围内实现土地资源的合理流转和优化配置。在建立农村土地流转中介机构的基础上，有必要建立有形的交易市场和交易所，完善农地流转价格形成机制。

5.2 明晰农地产权关系，提高农村土地资源配置效率

所谓“产权清晰”，包括两层含义：一是财产的归属关系是清楚的，即财产归谁所有，谁是财产的所有者或谁拥有财产的所有权；二是在财产所有权主体明确的情况下，产权权益实现过程中不同利益主体之间的权、责、利关系是清楚的。从经济学的角度看，产权关系不明晰会影响到资源配置效率的提高。实践表明，国家保留对农村土地的征用权、规划权是必要的，但是政府滥用土地征用权、规划权对农民土地权益保障带来一定的安全隐患。因此，必须完善土地承包经营权权能，依法保障农民对承包土地的占有、使用、收益等权利。只要产权界定明晰，在市场机制的引导下，农村土地资源就会流向产出最大，成本最小的地方，实现资源的最优配置。

5.3 完善农村社会保障，激励农民自愿参与农地流转

由于城乡发展二元结构制度导致农民在就业、教育、医疗、住房等方面受到歧视、不能享受与城镇居民同等的公共服务待遇，从而造成农村集体和农户不得不视农地为生存之本，这样农地就负担起各项社会保障功能。加之农民受传统意识的影响不愿与土地脱离关系，“既不愿多种田”也“不愿不种田”，因此农地流转呈现自发、盲目、短期、无偿等特点。要解决上述问题，必须完善农村社会保障机制，让土地从农民的社会保障功能中解放出来，防止土地流转后农民出现“失地、失业、失生问题”，以保证农民在获得生存和发展保障的前提下，按照依法自愿有偿的原则，流转土地承包经营权，发展多种形式的适度规模经营。

影响农户农地流转意愿因素研究

——以重庆市璧山县农户调查为例

冯玲玲 邱道持

（西南大学地理科学学院 重庆北碚 400715）

【摘 要】 农地流转是解决农村土地利用细碎化、撂荒及闲置的有效途径，对于优化土地资源配置，提高土地利用率有重要的现实意义。作为农地流转的供给者，农户农地流转意愿对农地使用权流转有着根本性的影响。本文以重庆市璧山县为例，通过对5个镇156户农户的随机抽样调研，采用Logistic回归模型定量分析了影响农户农地流转意愿因素，以期为加快农地流转和培育农地流转市场提供量化的依据和支持。

【关键词】 农地流转；意愿因素；Logistic回归模型；璧山县

中图分类号：F321.1 文献标识码：A

农地使用权流转是解决当前我国农村土地利用细碎化及撂荒、闲置的有效途径，对于优化土地资源配置，提高土地利用效率，促进农业结构调整以及促进农民增收和农村经济发展具有重要作用。农户是农地经营的主体，是农地流转中主要的土地供给者，他们的流转意愿对于一个地区的农地使用权流转有着根本性的影响。而农户土地流转意愿的发生又是多种因素共同作用的结果，研究这些因素对农户农地流转意愿的影响，对于推进农地流转的发展，无疑具有十分重要的意义。

1 研究区域及数据来源

璧山县位于重庆市西郊，东经106°02′～106°20′，北纬29°17′～29°53′，东邻沙坪坝区、九龙坡区，南界江津市，西连铜梁县、永川市，北接合川市、北碚区，县城距重庆主城区约为 37 km，属中亚热带季风湿润气候，气候温和，雨量充沛，四季分明，地貌类型以低山、丘陵、平坝为主，土壤类型有山地黄壤、紫色土、潮土、红壤和水稻土，全县总面积 915 km^2，辖璧城、青杠两个街道办事处、10 个镇、1 个乡(健龙乡)。全县家庭承包耕地面积 38.67 万亩，总人口 61.88 万人，其中农业人口 47.22 万，农户 16.03 万户，有农村劳动力 33.5 万人。截至 2006 年底(表 1,2)，全县农村承包土地经营权流转总面积为83 999亩，占多年全县农村承包耕地总面积 386 799 亩的21.72%，涉及 13 个乡镇，农户24 000余户，占承包耕地农户总数 160 051 户的 15%。根据农业部 2006 年初的统计数据显示，璧山县农村土地流转面积占重庆市流转总面积的 3.9%，流转比例21.72%大大高于重庆市平均土地流转比例 10.90%，在全市范围内排名第 4 位。所以从总体上来看，璧山县农村土地流转无论是在数量上还是在流转比例上都处于全市的上游水平，处于相对领先的地位。璧山县人口密集，人多地少，农地细碎化程度比较高，因此通过农地流转提高农地利用的效率显得尤为重要，农地市场发育对农地资源的重新配置和整体经济的贡献也不容忽视。

表 1　2006 年璧山县农村农户农地流转方式情况表

农地流转模式	转包	出租	互换	转让	入股	其他
所占比例(%)	63.99	16.06	13.35	4.03	0.86	1.71

表 2　璧山县农地流转历年情况汇总表(2003～2006 年)

年份	家庭承包地面积(亩)	农户农地流转面积(亩)	流转率(%)
2003	408 345	81 222	19.89
2004	377 215	86 389	22.9
2005	389 384	87 114	22.37
2006	386 799	83 999	21.72

2　农户农地流转意愿分析模型

2.1　构建分析模型

本文分析的因变量是农户农地流转的意愿，是一种定性的变量，其取值有两个，即愿意流转与不愿意流转，是个两分变量。在进行定量分析时，一般是设置一个虚拟变量来表示这个定性的因变量。微观主体的意愿主要受到个体自身特征以及社会经济特征的影响，在分析这些特征对个体意愿的影响时，由于因变量是个虚拟的两分变量，因此传统的回归模型由于其赖以成立的前提假设无法满足，而无法用于对这类现象加以模型化并予以解释。

因此，本文使用 SPSS 中的 Logistic 逐步回归模型对影响璧山县农村农户农地流转意愿的因素进行定量分析，Logistic 回归模型是一种对二分类因变量(因变量取值有 1 或 0 两种可能)进行回归分析时常采用的非线性分类统计方法。借助该模型能对这类二值响应的因变量和分类变量(或连续变量，或混合变量)进行回归建模，进而探讨影响概率、定性变量、二分性变量的主要因子。Logistic 回归模型没有关于变量分布的假设条件，也不需要假设他们之间存在多元正态分布，最终以事件发生概率的形式提供结果，拟合得出的 Logistic 回归模型参数估计不采用通常的最小二乘法，而采用最大拟然估计方法。

根据 Logistic 回归建模的要求，设 $x_1, x_2, x_3 \cdots, x_i$ 是与 Y 相关的一组向量，设 P 是某事件发生的概率，将比数 $P/(1-P)$ 取对数得 $\ln[P/(1-P)]$，即对 P 作 Logistic 变换，记为 logit(P)为：

$$Y=\ln\frac{P}{1-P}=\alpha+\beta_1 x_1+\beta_2 x_2+\cdots+\beta_i x_i \tag{1}$$

$$P=\frac{\exp(\alpha+\beta_1 x_1+\beta_2 x_2+\cdots+\beta_i x_i)}{1+\exp(\alpha+\beta_1 x_1+\beta_2 x_2+L+\beta_i x_i)} \tag{2}$$

式中 P—概率或定性变量或是具有二分性的变量，在本文中，设定农户愿意流转农地时 P 为 1(包括流入和流出土地)，农户不愿意流转农地时 P 为 0；

α—常数项，表示自变量取值全是 0 时，比数($Y=1$ 与 $Y=0$ 的概率之比)的自然对数；x_i—影响农户流转农地意愿的因素；

β_i— Logistic 回归的偏回归系数，表示变量 x_i 对 Y 或 logit(P)的影响大小。

2.2 选取分析变量标准

分析变量结构见图 1，其中：

x_3— 户主文化程度(小学及其以下＝1，初中＝2，高中及其以上＝3)

x_4— 单位面积农业劳动力投入＝农业生产人口/家庭承包地面积

x_5— 单位面积农业纯收入＝总产出—(土地租金或土地价格＋生产资料价格＋农业劳动力价格＋农业税费)

x_6— 非农收入比重＝非农业生产收入/家庭总收入

x_7— 粮食安全保障率＝(人均耕地占有量—0.795)/0.795(粮食安全保障率是人均耕地占有量的线性转化形式，国际公认的耕地安全警戒线是人均0.795亩)

x_8— 非农就业率＝非农生产人口/家庭总人口

x_9— 农业补贴政策，不享受补贴＝0，享受补贴＝1

注：由于非农就业率与非农收入比重属于相同类型变量，两者存在很大的共线性，所以在模型中以实际拟合度较好的变量存在。

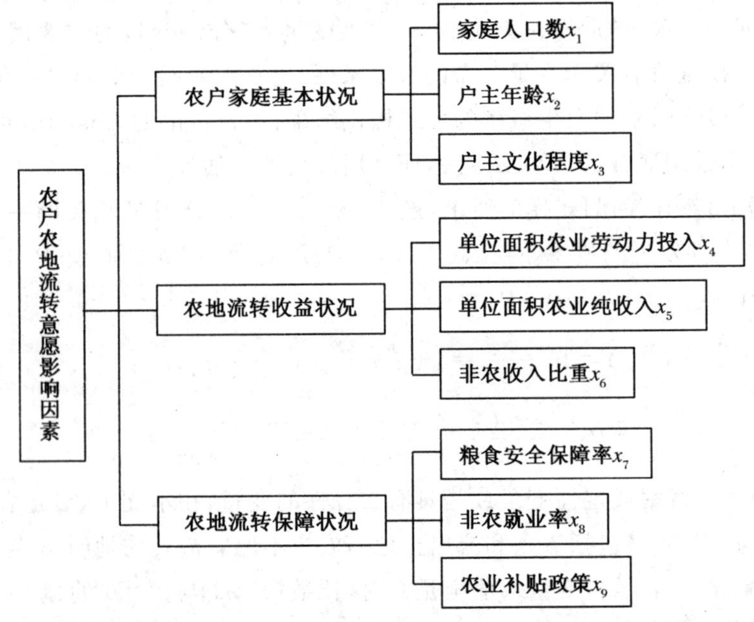

图1　璧山县农户农地流转意愿因素

2.3　测评样本特征

在156户农户中，转入农地的有36户，转出农地的有45户，转出农户略高于转入农户。在156个样本中，家庭人口数大多为3～4人，户主年龄介于30～50岁之间的占65%，户主文化程度主要分布在初中和高中阶段，共占了79%，家庭从事农业生产的人数大多数为2人以下，占62%。详细的样本特征及描述数据特征见表3和表4。

表 3　2006 年璧山县 5 镇 156 户样本农户特征和土地流转状况

农户特征	类型	数量(户)	百分比(%)
农户人口	2 人以下	6	0.04
	3～4 人	123	0.79
	5 人以上	27	0.17
户主年龄	30～40 岁	60	0.38
	41～50 岁	42	0.27
	51～60 岁	33	0.22
	60 岁以上	21	0.13
户主文化程度	小学及以下	33	0.21
	初中	69	0.44
	高中及以上	54	0.35
农业劳动力人数	2 人以下	96	0.62
	3 人以上	60	0.38
承包地面积	<5 亩	123	0.79
	5～10 亩	12	0.08
	>10 亩	21	0.13
转入农地	<5 亩	15	0.33
	5～10 亩	12	0.27
	>10 亩	18	0.4
转出农地	<5 亩	33	0.92
	5～10 亩	3	0.08
	>10 亩	0	0

表 4　2006 年璧山县 5 镇 156 户样本农户农地流转意愿情况表

调查项	农户回答	
	数量(户)	比重(%)
不愿意流转农地	51	0.33
愿意流转农地	105	0.67
合计	156	1.00
愿意流入农地	39	0.37
愿意流出农地	66	0.63
合计	105	1.00
转入农地	36	0.44
转出农地	45	0.56
合计	81	1.00

2.4 模型运行结果

本文选用逐步选择法(Backward stepwise: Wald),对璧山县5镇156个样本点数据作 Wald 概率统计法,向后逐步选择自变量。结果见表5,表6和表7。

表5 变量描述表

变量	样本数	最小值	最大值	平均值	标准误差	备注
x_1	156	2	5	3.62	0.82	连续变量
x_2	156	30	66	46.02	2.68	连续变量
x_3	156	1	3			虚拟变量
x_4	156	0.00	2.00	0.53	0.51	连续变量
x_5	156	450	4 000	1 296.73	5.08	连续变量
x_6	156	0.00	0.96	0.53	0.35	连续变量
x_7	156	−0.37	1.52	0.18	0.36	连续变量
x_8	156	0.00	1.00	0.47	0.37	连续变量
x_9	156	0	1			虚拟变量

表6 璧山县农户农地流转意愿影响因素模型估计结果

解释变量	回归系数	标准误差	*Wald* 统计量	自由度	显著性水平	发生比率
x_3	2.585	1.492	3.001	1	0.043	13.265
x_7	7.617	3.568	4.556	1	0.033	2 031.649
x_6	13.237	5.537	5.714	1	0.017	560 751.965
constant	−11.487	5.168	4.941	1	0.026	0

表7 璧山县农户农地流转意愿模型检验

−2 Log likelihood	Cox & Snell R Square	Nagelkerke R Square
10.44	0.665	0.912

本文采用3种方法对农户农地流转意愿模型进行检验,Likehood 是拟然估计,表达的是一种概率,即在假设拟合模型为真实情况时能够观测到这一特定样本数据的概率。−2 Log likelihood 值越大,意味着回归模型的拟然值越小,模型的拟合度越差。Cox & Snell R Square 是一种一般化的确定系数,被用来估计因变量的方差比率,Nagelkerke R Square 是 Cox & Snell R Square 的调整值,这两个值越大,说明模型的整体拟合性越好。综合以上的分析,表6的模型

拟合度较好，故选择其作为璧山县农户农地流转意愿的模型，即：

$$P=\frac{\exp(-11.487+2.585x_3+7.617x_7+13.237x_6)}{1+\exp(-11.487+2.585x_3+7.617x_7+13.237x_6)} \tag{3}$$

3 研究结论与建议

3.1 研究结论

研究结果表明，璧山县农户农地流转意愿受到农地流转收益，保障状况和农户自身情况的影响，影响因素贡献率从大到小分别为非农收入比重(x_6)，粮食安全保障率(x_7)和户主文化程度(x_3)。

首先对农户农地流转意愿影响最大的是非农收入比重 x_6。非农收入是农村剩余劳动力转移进城，从事第二、三产业多获得的工资报酬收入，在经济越发达的地区，二、三产业提供的就业机会就越多，农民家庭经营收入中所获得的非农收入就越多，其所占家庭收入的比重就越大。非农收入比重越高的地区，农户对土地的依赖性越小，农户就会越愿意将土地流转出去，从而促进农村土地流转市场的发展。本文在对 156 个样本点的调查中发现，2006 年璧山县个体农户农业纯收入约为 300 元/亩(不包括龙头企业，农业大户)，而外出务工人员的平均工资为 800 元/月，1%的管理技术人员工资达到 2 000～5 000 元/月，外出务工家庭的人均收入为非务工家庭的 1.5 倍。其中在对璧城街道璧泉村的农户调查中，人均工资收入 2 120 元，非农收入在农户家庭经营收入中所占比重高达 90%以上，农户多数外出务工而愿意将土地流转出去。由此可见，非农收入比重的提高以大量农村剩余劳动力转移和非农人口比例的提高为基础，它能够增加农户土地流转的有效供给，刺激农地流转的有效需求，是加快农地流转的内在动力。

其次，作为农地流转保障因素之一的粮食安全保障率 x_7 对农户农地流转意愿也有着较大的影响。粮食安全保障率是人均耕地占有量的线性转化形式，国际公认的耕地安全警戒线是人均 0.795 亩(0.053hm^2)，人均耕地面积只有在维系农户必要的生活保障的基础上，农户才会有参与流转的积极性，即如果粮食安全保障率过低，农地保有量不能满足最低粮食安全保障标准，就会使得农户在心理上产生恐慌，从而造成农户对农地流转的拒绝。2006 年璧山县人均耕地占有量为 1.3 亩，粮食安全保障率为 0.635，其人均耕地面积能够刺激农户产生参与农地流转的愿望。

再次，户主的文化程度 x_3 也与农户农地流转的意愿息息相关。农户的文化水平对土地流转具有收入效应和替代效应，收入效应即是由于农户文化水平的提高，对农地流转的认知度和接受度增强，非农就业机会增加，使得农户产生流转农地的愿望，引起农地流转的增加；替代效应则是指当农户文化水平提高到一定程度的时候，由于其掌握了较高的科技知识，可以从经营土地中获得较高收入，从而愿意转入土地进行规模经营。相反若农户受教育水平较低，受传统意识的影响，他们有着浓厚的恋土情结，同时由于缺乏科技知识，多采用低投入，低产出的粗放经营方式，没有扩大土地规模经营的实力，因而较少有流转土地的意愿。在156个样本点中，有81户农户进行了农地流转，其中农地转出户中，小学文化程度占18%，初中文化程度占33%，高中文化程度占49%。

3.2 研究建议

大力提高非农就业率，促进农村劳动力转移。活跃农地市场，加快农村土地流转最关键的就是要为农户创造更多的非农就业机会，提高非农就业率。大力发展二、三产业，吸引农村剩余劳动力转移；大力发展乡镇企业，增大其吸纳农村剩余劳动力的空间；改变农民的“恋土”观念，鼓励农民进城经商务工；发展农民劳务输出业，减少直接从事农业的农民数量，增加农民的收入；改革农村和城镇户籍制度，打破农民身份限制，创造有利于农民离土离乡的政策环境，从而促进农民从农村中分离出来。

大力调整农业产业结构，推进规模经营，发展现代农业。农业产业结构调整围绕提高质量和效益这个中心环节进行，因地制宜，根据市场需要，生产出销售对路的产品，形成自己的特色产业和产品，将土地从普通农户手中集中到种植大户和龙头企业手中，实现农村土地的适度规模经营，以此来实现土地资源的合理配置和充分利用，提高土地的产出效率和农业比较效益，增加农民收入，发展农村经济，促进农村土地的进一步流转。

加大培训力度，提高农民素质。本文模型分析表明，农户的受教育水平对农户农地流转意愿产生较大的影响，因此大力发展农村教育，通过开办培训班和讲座等形式，使得农民了解掌握先进的科学技术，提高农民素质和文化水平，增强接受新兴事物的能力，刺激农地流转意愿，促进农村土地流转。

影响农户农地流转意愿因素研究

邱道持　赵亚萍
（西南大学地理科学学院　重庆北碚　400715）

【摘　要】 土地产权问题是土地制度的核心问题。文章剖析了我国农村宅基地产权制度的基本特点：集体所有，村民使用；依法拥有，集约利用；保障安居，限制流转。揭示了我国农村宅基地产权制度的局限性：与促进农民财产性收入增长的意愿相冲突，与完善社会主义初级阶段基本经济制度的取向相冲突，与集约节约利用土地资源相冲突。提出了统筹城乡发展，完善农村宅基地产权制度，推进农村宅基地流转市场化，开放农村集体建设用地市场的政策建议。

【关键词】 产权制度；建设；宅基地；农村
中图分类号：F304.6　文献标识码：A

农村土地政策的核心是土地产权问题，包括两个基本点：一是土地归谁所有，二是土地如何经营。土地产权是指权利人在其权利存在的土地上，为实现其利用土地的目的，依法行使权利时，对土地的占有、使用、收益和处置的权利。随着社会经济的发展，我国农村宅基地大量闲置，浪费严重的问题日益凸显，解决这一问题的核心是完善农村宅基地产权制度。

1　当前农村宅基地产权制度的基本特征

1.1　集体所有，村民使用

农村宅基地是指在村庄范围内，农村村民住房、辅助用房（主要指杂物间、厕所、畜舍等）、院落以及村民日常生活、风俗习惯活动等涉及的用地。根据《中华人民共和国宪法》、《中华人民共和国土地管理法》、《中华人民共和国土地管理法实施条例》等法律法规，以及国土资源部《关于加强农村宅基地管理的意见》（国土资发[2004]234号）等政府规章，我国现行的农村宅基地产权制度的一个基本特征就是集体所有，村民使用。《中华人民共和国土地管理法》规定："中华人民共和国实行土地的社会主义公有制，即全民所有制和劳动群众集体所有制。""城市市区的土地属于国家所有。农村和城市郊区的土地，除由法律规定属于国家所有的以外，属于集体所有，宅基地和自留地、自留山，属于农民集体所有"。国有土地和农民集体所有的土地，可以依法确定给单位或个人使用。使用土地的单位和个人，有保护、管理和合理利用土地的义务。农村宅基地是农民安居的用地保障，具有明显的社会福利性质。依据我国法律规定，农民能够无偿地获得宅基地使用权，获得基本的安居用地保障，这也是农村居民与城市居民相区别而享有的一种特殊保障。农民的宅基地在使用期限上没有限制，理论上是无偿占有，长期使用。由于房屋可以继承，所以宅基地实质上也可以继承。

1.2 依法拥有，集约利用

农村居民获得宅基地的使用权，必须履行法定的报批手续，经有关部门批准后才能取得。《土地管理法》规定了获取宅基地使用权的合法程序。具体的申请程序是，村民向所在的村民委员会提出申请审核，经村民会议或者农村集体经济组织全体成员讨论同意，经乡镇人民政府审核，由县级人民政府批准。十分珍惜、合理利用土地和切实保护耕地是我国的基本国策。由于我国土地资源有限，不可能给每个农户提供更多的宅基地，一户只能拥有一处宅基地，以保证基本的安居需要。因此《土地管理法》规定，"农村村民一户只能拥有一处宅基地，其宅基地的面积不得超过省、自治区、直辖市规定的标准。"为了集约节约利用土地，农村村民住宅建设应当按照村庄和集镇规划，合理布局，综合开发，配套建设。为依法实行土地用途管制制度，农村村民建住宅，应当符合乡镇土地利用总体规划，并尽量使用原有的宅基地和村内空闲地。

1.3 保障安居，限制流转

农村宅基地的功能是保障农民安居，而不是农民的家庭财产，因此法律规定宅基地仅限于本集体经济组织的成员享有使用权。农村村民申请宅基地只可向本集体经济组织提出，村民取得宅基地后只能建自住房，不可转让。《土地管理法》第 62 条第 4 款规定:“农村村民出卖、出租住房后,再申请宅基地的,不予批准”。《担保法》还规定了耕地、宅基地、自留地等为不得抵押的财产。由于宅基地主要是作为生活资料提供的,所以权利人不能将宅基地作为生产资料使用。宅基地使用权依房屋的合法存在而存在,并随房屋所有权的转移而转移。在买卖房屋时,宅基地使用权须经过申请批准后方可随房屋转移。村民房屋一经建成,宅基地使用权即由地面附着的房屋所有权来确定。房屋因继承、赠与、买卖等方式转让时,其适用范围内的宅基地使用权也随之转移。但是,如果国家建设需要征用土地的,或者村镇规划需要改变土地用途的,可以经过法定程序进行调剂或重新安排。据调查,由于受到法律法规的约束,我国农村宅基地流转难、规模较小。以重庆市璧山县为例,由于农村劳动力大量转移和城市化快速发展,目前该县农村待流转宅基地数量庞大,整户闲置的农房就有 8 526 户、宅基地面积为 7 913 亩,其中通过转让、出租等方式实现农房流转的农户仅有 462 户、宅基地面积为 358 亩,其比例分别为 5.42%和 4.52%。

2 现行农村宅基地产权制度的局限性

2.1 与促进农民财产性收入增长的意愿相冲突

考察中国历史,可以清楚地看到,数千年来,我国农民一直都有一个梦想,希望有一块土地属于自己,希望拥有一笔土地财富。1947 年 7 月 17 日,中共中央在河北省平山县西柏坡村召开了全国土地会议,会议的中心议题是“彻底进行土地改革”,会议通过了《中国土地法大纲》。该大纲明确规定,“废除封建性及半封建性剥削的土地制度,实行耕者有其田的土地制度。”“彻底平分土地的基本原则是:乡村中一切地主的土地及公地由乡村农会接收,连同乡村中其他一切土地,按乡村全部人口,不分男女老幼,统一平均分配,使全乡村人民均获得同等的土地,并归各人所有”。“分配给人民的土地,由政府发给土地所有证,并承认其自由经营、买卖及在特定条件下出租的权利”。《中国土地法大纲》的全面推行,掀起了土改运动的高潮,从根本上摧毁了封建制度的根基,广大农民翻身做了主人。在中国共产党的领导下,农民实现了自己的千年梦想,拥有了自己的土地财富。

表 1　璧山县农村居民收入结构统计表　（单位：元）

年份	总收入	工资性收入		家庭经营收入		财产性收入		转移性收入	
		金额	比重%	金额	比重%	金额	比重%	金额	比重%
2001	3 268	807	24.69	2140	65.48	39	1.19	282	8.63
2002	3 638	925	25.43	2 373	65.23	23	0.63	317	8.71
2003	3 804	1 043	27.42	2443	64.22	28	0.74	290	7.62
2004	4 311	1 230	28.53	2693	62.47	38	0.88	350	8.12
2005	4 765	1 488	31.23	2884	60.52	41	0.86	351	7.37
2006	4 799	1 636	34.09	2746	57.22	27	0.56	390	8.13

注：数据来自璧山县统计局

土地本身承载了多种功能，在不同时期不同利益主体的视野里，其承载的功能是不同的。在社会主义初级阶段，对于农民来说，土地的基本功能应该是双重的，即为农民提供生存发展保障和财富增长保障。农民的财富在哪里？农民的财富增长源头又在哪里？“劳动是财富之父，土地是财富之母”，这是政治经济学的一个基本论断。农民的财产类别主要指土地、房屋、资金以及其他生活资料和生产资料等。农民的财产性收入，指农民对自己所拥有的财产，通过行使对财产的占有权、使用权、受益权、处置权等物权，而获得的相应收益，即农民对所拥有的财产通过出租、转让、入股分红和投资等方式所取得的资产增值收益。农民的财产额度，在一定程度上直接影响着财产性收入的多少。据调查，受农村经济社会发展水平和传统观念的影响，现阶段我国农户的财产主要集结在其拥有的住宅上。以重庆市璧山县为例，该县农户的房屋价值占其家庭财产价值总量的62.6%，该地区农民的财产性收入比重严重偏低，平均不到其总收入的1%（见表1）。一般而言，一个地区越富裕，其居民的财产性收入就越多，占全部收入的比重就越大，居民财产性收入的多少，成为衡量一个地区是否富裕的重要标志，也是衡量一个政府是否关注民生的试金石。城镇建设规模的扩大和户籍制度的改革扩大了城乡互动交流，农民和城市居民对住宅流转的需要越来越强烈，统筹城乡发展客观上要求农民住房和宅基地能够实现商品化流转，农民也希望能够通过此行增加财富，降解入城定居的门槛。目前，我国农民的住宅财产化和财产性收入增长面临着农村土地产权制度、土地用途管制等方面的约束。我国农村宅基地属于集体所有，农民的房屋不是空中楼阁，只能附着在集体所有的土地上，所有权是一种绝对物权，土地使用权仅仅是源于土地所有权的一种权能。农村宅基地“集体所有，农户使用”，制约了我国农民的住宅财产化和财产性收入增长，这种产权制度剥夺了农民本可从其物权中得到的收益，这在一定程度上影响了农民财产性收入的提高。近年来,我国城乡居民收入差距持续扩大,与广大农民财产少、财产性收入严重偏低有很大的关系。毫无疑问,在我国社会保障未能覆盖农村之前,土地是农民最基本的生活保障。现行的农村宅基地产权制度仅仅强调了土地的社会保障功能,忽视了土地的财富增长功能,土地权益回归农民是实现农民社会保障和财富增长互动关系的必然要求,也是社会主义初级阶段我国广大农民的根本利益诉求。

2.2 与完善社会主义初级阶段基本经济制度的取向相冲突

我国现行的农村宅基地产权制度源于 20 世纪 50 年代,带有那个时代的烙印。1956 年 6 月 30 日第一届全国人民代表大会第三次会议通过的《高级农业生产合作社示范章程》要求:"入社的农民必须把私有的土地和牲畜、大型农具等主要生产资料转为合作社集体所有。社员的土地转为合作社集体所有,取消土地报酬。"1958 年 9 月 4 日《人民日报》全文刊发了经毛泽东亲自修改的《嵖岈山卫星人民公社试行简章(草案)》规定,"各个农业社合并为公社,根据共产主义大协作的精神,应将包括土地在内的一切公有财产交给公社。在已经基本上实现了生产资料公有化的基础上,社员转入公社,应该交出自留地,并且将私有的房基、牲畜、林木等生产资料转为全社公有。"配发的《人民日报》社论指出,人民公社有别于以前的农业社,在所有制方向上必须进一步向"公有"发展。全部自留地、私有的房基、牲畜、林木等必须转为全社公有,其目的是要消灭生产资料的私有制残余。这个时期,我国农村土地政策进行了重大调整,全面实现了农村土地的集体所有制。其目的,一是要全面推进党在社会主义改造过渡时期的总路线,逐步实现国家的社会主义工业化,逐步实现国家对农业,对手工业和对资本主义工商业的社会主义改造。二是要消灭生产资料的私有制残余,抑制"农民个体私有,家庭自主经营"的农地政策引发的农村中农民贫富分化的现象,指导农民加速社会主义建设,提前建成社会主义并逐步过渡到共产主义。三是满足城市和工业对粮食和农产品原料的不断增长的需要,为推进工业化和城镇化提供大量的资金积累。上述表明,新中国早期的社会主义基本经济制度就是要实现完全的生产资料公有制、完全的按劳分配以及完全的计划经济。那个时期的农村土地制度反映了当时社会主义基本经济制度的价值取向。

时过境迁,改革开放 30 年,开辟了中国特色社会主义道路,形成了中国特色社会主义理论体系,我国取得了举世瞩目的发展成就,从生产力到生产关系,从经济基础到上层建筑都发生了意义深远的重大变化。我国基本经济制度改革取得了重大突破,建立了中国特色社会主义基本经济制度,改革开放 30 年的实践证明，中国特色社会主义基本经济制度符合社会主义初级阶段基本国情，符合新时期生产力发展要求。党的十七大报告明确提出，坚持和完善公有制为主体，多种所有制经济共同发展的基本经济制度，毫不动摇地巩固和发展公有制经济，毫不动摇地鼓励、支持、引导非公有制经济发展，坚持平等保护物权，形成各种所有制经济平等竞争、相互促进新格局。我国仍处于并将长期处于社会主义初级阶段的基本国情没有变，人民日益增长的物质文化需要同落后的社会生产之间的矛盾这一社会主要矛盾没有变。强调认清社会主义初级阶段基本国情，就是要坚持把它作为推进改革、谋划发展的根本依据，深刻把握我国发展面临的新课题新矛盾，更加自觉地走科学发展道路。从现行的农村宅基地产权制度来看，我国实行的是完全的公有制，这与坚持和完善我国基本经济制度的取向相冲突。

2.3　与集约节约利用土地资源相冲突

“保障安居，限制流转”是我国农村宅基地管理制度的重要内容，对于农村宅基地的转让，我国现行立法持严格限制的态度，目前农民的宅基地使用权只能在住房发生转让时，才可以随之一并转让，其他情形下的转让都是违反法律规定的。如此严格的禁止性规定与当前农村的实际情况极不相符。随着社会经济的发展，我国农村宅基地大量闲置，浪费严重的问题日益凸显出来。一方面，在城市化背景下，农村人口发生转移，大量剩余劳动力涌入城市；另一方面，受现行农村宅基地管理制度的约束，这些人原有的宅基地不允许流转，导致许多人的宅基地实际上处于闲置状态，甚至在许多地方还出现了所谓的“空心村”。在这种情况下，如果仍然坚持禁止宅基地的流转，那么一方面已经转移的人口还继续占有闲置的宅基地，另一方面新增的人口又只能通过重新划分的方式获得宅基地，这样不仅导致土地的实际利用效率大大降低，而且也不利于有效控制新增建设用地，从而减少农村土地尤其是耕地的流失。据调查，重庆市直辖十年，乡村人口由 2 042.56 万人减少到 1 496.71 万人，农村居民点用地由 36.37 万 hm^2 减少到 36.02 万 hm^2，即每减少一个乡村人口，仅减少农村居民点用地 6.41 m^2。又据调查 2006 年重庆市每个乡村人口占用农村居民点用地 240 m^2。可见，开展农村居民点用地的流转和整理是必要的。重庆市璧山县 2003～2006 年，农村人口减少了 2.68 万人，该县 2006 农村人均居民点占地面积为 234.11 m^2，按此计算应该减少 627.41 万 m^2，但此期间农村居民点仅减少了 26.68 万 m^2。截至 2006 年底，璧山县有 8 526 户农户在城镇有了固定的收入，其农村的宅基地面积达到 7 913 亩(527.5 hm^2)，农村宅基地闲置严重(见表 2)。因此，从节约集约利用土地资源，提高土地利用率的角度出发，我们就不应当继续对农村宅基地的流转予以禁止。党的十七大报告明确提出，要深化对社会主义市场经济规律的认识，从制度上更好发挥市场在资源配置中的基础性作用，形成有利于科学发展的宏观调控体系。禁止农村宅基地流转，没有农村宅基地流转市场，就排斥了市场在资源配置中的基础性作用，农村宅基地的利用和流转就失去了市场驱动、市场约束和市场服务，就不可能实现农村宅基地节约集约利用的目标。

表2　璧山县农村宅基地闲置情况抽样调查统计表　（单位：亩）

镇、乡	户口在城里，农村仍有宅基地的农户情况		户口在农村，在城里有稳定收入的农户情况		户口在农村，在城镇购有房屋的农户情况	
	户数	面积	户数	面积	户数	面积
河边镇	40	32.4	101	81.2	196	166.2
大路镇	305	244.0	391	327.2	449	416.1
三合镇	34	30.6	10	8.4	76	73.4
广普镇	107	96.3	121	116.2	224	208.6
正兴镇	210	174.5	321	306.4	380	366.1
七塘镇	318	306.2	334	311.4	377	357.9
福禄镇	79	63.2	102	96.2	413	385.5
八塘镇	274	265.8	16	12.1	159	126.0
健龙乡	151	134.4	178	153.7	257	243.1
大兴镇	95	80.5	246	237.4	342	307.5
璧城街道	129	110.6	89	88.5	497	459.6
青杠街道	152	128.5	389	362.1	648	601.9
丁家镇	104	96.2	162	144.9	106	98.4
合计	1998	1763.2	2706	2245.7	4124	3810.6

注：数据来源于璧山县国土资源和房屋管理局

3　完善农村宅基地产权制度的政策建议

3.1　推进农村宅基地产权私有化，让农民有更多的财产性收入

合理的收入分配制度是社会公平的重要体现。要坚持和完善按劳分配为主体，多种分配方式并存的分配制度，要健全劳动、资本、技术、管理等生产要素按贡献参与分配的制度。生产要素是财富的创造者，所有权是财富的抓手。确立农民为农村宅基地的所有者，赋予农民拥有完全的宅基地产权，有利于完善社会主义初级阶段收入分配制度，有利于落实“多予、少取、放活”的惠农政策，创造条件让广大农民拥有更多的财富和财产性收入，保证农民土地权利在经济上得到

有效实现。

在我国，社会主义市场经济体制已经初步建立，但是影响发展的体制机制障碍依然存在，改革攻坚面临深层次矛盾和问题。近年来，小产权房的兴起也反映了完善农村宅基地产权制度的社会诉求。在严格土地管理的大背景下，小产权房的兴起有着复杂的原因。一是在保障人民安居方面，政府在保障城市居民住房方面工作不到位，另外农村居民进城务工安居也需要购房，还有一些征地或生态移民也需要解决住处，小产权房正好满足了这些群体的需求。当然也有小部分是风险投资者，寄希望以后土地政策调整，使之成为合法的投资。二是小产权房用的都是农村集体土地，农民为什么要拿自己集体的土地建房？这是因为农村土地的利用效益低。国家对土地用途实行严格的管制，集体建设用地只能用于农民宅基地、乡镇企业、农村公共设施和其他基础设施建设。这些用途的经济效益都不高。三是农民市场意识不断提高，他们看到，自己的土地被政府征用，出让给开发商后修建商品房，政府和开发商都获得了很大的土地收益和利润，就会想到自身的土地权益如何在经济上得到实现。尤其是在城市郊区，尽管土地增值惊人，被征地的农民却只能得到极低的补偿，因此自然会萌生自建房屋销售的念头。小产权房的兴起，实际提出了一个深层次的问题，即农民的土地所有权和使用权在经济上究竟应如何实现？

在市场经济条件下，农村宅基地不仅具有生活保障功能，而且具有财富增长功能，表现为一种具有交换价值的资本，那么占有它就可以取得相应的利润，转让它就可以要求获得等价的补偿。确立农民为农村宅基地的所有者，赋予农民拥有完全的宅基地产权，那么在这种土地产权制度下，宅基地作为生产要素和农户财产，可以更好地发挥宅基地的基本功能，为农民提供生存发展保障和财富增长保障。当农民的宅基地按照政府的规划被用作商业开发和非农用途时，农民作为宅基地的产权主体应当是投资者，按照其土地作价可以从土地商业开发和商业用途中获得收益，避免农民一旦失地便陷入失去生活来源的困境。这样，在农村保障制度难以完全覆盖的情况下，能够保证土地保障功能的延续，同时也能保障农民作为土地产权主体应得到的利益，使农民能分享经济发展和社会进步所带来的利益。在统筹城乡发展的实践中，各地鼓励外出务工并在城镇定居就业的农户退出承包地、宅基地，积极探索以承包地、宅基地换社会保障和住房保障的新途径，反映了完善农村宅基地产权制度的取向。

3.2　推进农村宅基地流转市场化，开放农村集体建设用地市场

农村宅基地流转市场化是指，农村宅基地进入市场进行依法、自愿、有偿的

流转,在市场机制和政府调控的共同作用下,实现农村宅基地的合理配置。市场机制是市场供求关系、价值规律、市场竞争以及边际效用递减等客观规律的综合表现,具有市场激励、市场约束、市场服务等优化资源配置的功能。市场机制要求稀缺资源能够自由地投向最有效的用途,产权的可转让性是实现这一要求的有效保证[10]。只有当产权是可转让的,才能使资源从效率低的利用方向流向效率高的利用方向,从而在市场机制的作用下实现资源的最优配置。不可流转的产权,就不能充分发挥其利用潜能,也就无法体现其全部价值。一旦农民真正拥有了自己的宅基地,而且其原本静态的土地产权具有流动性,土地才能在不同的市场主体之间能进行交易,最终实现土地资源的优化配置,提高土地的利用效率。

社会主义市场经济体制的建立,极大地促进了我国经济社会的发展,实现了生产要素的配置主要由市场机制来完成。农村宅基地作为生产要素完全归集体所有,国家征收农民的宅基地时实行行政定价补偿,行政手段使土地的流转价格低于市场的均衡价格,这是对市场经济的扭曲,势必阻碍生产资料的合理配置。取消原有限制农村宅基地流转市场化的相关规定,明确农民合法拥有的宅基地可上市流转和拥有收益权,才能保证农民的土地权利在经济上得到有效实现,保证农民共享土地流转的增值收益。

党的十七大报告指出,"要深化对社会主义市场经济规律的认识,从制度上更好发挥市场在资源配置中的基础性作用,形成有利于科学发展的宏观控制体系"。结合农村集体建设用地流转市场建设的实际情况,还存在着与科学发展不相适应的状况。在推进农村宅基地流转市场化,开放农村集体建设用地流转市场方面,广大农村干部和农民普遍反映制度障碍大,农村集体建设用地流转难。据调查,农村集体建设用地存量大、闲置多、流转难、利用粗放、价值低估。建议先行先试,开放农村集体建设用地流转市场,开展农村集体建设用地储备整治,推进农村集体建设用地集中布局、集约利用、提升价值。保证农民土地权利在经济上得到有效实现,保证农民共享土地流转的增值收益,促进农民财富增长、农村集体经济得到有效实现。

3.3 先行先试农村土地制度改革,构建城乡和谐利益协调机制

党的十七大报告指出,人民当家作主是社会主义民主政治的本质和核心,完善农村土地制度事关广大农民根本利益,必须保障广大农民的知情权、参与权、表达权、监督权。完善现行农村土地管理制度,要扩大农民有序政治参与,要充

分反映广大农民的意愿和诉求,创造条件让广大农民参与农村土地管理制度改革、创新、评议和检讨。

改革开放 30 年来,我国经济社会利益格局出现了新一轮的重大调整,博弈力量不对等造成社会群体利益分配不均衡的问题日渐突出。市场经济必不可少的利益均衡机制却没有相应地建立起来,亟待寻找有效政策。在经济社会转型条件下,作为社会公正和公共利益维护者的人民政府,有责任和义务推进利益协调机制的建立,坚持以"富民优先,民生为重"为出发点,以改善低收入阶层的生存状况为突破口。

针对我国"三农"问题的特殊性,我们必须清醒地看到,农民群体的利益表达、保护和援助机制还未有效建立。农民群体由于自身的获利能力相对弱势,再加上组织化程度不高,因此在利益冲突中处于相对弱势,单靠自身力量难以改变目前状况,更需要政府的扶持。根据当前我国农民的财产结构和财产性收入来源的实际情况,亟待完善农村土地制度,落实"多予、少取、放活"的惠农政策,推进以工促农,以城带乡,构建城乡和谐型利益协调机制。

完善现行农村土地管理制度,是推进农村土地流转和规模经营的必然要求,如果没有政策和法规的支持,难以开拓城乡统筹发展的新局面。实践证明土地市场的人为分割乃是城乡分割的制度基础,因此要实现统筹城乡综合配套改革试验目标,就必须废除现有的阻碍土地、劳力、资本等生产要素,在城乡之间双向流动的门槛。农民绕开法律、政策,改变土地用途,集体土地进入土地市场,追求自身土地收益的最大化,虽然这种行为还有待法律规范,但它却是统筹城乡发展的内在动力。在计划经济时代,在"牺牲农村,发展城市"的特殊历史条件下形成的二元土地制度,构成了不利于实现和保障广大农民群众最根本利益的发展环境。今天我国经济社会已经发展到一个新的历史时期,"工业反哺农业,城市带动农村",共建共享和谐社会是新时期的鲜明特征。因此,高度关注、有效保护农民的土地权利,从制度上更好发挥市场在资源配置中的基础性作用,形成有利于科学发展的宏观控制体系,乃是解决"三农问题",统筹城乡发展的关键问题。2004 年宪法修改、2007 年出台物权法,这些重大的法制举措为我们重新审视我国农村土地制度和农民土地权利保护机制提供了启示。针对当前农村宅基地管理的实际情况,建议对推进农村宅基地流转市场化,开放农村集体建设用地流转市场等突出问题开展先行先试。

农村宅基地流转激励机制研究

——以重庆市璧山县为例

邱道持　赵亚萍
（西南大学地理科学学院　重庆北碚　400715）

【摘　要】 研究目的：研究中国西部地区农村宅基地及其房屋的流转情况。研究方法：实地调查研究、抽样调查法。研究结果：农村劳动力转移加速，城镇化发展滞后，农村宅基地流转的规模较小，主要受制度和经济制约。研究结论：随着经济社会的发展，中国西部地区的劳动力转移呈增长趋势，但“农民”变“市民”的积极性却不高，严重影响了农村宅基地的流转。通过户籍制度改革、土地管理制度改革以及采取相应的经济措施鼓励农民变市民，促进农村闲置宅基地合理流转。

【关键词】 流转；宅基地；净收益理论；璧山县
中图分类号：F301　文献标识码：A

农村宅基地流转在提高土地利用效率和产出效率，发展农村经济，增加农民收入，提高农民生活水平等方面发挥了巨大作用，但同时也应看到，现阶段宅基地的流转规模与社会经济发展还不相适应，影响了我国城镇化水平的提高。本文以璧山县为例，依据与农村宅基地流转及与流转有关的社会经济统计数据，结合实地调查资料，运用数学分析方法探索促进农村宅基地流转的激励机制。

1　问题的提出

1.1　人去房空，闲置严重

随着工业化、城镇化的发展，许多农民弃农经商、进城务工，由于在城镇里收入较稳定，部分人在城镇购买了房屋，而户口仍在农村，仍具有承包地经营权和宅基地使用权。但他们承包的土地往往撂荒或转包，其宅基地由于无人居住而闲置下来，这造成了资源的严重浪费。国土资源部公报显示，1997～2006 年全国农村建设用地总量与农村人口总量逆向发展，农村人口减少了 9 860 万，而农村居民点用地反而增加了 1 100 km^2，农村人均居民点用地从 193 m^2 增加到 218 m^2。据调查，重庆直辖十年乡村人口由 2 042.56 万人减少到 1496.71 万人，农村居民点用地 36.37 万 hm^2 由减少到 36.02 万 hm^2，即每减少一个乡村人口，仅减少农村居民点用地 6.41 m^2，2006 年重庆市每个乡村人口占用农村居民点用地 240 m^2。由表 1 可以看出，截至 2006 年璧山全县有 6 628 户农户在城镇有了固定的收入，其农村的宅基地面积达到 102.5 hm^2，而其中仅有 238 户的宅基地随着房屋的买卖发生了流转；承包地面积 768.9 hm^2，其中撂荒和粗放经营的占 83.7%。

表 1　璧山县农村宅基地闲置情况统计表　　单位：hm^2

街道、镇、乡	户口属农村，在城里有固定产业、固定收入的				户口在农村，但在城镇购买有房屋的			
	户数	人口数	宅基地面积	承包地面积	户数	人口数	宅基地面积	承包地面积
璧城街道	5.93	18.4	1.9	5.52	33.13	102.73	6.64	30.81
青杠街道	25.93	70	4.14	28.01	43.2	116.67	6.79	46.65
丁家镇	0.4	1.2	0.6	0.81	0.4	1.13	0.6	0.81
三合镇	0.67	2	0.1	1.6	5.07	15.2	0.9	12.16
广普镇	8.07	23.4	1.79	18.71	14.93	43.33	4.04	34.65
正兴镇	21.4	62.07	4.08	55.85	25.33	73.47	4.41	66.12
大兴镇	16.4	47.53	10.49	38.05	22.8	66.13	13.8	52.89
福禄镇	6.8	19.73	4.69	17.75	27.53	79.87	5.01	71.86
河边镇	6.73	18.2	0.63	10.91	13.07	35.27	2.42	21.17
大路镇	26.07	73	5.04	43.79	29.93	83.8	5.07	50.29
七塘镇	22.27	64.6	3.18	45.2	25.13	72.87	3.85	51.02
八塘镇	1.07	3	0.14	2.39	10.6	29.67	1.74	23.75
健龙乡	11.87	33.2	5.58	23.26	17.13	48	4.87	33.58
合计	173.6	503.47	42.36	302.07	268.27	778	60.14	466.79

注：数据来源于璧山县国土资源和房屋管理局

1.2　劳动力转移迅速，城镇化进程滞后

从该地区劳动力转移情况来看，截至 2006 年累积转移农村劳动力 17.2 万

人,占农村劳动力(29.79万人)的57.7%,占农村总人口(33.73万人)的51%,但是转移出来的劳动力大部分仍是“离土不离乡”,这种转移模式在20世纪80年代促进了社会经济的发展,但是也产生了一系列的问题:第一,转出劳动力在统计时仍然按照农村人口统计,造成了基础数据统计不准,影响城镇规划的进行;第二,影响城镇化水平的提高,从璧山县各年份产业产值表可以看出,该地区二、三产业的产值之和在2006年已占到其总产值的90%,但是同期该地区的城镇化率却仅为34.3%;第三,特殊的双重身份使转出劳动力在一定程度上占用了过多的资源,一方面他们在城镇内有稳定的就业和居住场所,另一方面他们在农村还有承包地经营权和宅基地使用权。调查发现,这部分农民在农村的承包地基本上没有自己经营,或撂荒或粗放经营,其宅基地则闲置起来,造成了资源的严重浪费。

表2 璧山县各年份各产业的产值表 单位:%

年份	2000	2001	2002	2003	2004	2005	2006
二、三产业	81.6	83.9	85.6	86.7	87.4	88.3	90.0
城镇化率	20.4	26.3	27.2	29.2	31.1	32.8	34.3

注:数据来源与璧山县统计局

1.3 城乡结构二元化、土地流转困难大

从我国的实际情况来看,农民市民化大致分为2个过程:第一步是由农民转变为准市民,即保留在农村的土地及宅基地,进城务工,并在城市长期居住。第二步是放弃其在农村的土地,取得城市户籍,由准市民转变为市民。

表3 农民、准市民和市民的区别

类型	地域特征	产业特征	户口特征	主要收入来源	意识行为方式和生活特征
农民	生活在工作农村	农业	农村户口	农业	与农村文化相连
准市民	生活在工作城镇	非农产业	农村户口	非农产业	与城市文化相连
市民	生活在工作城镇	非农产业	城镇户口	非农产业	与城市文化相连

从表3中可以看出准市民与市民的差异主要在于户口特征。也就是说,进入城镇的农民,尽管已经不通过农业生产方式而是作为产业工人或服务人员来获取经济和社会资源,其生活方式、价值观念和行为取向在相当大的程度上正在或已经完成由农民向市民的演变,但由于他们原有的社会身份受到制度的约束,没有放弃

农村承包地经营权和宅基地使用权,依然是农民,或者称之为“准市民”。

2 原因分析

2.1 制度障碍冲突大

在调查中,广大农村干部群众、农业大户和龙头企业普遍反映,影响我市农村土地流转和规模经营的第一制约因素是现行法律法规的约束。《中华人民共和国土地管理法》、《中华人民共和国农村土地承包法》、《国务院关于深化改革严格土地管理的决定》(国发[2004]28 号)、《国务院关于加强土地调控有关问题的通知》(国发[2006]31 号)等法律法规,对土地权属管理、土地用途管制、耕地和基本农田保护、建设用地供给等涉及农村土地流转和规模经营的重大问题,都有明确规定和要求。《中华人民共和国土地管理法》规定:国家实行土地用途管制制度。国家编制土地利用总体规划,规定土地用途,将土地分为农用地、建设用地和未利用地,控制建设用地总量,对耕地施行特殊保护(第四条)。任何单位和个人进行建设,需要使用土地的,依法申请使用国有土地;但是兴办乡镇企业和村民建设住宅经依法批准使用本集体经济组织农民集体所有的土地的,或者乡(镇)村公共设施和公益事业建设经依法批准使用农民集体所有的土地的除外(第四十三条)。农民集体所有的土地的使用权不得出让、转让或者出租用于非农业建设;但是,符合土地利用总体规划并依法取得建设用地的企业,因破产、兼并等情形致使土地使用权依法发生转移的除外(第六十三条)。

2.2 农户资产损失多

多数农村现行的办法是,凡户口迁移后,承包地就要收回,每个农民均有的一份集体财产更不能变现支付。从眼前利益来看,随着国家农业保护政策的实施,农业生产的利益逐渐提高。据调查,2006 年璧山县农民家庭农业经营收入为人均 2 746 元,同期承包地的平均租金约为 800 元/亩,所以放弃承包地经营权就等于白白减少一笔收入。从长远来看,虽然“准市民”已经在城镇工作和生活,但是由于没有被纳入城镇社会保障体系,所以他们能够依靠的也只有承包地的社会保障功能,因此,按照现行的办法“准市民”不会放弃承包地经营权。

表 4　农村居民收入情况统计表　　单位:元

年份	总收入	工资性收入	家庭经营收入	财产性收入	转移性收入
2001	3 268	807	2 140	39	282
2002	3 638	925	2 373	23	317
2003	3 804	1 043	2 443	28	290
2004	4 311	1 230	2 693	38	350
2005	4 765	1 488	2 884	41	351
2006	4 799	1 636	2 746	27	390
平均	4 098	1 188	2 547	33	330

注:数据来自璧山县统计局

农民进入小城镇,放弃了原来不花钱的宅基地,又要花钱购买新宅基地。由于农宅尚不能上市,原宅基地固化的大量投资无法带走,所以很多农民认为不划算。结合农民家庭基本情况,按现行价格计算,平均每家的生产性固定资产投资为 2 370 元,使用房屋的价值为 11 850 元,如果农民就进入城镇,按照现行的管理办法,就意味着他们要放弃 14 220 元的经济利益。从农民进城的迁移成本看,璧山县域城镇商品房价格每平方米 1 000～1 200 元左右,以一个家庭 60 m^2 住房计算,需要 6.0 万～7.2 万元,再加上其他费用,一个农户到县域城市的迁移成本大约是 9.8 万～11.2 万元左右。这样就大大限制了"准市民"向"市民"的转换。

表 5　农民家庭基本情况调查表

调查户数	平均家庭规模(人)	户均劳动力(人)	平均受教育年限(年)	年外出劳动时间(月)	平均月工资(元)	平均月消费支出(元)	人均承包地面积(hm^2)	人均生产性固定资产值(元)	人均使用房屋间数	人均使用房屋价值
200	2.98	1.94	8.44	10.5	889	358	0.053	790	2.5	3 950

注:数据来自璧山县农村抽样调查

2.3　户籍制度阻碍

张忠法等诸多学者针对农民是否追求转为市民,突出了农民市民化的决定性因素——期望净收益。决定农民在农民、准市民、市民这 3 种身份之间选择的核心问题,是按照其能力能够获得生活质量之间的比较。张忠法等学者使用"期望净收益"作为衡量生活质量的标准,并将期望净收益(ENI)定义为期望收益(NI)和最低生活成本(IW)之间的差额,用公式表示为:

$$ENI=NI-IW,$$

其中:$NI=f(Xi)$,式中:$i=1,2,3,\cdots$,Xi 代表影响期望收益的各种因素;

$IW=f(Xj)$，式中：$j=1,2,3,\cdots$，Xj 代表影响最低生存成本的各种因素。

用 $EMIp$、$EMIsc$、$EMIc$ 分别代表作为农民、准市民和市民时的期望净收益；NIp、$NIsc$、NIc 分别代表作为农民、准市民和市民时具有相同生活质量的最低生存成本。决定农民在农民、准市民、市民这 3 种身份之间如何选择，取决于对三者"期望净收益"的比较：①当 $EMIsc<EMIp>EMIc$ 时，农民不会选择向城市转移；②当 $EMIsc>EMIp<EMIc$ 时，农民将会选择向城市转移，成为准市民或市民；③当农民已经成为准市民，$EMIsc<EMIp$ 时，出现农民外出劳动力回流现象；④当农民已经成为准市民，$EMIsc<EMIc$ 时，实现农民市民化。所以，要实现农民市民化，加快农村劳动力转移，必须使市民和农民之间的期望净收益差额 $EMIsc-EMIp>0$，或者市民和准市民之间的期望净收益差额 $EMIc-EMIsc>0$。

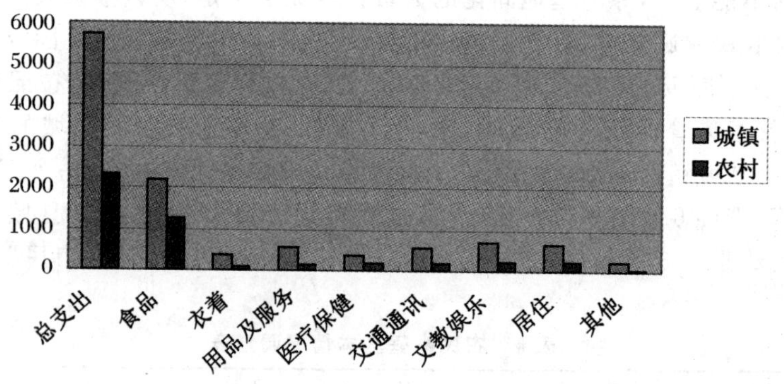

图 1 璧山县城乡居民生活支出对比图

表 6 璧山县城镇居民收入情况调查表 单位(元)

年份	可支配收入	职工工资	非工资性收入	个体经营收入	离退休金	其他劳动收入	财产收入	赡养赠送收入	其他
2001	6670	2812	598	1184	510	481	102	451	
2002	7227	2587	657	890	1325	671	82	243	920
2003	7836	2885	757	979	1477	435	194	267	943
2004	8544	2843	681	1252	1782	469	189	466	944
2005	9870	3257	805	1431	2043	558	225	532	1077

注：数据来源于璧山县统计局

由于农村宅基地的流转要按户进行，因此以下的调查数据和计算结果都是以家庭为单位。按照现在的制度和城乡发展水平，准市民或者进城务工人员的家庭收入为：

NI=(平均工资×劳动力数)/家庭总人口=1.94×10.5×889/2.98=6 077 元

在对进城务工人员生活情况调查时发现，他们的主要消费是居住、食品和医疗，平均年消费为 358×12=4 296，因此他们的期望净收益为：

农民期望净收益 $EMIp$=人均总收入－人均总支出=1 766 元

准市民期望净收益 $EMIsc=NI-IW$=6 077－4 296=1 781 元

市民的期望净收益 $EMIc=NI-IW$=9 870－5 712=4 158 元

根据期望净收益理论，这对“农民”转“准市民”、“准市民”转“市民”是有一定的驱动作用的。但是农民工在子女教育、就业保障、医疗保险、社会保障等方面，其公民应有的权利得不到和城市居民同样的保障，受到的是有如二等公民般的待遇。因此，对于农民工来讲他们向市民转化的路就很困难，他们宁愿保留自己的承包地经营权和宅基地使用权，从土地那里获取一定的地租收益和社会保障。

3　对策与建议

3.1　推进土地制度创新，发挥市场基础作用

要健全劳动、资本、技术、管理等生产要素按贡献参与分配的制度，创造条件让广大农民拥有更多的财产性收入。一是积极推进制度创新，适当延长农村土地承包经营年限，允许农民以土地承包经营权作为财产抵押。取消原有限制农村宅基地流转的相关规定。对手续齐备、建造合法的农村宅基地及其地上房屋颁发《集体土地使用证》和《房屋产权证》等证书，明确农民合法的宅基地可上市流转和拥有收益权。探索农村集体经济有效实现形式，保证农民土地权利在经济上得到有效实现，保证农民共享土地流转的增值收益。二是在开放农村集体建设用地流转市场方面，广大农村干部和农民普遍反映制度障碍大，农村集体建设用地流转难。据调查，我市农村集体建设用地存量大、闲置多、流转难、利用粗放、价值低估。建议先行先试，开放农村集体建设用地流转市场，开展农村集体建设用地储备整治，推进农村集体建设用地集中布局、集约利用、提升价值、促进农民财富增长、农村集体经济有效实现。

3.2　推进户籍制度改革，完善社会保障制度

积极推进户籍制度改革，逐步取消农民转化为城市产业工人和市民的体制障碍。对小城镇，全面实施按属地和职业划分户口类别，以身份证为合法证件的自由迁移和登记有效制度。农民在任何一个小城镇，只要有固定住所，有比较稳

定的职业，有生活来源，就要允许落户，并且在子女入托、入学、就业、参军、社会保障等方面，均享受有与现在城镇居民同等的权利。现在部分农民不愿向城镇集中，一个重要原因就是担心无稳定职业，生活无保障。因此，有必要采取社会统筹和个人账户相结合，建立和完善社会保障制度。凡在城镇各类企业就业者和个体劳动者，均能享受养老、失业和工伤医疗等保险。这样，不仅可以解除脱离土地进镇落户农民的后顾之忧，而且可以吸引越来越多农民居住向城镇集中，加快农村城市化发展。

3.3 鼓励土地换社保，提高经济驱动力

土地是农民的基本生产资料，也是农民的基本社会保障。农民进城以后，可鼓励农民用土地换社保。照此政策，农民工的预期收益将增加三个来源，一是退出承包地的补贴，退出承包地经营权的则按照现在承包地租金的平均价格800元/亩，给予一定的补贴。按照该地区人均承包地0.6亩计算，人均补贴为480元/年；二是退出宅基地换取住房保障；建议实行"拆一还二"优惠政策，对退出宅基地的农民，可在康居村内按人均25 m^2、350元/m^2的价格购买住房一套；三是在此基础上，每户还可按镇政府公布的建筑安装成本价，按人均25 m^2的面积，再购买住房一套，其出租收入可成为一个保障。这样一来准农民工的预期收益将大大提高，经济驱动力度将大大增强，农民变市民的积极性大大提高。

闲　笔

逍遥南山

放马南山辞旧岁，遥听牧歌迎新春。
又是相聚尽欢时，清风欣至传佳音。

迎　春

闻鸡起舞上九天，吉祥彩云随心牵。
相约春风度佳节，欢乐同舟唱新篇。

进　香

黄葛故道好健身，南山古寺迎新春。
宏钟悠悠九州同，高香袅袅万家乐。

登　高

南山葱葱处处春，山路弯弯步步高。
野岭放歌乐无穷，岁岁登高听春涛。

寒江秋色

夜雨催新芽，巴山野菊黄。
扬帆借长风，共赏寒江秋。

赏　月

夜深月儿圆，忽闻秋风言。
共赏中秋月，谈笑镜花缘。

朝　读

寂寞野岭行人稀，踏歌报晓春燕飞。
梦回校园朝读人，天道酬勤秋风归。

夜　读

七月流火夜读忙，书山风起送清凉。
明镜借光圆秋梦，黑屋求索破断墙。

寒　窗

风起南山化春雨，心凝寒窗孕华章。
滚滚红尘闭门去，幽幽暗香开卷来。

回　首

山高水流长，橘红秋风凉。
岁月度寒窗，群芳俏荷塘。

望　槐

庭前一枝槐，相依三十年。
开春送绿荫，推窗晚香来。

流年似水

庭前春燕双双飞，窗外秋雨声声怨。
似水流年不复返，冷月残烛寒窗晚。

修　枝

人勤大地春来早，雁鸣寒江秋到迟。
修枝欲借谁家斧，相约西风脱衣舞。

建碑

风雨同舟六十春，荣辱与共铸丰碑。
故园多娇添新景，美酒飘香谢潘君。

故居轶事

日落石墙院，风清九里香。
笑傲新青年，独秀山茶园。

归来

狼烟袭九州，绿林藏枭雄。
春风渡黄山，游子归岫楼。

抒怀

沧海横流兮，众望呼归石。
高山仰止兮，长思劝学篇。

归田抒怀

问君新春缘何笑，又见寒梅枝头俏。
青山依旧落日红，田园不废春意浓。

感悟人生

冬去春来又一年，岁月如歌梦南园。
莲花不败千秋颂，心路常修红尘破。

东欧游记

多瑙河畔学子行，喀尔巴阡寒流急。
风雨柏林断墙倒，凝目故园春来早。

泛舟莫斯科

一叶轻舟渡秋江，两岸黄叶落他乡。
夕照古堡暮气沉，风卷九州残云消。

冰岛风情

地缝穿南北，白楼聚东西。
冰火两重天，蓝湖有遗篇。

里约迎新

泛舟大西洋，采花耶稣山。
牵手桑巴舞，举杯望乡归。

挪威风光

西出挪威秋风凉，分水岭前草甸黄。
云杉葱葱残雪少，峡湾幽幽落水长。

冬奥情结

北欧暖流情切切，漫天飞雪迎远客。
驱车北出奥斯陆，冬奥遗址添情结。

图书在版编目(CIP)数据

论农村土地流转/邱道持著. —重庆:西南师范大学出版社,2009.5

ISBN 978-7-5621-4481-6

Ⅰ.论… Ⅱ.邱… Ⅲ.农村—土地使用权—土地转让—研究—中国 Ⅳ.F321.1

中国版本图书馆 CIP 数据核字(2009)第 067273 号

论农村土地流转

邱道持 著

责任编辑:卢 旭 王 宁
封面设计:梅 子
出版、发行:西南师范大学出版社
重庆·北碚 邮编:400715
印 刷:四川外语学院印刷厂
开 本:787 mm×1092 mm 1/16
印 张:21
字 数:400 千字
版 次:2009 年 5 月第 1 版
印 次:2009 年 5 月第 1 次
书 号:ISBN 978-7-5621-4481-6

定 价:38.00 元